感谢中南财经政法大学法学院对本刊的资助！

Legal Traditions of the West and China

中西法律传统

· 第12卷 ·

主　编　陈景良　郑祝君
执行主编　李　栋

中国政法大学出版社

2016·北京

声　明　　1. 版权所有，侵权必究。
　　　　　2. 如有缺页、倒装问题，由出版社负责退换。

图书在版编目（CIP）数据

中西法律传统.第12卷/陈景良，郑祝君主编.—北京：中国政法大学出版社，2016.6
ISBN 978-7-5620-6588-3

Ⅰ.①中…　Ⅱ.①陈…　②郑…　Ⅲ.①法律－思想史－对比研究－中国、西方国家　Ⅳ.①D909.2②D909.5

中国版本图书馆CIP数据核字(2016)第005741号

出　版　者	中国政法大学出版社
地　　　址	北京市海淀区西土城路25号
邮寄地址	北京100088 信箱8034分箱　邮编100088
网　　　址	http://www.cuplpress.com（网络实名：中国政法大学出版社）
电　　　话	010-58908289(编辑部) 58908334(邮购部)
承　　印	固安华明印业有限公司
开　　本	720mm×960mm　1/16
印　　张	20
字　　数	325千字
版　　次	2016年6月第1版
印　　次	2016年6月第1次印刷
定　　价	46.00元

目录

"1215年《大宪章》百年"主题论文

英国封建王权与《自由大宪章》命运关系之考察
　　——以约翰王和伊丽莎白一世为实例　　　　　　　　冀明武 / 3
柯克解释学与《大宪章》神话　　　　　　　　　　　　胡　敏 / 14
中国封建社会为何不会产生《大宪章》？　　　　　　　戴秀河 / 43

"澳门法律史"专题论文

葡萄牙商法在澳门的延伸适用及其影响　　　　　　　　何志辉 / 63
《菲利普律令》在澳门早期的适用　　　　　　　　　　王　华 / 87

中国法律传统

中国历史叙事模式的再认识
　　——以"封建"概念为中心的考察　　　　　　　　翟　宇 / 107

刘逢禄的公羊学研究及其法律史意义
　　——以其《春秋公羊经何氏释例》为中心　　　　　　陈　煜 / 116
清朝"父祖被殴"律例研究　　　　　　　　　　　　　龚金镭 / 144
陈济棠主粤时期广东的地方自治　　　　　　　　　　　蔡东丽 / 170
"使由使知"中的规则遵守观念
　　——兼评严复对"民可使由之，不可使知之"的阐释　　王　星 / 183

西方法律传统

17世纪的自然理性与技艺理性之争
　　——兼及论争背后的治理逻辑　　　　　　　　　　江小夏 / 205
论美国征收条款的历史变迁及其原理　　　　　　　　　孙　聪 / 217
均衡且透明：英国民事执行权运行的费用制度及其改革　宫　雪 / 236

中西法律文化比较

中西"暴君放伐论"的历史命运及其宪政意涵　　　　　陈　刚 / 253

史料与翻译

日本法政大学法政速成科学员辑译法政书目整理（1905~1911年）
　　　　　　　　　　　　　　　　　　　　　　　　　赵　青 / 277
伊斯兰与比较视野下的宗教、国家与宪政主义
　　　　　　［美］阿卜杜拉·艾哈迈德·安纳依姆著，费晶晶译 / 303
《中西法律传统》第13卷征稿启事　　　　　　　　　　　　 / 317

"1215年《大宪章》百年"

主题论文

英国封建王权与《自由大宪章》命运关系之考察
——以约翰王和伊丽莎白一世为实例

冀明武 *

作为英国宪政史上最早的成文法渊源,《自由大宪章》自1215年签订以来,至今已走过了八百年的历程。此间大宪章的命运可谓沉沉浮浮:大致经历了13世纪的确认定型期、14世纪的修订拓展期、15和16世纪的"寒夜休眠期"[1]以及17世纪后的复兴期。以下我们将从作为当事人一方国王的视角出发,探寻大宪章浮沉命运背后的原因,进而获得有关英国宪政之路的宝贵启示。

一、《自由大宪章》的变迁

1215年6月15日,约翰王被迫在正式的《自由大宪章》上加盖御玺,该宪章共63条内容,没有划分条款和章节。然而由于大宪章没有也不可能消除统治阶级内部权益的争夺,更不能仅凭此来规范签订双方的政治行为,"大宪章绝不是一份最后的和约,即使对当时的人也是如此"。[2]历史也充分印证了这一点。大宪章签订后不久,约翰王即联合教皇英诺森三世,于1215年8月宣布大宪章无效。1216年,时任摄政王的威廉·马歇尔为了保证贵族对年仅9岁的亨利三世的效忠,于11月12日重新修改确认大宪章,条文由原来的63条减少至42条。1217年其又重新修改了大宪

---

* 法学博士,南阳理工学院讲师。
〔1〕 Ellis Sandoz ed., *The Roots of Liberty*, University of Missouri Press, 1993, p. 42.
〔2〕 A. P. Jones, *King John and Magna Carta*, Longman Groups, 1971, p. 94.

章，将其中有关森林区的条款并入《森林宪章》，对其余内容做部分修改后重新确认，并正式定名《自由大宪章》（Magna Carta），而条文从1216年的42条增加至47条。1225年亨利三世对大宪章又做了部分修改，条文从47条减少至37条。1297年爱德华一世为征税又重新确认大宪章，并规定任何违背大宪章的法院判决都是无效的。之后从13世纪至15世纪，大宪章一次又一次不断被国王重新确认。据17世纪爱德华·科克爵士的统计，大宪章曾被确认过32次之多；而学者菲丝根据议会档案统计出的结果是37次。如果再结合其他历史记录的话，统计所得的确认次数必然会更多。

大宪章的变迁清楚表明，大宪章只是记录国王、贵族和教会政治斗争结果的一个文献而已，它会随着各方力量的此消彼长而不断被修订、确认或匿迹。在此过程之中，国王的个人素质及治国政策的选择发挥了重要作用，甚至决定了大宪章的命运沉浮。其中，安茹王朝的约翰王（1199~1216年在位）和都铎王朝的伊丽莎白一世（1558~1603年在位）可谓是典型的例证，如果说前者是大宪章的颁布者的话，那么后者就是大宪章的终结者。

二、约翰王：《自由大宪章》的颁布者

约翰王所处的安茹王朝属于典型的早期英国封建社会，于1154年由亨利二世开创，历经八位君主，统治英国246年。"这是一个稳定、具有乡村色彩、边界时常发生战争的社会。但总的来看，强大的君主政体维持着整个社会的和平与秩序。"[3] 换而言之，安茹王朝绝非一个王权面临生死存亡的时代。

（一）约翰王的个人素质

约翰王是狮心王理查的弟弟。1199年理查一世战死，王位本应传给狮心王的一位侄子亚瑟，然而约翰在贵族的支持下剥夺了年幼侄子亚瑟的继承权，非法获得了王位。英国史著作对约翰王个人素质的评价绝大多数都

---

[3] [美]克莱顿·罗伯茨等：《英国史》（上），潘兴明等译，商务印书馆2013年版，第145页。

是否定性的，其中批评最多的是约翰王的多疑性格。[4] "历史记录清楚地显示嫉妒和猜忌是他天生的性格，他有时像对待敌人一样对待自己的朋友。"[5] 这对于国王巩固自己的统治是很不利的，"这样的性格使得他难以应付紧迫而复杂的军事形势和巨大的财政困难，急于求成而失之于稳妥，没有妥善处理好王权与贵族的关系"。[6] 猜忌和排斥使得约翰王对贵族动辄扣押人质，或者罚没地产。比如，宰相杰弗里·彼得本属精通法学、通晓政治术之人，然而约翰对其并不放心，时常派心腹主持财政署和中央法庭，以遏制彼得相权的行使。又如，切斯特伯爵拥王继位有功，在地方也颇有影响，但因不同意国王的威尔士政策，而于1204年被处以罚没地产。还有，元老重臣威廉·马歇尔本来对王室忠心耿耿，但约翰王却怀疑他与威尔士和爱尔兰暗中通好，于是大肆排挤，还让其父作为人质作保，等等。与此同时，约翰王还常常提拔自己的心腹，作为排斥贵族的方法，结果造成当时王宫诸多臣仆逐渐染指国家财政、司法，甚至还受命主政地方。例如，内府卫士罗伯特因对王效忠受赐赏，被封为北方的大领主；王家骑士布莱恩也曾被授命为北方的行政要员。约翰王这种猜忌贵族、恩宠亲信的举动极大地伤害了贵族的阶层情感，成为之后贵族反抗国王的重要原因之一。

（二）约翰王的统治政策

1. 于贵族，不择手段敲诈勒索

为了摆脱财政危机，约翰王不仅对教会和市民屡加剥削，而且还更多地把矛头对准世俗贵族，大肆进行敲诈勒索。比如，对盾牌钱的征收，亨利二世和理查王在45年中共征收盾牌钱11次，一般为每骑士领2马克或1镑；而约翰王在位16年中就征收了11次，其中，仅两次是按以前的标准征收，其余则按每骑士领2.5马克或3马克或2镑征收。有学者计算出

---

[4] 英国宪政史专家斯塔布斯的评价可谓是代表："他是我们的国王中最恶的一位，是一位不受任何誓言约束、良心谴责，又不惧身陷罪恶的人。对其臣民而言，他是一位可恨的暴君。能使一个人名誉扫地的罪行他全部都有，而国王应尽的一切义务他一概不理。他丢掉了祖宗遗产的一半，而把其余的也毁坏荒废了。" See Stubbs, *Constitutional History of England*, Oxford, 1887, II, p. 17.

[5] Jones, *King John and Magna Carta*, London, 1971, p. 25.

[6] 孟广林：《英国封建王权论稿》，人民出版社2002年版，第168页。

约翰王所征收的盾牌钱的平均数额为4318镑,超过了亨利二世和理查王时平均数额的总和,约占国王年均收入的10%。再如对动产税的征收,以1207年的动产税为例,此次的征收税率为动产和收入的1/13,约翰王共获得税款约60 000马克,大大超过了当时王室约20 000镑的年收入。为了防止贵族逃避征税,约翰王在征税前发布令状,命令所有贵族的管家向王的法官誓告主人及自己的动产和收入的价值,其他等级亦被要求自己申报,谎报者要被监禁或罚没土地。不少贵族纷纷将财产转移到教堂或修道院,但最终仍被查出而受到了惩罚。若贵族拒不申报,则将被严厉处罚。例如,贵族鲁阿尔德·阿兰即因拒不申报而被罚没了雷奇蒙德城堡。

约翰王的压榨导致大量贵族被迫举债,不仅有人因此倾家荡产,甚至还有不少父债子偿情形。据当时的《国库卷档》记载,直至1230年,在负有王债的约80位贵族中,有一些人的债务仍是约翰王时遗留下的。其中,尼古拉斯·斯塔德维尔除了欠亨利三世的1163镑以外,还有约翰王时的旧债9998镑,若按每年还40镑计算,需要250年才可结清。在约翰王后期,大贵族约翰·拉西虽已尽力偿还所欠的继承金,但至1214年仍欠王2800镑。正是出于对国王敲诈勒索政策的不满,尼古拉斯·斯塔德维尔、约翰·拉西、威廉·莫布雷和罗伯特·罗斯等人才在1215年成为反叛王权的核心人物。[7]

2. 于教会,不遗余力争权夺利

随着教义和利益矛盾的日益加深,约翰王和教会的冲突愈演愈烈。当时教职选任控制权是教、俗权力争夺的主要目标,因此这也就成为双方冲突的导火线。约翰王时,国王干预教职选任的局面多次受到教会的有力挑战。1201年,因为塞茨主教的选任,约翰王与该教区的牧师会发生争执,拒绝该会选定并由教皇最终裁定的新主教任职,致使教皇曾一度对诺曼底施行"禁教令"。数年后,国王与教会在这一问题上爆发了更激烈的冲突。1205年7月坎特伯雷大主教瓦尔特去世,大主教区诸主教要求获得参加选举大主教的权利,而牧师会则不等王室下达"准选状",就提前选举了坎特伯雷修道院的执事雷金纳德。约翰王获悉此事后拒绝承认该选举结果,并迫使牧师会选举自己提名的诺维奇主教格雷。为此,双方争执不下,最

---

〔7〕 孟广林:《英国封建王权论稿》,人民出版社2002年版,第169~173页。

后只得求诉于教廷的决断。教皇英诺森三世却否决了双方的要求,转而任命红衣主教兰顿出任坎特伯雷大主教。约翰王深感其权威受到亵渎,坚决拒绝执行教廷的这一任命,致使兰顿在大陆滞留6年,而不能赴英就职。由此,教皇于1207年宣布对英国实施"禁教令",1209年又将国王开除教籍,双方冲突达到了顶点。

需要指出的是,约翰王与教会的冲突背后有着深刻的经济利益根源。比如1207年教皇宣布对英国实施"禁教令",令教会在英国停止举行礼拜、洗礼和葬礼等宗教仪式。于是一些英国主教纷纷出逃,约翰王则乘此机会大肆掠取教会财产和土地收入。1207年坎特伯雷主教区的年收入已达1492镑10先令,在此后6年的教职空缺期间,教区收入悉为国王所有。其他不少教区、修道院亦难逃厄运,其中,以养羊与羊毛致富的西安派修道院被搜刮尤甚。据不完全统计,仅载于王室账本上的源于教会的收入,1209年为400镑,1210年增至3700镑,1211年则猛增至24 000镑。对此,今天西方学界达成的共识是:从1207年至1213年的6年中,王室从教区获得的收入总计约为100 000镑。[8]

综上所述,约翰王的个人素质及其治国政策的选择存在很多问题,他显然没能平衡好三股政治力量的关系,进而最终导致了1215年贵族联合教会反抗的爆发。"从各个方面看,贵族反叛都与约翰王的个性和统治手法密切相关。"[9]"在封建王权与世俗贵族的权益冲突日趋激烈的严峻形势下,约翰王也未能审时度势,没有采取有效的措施来缓解矛盾、稳定大局。相反,他仍急不可待地与教会展开权力之争,使王权的力量一度受到削弱。而他仍继续推行的穷兵黩武政策,则成为贵族反叛的导火线。"[10]

三、伊丽莎白一世:《自由大宪章》的终结者

伊丽莎白女王所处的都铎王朝既是君主专制的黄金时期,也是资产阶级革命爆发的前夜。而优秀的国王伊丽莎白"采取稳健的政策,以机智圆

---

[8] 孟广林:《英国封建王权论稿》,人民出版社2002年版,第253页。
[9] 齐延平:《自由大宪章研究》,中国政法大学出版社2007年版,第147页。
[10] 孟广林:《英国封建王权论稿》,人民出版社2002年版,第174页。

滑的态度对付议会",使得"都铎王朝从未发生皇冠与立法机关的冲突",[11] 成功创造了大宪章在都铎王朝被零提及的历史记录,成为它最后的终结者。

(一)伊丽莎白一世的个人素质

伊丽莎白是亨利八世与安妮的女儿,25岁时继承王位,统治英国近半个世纪,"是一位天生的帝王之人"[12]。父亲亨利八世高贵的气质和受到民众爱戴的个人魅力遗传给了她,爱德华和玛丽在位统治期间所遭遇的危险教会了她政治上的隐忍,文艺复兴给予了她最好的人文主义教育。这一切使伊丽莎白女王具备了"一种吸引臣民为她效忠的魅力,这一点大概胜过英格兰的任何一位国王"。[13] 她知道如何将王室的美德和气质发挥得恰到好处,使人们对她既爱戴又畏惧。[14] 比如,在自己的婚姻问题上,伊丽莎白充分表现出了政治家的成熟和冷静。在亲历和目睹政治婚姻的风险和灾难后,伊丽莎白清楚地认识到,女王未婚远比陷入婚姻囚笼的妇人更具魅力,而这无疑可成为掌控朝臣们的一个重要工具。更为重要的是,她还认识到,女王的婚姻可能会引起贵族间政治力量的失衡,"在国内那些可能和伊丽莎白结婚的男子中就没有一个是肯定不会与贵族倾轧不和的"。[15] 伊丽莎白希望身后有一个团结的贵族集团,她既不愿因和某派结合而失去其他人的忠诚和信任,也不愿某派因为和自己结合以致难以控制。她最终做了一位女性国王最明智的选择——独身生活,"在我临终之时,在一块

---

[11] 黄仁宇:《资本主义与二十一世纪》,三联书店2006年版,第162页。美国学者罗伯茨也曾指出,在查理一世统治时期,人们追忆伊丽莎白统治时期是"令人满意的政府的一个黄金时期",因为这一时期英国的君主统治显得"和谐而有效"。而罗伯茨将其归功于女王个人的治国术,"伊丽莎白运用王权、官廷和议会来治理王国的智慧;她役使议会与治安法官建立起她本人与臣民的伙伴关系的技巧"。[美] 克莱顿·罗伯茨等:《英国史》(上),潘兴明等译,商务印书馆2013年版,第355~356页。

[12] [美] 克莱顿·罗伯茨等:《英国史》(上),潘兴明等译,商务印书馆2013年版,第335页。

[13] [英] 温斯顿·丘吉尔:《英语国家史略》,薛力敏等译,新华出版社1985年版,第531页。

[14] S. T. Bindoff, *In Search of the Queen: Elizabethan Government and Society*, London, 1961, p. 3.

[15] [英] J. E. 尼尔:《女王伊丽莎白一世传》,聂文杞译,商务印书馆1992年版,第81页。

大理石上刻下这样的字句就足够了:一位女王,终生以处女的身份统治过这一王国"。[16]

(二)伊丽莎白一世的统治政策

1. 于贵族,恩威并施争取和睦

与其他君王一样,伊丽莎白一世的统治同样面临着复杂的政治派系斗争,尤其是以塞西尔和达德利为首的两大派系更是势同水火。凭借出色的政治智慧,伊丽莎白女王使他们彼此牵制,进而牢牢控制这些派系。"她从未像詹姆士一世那样将决定权交给主要的宠臣掌握,而是通过支持或反对某一个宠臣来维持派系之间的平衡。"[17]一方面,伊丽莎白女王善于利用王权的巨大恩泽来确保贵族阶层对她的忠诚。在其统治期间,英国大约有2500名贵族、绅士及年轻子弟渴望在宫廷、王室或政府中任职。为了满足贵族们的愿望,伊丽莎白女王把自己掌握的1200个官职,以及年金、租约和专卖权等利益,通过精明谨慎的方式分配给贵族们。另一方面,对于危及自身统治的贵族,伊丽莎白女王同样会毫不留情地进行镇压。比如,女王的宠臣兼情人埃塞克斯伯爵,曾被赐予许多显赫官位和特权,但1601年因其率领党羽进入伦敦城,而被指控为叛乱并很快被捕,不久就因叛国罪而被斩首。再如,1569年,以诺福克为首的贵族在北方发动叛乱,立即遭到伊丽莎白女王的残酷镇压,甚至在叛乱失败后的几个月里,还有450名参与者被绞死。

当然,伊丽莎白女王很清楚,王权与封建贵族的基本利益是相同的,贵族应该成为自己团结和争取的对象,于是她明确提出"和睦"的政治口号。1559年1月伊丽莎白女王出席在伦敦举行的第一次官方招待会,她被看作是英国和平的缔造者,受到人们的热烈欢迎。伊丽莎白女王首次加冕庆典的主题就是"团结",她的王冠下面写着:"约克家族与兰开斯特家族联合在一起,具有象征意义的是,就像亨利七世与爱德华四世的女儿伊丽莎白的婚姻结束了英国的内乱,他们的孙女、新的伊丽莎白将为保持英国的永久和睦而努力。"正如庆典上所咏唱的一样:"因此内战结束,鲜血不

---

[16] 夏继果:"试论伊丽莎白一世的婚姻谈判与外交政策的关系",《齐鲁学刊》1998年第2期。

[17] [美]克莱顿·罗伯茨等:《英国史》(上),潘兴明等译,商务印书馆2013年版,第356页。

再流淌;两个家族团结如一家的时候,现在,我们相信,啊,高贵的女王,争执停止,安宁增长,那都是因为有了您。"[18]

2. 于教会,折中妥协强推新教

为了更好地处理各个教派间的关系,伊丽莎白女王对自己的宗教信仰一直秘而不宣,以至于现在史学家们一直弄不清楚她到底是否有任何宗教信仰。但可以肯定的是,她处理宗教问题的指导思想是:"要重新建立臣民的团结。""她知道她不能选择罗马天主教,因为太多的臣民痛恨罗马教廷。她可能更喜欢亨利的天主教,但这是不可能的,因为没有任何神职人员支持没有罗马教教廷的弥撒。她唯一的选择是转向新教。"[19]基于自己对英国国家形势的熟悉,伊丽莎白女王采取了一条渐进的、折中式的宗教改革之路。王庭于1559年向议会提交了《至尊法案》和《信仰划一法案》,前者使伊丽莎白女王取代教皇成为教会最高统治者,后者要求每一个教区使用新的《公祷书》。四年之后,女王促使议会通过了《三十九信条》,以作为英国国教的基本纲要。至此,伊丽莎白女王建立起了一种折中式的新国教。比如,新《公祷书》如是解释圣餐礼:"将我主耶稣基督的圣体赐予你们,使你们的灵魂和肉体得以永生;领受并吃下基督的圣体,以铭记基督为你们而死,以虔诚的感恩之心使上帝留在你们心中。"[20]这显然是将新教伦理和天主教教义巧妙糅合在一起,使新教徒和天主教徒都能够接受。

同时,对于那些不服从的教派,伊丽莎白女王毫不留情地予以镇压。比如,对于天主教,1581年议会通过了惩罚"不服从国教"的议案,对周日不参加教区教堂活动者,每月罚款20镑,一改之前《信仰划一法案》每周罚款12便士的规定。1585年议会又通过一项法案,认定天主教神父在英国居住的事实本身就构成叛乱罪。据统计,在伊丽莎白女王统治期间,大约有250人因为其天主教信仰而失去生命。女王对清教徒也不手软。

---

[18] [英]肯尼思·摩根主编:《牛津英国史》,王觉非等译,商务印书馆1993年版,第285~286页。

[19] [美]克莱顿·罗伯茨等:《英国史》(上),潘兴明等译,商务印书馆2013年版,第337页。

[20] J. R. Tanner, Tudor, *Constitutional Documents*, A. D. 1485 – 1603, Cambridge University Press, 1951, p. 136.

如1577年她下令格林达尔大主教镇压清教徒的"神谕"运动,当大主教表示拒绝时便被给予了停职处分。1583年格林达尔大主教去世后,伊丽莎白女王立即任命反清教的惠特吉福特担任大主教,彻底镇压了清教徒的"神谕"运动。后来清教徒转而向议会求助,并于1586~1587年发动了一场夺权运动。但伊丽莎白女王毫不让步,最终粉碎了清教徒的所有企图。毫无疑问,伊丽莎白女王折中的、恩威并施的改革取得了成功,因为"在伊丽莎白继位时,大部分英国人信仰天主教,到了44年后她去世时,他们中的大多数都是不折不扣的新教徒"。[21]

综合来看,不论是个人素质还是治国政策的选择,伊丽莎白女王都表现出了一位优秀封建君主的特质,再加上其成功的对外政策给英国带来的巨大荣耀,这一切最终促使人们"对王权的崇拜达到了顶点",[22] 于是对王权的服从和秩序的强调就成了时代最强音。"在伊丽莎白女王时代,法治的必要性开始与服从已经确立的权威联系在一起。一些法学家和女王的大臣已经明确强调,臣民必须服从国王,这就是维护法治本身的充分基础。"[23] 如此一来,旨在限制王权的大宪章当然就无人问津,不再为人们所谈及。

四、约翰王与伊丽莎白一世比较的启示

在英国封建社会,国王、贵族和教会一直是影响政治发展的三股重要力量。如此政治格局之下,优秀的国王必须要善于利用自身的政治优势,尽量争取另外一方或两方的支持,以防范另外两方联合起来反对王权局面的出现。唯有如此,王权才能在政治上立于不败之地,否则就必然面临失败的命运。如果我们把大宪章看作是王权地位的晴雨表,那么,约翰和伊丽莎白迥异的统治风格无疑就是造成其沉浮变化的温度差。

一方面,就大宪章的颁布出台来看,可以说这主要是约翰王愚蠢的统治政策促成的。约翰王没有处理好三股政治力量的关系,极不明智地同时

---

[21] [美]克莱顿·罗伯茨等:《英国史》(上),潘兴明等译,商务印书馆2013年版,第344页。

[22] [美]克莱顿·罗伯茨等:《英国史》(上),潘兴明等译,商务印书馆2013年版,第356页。

[23] Ellis Sandoz ed., *The Roots of Liberty*, University of Missouri Press, 1993, p.69.

侵害贵族和教会的权益，遭到联合反对也就不足为奇。"以前的国王都努力阻止他们的联盟，而约翰的令人憎恶的荒唐行为却导致了他们的联盟。他忘记了王权之所以得以维持，是以教士势力和贵族势力相互平衡为条件的；当他们联合起来时，他注定要屈服。"[24] 因此，"没有国王个人行为失误的刺激，就不会有反叛"。[25] 如果约翰王能很好地处理王权、贵族和教会之间的关系，就不会有《自由大宪章》在1215年的诞生。

另一方面，与之相反，就大宪章的销声匿迹来看，这主要归功于以伊丽莎白女王为代表的都铎王朝明君们的努力。如前所述，虽然《自由大宪章》在1215年之后曾被重新修订和颁布几十次，但是到了英国封建社会后期的都铎王朝，一百多年之中大宪章再也没有被人们提及，进入一个完全的休眠期。[26] 究其原因，伊丽莎白女王的贡献可谓最大。在位44年，伊丽莎白女王成功克服了种种危机，实现了国家的繁荣鼎盛。她去世的时候，"举国皆为新教徒，国教得到确立，王权受到尊重，货币体制健全，海军大获全胜，国内和平，商业繁荣，新大陆被发现，诗人和编剧盛极一时"。[27] 在宪政理论领域，国王的成功实践促使人们"对王权的崇拜达到了顶点"，对王权的拥护占据了理论主流。在如此的理论和实践面前，旨在限制王权的大宪章显得十分不合时宜，当然就被束之高阁了。

综上所述，《自由大宪章》本质上只是封建王权与贵族、教会间斗争

---

[24] [法]基佐：《欧洲代议制政府的历史起源》，张清津等译，复旦大学出版社2008年版，第278页。学者孟广林也曾指出："事实上，（1215年）这场危机的严重程度既是有限的，也是必定要被克服的。"因为当时武装反叛者主要是北方的大贵族、次级封臣和骑士以及东盎格里亚的部分贵族，还有一些市民和教士。就整个局势看，贵族中仍然有很大部分是支持国王的，还有相当多的贵族虽然心怀不满，但并未直接参与到反叛中来。比如以元老重臣威廉·马歇尔为代表的大贵族，就始终站在王权一方。即便是反叛的贵族，他们的目标也绝非是推翻封建王权，或者是实现政治分裂割据。他们只是要求重塑国王的政治形象，维护他们原来享有的封建权益，恢复先王特别是亨利一世时的仁政良法。很显然，这些诉求都属于封建贵族阶层内部的矛盾，优秀的国王完全可以通过政治智慧来妥善解决。参见孟广林：《英国封建王权论稿》，人民出版社2002年版，第175～177页。

[25] 齐延平：《自由大宪章研究》，中国政法大学出版社2007年版，第163页。

[26] 此现象在英国文学领域中也有表现，比如在16世纪末期莎士比亚的剧本《约翰王》中，甚至就根本没有提及大宪章一事。"这从一个侧面说明，到此时大宪章已基本不为人们所知或不为人们所关注了。"齐延平：《自由大宪章研究》，中国政法大学出版社2007年版，第195页。

[27] [美]克莱顿·罗伯茨等：《英国史》（上），潘兴明等译，商务印书馆2013年版，第335页。

和妥协的记录，只要英国封建生产关系不发生根本变革，三方的共同利益始终远远大于分歧。不管他们的矛盾斗争显得如何之尖锐，也终究不会出现鱼死网破的根本决裂。也就是说，通过政治手腕来化解矛盾冲突始终是可行的。因此，在英国封建社会存续期间，国王的个人风格无疑是影响大宪章浮沉命运的关键性因素。如果国王个人素质欠佳，治国政策选择失当，大宪章这面大旗就会被反抗的人们不断地举起，反之，大宪章就只是一份无人问津的文件而已。约翰王的失败和伊丽莎白一世的成功就是最有力的例证。

柯克解释学与《大宪章》神话

胡 敏[*]

一、《大宪章》的神话与历史学家的不解

八百年前,在一处名为兰尼米德(Runnymede)的沼泽中,英格兰国王与"反对他的贵族们"[1]签署了一份长度史无前例的政治文件。它由各怀鬼胎的贵族和国王经过九天的讨价还价于1215年的6月15日通过,王室在随后的四天内复制了几十份副本,分别送往全国各地。此即为《大宪章》,不过是一份脆弱的政治协议,"它本身并不足以重建和平甚至确保其自身的执行"。[2]事实上也是如此,随后的发展告诉我们,无论是贵族还是国王,没有任何一方真的准备遵守这部宪章。但是历史在次年的12月18日发生了一百八十度的大转变,不得人心的约翰王于此日病死,其九岁的幼子亨利三世继位,威廉·马歇尔和胡伯特·德·伯夫先后担任摄政,"两位摄政分别于1216年、1217年和1225年主动发布了经过删改的《大宪章》,由此,贵族对政府的信心才逐渐恢复",[3]"最后一个版本成为了

---

[*] 中南财经政法大学法律史专业博士研究生。

[1] [英]詹姆斯·C. 霍尔特:《大宪章》,毕竟悦、李红海、苗文龙译,北京大学出版社2010年版,第221页。

[2] [英]詹姆斯·C. 霍尔特:《大宪章》,毕竟悦、李红海、苗文龙译,北京大学出版社2010年版,第241页。

[3] [美]迈克尔·V. C. 亚历山大:《英国早期历史中的三次危机:诺曼征服、约翰治下及玫瑰战争时期的人物与政治》,林达丰译,北京大学出版社2008年版,第95页。

法律，由国会确认和解释，由法院实施",[4] 至此"《大宪章》不再是简单的法律声明，1217 年和 1225 年确认的部分实际上成为了法律"。[5]

在八百年的历史中，一方面，《大宪章》赢得了无数赞誉。它被认为是"英国制定法的开端",[6] 梅特兰指出，"这部文件恰如其分地成为一部神圣文本，也是最接近英格兰曾拥有的不可废除的基本法"，"简而言之，它给我们言明的即是王在且应在法下"。而普拉克内特认为："《大宪章》在欧洲的历史上并非绝无仅有……但其逐渐成为了成功对抗王权的象征，依赖《大宪章》，对法律做出关键改变成为了可能之事。"[7] 爱德华·柯克则将其视为"英格兰根本法律主要基础的重要宣告，而其他法律只是对普通法缺陷的填补"。[8] 布莱克斯通更为热情，他认为："《大宪章》是自由的壁垒，其保护了这个国家每个人自由地享受其生活，他们的自由和他们的财产。"[9] J. R. 格伦（John Richard Green）称"若不以崇敬之情注视我们亲眼所见、亲手可触的英国自由的纪念碑是不可能的"。大卫·休谟还认为："《大宪章》奠定了自由最有价值的部分，《权利请愿书》不仅保留且亦拓展了它。"[10] 弗雷德里克·波洛克则考证称："《大宪章》见证并巩固了衡平司法的改革，而我们现在所见的衡平司法也完全可以说是这场改革的延续。"[11] 时代越走向近代，《大宪章》越来越成为一

---

〔4〕 [英] 詹姆斯·C. 霍尔特：《大宪章》，毕竞悦、李红海、苗文龙译，北京大学出版社 2010 年版，第 1 页。

〔5〕 [英] 詹姆斯·C. 霍尔特：《大宪章》，毕竞悦、李红海、苗文龙译，北京大学出版社 2010 年版，第 270 页。

〔6〕 [英] 梅特兰：《英格兰宪政史》，李红海译，中国政法大学出版社 2010 年版，第 11 页。

〔7〕 [英] 西奥多·F. T. 普拉科内特：《简明普通法史》（影印本），中信出版社 2013 年版，第 25 页。

〔8〕 Edward Coke, *Institutes of Law of England* III *Printed for E and R Brooke*, Bell – Yard, near Temple, Bar. M, DCC. XCVII, proeme.

〔9〕 Bryce D. Lyon, "The Lawyer and Magna Carta", 23 *Rocky Mntn. L. Rev.*, 416 (1950 – 1951), p. 416.

〔10〕 注：中文版为 [英] 休谟：《英国史》卷六，刘仲敬译，吉林出版社 2010 年版，第 270 页；英文版为第 235 页。此处中文版将 the petition of right 译为"请愿权"似有问题，或译为《权利请愿书》更为妥当。

〔11〕 [英] 波洛克：《普通法的精神》，杜苏译，商务印书馆 2015 年版，第 71 页。

部神话,"似乎所有的自由都源于它"。[12]《大宪章》似乎已然走上了不可推倒的神坛。

另一方面,已成神话的《大宪章》也不免承载无数批评。对《大宪章》的抨击始于1894年,杜特利斯讽刺道:"男爵们恐怕死也不会想到他们倒成了英国自由的奠基人。"[13] 1904年,爱德华·甄克斯(Edward Jenks)发表其名作《大宪章神话》(The Myth of Magna Carta),对《大宪章》进行了逐条分析,证明《大宪章》只是让极小比例的人得到了好处,而《大宪章》中对自由民的保护也只是对低阶贵族特权的保护,最终他认为:"《大宪章》以其封建和保守的条款阻碍了英国的宪政。"[14] 此后《大宪章》便迎来了潮水般的批判,嘉能(H. L. Cannon)、亚当斯(George B. Adams)、麦基文(Charles H. McIlwain)、麦基奇尼(William S. McKechnie),先后对大宪章展开了批判。20世纪60年代,研究约翰王统治的专家霍尔特(James Clarke Holt)教授出版其名作《大宪章》,于开篇即道:"1215年的大宪章是个失败,它的目标是和平,但却引发了战争。它伪称为国家的习惯法,却激起了不和谐的争论。"[15] 20世纪70年代,历史学家弗兰克·巴洛(Frank Barlow)亦表达了相同看法:"实际上,《大宪章》令人出奇的失望,它表现出对政府问题的无知,实际上对于王室行政发展也没有产生任何具体改善……它所表现的仅仅是对历史问题的无知和对未来的盲目。"[16]

如果我们细心地对以上的人物做一个分类,则不难发现,赞成和反对之间除了时间序列外,还有一个学科序列:赞誉者以法学家尤其是普通法学家为主,而批判者则以历史学家为众。对于普通法学家而言,即使是对

---

[12] [英] 西奥多·F. T. 普拉科内特:《简明普通法史》(影印本),中信出版社2013年版,第25页。

[13] Bryce D. Lyon, "The Lawyer and Magna Carta", 23 *Rocky Mntn. L. Rev.*, 416 (1950–1951), p. 417.

[14] Bryce D. Lyon, "The Lawyer and Magna Carta", 23 *Rocky Mntn. L. Rev.*, 416 (1950–1951), p. 417.

[15] [英] 詹姆斯·C. 霍尔特:《大宪章》,毕竞悦、李红海、苗文龙译,北京大学出版社2010年版,第1页。

[16] [美] 迈克尔·V. C. 亚历山大:《英国早期历史中的三次危机:诺曼征服、约翰治下及玫瑰战争时期的人物与政治》,林达丰译,北京大学出版社2008年版,第54页。

《大宪章》的批判也是有所保留的，如梅特兰、波考克；于历史学家而言，即使是对大宪章的赞誉也是附加条件的，如霍尔特、麦基文。对此，历史学家里昂（Bryce D. Lyon）就曾不解地问道："缺乏对这一公共议题（指大宪章议题）的真相追求尚可理解，但为什么法学教授们还是对《大宪章》的真相及其历史保持冷漠呢？尽管关于大宪章的大作已经在法律评论中出现至少25年了，但在法律人的思维中却仍无显著变化。"[17]

这一问题来自何处又如何解答？也许解铃还须系铃人，为了解决问题，我们还得回到400年前，找到那位一手缔造《大宪章》"神话"的人——爱德华·柯克（Edward Coke）。

二、爱德华·柯克的生平与著作

"柯克与培根——16世纪末至17世纪初最伟大的法学家"，"培根是当时最伟大的法官"而"柯克则是当时最伟大的普通法律师"。[18] 众所周知，培根以哲学见长，虽贵为大法官，但法学或许只是他人生中的一个副业，而在中世纪这并非稀奇之事。法学直到近代才与哲学若即若离，上至亚里士多德，下至孟德斯鸠皆是如此，二者彻底分道扬镳恐怕要来到现代。与培根的百科全书式不同，爱德华·柯克爵士（Sir Edward Coke）似乎将毕生心血尽献法学。

1552年2月1日出生的柯克正好赶上梅特兰所称的普通法危机时代，少年时代的他受教于三一学院和内殿律师会馆，其学业受到伯利（Burghley）的倾囊资助。[19] 自踏出学校那一刻起，柯克的一生就注定被贴上了两个标签，即作为政治家的柯克和作为法学家的柯克。

柯克的政治生涯在1616年以前似乎一直一帆风顺。1592年，年仅不惑的柯克就任副总检察长，一年以后任下议院议长，次年升任总检察长，而他在这个职位一做就是12年。14年的官僚生涯"给柯克的知识打下了永久的烙印"，[20] 而这14年似乎对柯克颇为矛盾的作风也带来了巨大影

---

[17] Bryce D. Lyon, "The Lawyer and Magna Carta", 23 *Rocky Mntn. L. Rev.*, 416（1950 – 1951），p. 418.

[18] W. S. Holdsworth, "Sir Edward Coke", 5 *Cambridge L. J.*,（1933 – 1935），p. 332.

[19] W. S. Holdsworth, "Sir Edward Coke", 5 *Cambridge L. J.*,（1933 – 1935），p. 333.

[20] W. S. Holdsworth, "Sir Edward Coke", 5 *Cambridge L. J.*,（1933 – 1935），p. 333.

响。急躁的性格使他在同侪之中并不受欢迎，对罪犯的严苛也使他被扣上了酷吏的帽子。1606年柯克升任民事诉讼高等法院首席法官，而此后10年的法官生涯才是柯克人生的辉煌时刻。其中，1613年，根据培根的提议，柯克由民事诉讼最高法院调任王室法院，直至1616年柯克被愤怒的国王解除所有职务，而这3年的任期以他三次与国王的争议为标志。但是1620年爱德华·柯克卷土重来，他以其在普通法上的重要影响而与议会反对派结盟，"他巩固了普通法和议会的古老同盟，人们对普通法近乎迷信的崇敬支持并帮助了议会"。[21] 1628年是柯克在议会的最后一年，也正是在这一年，"他做出了对宪政最重要的一项工作，即发起了《权利请愿书》"。[22]

作为法学家的柯克著作等身，涉猎广泛，他不只阅读法律书籍，"在中世纪历史上他可以引用马修·帕里斯[23]，他能比较罗马法和普通法；为生动他的著作，他对维吉尔、乔叟信手拈来；为引证其观点，他可以引用塔西佗、西塞罗、拉丁圣经，他几乎无所不知"。[24] 而柯克最为著名的两部著作，也是深刻影响了普通法进程的两部著作，即 *Reports*（《判例汇编》）和 *Institutes*（《法律总论》）。《判例汇编》以案例为主题，夹杂柯克的评论和建议；而《法律总论》则以柯克的评论为主，第一卷以评论利特尔顿的土地法为主旨，第二卷以评论包括《大宪章》在内的公法领域的39部法律为主，第三卷以刑法为叙述目标，第四卷则论述了国会及法院的管辖权。

三、柯克与他的《大宪章》

400年来，评论家不约而同地将矛头一致对向柯克，指认柯克乃《大宪章》"神话"的始作俑者。"随着时间推移，《大宪章》越来越成为一个神话，17世纪所有的自由都指向它，而柯克在其《法律总论》第二卷中对

---

[21] W. S. Holdsworth, "Sir Edward Coke", 5 *Cambridge L. J.*, (1933–1935), p. 335.

[22] W. S. Holdsworth, "Sir Edward Coke", 5 *Cambridge L. J.*, (1933–1935), pp. 335–336.

[23] 马修·帕里斯为13世纪英国编年史学家，Matthew Paris, *Matthew Paris's English History, from* 1235 *to* 1273, trans. by J. A. Giles, Henry G. Bohn, York Street, Covent Garden, 1852, Preface, p. V.

[24] W. S. Holdsworth, "Sir Edward Coke", 5 *Cambridge L. J.*, (1933–1935), p. 337.

《大宪章》的伟大评论成为了 17 世纪最为经典的宪政原则的阐释"。[25] 柯克使"都铎王朝时期曾经式微"并"晦暗不明"的《大宪章》"复苏过来"。[26] 柯克爵士的领导,使《大宪章》在 17 世纪重新成为具有政治重要性的文献。[27] 不断确认的神话,如其名字所示,是以《大宪章》为代表的,在他(柯克)死后,出版的《法律总论》第二卷及催生了权利请愿书的平民院辩论中对它的论述,是他所有历史诠释中最引人注目……柯克在 13 世纪的这份封建性文件中发现议会权利和财产权的这个过程,在性质上可以说是他一生中最伟大的工程。[28] 由此看来,柯克似乎已经扣实了缔造"神话"的这顶帽子。

　　有意思的是,无论是柯克本人还是柯克对《大宪章》的解释都得到了如同《大宪章》一般的两极评价。赞誉者如沃德教授(Ian. Ward)认为:"柯克的法律总论,如同诺曼·戴维斯所言,在 17 世纪无论从哪个方面而言,都被供在圣经的地位上。"[29] 1677 年柯克逝世不久,特威登(J. Twisden)就对柯克大加赞赏:"柯克的总论是如菲茨赫伯特的《令状性质论》、《博士与学生对话录》一样优秀的权威。"[30] 在英国,柯克本人一度成了法律本身,他的一言一语足以撼动威斯敏斯特大厅。[31] 不仅如此,柯克与他的法律总论还深刻影响了美国的开国元勋们,如托马斯·杰斐逊(Thomas Jefferson)就曾表示:"这本著作是以如此丰富的学识和判断写出来,我想不起来,其中哪一个观点曾经在司法中被否定过,尽管由于形式

---

[25] [英] 西奥多·F. T. 普拉科内特:《简明普通法史》(影印本),中信出版社 2013 年版,第 25 页。

[26] [美] 小詹姆斯·R. 斯托纳:《普通法与自由主义理论:柯克、霍布斯及美国宪政主义之诸源头》,姚中秋译,北京大学出版社 2005 年版,第 33 页。

[27] [英] 詹姆斯·C. 霍尔特:《大宪章》,毕竞悦、李红海、苗文龙译,北京大学出版社 2010 年版,第 2 页。

[28] [英] 波考克:《古代宪法与封建法:英格兰 17 世纪历史思想研究》,翟小波译,译林出版社 2014 年版,第 42 页。

[29] Ian Ward, *The English Constitution, Myths and Realities*, Oxford and Portland, Oregon, 2004, p. 185.

[30] O. Hood Phillips, *A First Book of English Law*, London: Sweet and Maxwell, 1977, p. 253.

[31] O. Hood Phillips, *A First Book of English Law*, London: Sweet and Maxwell, 1977, pp. 253 - 254.

杂乱，令这部著作丧失了很多价值，但它依然可以被视为英国法的根本经典。"[32] 至此我们似乎很难想象，柯克竟然会在后世被称为"文盲"[33]。而他对于《大宪章》的贡献，有时被扣上了神话的帽子，有时却被贬得一文不值。比如，霍尔特就认为："当柯克断言，《大宪章》仅仅重新确立了古代信念时，他不仅误导了他的公众，他自己也被《大宪章》误导了。"[34] 而波考克（J. G. A. Pocock）则直言不讳地称柯克为"轻信之人"，"因为他总是过于热情和极端地相信他正在主张的理由的正确性"[35]。批评者们相信，也正是由于柯克的"轻信"和"武断"，使得"他对《大宪章》和其他宪法性文件的探讨最为不足为训，因他开始或保持了众多错误而留待后人改正"[36]。即使是颇为推崇柯克的霍兹沃思（W. S. Holdsworth）也认为其"武断"而"对中世纪法律充满了歪曲"[37]。有意思的是，柯克曾建议"历史学家要谨慎地涉足法律领域"，而现在柯克反倒受到了历史学家们的"围攻"，霍兹沃思曾就此打趣道，柯克爵士真的是"不是不报，时候未到"[38]。

在众多的嘈杂声中，梅特兰曾在致霍兹沃思的一封信中提到："柯克的著作，是一个伟大的分水岭，若无他的独断，我们恐怕很难逃离中世纪。"[39] 如果说霍兹沃思对柯克尚有私情的话，那么向来以冷静客观、刚健有力著称的梅特兰至少对柯克是绝无推崇的。这一点从他多次无情地指出柯克的历史错误就能得知，梅特兰提及柯克时，即使"赞扬也是不太情愿的"[40]。但若依梅特兰所言，柯克以一己之力将整个英伦半岛带出中世

---

[32] ［美］小詹姆斯·R. 斯托纳,《普通法与自由主义理论：柯克、霍布斯及美国宪政主义之诸源头》，姚中秋译，北京大学出版社2005年版，第20页。

[33] ［英］波洛克：《普通法的精神》，杜苏译，商务印书馆2015年版，第83页。

[34] ［英］詹姆斯·C. 霍尔特：《大宪章》，毕竞悦、李红海、苗文龙译，北京大学出版社2010年版，第17页。

[35] ［英］波考克：《古代宪法与封建法：英格兰17世纪历史思想研究》，翟小波译，译林出版社2014年版，第63页。

[36] O. Hood Phillips, *A First Book of English Law*, London: Sweet and Maxwell, 1977, p. 253.

[37] W. S. Holdsworth, "Sir Edward Coke", 5 *Cambridge L. J.*, (1933-1935), p. 340.

[38] W. S. Holdsworth, "Sir Edward Coke", 5 *Cambridge L. J.*, (1933-1935), p. 340.

[39] W. S. Holdsworth, "Sir Edward Coke", 5 *Cambridge L. J.*, (1933-1935), p. 344.

[40] ［美］小詹姆斯·R. 斯托纳：《普通法与自由主义理论：柯克、霍布斯及美国宪政主义之诸源头》，姚中秋译，北京大学出版社2005年版，第23页。

纪,这是"无情"的梅特兰对柯克最为客观的评价。如果说柯克与他对《大宪章》的解释仅仅是一个神话,那么"逃离中世纪"的英国宪政又是何等的脆弱?难道柯克仅仅是以安徒生和格林兄弟[41]的方式就让整个普通法的传统重铸,让一个国家摆脱中世纪的"黑暗"?

四、社会变更与解释法律

如果大宪章在柯克的笔下真的是一个"神话",那么就让我们来看看柯克是怎样缔造这一座"神话"的。不过在这之前,还请容许笔者向大家征引一个在普通法语境中颇为著名的案例,如果不以法律的视角看,这样的案例也很容易被曲解为"神话"。

1976年,福克斯(Fox)小姐与怀特(Wright)先生同居长达21年,但二人一直未正式结婚,就在此时怀特先生不幸离世,福克斯小姐申请其作为法定租客继承怀特先生租下的租金受保护的房子。但此处有一个制定法的前提,即若福克斯小姐可以继承的话,她应是怀特家的家庭成员。那么问题就出现了,到底作为同居对象的福克斯小姐是否为怀特先生的家庭成员,即"家庭"(family)一词成了本案争论的焦点。

在该案发生的26年前,几乎与本案一模一样的 Gamman v. Ekins [1950] 2KB. 328 案中,法官给出了否定的答案,认为虽然二人生活多年且女方已随男姓,但由于二人并未成婚,因而女方不得继承。审理此案的埃弗谢德(Evershed)勋爵言简意赅地说:"很难想象,在正常的英语使用中,与该女子以这种名义一起生活的男子可以被认定为租客的家庭成员。"[42] 但在1976年的案子中,对"家庭"予以另一种解释的倾向获得了胜利并且在日后大行其道。审理1976年一案的詹姆斯(James)法官认为:"在1950年到1975年间,因议会立法与判例法,法律已经发生了很多变化。这其中很多都有着社会需求和社会观念变化的基础……家庭的含义不是一成不变的……我认为,考虑到在1975年,家庭的内涵已经有了根本性的变化,如果认定1961年上诉人不属于通常含义的家庭成员,那对本案

---

[41] 格林兄弟也是法学学生出身,师从萨维尼,看来法学学生真的是有"缔造神话"的传统。

[42] [英]迈克尔·赞德:《英国法:议会立法、法条解释、先例原则及法律改革》,江辉译,中国法制出版社2014年版,第328页。

来说,有些过于严苛和僵硬。"[43] 而对于 Gamman v. Ekins 一案已经存在的先例,丹宁(Denning)法官认为:"随着时间的流逝、社会状态的改变,先例并未跟上现代思维。"[44] 布瑞吉(L. J. Bridge)法官则更为热情,他认为:"如果语言的含义随着社会观念的变化而变化,那么在该变化发生以前法庭裁决认定的有关法令语言的含义就不再约束法庭了。"[45] 其后的案例似乎印证了布瑞吉法官颇为激进的表述。在 2001 年的 Fitzpatrick v. Sterling Housing Association [2001] 1 AC 27 一案中,"家庭"一词的含义被扩展至同性伴侣。要知道,英国同性婚姻合法是 2014 年 3 月才正式生效,[46] 可见相比立法,解释法律对现实更具反应力和除弊性。

如果在考量上述案件时仍有疑虑,那么 1929 年上诉至枢密院的 Edward v. Attorney - General, Canada [1930] AC 124 一案恐怕会打消一切疑虑。该案涉及法律最为重视的价值取向,即对人权的保护,桑基(Sankey)勋爵在法庭上发表其雄辩时称:"将女性排除于公共职位之外是先前野蛮未开化时代的遗迹……'人'这一个词应该包括两个性别的人,至于那些问为什么它包括女性的人,最直接的答案是,为什么不包括呢?此时应由那些否定人包括女性的人去正名它为什么不包括。"[47] 对此正如女权学家 Albie Sachs 和 Joan Hoff Wilson 所言:"发生变化的不是法律规定而是法官们的解释方法,时代的气候发生了变化,19 世纪末无法接受的情况在 1920 年代变得可以接受了,事实上这是无可指摘的。"[48]

如果仅仅从法律的角度来解读这一系列案件,那么上述所有案件其实都只反映了一个问题,而这也是自法律诞生以来就经久不衰的问题,即法律的滞后性与时代变更性之间的矛盾。若将此置于法学中深究,其本质就

---

[43] [英] 迈克尔·赞德:《英国法:议会立法、法条解释、先例原则及法律改革》,江辉译,中国法制出版社 2014 年版,第 328~329 页。

[44] D. J. Hurst, "The Problem of the Elderly Statute", 3 *Legal Stud.*, 21 (1983), p.35.

[45] [英] 迈克尔·赞德:《英国法:议会立法、法条解释、先例原则及法律改革》,江辉译,中国法制出版社 2014 年版,第 329 页。

[46] http://news.ifeng.com/opinion/special/tongxinglian/.

[47] [英] 迈克尔·赞德:《英国法:议会立法、法条解释、先例原则及法律改革》,江辉译,中国法制出版社 2014 年版,第 330 页。

[48] [英] 迈克尔·赞德:《英国法:议会立法、法条解释、先例原则及法律改革》,江辉译,中国法制出版社 2014 年版,第 330 页。

是法律实然和应然的矛盾,也即法律是什么、而它又应该是什么的问题。当法律滞后于时代而时代又要求反映于法律之时,我们最好的方法是什么?"当然就是一部全新的制定法,这不仅在程序上是一个更为忠实的方式,也是不干预原有价值与权利而创制新原则与权利的方式。"[49] 但现实是,立法无论在哪个国家、哪种制度、哪个时代都是一件极为耗费资源,尤其是时间成本之事,运作起来并非易事。正如前述 2001 年 Fitzpatrick v. Sterling Housing Association [2001] 1 AC 27 一案对"家庭"一词的解释,事实上立法在 13 年后才对同性婚姻予以承认,那么在这 13 年间又如何保证个案的公正呢?

由此可见,发生变化的不是法律而是解释,法律解释为这一问题提供了相比立法更为高效、直接和更能保证个案公正的解决方法。如同博登海默所言:"如果某一法规赖以为条件的社会情势、习俗和一般态度自该法规通过之时已发生了一种显著的、实质性的和明确的变化,那么法院就应当达致一个不同的结果。"比如,"在那种主张男女不平等的社会态度已经让位于男女实质平等的观念以后,法院就有充分的理由把那个法规局限于尽可能狭窄的范围。"[50] 所以,法律解释在立法之前是法律对时代最为显著也最为有效的反馈和补救。而上述 Edward v. Attorney-General, Canada [1930] AC 124 一案则正是这一观念经典的反映。

在美国宪法法律解释的语境中,上述这种法律解释的方法被称为"共时解释"(The Theory of Contemporaneous Interpretation)。如萨瑟兰法官即认为:"美国宪法的含义并不会因经济形势的盛衰而易……我们必须按照当下情势解释美国宪法。"[51] 马歇尔(Marshall)大法官亦称:"美国宪法旨在长时间一直沿用下去,从而旨在适应人类事物中的各种危机。"[52] 华盛顿最高法院在支持休斯法官的观点时也曾说:"对宪法规定进行解释,应

---

[49] D. J. Hurst, "The Problem of the Elderly Statute", 3 *Legal Stud.*, 21 (1983), p. 41.

[50] [美] 博登海默:《法理学:法律哲学与法律方法》,邓正来译,中国政法大学出版社 2010 年版,第 560 页。

[51] [美] 博登海默:《法理学:法律哲学与法律方法》,邓正来译,中国政法大学出版社 2010 年版,第 537 页。

[52] [美] 博登海默:《法理学:法律哲学与法律方法》,邓正来译,中国政法大学出版社 2010 年版,第 538 页。

当符合和包括社会与经济生活日益变化的情势。"[53] 而在英国法的语境中，这种解释一般被称为"伊舍原则"（Esher Principle），经改造后其核心观点即"一部制定法终究是与时俱进（always speaking）的"。事实上，无论哪种语境，他们都使用同一种解决法律滞后性的法律方法，即法律解释。早在300年前，爱德华·柯克就在其《法律总论》中对《大宪章》作出过性质几乎相同的法律解释，只不过他所面临的问题并非案件，而是更为久远的法律文件。但就法律解释而言，这是一种法律方法和法律技术，而就技术而言，现代法官所为之事与300年前的柯克并无二致。

五、制定法解释与"衡平"规则

法律解释这一解决法律问题的技术和方法并非诞生于现代法律，而是早已有之且源远流长。谈及法律解释，作为大陆法系一员的我们会很自然地想到萨维尼理论及其对法律解释的经典分类，但是普通法是一个完全不同于大陆法的存在，因此，在普通法语境中谈萨维尼和罗马法的法律技术似乎不合时宜。如果我们回归语境，尤其是英国普通法的语境，我们就需要知道什么是英国法中的法律解释。

在普通法中，法律解释通常被称为制定法解释（Statutory Interpretation or Statutory Construction）。普通法一般将之分为三大规则：其一，字面解释规则，即不论结果是否合理，法官应完全按照法条字面意思作出解释，"不好的结果应留给立法机关去解决，不应根据某人荒谬的理解私自改变法令所用的语言"。[54] 其二，黄金规则，即视整个法律为一体，对之进行整体解释，按照通常含义去理解其中的意思，用以避免明显而不公正的荒谬。但事实上，黄金规则"仅仅是为了修正字面规则而已"。[55] 其三，除弊规则，于赫顿案（Heydon's Case）中首次出现，是为了寻求一般法令真正和确切的含义，即法官对法律的解释应该能够消除缺陷，使议会的补救措施生效。需要指出的是，普通法解释规则并不像其字面意思那样是一种

---

[53] [美] 博登海默：《法理学：法律哲学与法律方法》，邓正来译，中国政法大学出版社2010年版，第538页。

[54] [美] 迈克尔·赞德：《英国法：议会立法、法条解释、先例原则及法律改革》，江辉译，中国法制出版社2014年版，第213页。

[55] O. Hood Phillips, *A First Book of English Law*, London: Sweet and Maxwell, 1977, p.141.

不可不用并形成严格体系的规范,相反,它只是英国法官和法学家解释法律时的一种倾向和原则,是后人对法官解释制定法活动的一种概括。事实上,没有任何一个英国法官会在解释制定法之前明确说明自己在适用某一项制定法解释规则,所以我们不应对三大规则作狭隘的理解。

追溯制定法解释的起源,我们可以发现在早期英格兰普通法的语境中,制定法解释主要借鉴教会法和民法的原则。[56] 塞缪尔·索恩(Samuel Thorne)曾经指出,"在英国中世纪历史的某些时期,普通法对法规解释所持的观点与罗马法和罗马法系所持的态度并无二致"。[57] 而据菲利普教授考证,"这段时期,主要是指13~14世纪中叶"。[58] 从亨利三世到爱德华一世时期,法官开始对制定法解释享有巨大权威,即使在14世纪中叶以后议会代替法官参与的咨议会成为了立法主体,"法官(仍然)在如何对待法规的方面享有很大的自由……尽管这种解释自由在日后逐渐受到了约束……但是日渐形成了法规的衡平释义原则"。[59] 从16世纪开始,指导制定法解释的主要原则基本完全脱离了罗马法和教会法,而开始来源于普通法原则。"直到16世纪末,复杂的制定法解释规则已经被详细制定",[60] 即所谓的"衡平释义原则"。

所谓"衡平",一般认为源于亚里士多德的《尼各马可伦理学》中的"epieikeia","亚里士多德认为衡平是支配法律的最高正义原则,是调和法律的严格的字面意义,并且根据立法者的真正企图来解释用词"。[61] 16世纪英国能够摆脱罗马法与教会法的法律解释原则的影响的重要原因,正是在于16世纪,英国中世纪末期关于"衡平"的本土理论体系基本形成。[62]

---

[56] O. Hood Phillips, *A First Book of English Law*, London: Sweet and Maxwell, 1977, p. 132.
[57] [美] 博登海默:《法理学:法律哲学与法律方法》,邓正来译,中国政法大学出版社2010年版,第549页。
[58] O. Hood Phillips, *A First Book of English Law*, London: Sweet and Maxwell, 1977, p. 132.
[59] [美] 博登海默:《法理学:法律哲学与法律方法》,邓正来译,中国政法大学出版社2010年版,第549页。
[60] O. Hood Phillips, *A First Book of English Law*, London: Sweet and Maxwell, 1977, p. 132.
[61] 冷霞:《英国早期衡平法概论:以大法官法院为中心》,商务印书馆2010年版,第372页。
[62] [英] 西奥多·F. T. 普拉科内特:《简明普通法史》(影印本),中信出版社2013年版,第685页。

"制定法解释的历史自始至终贯穿着一条单一的原则,即'制定法的衡平'",[63] 而此时的"衡平"完全英国化。16世纪圣·日耳曼(St. Germain)的《博士与学生对话录》被公认为是英国法律史上首次详细和系统地探讨"衡平"并将之嵌入英国法的法理学著作。该作也被认为是衡平法理论的开山之作,在布莱克斯通的《英国法释义》出现之前一直被作为普通法学生学习普通法的教科书。

在《博士与学生对话录》中圣·日耳曼是如此概括衡平的:"衡平是考量行为之所有具体情境的并被宽恕之美所调和的正义之智。"[64] 显然,圣·日耳曼明智地将衡平从一个牵涉良心的神法概念世俗化为对个案公平的追求,"衡平需遵循每一部人法和其中的原则",但"诸事有度,过犹不及",因"法律是在人的行为发生之前所作之规范,对于无限的行为而言,想要在法律中找到普遍原则是不可能的,并极有可能会在一些个案中失败",而"立法者所关注的是普遍情况而非具体个案",所以"在某些情况下,遵循法律的一字一句会违抗公正和公利",[65] 由此"法官应据立法者的意图审判,除非法律的字面意思会受损"。[66] 圣·日耳曼笔下的衡平无非三点,即超越字词、具体情境和个案公正,而这也正是法律解释和制定法解释所要解决的问题。

半个世纪后的1573年,继圣·日耳曼对衡平进行了详尽的论述后,英国法理学家普洛登(Plowden)对衡平下了更为科学的定义:"对法规之目的所应予以的关注和追求,应当超过对法规刻板措辞的关注和追求,因为法规措辞所指称的事物实超出了这些词语的所能指范围,而这些事物的扩展范围恰恰与该法规制定者意图相一致,因此,解释议会法规的最好办

---

〔63〕 William S. Blatt, "The History of Statutory Interpretation: A Study in Form and Substance", 6 *Cardozo L. Rev.*, 799 (1984–1985), p. 800.

〔64〕 Christopher Saint Germain, *The Doctor and Student: Or, Dialogues between a Doctor of Divinity and a Student in the Laws of England*, Cincinnati: Robert Clarke & Co., 1874, p. 44.

〔65〕 Christopher Saint Germain, *The Doctor and Student: Or, Dialogues between a Doctor of Divinity and a Student in the Laws of England*, Cincinnati: Robert Clarke & Co., 1874, p. 44.

〔66〕 Christopher Saint Germain, *The Doctor and Student: Or, Dialogues between a Doctor of Divinity and a Student in the Laws of England*, Cincinnati: Robert Clarke & Co., 1874, p. 47.

法，就是根据其目的而不是根据其词语对之进行解释。"[67] 在此普洛登先是承认了法律的缺陷性，明确了法律词语和事实之间的差距，当然这一点圣·日耳曼也早已明确，不同的是普洛登随后将衡平归于法律目的的追求，这无疑是对圣·日耳曼追求意图之衡平理论的重大深化。

关于"衡平"，至今仍在英美法理学界享有崇高地位的布莱克斯通（Blackstone）进一步认为："因为法律不可能遇见和解释所有情况，所以在法律的普遍原则适用于特殊案件时，除立法者本身以外"，应该有一项授予意料之外的情形的权力，并且"衡平有赖于特殊情况的个案"。[68] 可见布莱克斯通仍然承袭了前辈们对"衡平"的看法并将衡平视为"英格兰法的基础，用以帮助、改善和解释英格兰法"。而在"衡平"的方法上，他认为"当字词有疑义，就应当考虑字词的理性（reason）和精神（spirit），或者立法者立法的动因"。[69]

在这一系列关于"衡平"论述的链条中，我们的主角柯克又是怎样看待衡平的呢？柯克在其《案例报告》中明确论及："衡平是由法官所作出的解释"，可见柯克将"衡平"这一法律观念严格限定在了制定法解释的层面。柯克还认为，衡平是"超越制定法字面的案件，因为同样的原因，造成相同的损害，那么就应获得制定法规定的相同的救济，因为立法者不可能将所有情况都预设于明文条款之上"。[70] 由此可以看出，柯克关于衡平的认识并没有跳脱其他人的看法，只是柯克对个案公平作出了更为科学的归纳，即"除弊"，哪里有损害，哪里就有救济，而衡平的目的在于对字面意思所无法达致的个案损害予以救济。因此柯克认为，衡平的目的在于除弊，即除普通法之弊，除制定法之弊，而这套理论正是除弊规则的发端。

---

[67]　[美] 博登海默：《法理学：法律哲学与法律方法》，邓正来译，中国政法大学出版社2010年版，第549~550页。

[68]　William S. Blatt, "The History of Statutory Interpretation: A Study in Form and Substance", 6 *Cardozo L. Rev.*, 799 (1984–1985), p. 802.

[69]　William S. Blatt, "The History of Statutory Interpretation: A Study in Form and Substance", 6 *Cardozo L. Rev.*, 799 (1984–1985), pp. 802–803.

[70]　Edward Coke, *The First Part of the Institutes of the of England or a Commentary upon Littleton, Not the Name the Author Only but of the Law Itself*, 16th ed., rev. cxxxiii 1809, Sect. 21, 22&23.

六、体系化的"衡平":除弊规则

在英国法学家的理论中,作为制定法解释的"衡平"一直存在,而且自 16 世纪以来不断演进、强化和发展。但是衡平究竟如何运用,它又是怎样发展为一套自成体系、并形成制定法解释规则的呢?柯克,依旧是这个问题的答案。

1584 年的赫顿案正是"衡平释义规则"运用于具体案件构成先例并形成除弊规则的第一案。虽然赫顿案在普通法史上意义重大,也经常被论述制定法解释的学者引用,但即使是在英美国家,"也极少有人真正地阅读过原始资料"。[71] 然后本案却被柯克的《判例报告》如实记载,柯克也就此案作出了详尽的分析和论证,由此柯克、赫顿案和除弊规则,这三者无法分开。

赫顿案的案情并不复杂:位于德文郡(Devon County)Ottery 采邑的古老公簿保有地,由 Ottery 学院的教士和守卫管理,他们以公簿保有的方式将学院内一块小份地转让给了威尔(Ware)父子,而在亨利八世三十年,学院的守卫和教士又通过锯齿契约的方式将同一块地以为期 80 年的方式租给了原告赫顿。案情在此似乎颇为简单,但是此案的关键在于一部制定法。亨利八世三十一年颁布了著名的宗教改革法案[(b) 31 Hen. 8],该法案规定将全国所有修道院地产收归国王所有,并且任何可以于法定时间内作出的关于"终身地域权利"的租约都归于无效。这一条款显然是为了避免教会在地产收归时将其租给他人以规避回收。但问题来了,威尔父子是以公簿保有的形式保有那一份土地的。就技术层面而言"终身地产是自由保有,而公簿保有则并非自由保有",[72] 那么法案所涉及的地产租约规定就无法约束赫顿的租约;而如果租约有效,那么公簿地产就会产生两个主体,即威尔父子和赫顿,且让学院方成功规避了回收;只有租约无效,赫顿无地产权,且威尔父子的地产权已被收归国王,该案才能保证公正。因此,问题的焦点就在"根据上述法案的普遍字词和含义,在法律和审判上

---

[71] L. H. LaRue, "Statutory Interpretation: Lord Coke Revisited", 48 *U. Pitt. L. Rev.*, 733 (1986–1987), p. 740.

[72] L. H. LaRue, "Statutory Interpretation: Lord Coke Revisited", 48 *U. Pitt. L. Rev.*, 733 (1986–1987), p. 744.

是否可以将其（公簿地产）称之为终身的权利或者地产"。

本案的解决诞生了四项以衡平除弊的规则，即后世所谓的"除弊规则"：其一，制定法之前的普通法是如何规定的；其二，有什么缺陷和不足是普通法未做规范的；其三，为了弥补普通法的不足，议会决定和采取了怎样的补救措施；其四，议会采取这一救济的真正原因。根据这四项规则，柯克认为："该案的意图就是为了防止产生双份地产，保证在一般时间内只有一个地产权，因为双份地产本身就意味着欺骗。如果公簿地产有两个主体并在 80 年内并行，这就是双份地产，而这就等于违背了议会的真实意图。"[73] 作出公簿保有为终身保有的解释"可以抑制弊端和发展救济，并且抑制潜在的企图或借口以继续这一弊端"，"而这一根据正是立法者的真实意图"。[74]

七、"衡平"与除弊规则的两个方向及柯克的制定法解释学

在柯克对于赫顿案的评论中，我们可以很清楚地看到，"立法者的意图"（Intention）乃衡平适用于赫顿案的重要方面，正是通过探究立法者的意图，才得以"清除弊端，发展救济"，这样衡平才得以实现。因此，立法者的意图是最早在赫顿案中被引申出来的衡平释义规则，并形成了最初的除弊规则。衡平包含立法者的意图，这点毫无疑问；值得探究的是衡平的另一方面，即制定法的目的。前述学者如普洛登就曾认为，衡平乃对法规之目的的关注和追求；布莱克斯通认为，衡平应考量字词的"理性"和"精神"。而柯克也曾提及衡平中的目的主义倾向，他认为："在正常情况下，所有的法案都无法扩展到新事物，但却（在法律中）保留了一个权利或者利益，这是法案中已有的，并且是可以通过法案的语言引申出来的。"[75]

制定法解释的目的主义或称目的论（purposivism），其现代阐述源于

---

[73] Edward Coke, *The Reports of Sir Edward Coke in Thirteen Parts*, New ed., 18 (1826), p. 20.

[74] Edward Coke, *The Reports of Sir Edward Coke in Thirteen Parts*, New ed., 18 (1826), p. 20.

[75] Edward Coke, *Institutes of Law of England* Ⅲ *Printed for E and R Brooke*, Bell – Yard, near Temple, Bar. M, DCC. XCVII, 76.

20世纪,而"这一重大成绩在很大程度上归功于亨利·哈特和阿尔伯特·萨克斯的法律过程学派(legal process school)"[76]。该学派致力于追求法律"应被赋予什么意义"而不是"争议问题的相关立法意图"[77]。尽管追根溯源,目的论仍"滥觞于英国赫顿案中的除弊规则"[78],但在该学派的倡导下,"基于制定法的目的,衡平解释确立了更为稳定的地位并进入了一个更为宽松的系统"[79]。区别于意图主义(intentionalism),目的主义"是强调立法的目的,是致力于消除弊端、补充不足、影响政策变更、规划政府的某一计划"[80],它"不关心主观,也不推测立法者、改革者或委员会的意志"[81]。也就是说,相对意图主义而言,目的主义更为客观;意图是静态的,而目的是动态的,是"随情境的变化而发展,目的并不总是原初的目的,并不总是颁布法律的立法机构的偏好,而是具有明显的建构性特征,目的的建构更少史实性根基而更多功能主义取向"[82]。20世纪之前,衡平中的目的论一直处于偶被提及却并未被详细论述的时代,但这并不意味着目的主义从未适用于制定法解释中,相反,目的主义在除弊规则中具有比意图主义更为深刻的影响。

通过以上论述,我们可以得出一个结论,即"衡平"作为个案公正和情境正义的产物于16世纪产生并运用于制定法解释,其内涵包括意图主义和目的主义,并在赫顿案的运用中形成除弊规则,而这二者先后成了独立的制定法解释规则被运用于普通法之中。柯克恰好在这一系列发展的过程

---

[76] [美] 卡拉布雷西:《制定法时代的普通法》,周林刚、翟志勇、张世泰译,北京大学出版社2006年版,第52页。

[77] [美] 卡拉布雷西:《制定法时代的普通法》,周林刚、翟志勇、张世泰译,北京大学出版社2006年版,第52页。

[78] 刘翀:"美国现代制定法的解释方法研究",南京师范大学2014年博士学位论文,第55页。

[79] William S. Blatt, "The History of Statutory Interpretation: A Study in Form and Substance", 6 *Cardozo L. Rev.*, 799 (1984–1985), p. 801.

[80] Felix Frankfurter, "Some Reflection on the Reading of Statutes", 47 *Colun. L. Rev.*, 527 (1947), pp. 538~539.

[81] Felix Frankfurter, "Some Reflection on the Reading of Statutes", 47 *Colun. L. Rev.*, 527 (1947), p. 539.

[82] 刘翀:"美国现代制定法的解释方法研究",南京师范大学2014年博士学位论文,第62页。

中扮演了举足轻重的角色：首先，柯克总结了前人关于衡平的论述，将之简化为对弊端的消除和对救济的发展；其次，柯克的报告首次将衡平原则适用于具体案件，并在案件中形成制定法解释的具体规则即除弊规则。柯克不仅是推崇衡平规则之人，亦是发展衡平规则之人。而我们的主角——《大宪章》也正是这一规则的受益者。柯克对《大宪章》的解释正如除弊规则在赫顿案中的运用，亦如 Fox v. Wright 案中对"家庭"一词的解释，是一个法律技术的体现，是法律内所要争议的问题。

柯克到底是如何解释《大宪章》的，衡平、除弊规则又是如何在柯克的运用下将《大宪章》"神化"的，就让我们留待下文继续探讨。

柯克将他对《大宪章》的解释形容为"生母与乳母般的平静"。同时他批判民法法系的解释繁杂而无用，"法条中有众多评论，而这些都是由同等权威和学位的博士而作，他们意见不同，他们所做的与其说解决了疑问，不如说增加了不确定性"。[83] 他将民法法系的解释形容为"海中之浪"，与此同时他认为自己的解释则并非简单的、私人和学者般的注解，而"是法官审判中的意见和法庭中的程序，都反映在我们的年鉴或法庭记录之中"。[84] 柯克所谓的母亲般的平静指的正是一种普通法一以贯之的延续性和实用性，而且柯克也从来不认为他的解释仅仅是私人的评论。事实上也是如此，柯克的报告和法律总论在出版后迅速成为法庭中争相引用的依据，即使在今天说它们是法律本身也并不过分。[85]

八、"衡平"的目的论方向：时代主义

"时代主义"即以不同时代的不同观念的变更为基准，对法律的文字作出符合当前时代需求的解释，以确保法律在个案中的公正，去除由字词的滞后性而带来的弊端。时代主义是柯克在《大宪章》的解释中最为重要的一个手段。时代主义即除弊规则的目的论方向，其本质为"衡平"中的

---

[83] Edward Coke, *Institutes of Law of England* Ⅲ *Printed for E and R Brooke*, Bell – Yard, near Temple, Bar. M, DCC. XCVII, A proeme.

[84] Edward Coke, *Institutes of Law of England* Ⅲ *Printed for E and R Brooke*, Bell – Yard, near Temple, Bar. M, DCC. XCVII, A proeme.

[85] 在 *A First Book of English Law* 中，O. H. 菲利普认为柯克的报告和总论都属于可以引用的法律渊源。

目的主义，也就是柯克说的："所有的法案都无法扩展到新事物，但却（在法律中）保留了一个权利或者利益，这是法案中已有的，并且是可以通过法案的语言引申出来的。"柯克对《大宪章》的解释正是信奉了时代主义，对法律语言及其引申出的权利更为关注，而不仅仅考量立法者的意图和法律字句的刻板含义。柯克对《大宪章》所作的时代主义解释正如大卫·施特劳斯（David A. Strauss）教授所言："（我们）没必要神化立宪者们，只需要认识到他们严谨和良善的信念和他们合理并成功地在我们几代人中（延续）的安排"。[86]

《大宪章》第3条规定："若继承人未成年，在其宣誓效忠前，领主既不得监护人身亦不得监护其财产，但当其受到监护后，其即无需纳继承金及罚款。"[87] 但是柯克的解释认为："放在今天，'效忠'与领主的担保和消除债务已无关系，除非是祖先效忠，而这在英格兰已十分稀有，在这种情况下，继承人无权迫使领主接受其效忠。"[88] 也就是说，时代已经发生改变，效忠不再是一种必须行为，也与经济关系无关，领主和继承人都有对效忠的自由，也都有对继承金和罚款享有独立自主进行处理的自由，这显然合乎时代主义的逻辑。类似的因时代改变继承金解释的还有《大宪章》第2条，"但是现在古老的创制已经变更，现在授爵很少再授公爵领和侯爵领……除非其有领地，否则不必偿付继承金"。[89] 这里同样关于继承金，如果单单是形式上和荣誉上的授爵还需支付继承金的话就显失公平，而这点是1215年的英格兰人所没有想象到的，所以柯克在此作出解释认为，除非是有领地的授爵，否则不必支付继承金。

《大宪章》第21条规定："任何执行吏或管家吏，不得擅取自由人之车与马作运输之用，但依照该自由人之意志为之者，不在此限。无论余等或余等之管家吏，俱不得强取他人木材，以供建筑城堡或其他私用，但依

---

[86] David A. Strauss, "Common Law Constitutional Interpretation", *The University of Chicago Law Review*, Vol. 63, No. 3, (Summer, 1996), pp. 877 - 935, 898.

[87] Edward Coke, *Institutes of Law of England* III Printed for E and R Brooke, Bell - Yard, near Temple, Bar. M, DCC. XCVII, p. 10.

[88] Edward Coke, *Institutes of Law of England* III Printed for E and R Brooke, Bell - Yard, near Temple, Bar. M, DCC. XCVII, p. 10.

[89] Edward Coke, *Institutes of Law of England* III Printed for E and R Brooke, Bell - Yard, near Temple, Bar. M, DCC. XCVII, p. 6.

木材所有人之意为之者不在此限。"[90] 1225年英格兰并未设置公爵，所以其他领主之规定应不含公爵，但依照时代主义，柯克解释称："其应扩展至不同层级的高阶和低阶贵族……虽然当时还没有公爵，但应扩至他们，因他们是议会中的领主，英格兰的男爵，而这同样属于这些贵族的古老特权"。[91] 也即柯克将"领主"一词扩展至所有的贵族，包括当时并未设置的公爵。

《大宪章》第14条规定："伯爵及男爵非经同侪陪审并依罪行不同，不得科以罚金。"[92] 柯克在解释同侪（peer）时认为："所有贵族都是另一个的同侪，即使层次不同，普通人亦是如此；虽说本条曾专指男性，但也应对女贵族同样适用，其生育、婚姻亦是如此。"[93] 对于著名的29条（即1215年《大宪章》的39条）的规定，即"任何自由民非经同侪合法裁判或依王国之法裁决不得被逮捕、监禁、没收财产、剥夺法律保护、流放或加以任何其他形式损害，且我们不得向任何人出售、拒绝或延搁其应享的权利和公正裁判"[94]，柯克同样认为同侪审判包含了女性贵族。他引用亨利六世的制定法（20H6），该法案明确将公爵、女伯爵，男爵增至同侪审判中，[95] 认为："侯爵、子爵虽未在《大宪章》中明文规定，但其也应由同侪审判；而王后作为国王伴侣，继承亡夫爵位的遗孀，也应接受这样的审判，即女性若生为贵族，也应受同侪审判。"[96] 柯克的解释将女性，当然特指女性贵族，涵盖在了"同侪"之中，这也是《大宪章》所未曾明文

---

[90] Edward Coke, *Institutes of Law of England* Ⅲ *Printed for E and R Brooke*, Bell‐Yard, near Temple, Bar. M, DCC. XCVII, p. 35.

[91] Edward Coke, *Institutes of Law of England* Ⅲ *Printed for E and R Brooke*, Bell‐Yard, near Temple, Bar. M, DCC. XCVII, p. 35.

[92] Edward Coke, *Institutes of Law of England* Ⅲ *Printed for E and R Brooke*, Bell‐Yard, near Temple, Bar. M, DCC. XCVII, p. 28.

[93] Edward Coke, *Institutes of Law of England* Ⅲ *Printed for E and R Brooke*, Bell‐Yard, near Temple, Bar. M, DCC. XCVII, p. 28.

[94] Edward Coke, *Institutes of Law of England* Ⅲ *Printed for E and R Brooke*, Bell‐Yard, near Temple, Bar. M, DCC. XCVII, p. 45.

[95] Edward Coke, *Institutes of Law of England* Ⅲ *Printed for E and R Brooke*, Bell‐Yard, near Temple, Bar. M, DCC. XCVII, p. 49.

[96] Edward Coke, *Institutes of Law of England* Ⅲ *Printed for E and R Brooke*, Bell‐Yard, near Temple, Bar. M, DCC. XCVII, pp. 49–50.

规定和预计的,是时代主义的原则让柯克得以将女性贵族纳入保护,从而大大拓展了《大宪章》所能保护的主体范围。

同样的情况亦出现于《大宪章》第 35 条,即"凡妇女指控之杀人案件中,若死者非其夫,不得逮捕、监禁任何人",由于本条显然涉及歧视女性,因此延续时代主义的原则,柯克解释此条时称:"如今一名女性可以控告抢劫等任何犯罪,因其如今不再受限。"[97] 无论是同侪还是控诉权,在《大宪章》的时代皆是不含女性的,然而依据时代主义,以衡平中的目的主义的制定法解释方法,柯克很自然地将其扩展至女性,也很自然地将对女性的控诉的歧视消除。柯克所行之一切,与现代普通法的案例毫无区别,即同样是将权利扩展至女性,弥补制定法时代所产生的缺陷。如果说 Edward v. Attorney-General, Canada [1930] AC 124 案是对除弊规则的使用,那么柯克又何尝不是呢?

在所有涉及时代主义的解释中,争议最大的莫过于柯克对于第 29 条中的自由民的解释。柯克关于该问题的解释分别出现于第 1、14 条和第 29 条中。在第 1 条中,柯克解释道:"自由民应包含世俗和宗教上的人,自然和政治上的人,也应同样包含农奴(villein),因他们对除了领主外的所有人而言也是自由的。"[98] 而在第 14 条中,柯克将自由民扩展至单独之法人,如主教。[99] 在第 29 条中,柯克将 *Nullus liber homo* 解释并扩展至两性,即亦包含女性。[100] 至此,自由民一词在柯克的解释下几乎涵盖了所有主体,"当然除了'即亦包含女性'和法官",因他们应受到更为严苛的约束。若依第 1、14 和第 29 条的规定,自由民享有《大宪章》所规范的所有自由(C1),包括其财产权利、继承权利、罪刑法定(C14)、法律正当程序(C29)。事实上,自由民在这三条的涵盖下几乎拥有了与现代人同样的自由与权利,即实体权利如:人身权利、财产权利;程序权利如:法律

---

[97] Edward Coke, *Institutes of Law of England* Ⅲ *Printed for E and R Brooke*, Bell-Yard, near Temple, Bar. M, DCC. XCVII, p. 68.

[98] Edward Coke, *Institutes of Law of England* Ⅲ *Printed for E and R Brooke*, Bell-Yard, near Temple, Bar. M, DCC. XCVII, p. 4.

[99] Edward Coke, *Institutes of Law of England* Ⅲ *Printed for E and R Brooke*, Bell-Yard, near Temple, Bar. M, DCC. XCVII, p. 27.

[100] Edward Coke, *Institutes of Law of England* Ⅲ *Printed for E and R Brooke*, Bell-Yard, near Temple, Bar. M, DCC. XCVII, p. 45.

正当程序。

若就历史学而言,自由民就如爱德华·甄克斯所称的,乃较为低阶的贵族;但是就法律而言,它仅仅是法律上的主体之一;就制定法而言,它仅仅是制定法的词语而已。法律自然不会发生变化,但对于法律的解释可以适应时代需求和呼应而改变,这正是法律解释和制定法解释存在的意义。但无论如何解释,它归根结底只是一种制定法解释的方法,如果要讨论这一方法的优劣,那么就应该回归法律的语境之内。衡平释义规则、除弊规则、目的主义解释方法,自其诞生之日起就饱受争议,这一点众所周知,也毫无疑问,但无论是怎样的争议,它都是制定法解释之内所要讨论的问题,与价值无涉,与其他学科更无紧密关联,而是法学内所要解决的问题。柯克对"自由民"的解释正如其对"同侪"、"效忠"、"继承金"的解释一样,也正如 Fox v. Wright 案对"家庭"一词的解释以及 Edward v. Attorney – General 案对"人"的解释一样,是衡平释义和除弊规则的运用。至于"自由民"在 1215 年和 1225 年到底代表了什么,或属于哪个阶层,这并非法律所要解释和解决的问题,而对这一名词的历史考证也绝不能干预法律的技术领域并借之否定制定法解释关于该名词的法律意义的使用。这一点在对古代法或者早期现代法的解释上尤为重要,而这一点也是柯克被误解最深、批判最广之处。站在制定法解释的角度上,柯克对自由民的解释即使有争议也应当回归制定法解释的语境中,而不是追溯其历史考证的错误,并抓住这一历史错误攻击其对制定法的解释。事实上,自由民是属于低阶贵族、高阶贵族还是全体国民,这丝毫不影响时代主义对该词的解释,也不影响衡平释义规则以及除弊规则的目的主义对该词的解释。

九、"衡平"的意图论:同代主义

熟悉柯克的《大宪章》解释文本的人都清楚,在解释《大宪章》的过程中,柯克几乎无时无刻不引经据典,如布拉克顿(Bracton)、布列敦(Britton 1291~1292)、费莱塔(Fleta)、《正义之镜》(*The Mirror of Justices*)、格兰维尔(Glanville);还有各个时期的制定法,如第 29 条中引用爱德华三世制定法[101]、威斯特敏特 I [102]，第 17 条中也引用威斯特敏特 I [103]，第 35 条中引用年鉴和爱德华三世制定法[104]；柯克也会引用自己的著作，如第 35 [105]、36 [106]、20 [107] 条中引用其《法律总论》第 1 卷；再有就是普通法的格言，如第 30 条中引用了普通法拉丁格言："臣民最好的遗产莫过于王国之法律"，以及 "*Nihil tam proprium est imperii, quam legibus vivre*"，即 "王国最正确之事莫过于依法行事"[108]；此外甚至是圣经和维吉尔的诗歌，如第 29 条中引用维吉尔的诗歌认为强迫认罪，以一己之愿任意立法或者废法，就如同古代百夫长和可憎的地狱法官一般，而这正是良善及公正所要摒弃的。[109]

绝大多数历史学家和柯克的批评者都认为这仅仅是柯克为论证自己的观点甚至掉书袋而进行的简单的引经据典，即使一般读者也是这样认为的，但事实上，柯克的引用大有玄机。在《大宪章》第 3 条提及效忠（homage）时，柯克解释道："效忠应由本人作出，而且也应该为了继承人本人的利益，这一点也在此后的古书中提及了，并且同时代的解释乃最为有力的解释。"[110] 此处柯克引用了一条著名的拉丁格言，即 "*Contempora-*

---

[101] Edward Coke, *Institutes of Law of England* Ⅲ *Printed for E and R Brooke*, Bell – Yard, near Temple, Bar. M, DCC. XCVII, p. 54.

[102] Edward Coke, *Institutes of Law of England* Ⅲ *Printed for E and R Brooke*, Bell – Yard, near Temple, Bar. M, DCC. XCVII, p. 55.

[103] Edward Coke, *Institutes of Law of England* Ⅲ *Printed for E and R Brooke*, Bell – Yard, near Temple, Bar. M, DCC. XCVII, p. 31.

[104] Edward Coke, *Institutes of Law of England* Ⅲ *Printed for E and R Brooke*, Bell – Yard, near Temple, Bar. M, DCC. XCVII, p. 73.

[105] Edward Coke, *Institutes of Law of England* Ⅲ *Printed for E and R Brooke*, Bell – Yard, near Temple, Bar. M, DCC. XCVII, p. 70.

[106] Edward Coke, *Institutes of Law of England* Ⅲ *Printed for E and R Brooke*, Bell – Yard, near Temple, Bar. M, DCC. XCVII, p. 75.

[107] Edward Coke, *Institutes of Law of England* Ⅲ *Printed for E and R Brooke*, Bell – Yard, near Temple, Bar. M, DCC. XCVII, p. 33.

[108] Edward Coke, *Institutes of Law of England* Ⅲ *Printed for E and R Brooke*, Bell – Yard, near Temple, Bar. M, DCC. XCVII, p. 62.

[109] Edward Coke, *Institutes of Law of England* Ⅲ *Printed for E and R Brooke*, Bell – Yard, near Temple, Bar. M, DCC. XCVII, p. 54.

[110] Edward Coke, *Institutes of Law of England* Ⅲ *Printed for E and R Brooke*, Bell – Yard, near Temple, Bar. M, DCC. XCVII, p. 57.

nea expositio est optima et fortissimo in lege",其中文意思是"同时代的解释乃法律上最为有力的解释"。柯克在这里引用和阐述的所谓同时代的解释也就是笔者所称的"同代主义",简而言之其含义就是,制定法只有在其颁布和制定之时进行理解和解释,即柯克在《大宪章》第1条中所说的:"这些古代法案和授予必须以法律制定之时被解释和看待"。[111]

同时,柯克也将"同代主义"视为对文本最为真实的理解,他认为,"明晰制定法是否会引进一个新的法律或宣告旧的法律,这会直接影响我们对文本本身的真实理解",所以"我们在《法律总论》第2卷中将所有古代法律皆视为有效,有必要列出布拉克顿、布列敦、《正义之镜》、费莱塔,还有其他以前从未出版的作品"。[112] 那么,为什么柯克会认为同代人的理解就是最为有力的制定法的解释呢?这是因为,在柯克看来,同代之人的论述最接近立法者的意图,尤其对于古代或行之久远的制定法而言,正如柯克在对《大宪章》第2条进行解释时所说的:"阅读古代作者就是为了理解古代法律,而这不可或缺"。在解释《大宪章》第10条时,柯克引用《正义之镜》解释伦敦应永享自由和习惯,并认为,"正义之镜的这一解释同样得到我们之后著作的印证"。[113] 由此,似乎只有将《大宪章》、《正义之镜》和此后的著作联结一致,得出相同的结论后才更能接近古代法的意思和古代立法者的真实意图。正如 Upjoin 法官所言:"同代主义的原则就是……通过对当时有联系的各方的一致同意(的判断)而对久远的歧义的解释,并且这也可能是推测古代当时立法机关意图的证据。"[114] 这里所谓的"一致同意"正是法律颁布和实施当时人的言论、著作、案例,其中,主要是法律方面的言论,而最好的反映莫过于当时的法学古书及作者。换句话说,"同代主义"就是借由法案通过之时的时人的法律著作来寻找当时的立法者的意图,其本质就是意图论或称意图主义,也是典型的

---

[111] Edward Coke, *Institutes of Law of England* Ⅲ *Printed for E and R Brooke*, Bell – Yard, near Temple, Bar. M, DCC. XCVII, p. 1.

[112] Edward Coke, *Institutes of Law of England* Ⅲ *Printed for E and R Brooke*, Bell – Yard, near Temple, Bar. M, DCC. XCVII, Proeme.

[113] Edward Coke, *Institutes of Law of England* Ⅲ *Printed for E and R Brooke*, Bell – Yard, near Temple, Bar. M, DCC. XCVII, p. 20.

[114] D. J. Hurst, "The Problem of the Elderly Statute", 3 *Legal Stud.*, 21 (1983), p. 29.

衡平与除弊规则的适用,更是柯克在赫顿案中苦苦论证的"立法者的真实意图"。[115]

在《大宪章》第 8 条,柯克引用格兰维尔和《正义之镜》解释认为,债务人不能偿债则应由担保人负责清偿,但该条中并未明文规定担保人如果受到损害该如何获得救济,于是柯克又在其后引用格兰维尔的观点,"若担保人有任何行为,契约或保证,则他可获得普通法上的赔偿"。[116]同代主义给了柯克以《大宪章》所未明文规定之问题的答案,这一答案正是从时人的法律著作即格兰维尔中追寻而来,并且可以肯定这些观念乃当时之人"一致同意"的立法者意图。

《大宪章》第 11 条规定:"一般诉讼应在固定地方审讯,而无需追寻国王法庭以请求处理。"但如果国王本人是普通诉讼当事人呢?是不是应该在国王法庭进行审理呢?对此,柯克解释道:"新谷必生于旧土,而我们的古书对此(即这个问题)解释甚好。"[117] 柯克分别引用布拉克顿、费莱塔,对前述问题给出了否定的答案,认为即使是国王,若作为普通诉讼当事人也应在固定之地参与诉讼。在本条的解释中,柯克还提到,"布拉克顿在本法制定时仍然在世",[118] 由此进一步强调了他所引用的古代作者的意见确实乃时人的"一致同意"的意见,强化了同代主义以寻求立法者意图的效力。

《大宪章》第 14 条规定:"犯重罪者应处以更重之罚金,但应保有其自由保有的生计地(Contenement)。"[119] 关于自由保有生计地应该如何解释,柯克认为"应先读格兰维尔、布拉克顿和费莱塔",并给出解释称:"自由保有生计地乃支撑其生机之地,自有或共有,因其为自由保有,所以称之为自由保有生计地",而这一定义也得到了"1E. 3 和 Old Nat. Brev

---

[115] Edward Coke, *The Reports of Sir Edward Coke In Thirteen Parts*, New ed., 18 (1826), p. 20.

[116] Edward Coke, *Institutes of Law of England* Ⅲ Printed for E and R Brooke, Bell‐Yard, near Temple, Bar. M, DCC. XCVII, p. 20.

[117] Edward Coke, *Institutes of Law of England* Ⅲ Printed for E and R Brooke, Bell‐Yard, near Temple, Bar. M, DCC. XCVII, p. 21.

[118] Edward Coke, *Institutes of Law of England* Ⅲ Printed for E and R Brooke, Bell‐Yard, near Temple, Bar. M, DCC. XCVII, p. 21.

[119] Edward Coke, *Institutes of Law of England* Ⅲ Printed for E and R Brooke, Bell‐Yard, near Temple, Bar. M, DCC. XCVII, p. 26.

法案的支持"。[120]

《大宪章》第 17 条规定："郡长、治安官（或称警务总长，Constable）、王室内务管理者、验尸官均不得受理向国王提出的诉讼。"[121] 对于治安官，或称警务总长，又该如何进行解释呢？对此柯克同样引用《正义之镜》、布拉克顿、费莱塔，认为警务总长"负有责任，享有权威，维护王权在他们辖区内享有权威，如同郡长在辖区内一样，他们通常非常忠诚"。[122] 也就是说，他们的权威是有辖区限制的，而不是 15 世纪以后"享有简易司法权（Powers of Summary Justice）"[123] 的可怕的镇暴官员。柯克以制定法当时的语境解释这一官员名词，更为接近立法者的意图，即将治安官的权力限制在一定范围。可以看出，柯克在此处以同代主义为解释方法，无论是于法律要维护的价值还是法律本身皆有百利而无一害。

《大宪章》第 22 条规定："我们留用重罪既决犯的土地不得超过一年零一日，逾期之后即应交还于该土地之原主。"[124] 在此柯克同样引用《正义之镜》并称："对于剥夺公民权的重罪犯，只有当罪犯极端憎恶之时，才能将其土地纳入自己控制之下。"[125] 柯克以正义之镜的解释将重罪犯限定在"极端憎恶"的狭小范围内，实际上这也是立法者之意图，即保护即使是重罪犯的罪犯的财产权利。这样解释既接近立法者的原始意图，也非常符合现代法律价值。

类似的解释在柯克的总论中数不胜数，而几乎在每一条款的解释中柯克都在以同代主义的方式探求立法者的意图，以明晰立法者的立法目的，并以其解释保护当代英国人的人身与财产权利，所以说柯克引用同代法律

---

[120] Edward Coke, *Institutes of Law of England* Ⅲ *Printed for E and R Brooke*, Bell – Yard, near Temple, Bar. M, DCC. XCVII, p. 27.

[121] Edward Coke, *Institutes of Law of England* Ⅲ *Printed for E and R Brooke*, Bell – Yard, near Temple, Bar. M, DCC. XCVII, p. 30.

[122] Edward Coke, *Institutes of Law of England* Ⅲ *Printed for E and R Brooke*, Bell – Yard, near Temple, Bar. M, DCC. XCVII, p. 30.

[123] ［英］梅特兰：《英格兰宪政史》，李红海译，中国政法大学出版社 2010 年版，第 172 页。

[124] Edward Coke, *Institutes of Law of England* Ⅲ *Printed for E and R Brooke*, Bell – Yard, near Temple, Bar. M, DCC. XCVII, P36.

[125] Edward Coke, *Institutes of Law of England* Ⅲ *Printed for E and R Brooke*, Bell – Yard, near Temple, Bar. M, DCC. XCVII, P36.

学者的著作并不是历史学意义的考证。笔者相信柯克在解释《大宪章》的过程中，当然知道"国王和男爵并非好心要维护农奴的权利，而仅仅是男爵们为了从国王手上保护自己的庄园财产即农奴而已"。[126] 这样的判断也当然没有问题，甚至可以说一针见血，就如同爱德华·甄克斯的分析那样，国王和男爵只是保护其利益罢了。但这一结论于法律毫无意义，这里的国王与男爵们所谓的目的，仅仅是其政治目的而非法律目的，而法律从来不问立法者的政治目的，即无论怎样的立法者以何种政治目的立何种法律，法学家、法官和律师们所要关注的也仅仅是法律本身所要保护或限制的权利和义务。同时，笔者也相信柯克更为深知的是，立法者的意图应仅被解释为其法律意图而非政治意图，即使国王因争权夺利而立法讨好民众保护人权，贵族为能与国王一争高下而立法限制王权，我们要了解的意图也不是争权夺利和一争高下而是保护人权和限制王权。正如美国学者拉鲁（L. H. LaRue）所言："柯克的判断从来不会呈现立法者的政治观念……而法官在试图改变现存法律文本并寻求改变即所谓意图之时，立法者的政治动机看似重要却理应无视。"[127] "我们应当明白法律人是法律的代理人而非政治的代理人。"[128] 这正是柯克在同代主义原则的适用中所要告诉我们的，也是柯克将衡平和除弊规则中的意图主义运用于《大宪章》的主要动因。

十、何错之有，错在何处

在1889年的《解释法案》（Interpretation Act）中，议会以立法形式确认了柯克以时代主义和同代主义的衡平释义解释《大宪章》的方式，该法案明确道："除制定法明文反对，男性词汇应包含女性，单数应含多数，多数也应含单数"，而"人"（person）"除有明文反对外应包含以法人和

---

[126] Bryce D. Lyon, "The Lawyer And Magna Carta", 23 *Rocky Mntn. L. Rev.*, 416 (1950–1951), p. 427.

[127] L. H. LaRue, "Statutory Interpretation: Lord Coke Revisited", 48 *U. Pitt. L. Rev.*, 733 (1986–1987), p. 753.

[128] L. H. LaRue, "Statutory Interpretation: Lord Coke Revisited", 48 *U. Pitt. L. Rev.*, 733 (1986–1987), p. 754.

非法人形式存在的任何人"。[129]

　　在此，似乎柯克的争论在法律上可以告一段落。然而"闻道有先后，术业有专攻"，批评柯克的历史学家们似乎仍然很难接受一个错漏百出、史实混乱的法学著作能够指导现实且广受赞誉；他们似乎也很难明白"自由民"作为一个低阶贵族究竟是怎样变成适用于所有主体的名词的，这一过程对于他们而言，好像本身就是一个"神话"。在笔者看来，柯克在将《大宪章》乃至普通法带出中世纪的过程中运用了两个方法：一是历史方法，二是法律方法。这二者的运用也达到了两个效果：一是历史方法建立了时人对普通法的信任乃至信仰，在今天看来，这的确是一个不折不扣的"神话"；二是法律的方法则以衡平中的意图和目的主义原则将古老的普通法适用于转型时代的英国，即使在今天看来，以制定法解释而言，柯克所为非恶亦非错。如今柯克已经作古，他很难再从棺材中翻身起来修改他的历史错误，承认他的历史神话，但是今人于此却并不无可能。在阅读柯克时，拂去那些充满臆想和武断的历史考证，拎出藏于灰尘蛛网后的法律技术和法学构建，这并不是一件难事。所谓上帝的归上帝，恺撒的归恺撒，历史就交由历史学家，法律就交由法律人。

　　在本文中，笔者并非反对批判柯克之人，笔者所做的仅仅是希望将问题剖析清楚。如果要谈柯克的错误，或许三天三夜也未必能讲得完；但是在谈之前必须要弄清一个问题，即柯克究竟错在何处，是历史考证、制度介绍还是案例评论、法律技术？如果是历史考证，那就请回归历史语境，指出史实，列出证据；而如果是法律技术，那就请回归法律语境，论证清楚，以法服人。由此让我们回到文首的疑问，对于柯克的问题和《大宪章》的"神话"，法律人究竟为何反应冷漠？其实历史学家 B. D. 里昂本人也给出了他的答案："或许柯克错了，但就权利而言他难道不对吗？难道不正是他对《大宪章》的误解帮助了法律程序、依法审判、王在法下和法律至上在 17 世纪的胜利吗？不得不承认柯克的错误无伤大雅，反倒使得《大宪章》伴随着其神话的缔造成了我们民主权利的基石。"[130] 里昂给出

---

〔129〕 Interpretation Act 1889, 1889（52 & Vict.）, Cha. 63.
〔130〕 Bryce D. Lyon, "The Lawyer And Magna Carta", 23 *Rocky Mntn. L. Rev.*, 416（1950 – 1951）, p. 433.

的答案无疑是正确的,但却依旧是掺杂了价值判断的。里昂的看法,与霍兹沃思基本一致,他们都认为无论如何柯克仍然是有错的,只不过那是一个可以被原谅的美丽的错误。而笔者所要剖析的正是这个所谓的美丽的错误。柯克当然有错,且错漏百出,但我们必须认识到他错在历史而非法律,就法律、制定法解释,尤其是衡平释义规则、除弊规则的两个方面,即时代主义和同代主义的运用而言,柯克没有任何需要道歉和认错的地方。如果法官要为作出一个目的主义和意图主义的解释而认错,这简直是匪夷所思的逻辑。无论是文本、意图还是目的,都是制定法解释的倾向和方法,孰优孰劣,所议众多,笔者在此并不打算讨论,但归根结底,这些方法的争论只是法律内部的争论,是法律技术对于法律的争论,它们只是法律人从个人视角作出的优劣之争而非客观事实上的对错之分。

最后,笔者引用哲学家维特根斯坦的名言作为本文的结束:"可以言说的东西都可清楚地加以言说,而对于不可谈论的东西,人们必须以沉默待之。"[131]

---

[131] [奥]维特根斯坦:《逻辑哲学论》,韩林合译,商务印书馆2015年版,第3页。

中国封建社会为何不会产生《大宪章》?

戴秀河[*]

人们习惯于把《大宪章》与宪政、自由、民主、人权等方面联系起来,这说明大宪章不仅在当时有着明显的时代特征,而且对于英国社会此后的发展,同样有着深远的影响。1215年约翰签署《大宪章》后,《大宪章》又几经修订发布,最终被定为法律,对后世产生极大影响。《大宪章》被认为是世界法治的一个标志。在今天的法律、政治体制、民主、自由、人权等方面,我们依然还能看见《大宪章》的痕迹,其所体现出来的精神仍然值得我们思考。当它跨越了英格兰岛,与古代中国的情况相比较之时,我们不禁会问,为什么我国几千年封建王朝的各种力量的角力,没有产生任何类似英国的《大宪章》一般的文件?这恐怕缘于两国政治法律思想、权力结构及运作体系的不同。或者说,在中世纪的英国,产生《大宪章》这样的文件是一种历史的必然;相比之下,古代封建中国不会产生《大宪章》这样的文件来约束皇权,也有其历史必然性。本文试图对两个封建王朝以下几个方面的不同点及其导致的"必然性"进行一些粗浅分析。

一、君权思想和社会法律意识不同

《大宪章》的产生表面上是世俗贵族与教士串通,试图限制国王的权力的结果。在我国长期封建权力的斗争中,封建贵族和士大夫或者以

---

[*] 法学博士,华东政法大学法律文明史研究院研究员。

"谏"的形式向皇帝提建议或意见，或者以改朝换代为目的"造反"。这一特性自西周形成了宗法等级君主制后就开始显现并不断巩固：一方面，君主依据周礼对贵族拥有生杀予夺大权；另一方面，贵族对君主亦拥有谏、逐、诛等合法的权利（"逐"，即"放逐"，将国王驱逐出境；"诛"，即"弑君"）[1]。但在中国古代历史上君主和贵族从来没有想到要"约法三章"来专门限制国君——皇帝的权力。这首先缘于中西方传统法律思想和法律意识的不同。

(一) 对君权与法律的地位及关系的不同价值取向和定位

中世纪的西欧，罗马教会逐渐发挥越来越大的作用。在这漫长的历史时期，虽然其他思想流派也发挥一些作用，但此时神学思想是占统治地位的思想。中世纪的西欧是一个神治与人治混合的时代。由于罗马帝国灭亡后，日耳曼人大举入侵，罗马文明被掩埋在帝国崩溃的废墟中，欧洲陷入分崩离析的状态。教会与各地国王产生了激烈的对抗，双方斗争的结果是"人定法"在"神法"的旗帜下得以保留。一些教士神法学家，将罗马法思想中的自然法观念与神学法律学说结合起来，并从基督教的教义出发，小心翼翼地提出了人在神的面前平等的主张。在这种观念之下，并出于与王权斗争的需要，他们主张国王应当服从法律，法律至上；同时认为，政治统治的基础不是武力，而是一种天意的法则，这种法则与道德观念、精神力量，即公理、正义、正义理性联系在一起。这些法律至上的观念，其目的是为了限制国王的权力[2]。

中国古代也存在神权思想，起源于夏商周时期。中国古代的神权思想是依附于王权，神权法与神权政治从未强大到凌驾于世俗政权之上，也从未出现与王权激烈对抗的教权组织，神权法思想始终以世俗政权的政治需要为转移。这就使周公的"以德配天"说可以轻易改变传统神权法思想的走向，也使汉以后"不语怪力乱神"的儒家思想得以占据统治思想的地位。儒家法律思想经两汉到隋唐成熟发展为封建正统法律思想，统治中国封建社会两千年。儒家正统法律思想的渊源主要有以下几类：一是神权政

---

[1] 郝铁川："不能过高评价英国《大宪章》"，载《社会科学报》2012年6月21日，第5版。

[2] 何勤华主编：《外国法律史研究》，中国政法大学出版社2004年版，第317页。

治论，主张"君权神授"、"天人感应"；二是宗法等级观念，强调"尊君卑臣"、"亲亲尊尊"等宗法伦理道德；三是阴阳五行说，从"五德终始说"演化为体现阳尊阴卑的"三纲五常"体系；四是百家诸子说，正统法律思想的基本原则和主要内容，基本上源于儒家，但广泛吸取了其他各派如法家、黄老等学派的思想。这一思想的首要特点就是强调"皇权至上、法自君出"，封建法律对皇权进行了无微不至的保护。如自古以来就有关于"君亲无将、将而必诛"一类严格的刑罚；为了神化皇权对法自君出做了神学的论证，认为"天子受命于天"，君主的言论体现了天的意志[3]。

从以上思想渊源及特点的分析上，我们可以看出古代中国与西欧对君主君权以及法律地位的认识区别，从而对理解《大宪章》缘何于中世纪发轫于英国，而中国古代封建社会的权力角逐只导致了宫廷内乱或者为改朝换代开启了一扇窗户。

（二）社会契约意识的存在与否

《大宪章》实际上是贵族逼宫，胁迫国王签署的一份约束其权力的协议。虽然随后约翰王及教皇否认了这份协议，但后来的贵族永不放弃，反复要求历任国王确认其效力，这本身就体现了一种追求合意的"契约"精神。而这在古代中国封建社会中是不可思议的事。

中国古代形成了独特的封建法律体系，没有法律至上与契约精神，在正统法律思想中，法律不过是惩治犯罪的工具，皇权与礼法才是深入人心的。而在英国人的意识里，国王与贵族的关系也是一种法律契约关系，具有契约的相对性。贵族、自由民交税，服从国王，但国王需要保护贵族的采邑和领地，需要保护自由民的财产和人身安全，保护英格兰不被侵略。例如，约翰王收复诺曼底的行为不应仅仅被认为是穷兵黩武，这也是其作为国王的义务，是其政治使命。这种契约意识深植于西欧包括不列颠人的内心，是其重要的法律意识。1066年诺曼征服以来，粗糙的法律制度及其相关观念已经为人们所普遍认同。封建法律秩序已经在不列颠建立起来，法治的意识已经深入人心，人们认为法律是自然而然的，不是国王可以任意制定的。正如哈耶克认为，在不列颠人眼中，法律是自生自发的

---

[3] 丁凌华主编：《中国法律思想史》，华东理工大学出版社1996年版，第116页。

秩序[4]。法律应被发现，而不是被制定，这样的自然法思想在英国早已有之。王在法下和契约意识在英国的法律文化里占有重要地位。"国王也是受上帝的和自然的种种法律所支配的。"[5]而695年颁布的《怀特莱德法典》则写明该法典是由显贵们制定并得到大家的同意。[6]新国王在即位时需要宣誓尊重法律。在1066年诺曼征服后，诺曼底公爵威廉也宣誓尊重并效忠英国本土的法律。随着亨利二世的改革，尽管王权不断巩固和扩张，国王凌驾于法律之上的事情屡屡发生，但国王始终没有获得超越法律之上的权力，其行为并不被公众所认可。最后议会成为与国王斗争的工具，国王并没有获得比议会更高位阶的权力。国王与法律之间并不能画等号。约翰王不断扩张权力，越过了权力的边界，导致矛盾激化，其他阶层认为应该以一种成文法的形式明确国王的权利与义务，从而有了《大宪章》的产生，成了议会政治的发端。

　　这种国王与贵族、贵族与平民的关系依靠的是契约。每一种权利都有法律的规定，每一项义务都在契约中与权利对等。西方的近代法治的产生有着深厚的社会根基。英国是多元的权力结构，国王、贵族、教会相互制约。土地与服兵役或者交税等义务是对等的，就像现代契约中支付对价一样。封建主获得土地后又把土地分封给更小的领主，国王是英国土地的拥有者，而他的附庸的附庸却不是他的附庸。这种契约无关第三人。应该说，英国的权力结构依靠的不是礼，也不是某种宗教，而是契约关系。这使其具有违约时的救济办法，进而也是出现近代法律秩序的良好土壤。这种契约关系源自古希腊的自由主义，更关注个人的权利与义务，而不是为了某种差序格局所达成的妥协，相比东方的秩序主义之下因为礼而形成的宗法制的妥协，更趋近于理性。英国人的妥协只能是契约上权利义务的妥协，这种封建社会等级制度不像古代中国那样有强大的向心力和稳定性。这种中国的一体化与英国的多元化是其社会结构的最大差异，而这种差异是中国搬来西方的宪法即告失败的原因之一，也是英国《大宪章》自然而然地产生并被认可的重要因素。

---

[4] [美]哈耶克：《自由秩序原理》，邓正来译，三联书店1997年版，第377页。
[5] [美]萨拜因：《政治学说史》，盛葵阳等译，商务印书馆1986年版，第67页。
[6] 何勤华主编：《英国法律发达史》，法律出版社1999年版，第7页。

与之相对应的是，中国有契约却没有契约精神，没有制约和权利义务的交换。即使到了清末，封建帝国面临彻底坍塌时，其所抛出的《钦定宪法大纲》也丝毫没有契约的成分。在中国人骨子里，法的秩序价值在自由价值之上，讲求礼法的中国更追求一个稳定的社会结构，但在这种结构不能承载他们所认可的传统价值时，他们宁可推倒原有的架构，以重新构建符合正统思想的秩序，以迎合所谓的"天意"。这是东西方文化的重要差异之一，即在契约意识上的不同。

英国人尊重传统，崇尚契约，这一民族特性不仅让国王得以保留至今，也让《大宪章》一次次被确认。就像光荣革命一样，和平式的改革是英国人的优先选项，历史传统是英国《大宪章》得以延续的重要保障。学者们将其比喻为"古老的宪制"，但800年前的英国人并没有要求民主，只是要求限制日益膨胀的王权，其文本的格式也与近代宪法相去甚远。它就像一个契约，写明了国王与臣民的权利和义务。当权力越过权利的边界，人们就会奋起回击，重新划界，造就新的社会契约。正如阿克顿所说的，宪法的宗旨不是确立任何利益的支配地位而是防止它。[7]

中国古代封建社会一样有尊重传统的特性，但我们尊崇的是封建正统法律思想，带来的是一次次改朝换代，一个专制政权取代另一个专制政权。

二、神权与王权权力属性和权力构成上的差异

中国一元化的金字塔式的稳定结构，使大一统的中国政治模式得以绵延两千年。虽历经各朝各代，专制主义中央集权的政治体制从未被撼动。宪法在近代的引入是被迫的，国家还是依靠官僚阶层运行。相比之下，英国的横向社会结构就是一个二元论，除了君权，还有教权，并没有哪一种宗教告诉他们服从国王是唯一正确的。而从纵向来看，在英国的政治传统中，分权和制约是体系的内涵，国王与贵族是通过制约而达到的平衡，并没有一个像中国一样的自上而下的稳定结构。《大宪章》正是这种多元的社会结构所需要的维持各方势力平衡的保证书。

---

[7] [英]阿克顿：《自由史论》，胡传胜等译，译林出版社2001年版，第8页。

（一）王权与神权地位的高与低

在世界史上，封建王权是封建统治权的集中体现，也是封建国家权力的最高象征，具有阶级压迫和社会管理这两项主要职能。它的这种本质和公共权力属性，是由封建的经济和社会矛盾所决定的。这是历史上所有封建王权的共性。然而，由于世界各地区、各国封建社会的具体情况不尽一致，各封建王权也必然带有各自的历史特征。在中国，很早就在大河流域水利农业社会形成的基础上酝酿起早熟的古代政治文明，建立起中央集权的君主专制主义的宗法政治体制与比较完备的国家官僚政府机构，君主掌有国家的行政、财政、司法与军事诸方面的统治大权，所谓的"普天之下，莫非王土，率土之滨，莫非王臣"就是这一状况的真实写照。随着社会的发展，封建正统思想开始确立，在其指引下，中国古代君主建立起强大的国家公共政治权威以及与之相应的一套政治集权体制，在历史长河中虽然不同程度地受到各种政治动荡的冲击，但源远流长，并且不断巩固与强化。正是得益于这一套成熟的君权政治体制，封建时代的中国君主能够在封建自然经济的基础上建立起强大的专制主义的封建皇权，无论是在理论上或实践上，对国家的土地制度与所有臣民都拥有至高无上的国家公共政治权威。正如封建正统法律思想所倡导的"天下受命于天子"一样，所谓"朕即国家"正是君权支配国家政治生活的象征。

与之相对的是在中世纪的英国，基督教会对社会的影响极大。基督教自6世纪于英国传播开后，其势力迅速拓展，不仅渗透到王国的政治生活与经济领域，而且支配着整个思想文化领域。诺曼征服后，教会完全被纳入封建化的轨道，成为英国最大的封建主之一，并在政治上更多地直接介入封建国家的重大政务。与西欧大陆一样，英国的基督教会在传播与发展的进程中，也逐渐形成了自己的神权组织结构与教阶制度。从7世纪初至12世纪，经过不断建制与重组，教会在英国形成了坎特伯雷与约克两个大主教区，以及21个主教区。实际上，如果不是单纯地从地域上看而是从王国"跨海而治"的大一统格局来看，主教区的数量会更多。诺曼征服后，英格兰与大陆的诺曼底虽隔一道英吉利海峡，但在政治上却联成一体，都归属诺曼王朝统治。而在诺曼底尚有鲁昂大主教区及其所辖的7个主教区，它们对英王国也有同样的影响，这是不应被忽视的。众多的修道院对英国封建政治与经济也发挥了特有的影响。在英国封建政治史上，诺曼征服后的一个多世纪中,封建王权与教会的关系经历了一个错综复杂的演进历程,但大体上处于一种"二元"、"统一和对立"的联系之中。在这一时期,王权与教会的政治联合是二者关系的主流。王权的庇护,使教会贵族成为封建主阶级和统治集团的重要组成部分;教会的支持,则为王权提供了宗教神权的保护伞,并为国王的政治集权输送了大批高素质的教士官僚。尽管共同的根本利益是双方政治联合的基础;但教会毕竟分属于宗教神权的政治权力系统,有其特定的信仰和组织形式,与世俗王权存在着固有的对立。在封建的经济、政治权益的争夺上,两者更有着"天然"的矛盾。随着王权和教会的平行发展与加强,双方的矛盾就会不可避免地激化,进而必然要从不同的角度为自己在封建国家中的"合理"定位展开激烈斗争。但受共同根本利益的制约,教、俗权的矛盾斗争也必然会以缓解妥协而告终。[8]

在约翰王统治时期,约翰王与教皇英诺森三世之间曾闹得不可开交,由于约翰的一意孤行,导致教皇英诺森三世一怒之下革去他的教籍,并对全英实行"禁教令"。后来约翰经左右衡量选择向教皇认错,承认英国教会的权利自由。教皇英诺森三世对约翰的回应也是积极的,并且在约翰被迫签署《大宪章》后,也对约翰表示声援,认为《大宪章》是贵族们胁迫国王签下的一个可耻文件。由此可见,教皇不愿意看到俗权势力左右教会,但是更不愿意看到封建贵族们挑战"君权神授"下自己在世俗的代表——封建王权。由此可见,教权与王权之间既有着激烈的冲突,又有着不可分裂的合作,而妥协恰恰是二者处理矛盾的最好方式。[9] 事实也证明,虽然在《大宪章》刚签订之初,教皇对贵族的这一胁迫行为表示了谴责,但是在此后反反复复的确认过程中,教皇没有再表示反对。

(二) 君权与封建贵族权力相互制约的存与废

在中世纪西欧,封建王权是在日耳曼民族大迁徙的浪潮摧毁了古罗马帝国国家制度的时代转折中孕育的,是在蛮族王国较原始的政权构架之中和封建等级土地所有制的基础上兴起的,是在罗马教会神权政治文化传统

---

〔8〕 孟广林:《英国封建王权论稿》,人民出版社 2002 年版,第 176~179 页。
〔9〕 敖中恒:"妥协的艺术:浅析英国《自由大宪章》",载《环球人文地理》2014 年第 18 期。

的影响下形成的。复杂的社会历史背景,为西欧封建王权烙下了特有的时代印痕:国王具有王国君主与封建宗主的双重身份和权力,王权体现了国家公权、公法与封建私权、私法的统一,其性质与地位难以评判。英国早从"七国时代"开始便保持着自由的悠久传统,自由早已成为社会生活中的习惯法和原则。"破落的小屋,风可进,雨可进,国王不可进",这是英国多元政治权力的通俗写照,足以说明英国人对权力多元性的理解。诺曼人把日耳曼式的民主制度带入英国,其统治下的英国融合了迁徙而来的民主制度和本土封建传统。约翰王时期,欧洲领土的失落,对法战争的失败,国王肆意妄为的重税收取,使得贵族们对英国国王约翰失望至极,于是诉诸武力。国王军队节节败退,贵族们进攻到温莎城堡下,但是贵族们并没有趁势攻破城堡,而是出人意料地选择和国王谈判。贵族们要求国王签署《大宪章》,以此来限制王权,从而保护贵族诸侯们的利益,这正是多元权力角逐的结果。

中国历代封建王朝都是君主专制中央集权国家,从来都是"法自君出",皇权高高在上,权力倾向于极端的"一元化"。儒家驯化绝对主义皇权的策略是把皇权置于"天道"控制之下,君权神授,实现神权与王权的高度统一。就像董仲舒所描述的那样:"以人随君,以君随天。"在中国古代封建社会历史中,刘邦灭秦建立汉朝之初,曾设立诸侯藩卫。对此,贾谊最先看到了诸侯势力的危险,进而得出结论"疏者必危,亲者必乱"[10]。在贾谊看来,诸侯王反叛的原因,主要在于其权势太大,日久必然滋生野心;而诸侯王是否反叛,还需看各自的实力条件如何。在分析汉初反叛事实后贾谊得出结论说,强者先反,弱者后反,力小者不反;因此,要防止诸侯反叛就必须削弱他们的权势,使其力小而不能反。这就是贾谊削藩论的理论基础。至于如何削藩,贾谊提出以下具体办法:其一,要加强针对诸侯王的"权势法制",即运用国家政权和法律的力量削弱与制约诸侯王的权势。其二,"众建诸侯少其力",即将每一个诸侯国化大为小,将之分割成为若干个势力很小的诸侯国,其势力小了也就容易控制了。虽然贾谊的学说在当时没有完全得到认可,但是为后来正统儒家学说所接受,进而被大多封建统治者所采用,他也曾因此被后人与董仲舒相提

---

[10]《汉书·贾谊传》。

并论。[11] 正是在其影响下，直到封建大厦彻底坍塌的晚清，中国封建社会也没有产生能够像 800 年前英国那样可能逼迫约翰王签署《大宪章》的 25 位男爵一样的诸侯。

英国的贵族和社会下层往往通过权利的斗争约束王权，这样有利于契约社会意识的形成。而古代中国可以说没有英国式的贵族，只有士大夫阶层和农民，斗争的方式大多是以暴制暴，斗争的结果则无非是又出个帝王。在这样的政治结构背景下，制约皇权的唯有偶尔的相权，制约中央集权的唯有地方势力，而皇权与相权斗争的结果就是相权逐渐被分化、弱化，直至明朝废除宰相；皇权一枝独大，权力高度集中，皇权至上的思想深入人心，封建体制愈加固化。

多元化社会中的权力制约与平衡是英国的一大传统。英国社会不同于其他欧洲国家，其社会结构由外来的国王与贵族、市民、教会等不同的社会力量组成。教会与国王进行过长期的权利斗争，教会的独立性制约着王权的扩张，贵族、骑士的斗争也使得国王的横征暴敛有所收敛。在英国整个封建时期，王权与贵族、教会三者，既因共同利益同乘一辆战车，相互之间又为了各自不同的利益始终处于不断的冲突和激烈的斗争中。[12] 这一极其复杂的历史现象产生的原因有很多，但从根本上说，这是由封建主阶级内部在封建权益分享上的固有矛盾决定的。当时，封建土地等级分授占有制固然赋予了封建王权和世俗贵族一致的根本利益，从而为双方的政治合作奠定了基础；但在土地占有权与政治统治权密不可分的情况下，这种制度也的确包含着封建的离心倾向。通过此制而获得大量地产和某些特权的贵族，为了长期占有既得权益和巩固封建秩序，当然要支持王权；但同时他们也和王权存在着权益上的矛盾，必然要为维护和扩展自身的封建权益而不断地与日趋强化的王权抗争。对此，著名史学家 J. 纳尔逊曾指出："在中世纪，没有人想要一个羸弱的国王。……不过，世俗贵族想要的是一个在危机时刻能强有力地领导，但又将地方控制权留在他们手中而不加干涉的国王。"[13] 拥有一国之君和封建宗主的双重政治身份与地位的英王，

---

[11] 丁凌华主编：《中国法律思想史》，华东理工大学出版社 1996 年版，第 104 页。

[12] 杨师群：《反思与比较：中西方古代社会的历史差距》，花城出版社 2010 年版，第 179 页。

[13] [英] 纳尔逊：《中世纪初期欧洲的政治与礼仪》，1986 年，第 242 页。

要巩固和发展王权,当然要依靠贵族的有力支持,为此就要履行其对封臣应尽的封建义务,顾及他们的权益,延揽他们参与王国政务。但是,为建立强大的公共政治权威,英王既不容许封建地方势力膨胀,也需削夺贵族享有的封建私家权益,为此就需突破封建宗主权的狭小权限,构建国王集权的政治制度,从而必定要与贵族进行斗争。尽管英国封建王权自确立之始就较为强大,英国封建制的特点也使其封建离心倾向较弱,但王权与贵族的权益争夺仍然存在,有时甚至还很激烈。[14]

相互的斗争与妥协使得这个多元化的社会在制衡与失衡的交替中建立起更稳定的社会秩序。各种力量的斗争,不管是通过议会还是战争,超过法统界限的征税权和立法权回归于法律的枷锁下,最终是多元政治权力妥协的结果,而《大宪章》一次又一次被确认就是最好的历史证据。

三、国家体制构建与治理方式上的不同

中世纪英国封建贵族之所以能够成功逼迫约翰王签署《大宪章》,除了上述分析中提及的封建统治思想与权力多元性的因素外,与其封建王朝的管理模式也紧密相关。与古代中国封建王朝的统治方式相比较,英国中世纪封建王朝的管理总体上比较粗糙,手段及措施随意性大,缺少普遍性和稳定性,容易触发贵族的抵触和反抗。《大宪章》及其之前的《加冕宪章》、之后的《森林宪章》,都可以视为是对国王粗放式行使权力的反抗,并最终对国王权力形成规范和约束。相较之下,中国古代封建王朝的统治阶级,为了保持政权的长期稳定,从权力运行的构架到权力行使的方式,不断加以完善,以有效维护其高度集权的封建专制统治。具体可以从以下两个方面分析其差异:

(一)封建权力运行上"巡游"王权与完备中央集权的区别

在东方封建国家,封建君主集权的政治制度具有早熟性与普遍性的特征;但对于中古前期的英国、法国等西欧封建王国来说,这一制度的构建却是缓慢与曲折的。自西罗马帝国灭亡以后,刚刚从原始社会直接跨入封建社会的西欧诸"蛮族"王国,由于没有深厚的国家政治遗产可资借鉴,王国的政治体制极其简陋,既无中央的官僚机构,也没有地方政府。国王

---

[14] 孟广林:《英国封建王权论稿》,人民出版社2002年版,第129页。

最初是依靠贵族的"贤人会议"来决策为政,稍后则以其私家内府的臣仆与一些其宠信的贵族组成王廷来发号施令。而在地方,国王则委派一些贵族为伯爵、公爵来加以控制,并不时率领王廷巡察各地。而此时的英国国王又刚从部落军事首领转化而来,其在王国中的责任与活动范围有限,并不需要成熟的政治体制,也能够面面俱到地统治其大小臣民。这一情况表明小的王国能够通过信使和口头政令来管理、控制和统治,它们不需要很多的行政程序或技巧,也不需要复杂的机构。在它们的权力与责任范围中,王权是简陋的和有限的。也正因为如此,国王不是在行政上而是在战争领域的活动中就十分引人注目,带领其亲兵及贵族四处征战以开疆拓土就成为国王的一项主要活动。有人认定在英格兰,从公元5世纪到13世纪,国王基本上是一位战争领袖。

基于这样的历史背景,英国的王国既没有必要也无可能建立起一套由国家官僚政府机构来进行统治的权力运行体制,而是仍然因袭旧俗,就便采取所谓的"巡游王权"(itinerant kingship)或"个人王权"(personal kingship)的统治方式来治理王国。所谓的"巡游王权",是指国王常常率领王廷"巡游"王国各地,既督察、威慑镇守地方的公爵、伯爵等大贵族,以确保王令的传达与贯彻;又便于在王室分布于各处的庄园就地消费,以克服因交通不畅、商品经济不发达而造成的转运所需物资的困难。而所谓的"个人王权"则是指国王仅仅是凭借个人的声威、意志、策略与精力,依靠少数私家臣仆来统治。实际上,这两种统治方式是相互交织、合为一体的,它们都是中古前期西欧的"蛮族"王权与正在兴起的封建王权的最基本的历史特征之一。12世纪以前的英国封建王权正是这种"巡游王权"或"个人王权"的典型。虽然在诺曼征服后,威廉一世在军事征服基础上,将原英王国的国家体制、神权政治传统和诺曼底的封建体制及统治方式作一继承与调整,确立起了强大的封建王权;但其在体制的构建方面基本上是因袭与综合旧制,并无多少创新举措,英王国的政治制度仍然显得较为原始。一方面,以王及其私家内府为核心的王廷,既是王室宫廷生活的管理中心,也是王国政务的统治中心。在不断巡游的王廷中,王的内府私臣兼为国家官吏施行政务,中央政府机构尚未从王的内府中分离出来。另一方面,当时的封建教俗贵族,也多以向王这个封建宗主服私役或享受封臣权利的方式,来充任国王的内府臣仆、朝臣、官员以及提供军役；地方郡守由贵族世袭而不是由中央随时任免,较为专职化的政府官僚阶层还未出现。这正如史学家所指出的那样,原始政府的概念在威廉的时代仍然盛行。作为一种适合于个人的王权的概念,国王的行政仍可以被视为王之个人的臣仆的任务。正是在这个意义上,威廉的王权被称为传统的"巡游王权"。在此情况下,王国政务的推行在很大程度上依赖于王个人的独断意志和强大权威,而不是取决于政治制度的构建与运作;王国的政务不是被视为国王的公共政府的政务,而是被视为国王个人的私家事务。由此,也有史学家将威廉的王权称为"个人王权"。威廉二世上台后,曾排斥大贵族而延揽寒微之人入朝从政,但并没有组建中央专门机构和专业化官僚队伍的企图。直到约翰王,英国仍然因袭威廉一世的那种所谓"巡游王权"或"个人王权"的传统旧制。

自亨利一世始,通过国王的不断改革和创建,王廷的治政功能得以加强,财政署、中书省、巡游法庭、中央法庭等中央政府机构渐次从王廷中分离或凸现出来;而宰相、中书令、司官、国库长、法官等国家职官,亦随之从国王内府的私家臣仆中演化出来;封建贵族世袭的郡守,也逐渐成为由王随时任免调动的地方官员;骑士军役制亦突破旧制,并与雇佣军、地方民团一起构成了王国的军事力量。但是,"巡游王权"仍然是国王行使权力的主要方式。

王廷巡游的统治方式有着明显的弊端。由于组织松散,法度不严,文士鲜少,且四处流动,王廷的治政功能难以充分发挥;国王长年累月率领王廷四处奔波,风尘仆仆,也不利于树立君主神秘而崇高的政治形象。此外,王廷流动时就地消费,国王常强征所需物品,没有薪金的下属也惯于随意掠取,这既有损于王权的尊严,也常使地方多有不满。据12世纪初的史学家、坎特伯雷的伊德默尔在其《英吉利近世史》中记载,威廉二世的王廷巡游时,常就地抢掠酒食,淫人妻女,肆意作歹;喝不完的酒就用来洗马腿或索性倒掉,弄得其所经之处一片狼藉,居民纷纷躲藏。据此有人认为,此时的英国王廷仍是一个散漫和掠夺性的乌合之众组织。如此权力运作,既难以真正精细准确地调动各类封建资源并对封建贵族进行有效的控制,又自然会引起贵族的不满和抗争。实际上,到约翰王统治时期,部分男爵的揭竿而起,就是对这种权力运作体制的不满回应。

而中国古代封建体制构建则与英国截然不同:中国在秦汉时期就建立

了强大的中央集权机构,到隋唐及以后,不仅在中央层面设立了"三省、六部"等封建国家机构,而且在各地方也建立了完全由封建皇权控制的权力运行机构。在这种高度集权的封建体制下,各种权力的运作相互制约(行政、监察、司法),并统一掌控在皇帝手中,从而使得这一政权体系要么按封建规则运行,要么整体坍塌,几乎不存在对任何力量的妥协。这也是中国封建社会在体制上难以产生《大宪章》的原因。

(二) 治理方式手段上崇尚民主与注重礼治和暴力的区别

上述"巡游王权"既是英国中世纪封建王权的构建模式,也是其行使权力的手段和方法之一。除此之外,中世纪英国国王还利用贤人会议或贵族大会议来召集贵族商议国家大事,从而达到行使封建王权的目的;同时,国王也利用经济和司法手段来强化对封建贵族和全国的控制。

日耳曼人在侵入罗马帝国以后,将一种带有原始民主传统的政治组织形式引入了西欧,这种组织就是民众大会。"大会有权决定一切重要事务,如部落首领的选举、法律的制定、对外宣战与媾和等,这反映了日耳曼人的民主观念。"这一组织形式后被发展成了贵族会议。王国重大事务应由国王和贵族共同商议决定,有关军役、赋税等权利义务问题的争执与协议也应在贵族会议上共同解决,国王和各级封君应尊重其封臣依照习惯法而享有的权利与自由。但是随着王权的不断强大,贵族的传统权利日益受到威胁,于是宪章就开始在贵族会议上讨论、通过和颁布,用以限制王权和维护贵族权利。从这一传统视角分析,《大宪章》就是这其中的典型一例。在 13 世纪以前,英国的贵族会议先后表现为"贤人会议"和"贵族大会议"两种模式,它们就是《大宪章》产生的民主基础。贤人会议(the Witenagemot)出现于 7 世纪中期,是日耳曼民主传统的表现形式。它由国王召开,参加者多为王室成员、主教、军事贵族和宫廷官员,最初既无固定的时间,也无固定的地点。[15] 贤人会议与国王在权力上是一种此消彼长的关系。在 9 世纪以前,王权深受日耳曼民主传统遗风的影响,国王在很大程度上仅被视为军事领袖,不过是商议决定国家大事的"平等者"中的第一人,因而贤人会议在很大程度上束缚了国王的意志,对王廷的决策与施政造成很大影响。一般说来,国王在处理重大事务之前,都要征求贤人

---

[15] W. Stubbs, *The Constitutional History of England*, Vol. 1. p. 140.

会议的意见，这主要体现在以下三个方面：一是在立法方面，贤人会议拥有和国王一起整理旧法令并制定新法令的权利；二是在赐地方面，国王赐予土地需得到贤人会议的同意方才合法，特别是将公共土地赐予私人所有，贤人们在表示同意后，将在赐地文书上署证以示得到官方确认；三是在司法方面，贤人会议是全国最高法庭，负责有关国王和贵族的案件，以及地方法庭无力处理的案件。[16] 680 年，诺森伯里亚的威尔弗雷德主教就因犯有"谋逆罪"而被国王剥夺主教职务，并由贤人会议作出决定予以流放。1051 年，强大难制的戈德温伯爵不遵王令，"忏悔者"爱德华在伦敦召开贤人会议，会议最后一致决定将戈德温伯爵放逐。[17] 在王位继承的问题上，贤人会议也有着举足轻重的地位。因为在 13 世纪以前，国王大体上由选举或任命产生（至少在理论上是如此）。而在盎格鲁—撒克逊时期，选举工作就是由贤人会议完成的。唯有如此，才意味着王位继承的合法化，新王才能得到广大贵族的拥护，以至于在没有得到贤人会议同意的前提下，任何一个人都不能合法地成为国王。[18] 与此相连，在贤人会议的压力下，新王加冕时都要宣誓，表示要保护教会，为臣民主持正义。[19] 作为选举权利的延伸，当一个国王"行为不法"时，贤人会议有权力废黜国王。在公元 7 世纪的诺森伯里亚，贤人会议就曾将国王威尔弗雷德放逐。到了 8 世纪，在威塞克斯王国，国王西吉贝尔特亦被贤人会议废黜。[20]

  9 世纪以后，贤人会议在国家生活中的地位虽然不断下降，但它的长期存在却使"平等者"共商国是的日耳曼民主传统保存下来，随着历史的演进，形成了丰富的宪政民主文化，对此后英国社会的发展产生了深远的影响。可以说，贤人会议就是中古时期英国的宪政民主，也是《大宪章》产生的民主基础。

  诺曼底公爵威廉征服英国以后，以贵族大会议（the Great Council）取代了贤人会议。贵族大会议与贤人会议相比，与会者的资格有了很大不同：贤人会议的成员一般都是拥有高级职务的教俗贵族；而贵族大会议的

---

[16] W. Stubbs, *The Constitutional History of England*, Vol. 1. p. 145.
[17] B. Lyon, *A Constitutional and Legal History of Medieval England*, p. 49.
[18] B. Lyon, *A Constitutional and Legal History of Medieval England*, p. 48.
[19] B. Lyon, *A Constitutional and Legal History of Medieval England*, p. 40.
[20] W. Stubbs, *The Constitutional History of England*, Vol. 1. pp. 147–154.

参加者则是国王的直属封臣（Tenant in chief）。贵族大会议在名义上要求所有的直属封臣都要参加，但是参加者一般为王室成员、大主教、主教、大修道院院长、伯爵、男爵等大贵族。[21] 贵族大会议在法理上应被视为有与贤人会议相同的权力，但如同9世纪以后的贤人会议一样，贵族大会议的权利之实施日益依赖于国王的意志。对此，斯塔布斯就指出："在征服者及其儿子的统治下，见不到任何贵族大会议独立行动的痕迹。"[22] 但是，在双方利益冲突的情况下，国王与贵族在会议上就不会总是意见一致了。例如，1095年，威廉二世指控坎特伯雷大主教安瑟姆不忠，并在大会议上寻求贵族支持，结果遭到了与会男爵的断然拒绝，使他不得不放弃指控；1127年，亨利一世秘密安排其女马蒂尔达与安茹伯爵杰弗里的婚姻，引起一些大贵族的不满，他们声称国王曾许诺要在会议上公开讨论此事，而国王此举将使他们对王女的誓忠无效。[23] 随着时间的推移，贵族与国王在贵族大会议上的分歧不断加深，从意见相左发展到公开抵制，最终引发统治危机。究其原因，主要在于，从威廉一世开始，历代英王加大了对臣民的经济掠夺。这是对贵族根本利益的损害，由此经济问题逐步成为双方在会议上斗争的焦点，而《大宪章》正是这一斗争不断升级的产物。

　　相比之下，中国人崇尚"礼治"，制度体系和思想中从来没有产生过民主议政的形式。君君臣臣，父父子子，这比法律更重要，封建等级成为一种法律之外的"礼"约束人们的行为。这种内心约束与法家的严刑峻法共同构成礼法并用，人们受到道德与法律的双重约束。以孔子为代表的儒家认为礼比刑更重要，如《论语·为政》说："道之以政，齐之以刑，民免而无耻；道之以德，齐之以礼，有耻且格。"[24] 即只有法律是不能使人成为善良人或者是有道德的人，恻隐之心、忠恕之义在孔子眼里比冷酷的法律更有作用，要求人们须克己复礼。君为臣纲，父为子纲，其中，臣指的就是士大夫阶层。封建国家的治理离不开深得孔孟之道的士大夫阶层，其对皇权的约束在封建时代国家政权的运行中的作用不可替代。士大夫阶层因其依附着皇权，有其软弱性，但又制约着帝王的肆意妄为，保持着权

---

[21] B. Lyon, *A Constitutional and Legal History of Medieval England*, p. 51.
[22] W. Stubbs, *The Constitutional History of England*, Vol. 1. p. 292.
[23] W. Stubbs, *The Constitutional History of England*, Vol. 1. pp. 147 – 148.
[24] 杨伯峻译注：《论语译注》，中华书局2000年版，第12页。

力的相对平衡。即使到了清末，士大夫阶层忠君思想仍然根深蒂固，中国士大夫阶级最缺乏独立的、大无畏的精神。[25] 礼告诉他们名声更重要，整个士大夫阶层缺乏斗争性。礼治秩序虽然是封建等级制度的体现，但也是一种秩序正义，维护着社会的和谐。可以说，克己复礼诠释了中国人的价值取向，即秩序的位阶在自由之前，人们对于稳定秩序的追求超过了其自身利益。与之相对，中国人没有法律的传统精神，中国人眼中的法就是王法。中国古代司法机关最大的弊病便是司法权行政权为同一的官吏所掌握。[26]

中国的封建社会是一种以"礼"来建构的社会结构，古代的差别秩序依靠礼来维护。这种社会结构从家庭延伸而出，外在表现为官与民，礼在其中表现为亲亲与尊尊。这种家国一体的宗法制贯穿整个封建社会，每一个家庭就是中国传统社会的最小单位，他们通过血缘和亲族组成社区，类似一个村子。比如，中国有很多村子，村民的姓氏往往集中在两三个大姓上。上文所称中国传统文化中的礼就是来自这样一种讲求亲族与血缘的社会结构。礼会告诉你这种行为是对的，但这不是一种法律，而近似于道德。作为一个老百姓，君为臣纲，尊卑有序就是正确的事。依靠这种源于儒家思想的"礼"，中国传统社会看似由比法律更有效的东西来维护着。"像欧洲封建社会和等级国家一样，古代中国有两个基本的社会范畴：贵族和平民。"[27] 其中，贵族本来只是皇亲国戚，单靠其是无法支撑这个庞大的帝国的，尤其是在建国后的改革期，而"士"这一阶层的出现连通了贵族与平民。这与西方的骑士相似又不一样。在中国封建王朝中，政府的行政及管理依赖于这一有知识的官僚士大夫阶层，但其自己又不能取而代之，只能依附于权力中心。在封建时代中后期，官僚士大夫保证了帝国的正常运行，其作用使封建社会的矛盾弱化。同时，封建等级制度有流通的可能，士大夫们往往穷其一生精力争取向上爬，但绝不会在这样的体制内争取任何"民主"、"自由"，他们也根本没有这样的价值取向。所以中国封建社会不会像西方一样出现近代资本主义政治制度，也没有产生通过宪

---

[25] 蒋廷黻：《中国近代史》，上海古籍出版社2006年版，第10页。
[26] 杨鸿烈：《中国法律发达史》，中国政法大学出版社2009年版，第2页。
[27] [美] 昂格尔：《现代社会中的法律》，吴玉章、周汉华译，中国政法大学出版社1994年版，第80页。

法和法律建立起来的法治国家。就古代中国而言，整个权力系统是一个自上而下的金字塔，无论如何改朝换代，每一个新的力量都是从这个结构的最高点出发来治理国家，更是没有相当的社会力量与皇权抗衡，贵族与平民看似有着阶级矛盾，却有着很强的流通性，平民不加怀疑地在行为中贯彻"礼"。

中国古代封建社会中礼治所维护的社会秩序等级森严，不容置疑，也不存在协商和妥协。而社会救济途径又不重视司法，没有控辩双方的争讼，只有地方长官的纠问，尽管讼师在宋朝一度颇为活跃，却不被认可。在这种没有弹性的社会结构中，一旦人们对制度不满，就会丧失信心，进而产生对社会体系本身的依赖的根本性动摇，最终通过以暴制暴的方式推翻原有社会结构，重建一个王朝，实现改朝换代，然后再用原来的礼治来维护新的王朝秩序。可以说，在社会的变革上，阶层或社会集团的冲突是"出礼而入暴"。到了清末，尽管西方的思想已经传入中国，但法律的信仰不是短时间可以培养起来的，在人们的心中，皇权和礼法往往比法律更值得信任。

对法律价值位阶的认识，东西方有巨大差异。而从《大宪章》的产生来看，首先，制度的建立需要有适当的土壤和环境，或者说有什么样的社会环境，就会产生相应的社会制度模式。其次，对制度的运行来说，更依赖于占社会主流统治地位的阶层的信仰，有了对制度体系的信仰，才能做到最低成本的履行。

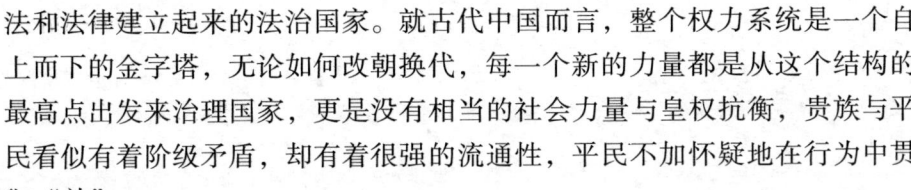

"澳门法律史"专题论文

葡萄牙商法在澳门的延伸适用及其影响

何志辉*

一、绪论

依据现代商法理论,所谓商法,是指调整商事交易主体在其商行为中所形成的法律关系,即商事关系的法律规范的总称。作为调整平等主体之间商事关系或商事行为的法律体系,商法主要包括公司法、保险法、合伙企业法、海商法、票据法等。据此可见,商法的调整对象是商事关系,而商事关系是一定社会中通过市场经营活动而形成的社会关系,主要包括商事组织关系和商事交易关系。所谓商人,则是以自己名义实施商行为并以此为常业的商行为主体。

中国古代重农抑商,律例体系以刑为主,商事法制在整体上相对薄弱,但在不同地区表现有所差异。在商业繁盛的都市或商埠,商事法制发展也显得活跃,在律例体系之外不仅繁衍出本地商事习惯法,亦会适度吸收国际性的商事习惯法。因缘际会而成为国际贸易重镇的澳门,便是国际化商业异常活跃、不同文化渊源的商事习惯及商事法制彼此交汇的地方,在中国乃至世界商业法制发展历程中具有十分独特的地位。

就整体法律秩序而言,自明朝开埠至鸦片战争时期的澳门,虽长期处于华洋共处状态,却一直被置于中华法系之下,治理格局则是中国政府主

---

* 西南政法大学法学研究所研究人员,澳门科技大学法学院副教授。

导治理，澳门葡人有限自治。[1]但因这弹丸之地率先发展为中国与西方接触的世界性贸易港口城市，并在活跃的跨国商业贸易基础上形成独特的国际地位，往来世界的各国商人尤其是获允居留的葡萄牙商人，以及来自中国内地尤其是粤、闽、浙等地的华商，在此频频发生商业贸易往来，各自既带来不同文化背景的商事行为习惯或者商业习惯法，亦在整体上最低限度地共同遵循其时中华法系主导下的律例体系。

职是之故，葡萄牙商法文化在澳门的传播与影响，在澳门法制史与法律文化诸领域，均有值得深究的理论意义与实践意义。但迄今所见学界研究成果，对此皆未展开深度考察。笔者不揣谫陋，尝试从以下方面予以展开探讨：首先，简介早期澳门商贸活动与商事法的存在，意在铺垫近代葡萄牙商法文化对澳门商业社会势必构成的冲击及影响；其次，围绕19世纪葡萄牙编纂商法典并将其延伸至澳门适用的历程，概述从1833年商法典到1888年商法典之出台背景、编纂理念、立法技术与基本原则的变迁；再次，分析葡萄牙商法典在20世纪澳门遭遇的文化困境及由此衍生的"法律本地化"问题，概述澳门在过渡期所肩负的商法本地化使命，以及由此展开的《澳门商法典》编纂工作，兼及在此进程中备受瞩目的种种论争及问题；最后，概述《澳门商法典》作为法律本地化的产物，究竟在何种程度上传承了葡萄牙商法典及欧陆其他国家之商法的法律文化，以及在此传承中如何作出适度的创新，并对澳门商法典在传承与创新过程中的得失问题略作评述。囿于资料及能力，本文只是初步探索，祈请学界同仁批评指正。

二、早期澳门商贸活动与商事法的多元存在

早期澳门虽然是华洋共处之地，且是以中华法系为主导治理，但往来澳门与华人贸易的葡国商人，在熙熙攘攘为利来往之际，也同样留给华人社会以异质的商事文化。这些远涉重洋栖居于此的商人，通过在葡萄牙国王那边获得王室代理权，并在中国政府这边获得广州交易权，把欧洲商人熟悉的各种商业活动一并带来，诸如海损分摊、贸易代理、公司、会计及

---

[1] 参见何志辉：《治理与秩序：全球化进程中的澳门法（1553～1999）》，社会科学文献出版社2013年版。

其他商业服务事业,从而逐步变成职业化的贸易商。鉴于澳门葡人大多数是往来贸易的商人(仅有一部分葡人是基于纯粹的传教使命,还有少数来自葡国的无产者、被放逐者或冒险家)[2],在葡人小区内部享有地位的也以事业有成的葡商为主,他们作为整体与教会神职人员、王室力量代表分庭抗礼,成为有限自治机构(以议事会为主导)的中坚力量。就此而言,澳门葡人的有限自治实际上也正是商人自治。

当然,澳门葡人的内部自治的权限并不坚实,既要受制于明清中国政府的主导治理,又受制于代表葡国王室的葡印总督的支配。至于主要由商人构成的澳葡议事会,其本地自治的权限也动辄被内耗,受到总督与王室法官试图分权的冲击。尽管如此,澳门葡人在有限自治的空间内,彼此共同遵循着葡萄牙的法律传统,并通过议事会普通法官与王室法官的司法适用,来维系和强化葡萄牙早期法律在远东的存续。来自葡国的商事法制及习惯,则构成其法律传统的重要内容之一。

在澳门葡人有限自治之际,作为主导治理的明清律例体系,并未针对澳门的商业贸易作出特别立法。因为重农抑商的治理导向,原本稀薄的国家商事法制,也不是旨在推进商业文明,而是旨在调控和压制商业文明的。至于直接负责管辖澳门的广东官府,亦不可能逾越普天之下的"王法"精神,而只会基于地方治理成效的考虑,更为严格地管束着作为早期国际商业重镇的澳门。在税收、海关及海上商贸等方面,中国官府往往都是以约束或弹压方式进行管理。立基于此,有研究认为明清政府对澳门实施的商贸管理,更多的是中央政府对地方的管制手段,理应被界定为"公法"领域。[3] 虽然这些举措针对往来澳门的各类商人及其商业活动,但由此所涉的国家法或派生出来的地方法,在性质上不同于葡萄牙商人带来的商事法及商事习惯,也不同于各地华人在澳门商贸活动中所遵循的各地商事习惯。

---

[2] 有研究者在分析全球化进程时,认为正是商人、传教士、冒险家和武夫"绑在一起",促成了15世纪以来世界范围第一波"全球化"。澳门从小小渔村跃为国际商贸重镇的历史,在某种程度上亦正是这一历史现象的注解。参见[美]纳扬·昌达:《绑在一起——商人、传教士、冒险家、武夫是如何促成全球化的》,刘波译,中信出版社2008年版。

[3] 参见黎晓平、汪清阳:《望洋法雨:全球化与澳门民商法的变迁》,社会科学文献出版社2013年版,第109页。

随着澳门商业贸易活动的发展，由澳门葡商带来的欧洲商事法制及习惯，也逐步衍生出多种多样的商事规则，涉及商事组织、商业合伙、商业代理、商业担保、转口贸易、海上商贸、海事救助等内容，成为后来《葡萄牙商法典》得以在澳门适用的基础。

商事组织是商法规范的主体，商事组织规则亦是商法体系的重要内容。在16世纪以来的航海贸易事业中，商事组织主要包括特许公司和股份公司。[4] 葡萄牙王室在澳门商业政策上目光短浅，早期澳门葡商的商事组织没有股份公司，而是通常以同业行会形式出现的特许公司（或称规约公司）。在明末尤其是1610年代，活跃于澳门与日本长崎的贸易组织Armação（阿尔玛萨），便是以同业行会形式出现的联合体。该联合体由澳门葡商按照契约关系组成，跟加比丹末（贸易航行舰队司令）签订特许经营合约，从葡国国王那里取得贸易权限。如果没有国王的贸易特许，他们不能展开相关贸易。澳门葡商支付船费作为佣金，将待售商品运载上船，往返日本进行贸易。加比丹末的一项义务是，严密监视并防范其他船只运送货物至日本，以免他们的定期船运载的商品受到竞争而贬值。澳门与日本贸易被迫中断后，澳门葡商亦以其他形式组建过其他公司，以从事海上商贸活动。这些商事组织的存在与运作，既是早期商法对商事主体进行规范的产物，反过来亦进一步推动了近代商事组织法的发展。

早期澳门的商业合伙，除了基于商事贸易习惯的自由合伙形式外，还有基于法律规避而形成的隐名合伙关系。明清时期澳门葡商为垄断海上商贸事业，对外国人在澳门从事商事活动作出了种种限制。对中国人的限制措施则是以澳门市民资格为据，而惟有入教受洗成为基督徒的华人，才有资格成为所谓澳门市民，才可以参与同业行会的交易份额分配等贸易活动。但随着澳门日趋成为国际性的商贸重镇，澳门葡商自己却在商海浮沉中逐渐衰落。在清政府针对澳门商业作出法律规制（例如颁行《民夷交易章程》等地方章程）后，外国人与中国人的贸易事业受到很大挫伤，仅有澳门葡商继续保持与华人的贸易关系。一些葡萄牙代理商为了捞取利益，

---

[4] 关于欧洲商法史的研究，参见 T. G. Williams, *The History of Commerce*, London, Isaac Pitman & Sons, 1926.

允许外国人借用葡商的名义进行贸易投资，借助他们赚取的利润进行分成。〔5〕这实际蕴含着近代商法上的隐名合伙制的文化因子。

早期澳门的商业代理，也通过明末澳门葡商与日本贸易活动而获得发育。早期耶稣会士来到远东地区传教，除了在中国发展出庞大的传教事业外，也使天主教在日本生根发芽以至极盛，直至幕府发布"禁教令"为止。〔6〕这些传教士大多关注当地的语言、文化及制度，在语言交流方面往往具有代理的优势，在品格方面亦受各方的共同信赖，因此，在明末澳门与日本的贸易关系上，他们是中、日商人与澳门葡商共同争取的座上宾，是贸易关系得以展开和维系的中介人或辅助人。经历了新教伦理催化的思想革命后，耶稣会士们相信商业活动可以与基督徒生活保持一致，相信追求金钱和财富同样是对上帝信仰的体现。〔7〕事实上，传教士们除了充当中间代理人之外，亦有不少人亲自投入海上商贸活动，将从中获得的巨大利益用于进一步开展传教事业。〔8〕由于传教士们在传教事业之外亦积极参与商贸活动，载有这些传教士的贸易船只在当时亦被称为"神父之船"。〔9〕由这些早期跨国商业贸易活动发展出来的若干代理制度，在某种程度上正是近代商事代理法的雏形。

早期澳门的商事簿记与商事担保，则与早期商业活动大多围绕转口贸易展开紧密相关。转口贸易的规制主要涉及货物交付与资金支付的规则。

---

〔5〕　［葡］徐萨斯：《历史上的澳门》，黄鸿钊等译，澳门基金会2000年版，第91页。

〔6〕　赵宇德："试析十六、十七世纪天主教风行日本的原因"，载《日本研究》1996年第3期。

〔7〕　新教改革带来的变化是教徒们的宗教信仰与工作伦理不再背离，勤勉工作和追求财富也是为信仰上帝，由此带来的便是资本主义精神的急遽发育。相关研究参见，［德］马克斯·韦伯：《新教伦理与资本主义精神》，于晓等译，生活·读书·新知三联书店1987年版。由此影响到近代资本主义法律之成长的研究，参见［美］伯尔曼：《法律与革命——西方法律传统的形成》，贺卫方等译，中国大百科全书出版社1993年版，第418页。

〔8〕　有研究文章指出，在早期澳门与日本的贸易史上，一些耶稣会士就以股东身份置身其间而获取巨大利益。参见戚印平："关于日本耶稣会士商业活动的若干问题"，载《浙江大学学报（人文社会科学版）》2003年第3期。另一份研究文章指出，范里安神父在1578年与澳门葡商行会达成的正式协议中，规定澳门商人共同为日本输出生丝而成立公司，要求该公司每年对耶稣会提供一定的经济帮助，作为他们的传教经费。参见汤开建："明清之际中国天主教传教经费之来源"，载《世界宗教研究》2001年第4期。

〔9〕　刘然玲：《文明的博弈——16至19世纪澳门文化长波段的历史考察》，广东人民出版社2008年版。

如前所述，同业行会随船派遣的商务代理人负责商品采购和货物交付，在面对面的交易模式下，无需明确商品交易价格谈判、查验货物及商品质量等方面的规则；但为有效制约这些商务代理人的交易行为，随船亦设立了书记官和情报官之类的辅助人员，其中，书记官负责对商务代理人从事的商务活动进行文字记载，尤其需要负责对经营货物进行簿记。这类惯例实际上是近代商事簿记制度的雏形。而交易过程所涉的商事信用问题，则衍生出由十三行行商负责提供担保的制度。澳门葡商在与华人进行商事交往时，往往须寻找一位担保人；符合资格的保商通常是由具有官商背景的广东十三商行充任。保商须确保葡商携带的物品进入广州时已经合法完税，否则一经查获视为走私，保商要承担相应的担保责任。由此发展出来的一些商事担保规则，亦为近代商事担保法律之制定提供了基础。[10]

至于早期澳门葡人在海难救助方面的做法，譬如某艘商船不幸遭遇海难，船东因该损失而无力还债，议事会往往豁免债务人的债务，必要时还动用公共资金代为清偿私人债务，由此形成的便是早期海上救助制度，为近代商事法制中的海商法制提供了基础。是种种商业活动中的商事习惯及规则，从不同层面及角度孵化或者催化了近代商法体系的形成。

然而，鸦片战争的爆发，在改变中国近代历程之际，也同样改写了澳门华洋共处分治的既有格局。从1846年澳督亚马留强悍推行殖民管治措施及其事后被清政府默许开始，至1976年《澳门组织章程》颁行而重新界定澳门之政治地位为止，这130年间的近代澳门法制发展历程，步步印证着葡萄牙对澳门进行殖民管治的展开和强化。不过，因葡萄牙殖民管治而延伸适用过来的近代澳门商事法，并未在此形成一个独立和纯粹的法律领域。这套来自伊比利亚半岛的葡萄牙商事法体系，遵循大陆法系商事法制的传统理论，主要包括公司法、票据法、保险法、海商法和破产法等，在澳门逐步形成由多个法律领域共同构成的综合法律部门；其外在表现形态，则是以《葡萄牙商法典》（1888年）为核心、囊括《有限公司法》（1901年）及其他各种商事法律和法令的商事成文法体系。

---

[10] 黎晓平、汪清阳：《望洋法雨：全球化与澳门民商法的变迁》，社会科学文献出版社2013年版，第118～119页。

三、近代葡萄牙商法典之形成及其在澳门的延伸适用

虽然葡萄牙率先开启大航海时代的海外殖民事业,并在早期全球化进程中扮演着殖民探险者和世界贸易者的多重角色,且在跨国商贸活动中承袭、发展和演绎出与商事活动相适应的商事习惯及习惯法,但制定具有理性主义精神的近代性质的成文法典,则是迟至19世纪后期才真正起步的。

（一）起步：1833年《葡萄牙商法典》

1807年诞生于拿破仑时代的《法国商法典》,是人类文明史上资本主义商事法制发展的里程碑。基于法国大革命的影响,这部法典摒弃了传统商法以身份（商人及与商业相关之人）立法的思路,不再采行主观主义的立法模式,而是采行客观主义的立法模式〔11〕,即商法是作为调整商事法律行为的规范,而不论实行该行为者身份如何。

以商事行为进行立法是19世纪早期自由主义理念的体现,这种理念不再把商法当作特定阶层（商人阶层）的专属规范,而是通过规范包揽一切自由竞争性质的商事活动,使法典成为所有人（而不仅仅是传统意义上的商人）的法律行为指引。受其影响的近代欧洲国家,在商事立法方面大多采择客观主义的法国模式。葡萄牙作为欧洲小国之一,在商事法制发展方面同样追随法国,在民法与商法关系上奉行"民商分立"的立法体例,把商法典作为民法典的特别法。

1820年葡萄牙国内革命后,在政体上选择了英式君主立宪制,但在法律体系方面则追随法国。其时葡萄牙的海外扩张事业日趋衰落,国内经济建设也因政局动荡而受阻碍。在商事活动方面,由于商事立法的陈旧和混乱,以及司法见解的不统一,商人们在处理商事纠纷时往往各循其是。其时,《法国商法典》及受其影响的欧洲其他国家（例如意大利、西班牙）的商事立法活动,给了葡萄牙立法者以极大的刺激和启发。如何走出"律令时代"的消极影响,通过法典编纂方式将以往散漫不堪的法律规则系统化,便是摆在君主立宪时期葡萄牙主权机关面前的政治任务,商事立法即是其中之一。

---

〔11〕［葡］马里奥·朱莉欧·德·阿尔梅达·科斯塔：《葡萄牙法律史》,唐晓晴译,澳门大学法学院2004年版,第308页,注释859。

1833年9月18日，葡萄牙通过训令颁行《葡萄牙商法典》，规定于1834年1月14日生效。法典分两大部分：第一部分是陆上商法规则，共三卷，第一卷商人，第二卷商业业务，第三卷商行为、商业法庭的构成和破产规则；第二部分是海上商法规则。[12]

这部法典是葡萄牙法律史上第一部近代性质的商法典，是商事法从律令体系转向法典编纂的关键一步，是葡国法学家通过比较法充分汲取近代欧洲商事经验的立法产物[13]，标志着自由竞争资本主义法律体系在葡萄牙的近代生长。但是，其时政局的动荡并不利于商事法制建设，立法者本身的立法经验显然也还不够成熟。因此，无论是结构、内容还是表达方面，这部法典都存在较明显的问题，不是一部让人满意的作品，对未来商事法制发展也缺乏足够的预见性和指引性，难以真正契合葡萄牙近代商业发展的时代需求。

（二）发展：1888年《葡萄牙商法典》

随着近代葡萄牙商业活动的不断发展，为补救1833年《葡萄牙商法典》的不足，为数可观的单行立法陆续涌现，其中尤为重要的是隐名公司及股份公司（1867年6月22日法律）和工商业商标（1883年10月23日训令）等新兴部门法。制定更新的统一商法典，成为19世纪后期葡国立法者和法律家的新任务。

1859年，葡萄牙政府为此目的，任命了一个专门委员会。但这个委员会以及后来的委员会，均未能真正做好这份工作。为此作出实质贡献的，是葡萄牙法学家贝罗（Veiga Beirão）。贝罗负责起草的商法典，摒弃1833年商法典的编纂模式，分为卷、编、章、节、分节、条款，对商事法律规

---

[12] [葡]马里奥·朱莉欧·德·阿尔梅达·科斯塔：《葡萄牙法律史》，唐晓晴译，澳门大学法学院2004年版，第308页。

[13] 葡国法律史家指出，这部法典之主要起草者费雷拉·博日兹（Ferreira Borges）是葡国近代著名的法学家、政治家和经济学者，曾经当过律师，具有丰富的司法实践经验；早年被流放于伦敦和巴黎，亦对英国、法国及欧洲其他国家（如意大利、西班牙）的商事法律有过比较法上的观察和学习。在负责制定商法典时，他有意糅合了英国商事习惯法和欧洲大陆国家商事成文法制，亦将自身作为律师所得的司法实践经验充分融合。但编纂工作主要任务在于将既往的商事律令统一化和近代化，因此法典内容仍然以葡国既有的商事法制为重心。参见[葡]马里奥·朱莉欧·德·阿尔梅达·科斯塔：《葡萄牙法律史》，唐晓晴译，澳门大学法学院2004年版，第308页。

则进行更为理性的系统化。

1888 年 6 月 28 日，《葡萄牙商法典》被正式核准。同年 8 月 23 日，法典公布于《政府公报》。1889 年 1 月 1 日，法典在葡萄牙生效实施。法典最初有四编，共 749 条，基本结构如下：第一编，商事活动的一般规定，是商法概论部分，包括商法的基本概念、商事能力与商人、商业名称、商业账簿等方面内容[14]；第二编，各种商业合同，是商法典的核心内容，涉及公司法、票据法、银行法、保险法等内容[15]；第三编，海商制度[16]；第四编，破产制度。

需要指出的是，四编制结构后来发生了调整。在 1899 年《破产法》取代法典第四编之后，于葡国继续生效且延伸至澳门的这部法典只剩三编，共 691 条。而后续作出的各类单行法律，广泛涉及商事合伙、票据（汇票、支票和本票）、银行组织、工业产权、保险、海商合同、债券发行、动产有价物等内容[17]，其他方面的补充和修订也在持续进行，且延续至 20 世纪 80 年代仍未断绝。

1888 年《葡萄牙商法典》的基本特征，包括以下几个方面：

第一，编纂模式上，以商事行为进行立法，兼采主观主义模式。在贝罗着手商事立法之际，《意大利商法典》已于 1882 年颁行，为其提供了新的商事立法思路。《意大利商法典》同样承袭《法国商法典》的客观主义模式，即不是从商人主体角度立法，而是从商事行为角度立法；但其又结

---

[14] 该编下分八篇，依次分别为：第一篇，一般规定；第二篇，商事能力与商人；第三篇，商业名称；第四篇，商业记账；第五篇，商业登记；第六篇，商业账目的平衡与支出；第七篇，居间；第八篇，商业活动地。

[15] 该编下分二十篇，依次分别为：第一篇，一般规定；第二篇，合伙；第三篇，隐名合伙；第四篇，承揽；第五篇，委托；第六篇，汇票、本票和支票；第七篇，交互清算账目；第八篇，交易所的运作；第九篇，银行的运作；第十篇，运输；第十一篇，借贷；第十二篇，质押；第十三篇，寄托；第十四篇，一般仓储性种类物寄托和商品寄托；第十五篇，保险；第十六篇，买卖；第十七篇，买回；第十八篇，兑换或找换；第十九篇，租赁；第二十篇，商业票据的转移与再造。

[16] 该编共分八篇，依次为：第一篇，海运；第二篇，海上风险保险；第三篇，弃船；第四篇，风险合同；第五篇，海损；第六篇，被迫进港；第七篇，船舶碰撞；第八篇，海上救助与援助。

[17] ［葡］马里奥·朱莉欧·德·阿尔梅达·科斯塔：《葡萄牙法律史》，唐晓晴译，澳门大学法学院 2004 年版，第 310 页。

合19世纪后期欧洲商事活动的新形势,尤其是基于对商业活动主体的利益保护,开始对商人作出相应的法律规范,甚至推定商人所作出的与其职业活动有关的所有行为均具有商行为的性质,显示出一种兼采主观主义的混合立法趋势[18],从而带动了近代商事法律体系的新发展。在此之后,于1897年颁行的《德国商法典》,更是重返主观主义之路,以商人主体作为法律规范对象,并影响了20世纪前期欧洲国家的商事立法。基于《意大利商法典》的启发,尤其是主观主义立法思潮暗涌的影响,《葡萄牙商法典》一方面承袭了《法国商法典》以商事行为进行立法的模式,另一方面也适度添加了针对商事主体的规范[19],体现出19世纪以来自由竞争资本主义上升阶段的时代风貌,对欧洲乃至世界范围的商品经济之发展起到了推波助澜的作用。

第二,基本内容上,作出了若干革命性的创制。法典除了在结构上作出革命性的改造外,还在内容方面作出重大的调整。具体而言,法典几乎剔除了所有旧式商业立法的内容,仅在商业诉讼规则以及港口之间商业关系方面作出适当保留。通过这种当时欧洲最新的法典编纂方式,葡萄牙近代商事法制发展获得了新的契机。

第三,调整对象上,注重商业组织运作,缺乏对工业组织、企业组织及营业资产方面的规范。这是19世纪后期葡萄牙倚重商业、忽视工业之政策的客观反映。对外,由于海上扩张事业受到17世纪以来欧洲新兴国家的打击,所谓"葡萄牙海外帝国"脆弱不堪,在欧洲国际舞台上的地位也日趋没落,外交方面甚至沦为殖民主义新帝国英国的被保护国;对内,近代葡萄牙的工业没能如期实现近代化,国内仍然是以农业立国,在农业之外关注商业。正如葡国经济史学家所分析的,近代葡萄牙在资本、技术与劳动力方面都有缺失,政府和社会各界对工业发展兴趣不大,人们对工业立

---

[18] [葡] 马里奥·朱莉欧·德·阿尔梅达·科斯塔:《葡萄牙法律史》,唐晓晴译,澳门大学法学院2004年版,第310页。

[19] 需要补充说明的是,在商事行为能力方面,该法典规定任何人(不论是本国人还是外国人),只要具有民事行为能力,皆可自由从事商业营业,除非本法典作出特别限制。在此之后,法典进而确认商人组织体(公司)的商事能力,从而明确了两类商人:一是具有商事行为能力、且以商为职业之人,二是商业公司。这一规范的意义在于,通过赋予任何具有商事行为能力者的法律资格,打破了律令时代葡国王室进行商业垄断的做法。

国的意义也没有预期判断力。事实上，长期以来的政府财政赤字和国内通货膨胀，也在不断地加速资本的外逃，削弱了国内的投资。而国内有限的工业，则被掌握在与官僚有密切关系的私人之手，国家权力实质决定着私人投资水平。例如，在工业许可证制度之下，工业企业的设立、变更、投资（例如增加机械设备）均须获得国家特许，这与商法崇尚的自由主义精神理念是不相契合的[20]。因此，当别的欧洲国家通过商法典着手规范工业组织、企业组织时，葡萄牙商法典仍然摆脱不了对商业组织的过分倚重，没有工业企业方面的规范，至多是在小手工业方面作出了一些响应性调整。

第四，适用旨趣上，期望通过法典囊括所有商事行为。关于这一适用旨趣，法典开宗名义就指出："商法目的在于规范商行为，不论是商人之间的还是非商人之间"[21]，进而据此构建了一套封闭性的法典体系，涵盖了当时葡萄牙所涉及的所有商事行为，包括公司、票据、保险、信用证、银行业务、担保、租赁、互易、货物交付、仓管、船舶、海上保险、共同海损、海上救助、破产等内容。这套体系不仅在葡国国内适用，还被葡萄牙政府延伸适用于一切海外属地："在听取管治机构的意见及根据各海外省的特殊情形作出修改之后，政府有权将商法典延伸至海外省。"[22]

当然，这种试图囊括一切商事规范的理念，在实践中不可能真正囊括现实社会中的一切商事行为。商法领域不同于公法性质的法律部门，它必须因应瞬息万变、一日千里的现代商业贸易发展形势。在20世纪以来启动的更大规模的全球化浪潮中，试图通过一部总体而言属于书斋立法的法典"以不变应万变"，无异于一种立法者基于理性主义而心态膨胀的痴人说梦。因此，也正是鉴于法典在体系化之后的封闭性，法典制定之后，商法领域仍然需要通过大量单行立法进行修订和补充，借此响应社会发展带来的法律需求。于是，《葡萄牙商法典》颁行后不久，即受到源源不断的单行立法的冲击。先是1899年7月26日核准的《破产法》取代了法典原来的第四编破产制度，再有1901年4月11日核准的《有限公司法》补充了

---

[20] Pedro Lains e Alvaro Ferreira da Silva, *Historia Economica de Portugal, 1700~2000*（《葡萄牙经济史 1700-2000》），Vol. Ⅲ, O seculo XX, Lisboa, 2005, p. 235.

[21] 《葡萄牙商法典》第1条。

[22] 《葡萄牙商法典》第7条。

法典原来的公司制度。

(三) 在澳门的延伸适用

《葡萄牙商法典》在海外属地的延伸,根源于1888年6月28日核准《葡萄牙商法典》的法律。该项核准之第7条指出:"法律授权政府在听取海外省管治机构的意见后,根据各海外省的实质需要,作适当修改后延伸适用于各海外省。"

1894年2月20日,着手统一司法改革的葡萄牙,通过了《海外司法管辖条例》,其中规定"1888年商法典被延伸适用至海外"[23]。该项改革的意义十分重要,主要涉及葡萄牙海外属地的司法组织、有关实体法的适用等方面的统一化。正是在此改革之后,依据统一司法管理体系的要求,葡萄牙将澳门地区设定为葡萄牙司法体系中的"法区",并据此改造了华政衙门的职能体系,创设了近代性质的澳门法区法院[24]。同年4月27日,《海外司法管辖条例》公布于《澳门宪报》[25],意味着《葡萄牙商法典》开始在澳门延伸适用,其效力延至1999年11月1日《澳门商法典》颁行为止。

自1894年至1976年,针对《葡萄牙商法典》作出的后续补充或修订,以及相关的单行法律,亦源源不断地通过《澳门宪报》延伸适用于澳门。其中较为重要的法律,包括1901年《有限公司法》、1959年《商事登记法典》及其他相关的修正案;较为重要的法令,包括1940年关于公司召集大会股东选举权利解释的《第12251号法令》、1971年关于海商法修正案的《第679/73号法令》、1972年关于股东大会股东之表决及订定有同等表决权之股东歧见处理的《第154/72号法令》、1973年规范公司合并及分裂事项的《第598/73号法令》,等等。[26] 这些法律及法令在澳门被直接强制植入,并未根据澳门本地的政治、经济、文化、社会条件而予调整,在带给澳门社会以近代欧洲商法体系的同时,也使澳门原有的商事习惯及

---

[23]《海外司法管辖条例》第2条。

[24] 参见何志辉:《近代澳门司法:制度与实践》,中国民主法制出版社2012年版,第106~108页。

[25]《澳门宪报》1894年第16期,副刊。

[26] 黎晓平、汪清阳:《望洋法雨:全球化与澳门民商法的变迁》,社会科学文献出版社2013年版,第155页。

律例体系失去地位。

四、迈向回归：本地化使命与《澳门商法典》的诞生

（一）本地化使命：制定商法典的必要性

如前所述，近代澳门商事法制来源于葡萄牙，虽对邻近地区及固有法制及习惯法作出若干汲取和发扬，但在整体上是与澳门华人社会大相隔膜的。然而，在近代澳门商业活动舞台上，最活跃且占据最大份额和数量的主体正是澳门华人。近代澳门华商的崛起，在澳门经济、社会、政治和文化诸领域都产生了难以估量的影响[27]。因此，源于葡萄牙的商事法制，在澳门华人社会所发挥的影响实际上相当有限；反之，澳门华商的商事行为及商业活动，却频频因这套异质性的规则体系而受掣肘。

《中葡联合声明》签署后，澳门政治步入新的发展阶段，法律本地化遂成为中葡双方与澳门政府通力协作的重要政治任务。商事法制的本地化，不仅需要将葡萄牙商事法移转过户为澳门法制，而且需要借此契机进行现代化。其中，《葡萄牙商法典》和《有限公司法》便是首先需要被改造的。兹略述理由如下：

首先，就时间因素而言，这两部源于葡萄牙的成文法典，都已历时久远，日趋落伍。20世纪是人类文明史上科技创新最繁盛的时期，伴随新的技术革命和全球经济一体化，商业领域也随社会文明的发展而急遽扩展规模，且层出不穷地涌现出新型商事活动类型。澳门虽小，但始终镶嵌在这一商贸事业全球化的进程中，尤因社会流动的加剧而更显复杂，对于新型商事法制的需求也更为迫切。然而，原有的法典对澳门商业社会的急遽变化缺乏积极的响应。仅以商事合同制度为例，如航空运输合同、代办商合同、特许经营合同等方面，均暴露出其严重的滞后性和僵化性。

其次，就精神因素而言，这两部法典都是自工业革命完成以来19世纪自由竞争资本主义的历史产物，立基于其时盛行欧洲的自由主义和个人本位，在价值取向上有着鲜明的时代烙印。但自法典先后完成以来，世界范

---

[27] 关于近代澳门华商之崛起及其影响，参见林广志："晚清澳门华商与华人社会研究"，暨南大学2006年博士学位论文。新近出版的澳门近代华商家族之个案研究，参见林广志：《卢九家族研究》，社会科学文献出版社2013年版。

围的资本主义急遽转向垄断资本主义,原来的自由主义和个人本位之价值取向,皆被稍后兴起的社会本位所扭曲或逆转。虽然商法领域较之民事法制更具有国际性,但随着20世纪以来澳门商事活动的日趋复杂化,法典仍立足原初的价值取向显然越来越难以应对挑战。不仅如此,法典颁行之后陆续增补或修订的单行法和补充法,因完成时间及时代背景不同,在价值取向及立法宗旨上参差不一,使近代葡萄牙商事法制在精神层面芜杂不堪,其延伸适用于澳门时同样难免、甚至更显混乱。

最后,就内容因素而言,这两部法典都只契合19世纪伊比利亚半岛的商事贸易,却难契合以华人为主体的澳门社会。在近代欧洲频频出现而需要规制的商业活动,在近代澳门却未必如此;反之亦然。因此,将大陆法系性质的葡萄牙商事法制强行延伸过来,虽然满足了葡萄牙对澳门进行殖民管治的政治需求,但不可能真正满足澳门社会尤其是华人商业社会对于商事法制的实际需求。实践也一再表明,源自葡国的这套商事成文法制,在澳门华人社会中的适用范围相当有限,如同其他源自葡国的法典或附属法律一样,往往在社会生活中被中国固有商事法制或商事习惯,以及来自邻近地区如香港的商事法制所架空。澳葡政府亦对这些分散化的内容缺乏系统清理,以至于在法典及单行法或补充法的效力上懵懂不辨,又怎么还能指望澳门社会广大市民尤其是华人对此加以认同。

鉴于上述原因,将僵化而分散的葡国商事法律体系予以现代化和系统化,并在此基础上制定真正契合社会实际的本地商事法制,遂成为迈入过渡期的澳门商事法律本地化的重任之一。

(二)本地化进程:《澳门商法典》的诞生

从1976年《澳门组织章程》颁行以来,澳门在不抵触葡萄牙宪法与该章程原则的前提下,获得一定的立法权。这使澳门的商法体系开始走向多元化,除了葡萄牙商法典的延伸适用,还有澳门立法机关创制的本地商事法内容。至1987年《中葡联合声明》签署时,澳门立法机关根据澳门的实际情况和商事活动的特点,特别是针对有关社会经济、对外贸易以及劳工等方面,制定了大量的单行商事法律,以适应澳门商事活动的需要。至于源自葡萄牙的商事成文法,也陆续被纳入法律本地化的工作议程。

1. "重构"或者"死亡"

鉴于《葡萄牙商法典》过于陈旧,难以适应当代澳门商业法制的发展需求，对商事法制进行本地化，势必需要先从这里入手。自澳门进入过渡期以来，商法典的本地化一直是其法律本地化的重点和难点。经过中葡双方的共同努力，《澳门商法典》最终在1999年11月1日颁行，而在澳门适用长达一个多世纪的《葡萄牙商法典》遂告失效。《澳门商法典》的出台，标志着澳门商法制度正式割断与葡萄牙商法体系的联系，开始在自身社会实际基础上建立相对独立的法律体系。

作为近代澳门五大法典之一的《葡萄牙商法典》，虽然早已受到澳门各界的诟病，但真正起意对其进行本地化，是迟至《中葡联合声明》签署之后。由于商事法制本身内容的庞杂，其本地化进程不可能一蹴而就，因此在几经辗转周折之后，于澳门回归前夕匆忙完成使命。在此期间，关于《葡萄牙商法典》在澳门商法本地化进程中的定位，即究竟是应对其"重构"还是任其"死亡"，这一问题曾经引发令社会各界瞩目的论争。这场论争之所以受人瞩目，根源即在此时《葡萄牙商法典》在澳门社会已形同空壳，受种种因素之影响变得"形不散"而"神已散"。

法典内在的立法精神一旦耗散，则只能寄望于源源不断的单行法和补充法。澳门立法会于1976年成立后，在澳门商事法制建设方面作出了大量的单行立法或补充立法。澳督颁行的商事法令更为庞杂，涉及公司制度、保险业务、对外贸易制度等方面内容。如此庞杂而零散的法律及法令，在澳门商业社会中实际发挥着作用，使1888年《葡萄牙商法典》基本只剩一具空壳。究竟该在现有法律及法令基础上"重构"《澳门商法典》，还是通过并入统一的《澳门民法典》而让其"死亡"，最初也颇让立法者踌躇。考虑到尽量保持葡萄牙商事法制的特色及影响力，以及德国、日本、韩国实行民商分立的编纂经验，立法者最终选择了前者，即以"商业企业"为编纂法典的出发点，通过剔除原有法典之陈旧内容，添加后续的单行法及补充法，使《澳门商法典》继续承载葡萄牙商事法制的基本面貌。

2. 起草与颁行

回顾商事法制本地化历程，我们可知其先期工作是公司法典草案的编纂；至于商法典草案的编纂，则迟至1997年初才正式启动。1997年2月3日，澳门立法会的一批议员（刘焯华、华年达、欧若坚、罗立文等人）建议，遵照《立法会章程》第42条规定，立法会设立一个旨在跟进及参与制定民法、民事诉讼法和商法典草案的"临时委员会"，以配合此前不久澳葡政府授予三位葡籍法律专家的工作。在随后极为紧迫的法典起草过程中，澳门政府对此保持高度重视[28]。

经过中葡澳三地官员、专家、学者及业内人士的多方努力，《澳门商法典》草案终于完成并交付审议。该草案共1268条，确立了一些新的制度，体现了立法思想的变化，即从客观主义转向主观主义，构成规范核心的是商事主体而不再是商业行为。就其整体特点而言，草案基本沿用大陆法系国家商法典的体例，对《葡萄牙商法典》内容作了适当修改，也汲取了英美法系商法典的一些经验，并采纳了不少国际商务惯例，如将《统一汇票本票法》和《统一支票法》两个日内瓦国际公约纳入其中。

需要指出的是，法典草案的制订十分仓促，相关的中文翻译未能跟进，澳门华人社会参与程度不高。虽然该临时委员会于1999年7月15日发表《第1/99号意见书》，认为草案在该委员会的一般审议中得到好评，但也不得不承认法典起草的条件并不理想，草案之中文文本与葡文文本并未同时提交，亦未能对草案作出深入的分析[29]。

《澳门商法典》定稿后，被交付审议并获顺利通过。1999年8月2日，澳门总督韦奇立签署法令。同年8月3日，《澳门政府公报》刊登《第40/99/M号法令》，核准《澳门商法典》，规定自1999年10月1日起开始生效。后因《澳门民事诉讼法典》难于在同日一并生效，《澳门政府公报》又于9月27日刊登《第48/99/M号法令》，将该法典与《澳门民法典》的生效日期推迟至1999年11月1日。为配合同日生效的三部法典，经本地化的《澳门物业登记法典》、《澳门商业登记法典》、《澳门公证法典》和《法院诉讼费用制度》及经修订的《澳门民事登记法典》亦于1999年11

---

[28] 例如，1998年1月，澳门政府于1998年度施政方针的司法政策部分提出，该年度在法律本地化及现代化方面，待立法会参与并经联合联络小组磋商后，将通过及公布商法典和另两部法典（民法典和民事诉讼法典）。1999年1月，澳门政府于1999年度施政方针的司法政策部分，再度提出有关法律本地化的措施，称将在法例本地化及现代化方面通过并公布包括《澳门商法典》在内的三部法典，其仅欠缺在联合联络小组完成磋商的程序，预计该磋商于1999年首数星期内完成。为配合包括该法典在内的法律架构，尚需通过若干法规，诸如民事登记、物业登记、商业登记、公证及在法院的诉讼费用方面作出规范的法规等。参见华荔：《澳门法律本地化历程》，澳门基金会2000年版，第104、113页。

[29] "第1/99号意见书"，载 http://www.al.gov.mo，最后访问日期：2013年8月30日。

月1日起开始生效。

五、《澳门商法典》：对葡萄牙商法的传承与创新

《澳门商法典》作为近代以来澳门商事法制本地化的结晶，一方面对既有的葡萄牙商法传统之合理成分予以继受和发扬，另一方面充分汲取当今世界先进立法的经验和成果，整体上具有后来居上的后发优势。兹就其基本结构与主要特点两方面略加阐述。

（一）《澳门商法典》之基本结构

仓促完成本地化的《澳门商法典》共分4卷，共1268条，规模庞大，内容详尽，篇章结构如下：

第一卷，经营商业企业之一般规则。下分10编：第一编，商业企业主、商业企业及商行为，主要有一般规定、商事能力、经营商业企业之障碍和抵触，已婚商业企业主之正当性及商业企业主之义务；第二编，商业名称，主要包括对商业企业的一般规定、特殊规定、商业记载及商业名称之取消；第三编，商业记载；第四编，登记；第五编，账目之提交；第六编，经营企业之代理；第七编，因经营企业而承担之责任；第八编，商业企业主之民事责任；第九编，商业企业；第十编，竞争规则。本卷不仅对商业企业设立经营等作了详尽的规定，而且对企业主及其营业行为和法律责任也予以规制。

第二卷，合营企业之经营及企业经营之合作。本卷具体规定各类企业形式，包括公司、经济利益集团合作经营合同及隐名合伙。下分四编：第一编，公司。其中，设总则，对各种公司所共同具备的事项予以规定；规定公司的形式包括无限公司、两合公司、有限责任公司、股份有限公司四类。因股份两合公司形式在实际生活中并未发展，故未作规定。第二编，经济利益集团。其中，对其性质机关、成员之权利与义务、解散和清算以及成员的出入作了详尽规定。第三编，合作经营合同。其中，主要规定该合同的性质，对内合作、对外合作以及该类合同的终止。第四编，隐名合伙。该编由三章组成，分别为一般规定、合同之履行、合同之终止。

第三卷，企业外部活动。下分18编：第一编，各种商业债务，主要对其共同点予以规定；第二编至第十八编，规定了17类合同，分别为寄售合同、供应合同、行纪合同、承揽运送合同、代办商合同、商业特许合同、特许经营合同、居间合同、广告合同、运送合同、一般仓储寄托、旅舍住宿合同、交互计算合同、回购合同、银行合同、担保合同和保险合同。其中，对商事活动中日益增多的广告合同、银行合同及保险合同规定尤其详尽。

第四卷，债权证券。这一卷为法典之首创，主要内容包括：第一编，一般债权证券，规定了无记名式证券、指示式证券和记名式证券；第二编，特别债权证券，包括汇票、本票及支票三种最普遍的有价证券。

（二）《澳门商法典》之两面性

《澳门商法典》对葡萄牙商法的传承与创新，使这部跨时代的商法典具有两面性，一方面呈现葡萄牙商法的传统架构及基本特质，另一方面又具备法律本地化和现代化的时代特征。

就前一方面而言，该法典对葡萄牙商法传统最显著的传承，表现为立法宗旨仍采用商人法主义，并以民商分立的立法形式进行并列立法。

在大陆法系国家，民商事立法有民商合一与民商分立的差异。在民商分立的国家，商事立法又有商人法主义、商行为法主义以及折中主义的差异。前者先规定商人概念，再由此推导商行为；次者反之；后者通常采取商行为主义，但在许多方面亦接近商人法主义。[30] 不过，传统的"商人法主义"已难以应对现代商业社会的泛商化事实，亦难以调整现代科技发展带来的各种新型商行为，而澳门商业社会也改由企业居于主体地位。企业这一概念揭示了商事关系两个要件（商事主体与商行为）的本质特征，用以规范这类具有计划和持续意图从事营利行为的独立经济单位的法律构成了企业法，并在实际上占据着现代商法的核心内容。[31] 1942年《意大利民法典》最先使用"企业"概念，先确定企业主，再从财产角度确定企业的法律属性，将其界定为企业主为企业经营而组成的全部财产，包括所有用于其活动的财产和相关法律关系。这一思路意味着现代商法的重心开始移转[32]，且开启了欧洲其他国家关于企业规制的商事立法新思路，葡萄牙即是其中之一。

---

[30] 王书江：《外国商法》，中国政法大学出版社1987年版，第2页。

[31] 王保树：《中国商事法》，人民法院出版社2001年版，第67页。

[32] 李江敏："现代商法重心之转移"，载《山西大学学报（哲学社会科学版）》2005年第3期。

澳门受葡萄牙商事法制的影响,奉行民商分立,进而采用商人法主义。但与《意大利民法典》从财产角度界定企业不同,《澳门商法典》首先规定商业企业主,将企业分为两类:一是以自己的名义自行经营或通过第三人经营商业企业的一切自然人或法人,二是公司[33];其次规定商业企业,即以持续及盈利为生产目的而从事经济活动之生产要素的组织[34];最后规定商行为,即法律视乎商业企业之需要而特别规范的行为(尤其是本法典所规定之行为以及类似行为),以及因经营商业企业而作出的行为[35]。法典在后续的规定中,亦遵循同样的思路,先规定商主体,后规定商行为。基于法典对企业法律性质的界定,葡国学者概括出企业的四个特征:一是外向性,即企业生产的目的是将产品或服务投放于市场;二是自我再生产,即保证企业的延续性和稳定性,以便企业在市场上存在;三是合理性,即遵循经济理性原则,寻求适当方法以符合企业目的,实行严格的会计和记账制度,并进行债务与财产监管;四是非主观化,即企业可以成为法律行为的客体,成为独立所有权的财产。[36]

就后一方面而言,这部经历本地化改造的商法典,相比同期完成本地化的其他几部法典,在实质内容方面更具本地化特性。

商法作为调整商事活动的基本规范,必须因应社会经济发展的形势。随着澳门本地立法机构开始自主立法,商事领域的立法活动也日渐活跃,在数量上也渐次增加,它们被纳入法典之后,理所当然使之更契合本地商事发展的实际。至于对该法典产生影响的《葡萄牙商法典》,也因为经过长期的运行,其诸多制度及精神已充分融入澳门的商业社会,也难以强行从中分离出来。因此,《澳门商法典》既保留了葡萄牙商法的模式及框架,

---

[33] 《澳门商法典》第1条。

[34] 依据法典规定,商业企业系指以持续及营利交易为生产目的而从事经济活动之生产要素之组织,尤其从事以下活动:①生产产品或提供服务之产业活动;②产品流通之中介活动;③运送活动;④银行及保险活动;⑤上指活动之辅助活动。从事不能与活动主体分开之经济活动之生产要素之组织,不视为商业企业。参见《澳门商法典》第2条。

[35] 依据法典规定,所谓商行为系指:①法律视乎商业企业之需要而特别规范之行为,尤其本法典所规范之行为,以及类似行为;②因经营商业企业而作出之行为。商业企业主所作之行为,视为因经营企业而作出之行为,但该等行为及作出行为之情况显示出有关行为并非因经营企业而作出者除外。参见《澳门商法典》第3条。

[36] [葡]朱塞·科思达:"澳门商法典中的商业企业",载《澳门大学法律学院学报》2000年第9期。

又结合本地实际及未来发展需要而进行了必要的创新[37]，以借此适应澳门地区商事活动的法律需求。

不仅如此，该法典还特别注重立足时代需要，作出适度的制度创新。立足文化交融的基础，文化创新才有可能；同理可知，立足博采众长的基础，制度创新亦有可能。这方面的显著例证，便是法典关于"债券证券"制度的规范。法典第四卷第一编以概括性规范制定了债权证券规则，并将债权证券确定为一个基本的法律概念，这是其他国家商事法制中所不存在的。至于对商业企业及以商业企业作为标的之法律行为，法典加以特别规范，且设立了对企业的所有权等制度，亦是难能可贵的制度创新。诸如此类，印证着澳门作为中外文明融汇之地的活力和魅力。

此外，尤其要指出的是，该法典博采众长，风格更趋多元化。如立法者在核准《澳门商法典》《第40/99/M号法令》之序言所言："制定《商法典》时，并无忽略延续现时法律所定之解决方案，亦尊重由学说及司法见解形成之法律传统。本法典从罗马日耳曼模式之最现代之商业法例，尤其从与本地区之法律体系较为接近之法例中，吸取了启示及经验；鉴于澳门处于亚太地区，《商法典》亦必然吸收了盎格鲁撒克逊模式法律体系之经验。此外，商法之规定在国际层面上亦日趋统一，甚至有人提倡新商事惯例，而《商法典》正试图根据本地区之利益及特殊情况体现此趋势。"[38] 这具体表现在如下方面：

第一，承袭葡萄牙的商事法制。该法典在考虑本地实际情况及未来发展的基础上，着力沿袭1888年《葡萄牙商法典》有关规定所确立的法典编纂模式，即同样设置卷、编、章、节、分节、条、款、项，每条设置标题并加括号注明。在具体条款上，该法典对原有葡国商法典的援引甚多。据1997年3月18日一份备忘录记载称，"在数量的结果方面，最终法典可以保留大约340至380条"[39]。至于后续的各类补充法和单行法，亦有大量内容被该法典所吸收。如除了在公司法制方面汲取前述《葡萄牙公司法典》的最新内容外，法典还汲取了一些经葡国改革却未能延伸适用于澳门

---

[37] 参见米也天：《澳门法制与大陆法系》，中国政法大学出版社1996年版，第107页。

[38] 《第40/99/M号法令》，序言。

[39] 简天龙："商法典的备忘录"，载http://www.al.gov.mo，最后访问日期：1997年3月18日。

的商事制度,例如代办商合同、合作经营合同与隐名合伙合同等内容。正是通过法典对葡国商事法律体系的承袭,并继续发挥葡国法律学说和判决在澳门的影响力,葡萄牙商事法律得以在澳门继续维系其文化影响。

第二,借鉴欧洲国家的商事制度。该法典在某些内容上也适当汲取了意大利、法国、德国、西班牙等国商事或民事立法的经验。以对1942年《意大利民法典》的仿效为例。[40] 该法典仿效其商业企业和商业企业主制度,在相关条文中亦以"商业企业主"概念替代陈旧的"商人"概念;又仿效其商业账簿制度,同样规定认证可由公证员进行,并扩大有权认证账簿人员的范围以及编制年度账目等事宜;还仿效其设置的银行寄存合同、保管箱租赁合同、银行信贷开立合同、银行预付合同、银行账户往来合同、银行贴现合同等新型商事合同制度,一一加以规定,并增加了只能由信用机构作出的融资租赁合同与保理合同。至于仿效法国的地方,则主要表现在汇票、本票、支票统一法的有关制度,避免涉及此类活动的主要制度过于分散。对于德国、西班牙等欧洲国家的经验,法典亦有个别地方进行了灵活的吸收。至于欧洲共同体的指令方面,除了在公司制度方面有所遵循外,在特许经营合同之企业主年度账目等制度上亦有遵循。

第三,吸收周边国家及地区的商事制度。该法典既借鉴亚洲地区(如新加坡、日本和韩国)的相关法制,又兼采邻近地区的法制,如普通法系性质的香港公司法例、大陆法系性质的台湾地区法律以及社会主义性质的中国内地的商事法制。因同属于大中华区,中国内地、香港、澳门、台湾的商业往来日趋密切,彼此之间的制度参照及学说流播也日见频繁,这使得《澳门商法典》在一定程度上受到或显或隐的影响。以普通法系商事法制的影响而言,如该法典在公司治理机构方面,模仿香港、新加坡、澳大利亚及英美等国的"公司秘书"制度,将其设定为公司机关的组成要件,并在各类公司章节内容中予以规定。又如法典在商事担保方面,引进了普通法系的浮动押记。该类担保包含保证企业正常经营的一切动产,但在增强担保时须根据担保财产之性质且针对当时构成企业的财产及将成为企业的财产,赋予债权人质权或抵押权,法典据此而引入加拿大《魁北克民法

---

[40] [葡] Augusto Teixeira Garcia:"新《澳门商法典》",载《澳门大学法律学院学报》2000年第9期。

典》的相关制度并将之调整为浮动担保制度。[41]另外，该法典还对其中一些影响性判例进行分析或移植，并对澳门本地一些判例予以继承，使之也成为法典的有机部分。[42]

六、结语：未完的使命

综上所述，《澳门商法典》的颁行标志着澳门商事法制的本地化，法典本身也承载着规制商事行为、保障商事秩序的使命。但正如《澳门民法典》的本地化并不彻底一样，《澳门商法典》也未能彻底实现本地化。要言之，原因在于：一是法典主要起草人来自葡萄牙，他们对澳门商业环境、特征、文化等方面的认识失之肤浅；二是针对在紧迫形势下急速展开的法律本地化，立法者虽竭力关注澳门商业发展，有意从本地实际出发，但终究只能依赖表层且片面的观感去闭门造车；三是虽然草案被译为中文后向社会各界征求咨询，但澳门本地华商与立法机构在沟通方面存有障碍，意见中许多真正契合本地社会需求的内容未被采纳。

进而言之，商法与社会经济生活的关系密切，其相对稳定性不如其他领域的部门法（例如，基本法、刑法或劳动法等），在法典化之后决不能一劳永逸。至于理想化地引入学理层面更先进的各类制度，或是采行在葡萄牙行之有效的欧洲经验，也因为缺乏时间和机会而难以通过实践加以检验[43]。正如立法会议员批判法典在公司信息披露制度方面的问题时所言："《澳门商法典》所规定的会计制度跟欧盟接轨，但无法与世界接轨。"[44]过度追随葡萄牙商法制度所带来的积弊，事实上远非这一两处个别地方；法典在公司设立、公司法律制度竞争机制、公司治理及其他方面，亦有着程度不一的问题。

基于此，《澳门商法典》同样不可避免地存在尴尬：一方面是被澳门商业实践最终证明属于冗余或虚置的制度大量存在，另一方面是随澳门商业发展而急需的制度仍然稀缺。面对如此尴尬，像大陆法系国家那样立足

---

[41] [葡]Augusto Teixeira Garcia："新《澳门商法典》"，载《澳门大学法律学院学报》2000年第9期。

[42] 宋天志、武玉红："澳门公司法律制度初探"，载《外国经济与管理》1999年第12期。

[43] 冷铁勋：《澳门公司法论》，社会科学文献出版社2012年版，第38~39页。

[44] 参见唐志坚议员在澳门特区立法会全体会议上的发言，2000年4月26日。

于学说解释与判例基础以适用法典,在时间仓促而与澳门华人社会沟通不足的情况下几无可能,可替代的做法便是一些葡国学者所期望的那样:适用《澳门商法典》必须引用葡萄牙法学家的著述及葡萄牙的相关判例。[45]这种做法在澳门五大法典的司法实践及法律教育中普遍存在,尤其表现在法院的相关判决动辄采行葡萄牙的法律学说和判例以进行论证。此外还须指出的是,法典试图以高度抽象的规则去约束最期望立法明晰、简洁、方便的商业企业主,且主要内容涉及的是强制性规则,但对更应当通过法律确保交易公平、快捷与安全的规范却很少触及,以至于实践中商业企业主仍然依循商人之间的惯例进行各种商事活动。由此带来的消极影响之一,便是不仅广大民众尤其是中小商业企业主抱怨《澳门商法典》过分强调商事登记对交易安全的作用,而忽略中小企业之降低成本和灵活经营的诉求,亦有特区立法会议员抨击这部法典是急需政府在经济发展中加以改革的"恶法"。[46]

这一切,都决定了澳门特区在步入"一国两制"新时期后,特区政府仍然需要组织相关部门集思广益,针对《澳门商法典》着手进行后续的修订和改革。也正是在社会各界的诉求之下,在回归后不久特区立法会即迅速成立"跟进《商法典》适用情况关注委员会",以负责跟进和展开法典修订工作。其初步成果便是2000年4月26日立法会表决通过的《第6/2000号法律》,其中针对法典关于商业登记制度遵循的标准和原则而作出了一系列调整[47];最新成果则是2009年通过的《第16/2009号法律》,其中对法典"经营商业企业之一般规定"和"公司"等内容作出了最新修

---

[45] 黎晓平、汪清阳:《望洋法雨:全球化与澳门民商法的变迁》,社会科学文献出版社2013年版,第210页。

[46] 吴国昌:"在2000年4月26日立法会全体会议上的发言",载http://www.al.gov.mo,最后访问日期:2013年8月30日。

[47] 2000年通过的《第6/2000号法律》废止了《第40/99/M号法令》之第16条,修改了该法令第11、17、20、24条,废止了《澳门商法典》第67、68、186条,修改了《澳门商法典》第23、39、41、103、130、131、143、179、233~235、359、366、367、383、384、386、388、389条;同时修订了葡文版《澳门商法典》第1181、1182、1256、1257条,使之与中文版内容保持一致。

订。[48] 正是如此规模的最新修订，使得《澳门商法典》更好地配合商业社会的发展，通过优化投资及营商环境，为澳门特区商业发展创造有利条件，也使之能够真正跟进澳门商业社会的发展，为澳门商业活动的规范化提供保障。

---

[48] 2009 年通过的《第 16/2009 号法律》于 2009 年 9 月 29 日生效，依据《第 16/2009 号法律》以及《附件一：经修改的〈商法典〉规定的新行文》，此次法律修改了经 1999 年 8 月 3 日《第 40/99/M 号法令》核准，并经《第 6/2000 号法律》修改的《澳门商法典》第 10、16、17、38、39、41、42、47、49、54、55、58、59、62、76、125～127、179、183、192、201、209、210、214、217、218、222、228、230～234、239、241、244、252、328、341、355、360、363、379、390、392、430、431、454、467 条。该等条文的新行文载于作为本法律组成部分的附件一。此次修改还在《澳门商法典》内增加了第 4-A、323-A、432-A 条，新增条文载于作为本法律组成部分的附件二；废止了第 43 条、第 46 条第 3 款及第 4 款、第 103 条第 2 款、第 179 条第 3 款 g 项、第 366 条第 2 款。至于其他相关内容亦有不少调整，例如在商业名称是否新颖方面，删除了"住所"要素及"将从事的业务"要素；在商业记账方面，规定商业企业主可遵循 2005 年《第 25/2005 号行政法规》核准的《会计准则》，或其他适合该企业的方式记账；在企业租赁合同方面，缩短了出租人须负连带责任的期间；在一人有限公司之持有、董事会人数、公司存续期间、公司垫付盈余方面，扩大了公司的自主权；在股东信息权、监事会监察职能方面，完善了公司监管制度；在电子文书及电子签名、商业记账及企业管理之电子载体、电子通信、簿册及股东会所需文件之放置，以及虚拟会议方面，则体现出对高新科技的接纳与规范。相关分析参见黎晓平、汪清阳：《望洋法雨：全球化与澳门民商法的变迁》，社会科学文献出版社 2013 年版，第 233～239 页。

《菲利普律令》在澳门早期的适用*

王 华**

一、引述

（一）研究对象

关于澳门早期[1]法律适用，从葡萄牙研究者和中国研究者的研究成果来看，大都具有较为一致之结论性共识，[2]即相关葡萄牙法律适用于葡萄牙人及其从属群体，而不适用于明帝国或清帝国的华人。

现今适用的澳门五大法典和司法体系，基本沿用澳葡政府遗留下来的葡萄牙法律体系。从法教义学的观点看，对于现行澳门法律体系之源头的研究，显然更具有实证意义；相反作为整个澳门地区历史上适用过的法律之一部分的古代中华法律体系，大部分已经随着中华法系整体走入历史而与现行制度失去其有机上的联系，但其所具有的政治、文化和思想上的意

---

* 本文特别要感谢我的导师澳门大学法学院唐晓晴教授为本研究所提供的宝贵葡文一手数据，使得笔者能够以此作为突破口挖掘出更多有关澳门早期法律适用的一手资料。在此还需要特别感谢澳门大学法学院法律研究中心（Centro de Estudos da Faculdade de Direito da UM）主任 Manuel Marcelino Escovar Trigo 教授对笔者在研究过程中遇到古代葡文之困难时提供的帮助。

** 澳门大学法学院博士研究生。

〔1〕 本文所定义之"早期"为经过法典化后的葡萄牙法律体系延伸适用至澳门之前，即大约1869年之前。

〔2〕 António Manuel Hespanha, Panorama da históriainstitucional e jurídica de Macau, Fundação Macau, 1995, p. 43；谢耿亮："法律移植、法律文化与法律发展"，载米健主编：《澳门法律改革与法制建设》，社会科学文献出版社2011年版，第127页；王巨新、王欣：《明清澳门涉外法律研究》，社会科学文献出版社2010年版，第72、130页；何志辉：《治理与秩序：全球化进程中的澳门法（1553~1999）》，社会科学文献出版社2013年版，第71~141页。

义仍然对政制史以及当下澳门地区华人的习惯风俗之研究具有不可估量的作用。因此,本文认为作为一个法系或法域来说,澳门地区的现行法律体系与其过去的澳葡法律体系具有更为紧密的联系。

从法律史研究跨度上来说,葡萄牙政府的 1869 年 11 月 18 日命令(Decreto)[3] 将 1867 年 7 月 1 日《塞亚布拉法典》(Código de Seabra)条文延伸至澳门适用之后,整个葡萄牙法律体系逐渐开始单独地适用于澳门。在此之前,可以说中华法律体系以及葡萄牙早期法律体系各自以属人之方式在其领域内并行适用。在此之后,包括 1909 年颁布的《华人风俗民法典》在内的法律皆为葡萄牙近现代法律体系之一部分。

本文将以《菲利普律令》在澳门的适用情况为研究对象,尝试更具体地展示澳门法史界所谓的多元法律秩序中[4]的一元如何发挥作用。

(二) 研究现状

对于律令时代的葡萄牙法律在澳门适用的情况而言,现有研究成果有些仅是零星的记载且非系统的归纳论述,而对于中华法系与近现代澳门法律体系在澳门的适用研究成果则较为丰富。倘若从宏观的视角来说,在此需特别提到的是,何志辉博士利用大量的中外文献,从政制史以及法文化的角度,将数百年中葡政制的纠合进行了连贯而清晰的梳理,以其独特的视角为澳门法制的发展史贡献了丰硕的研究成果。[5]

然而现有大部分研究成果,对于澳门早期的葡萄牙法律之适用都可谓是知其有适用之实,而不知其以何种方式与内容进行适用,以至于对澳门现代法律体系的建构和发展来说,该部分内容的研究意义几乎是被忽略的。就目前可查阅到的研究成果而言,对律令时代的澳门法律有较为深入

---

[3] 值得注意的是,该日发出的命令为两条,在后面一条命令中第 8 条规定将之前的相关立法废除,并在其中的 b 款对澳门地区的华人的习惯和风俗作出了保留规定。见 Collecção de Legislação Novíssima do Ultramar, VII Volume, 1868 e 1869. 2.ª Edição, Lisboa, Imprensa Nacional, 1896, pp. 334 – 336.

[4] 如唐晓晴教授将澳门早期的法律秩序之状况概括为是具有多元特征的。参看 Tong Io Cheng, Wu Yanni, *Legal Transplant and On – going Formation of Macau Legal Culture*: *New Frontiers of Comparative Law*, Tong Io Cheng, Salvatore Mancuso, University of Macau & LexisNexis, p. 246.

[5] 如何志辉:《从殖民宪制到高度自治——澳门二百年来宪制演进述评》,澳门理工学院一国两制研究中心 2009 年版;《治理与秩序:全球化进程中的澳门法(1553~1999)》,社会科学文献出版社 2013 年版;何勤华主编:《华洋共处与法律多元:文化视角下的澳门法变迁/比较法文丛》,法律出版社 2014 年版。

涉及的法律著作只有叶士朋（António Manuel Hespanha）教授于回归之前出版的《澳门法制史概论》（Panorama da história institucional e jurídica de Macau）一书。该著作对整个葡萄牙海上王国的法制进行了概述，而作为该著作的重点，其中也援引了相关律令对澳门进行了非系统性的阐述。虽然该著作冠名为澳门，但实际上是以葡萄牙海上王国作为主要视角，当然这也与该著作出版之时澳门尚未回归有关。该著作的葡文版比中文版多出的附录部分为澳门地区早期颁布的一些十分重要的法律诏令（Cartas de lei）、准照（Alvárs）、章程（Regimento）等，[6] 因此，本研究对该部分原始材料也加以了利用和比对。[7]

（三）研究意义

本文所提及的《菲利普律令》与附属补充法规[8]以及葡萄牙国王创制的法律作为近现代之前的葡萄牙海上王国的法律体系，是现代葡萄牙法律体系的重要发端，也是现代澳门法律体系的重要发端以及澳门法律史的极为重要的研究对象。

而此处提及的澳门法律史这个概念，不是指澳门历史上的法律，而是指澳门现行法律的历史，即以葡萄牙相应的法律为蓝本而拟就的本地化了的澳门五大法典体系[9]的发展史，因而，前述之发端具有的意义不言自明。同时，本文也会提及同为葡萄牙法律体系之滥觞的巴西法在该领域内的一些研究。

二、《菲利普律令》概述

（一）《菲利普律令》的历史

近现代葡萄牙法律体系之前的时代可概括为律令时代，该时代的法律

---

[6] 关于准照（Alvars）以及法律诏令（Cartas de lei）、命令（Decreto）、规定（Provisão）等请参见［葡］马里奥·朱莉欧·德·阿尔梅达·科斯塔：《葡萄牙法律史》，唐晓晴译，澳门大学法学院2004年版，第222～224页。

[7] 本研究为利用并比对该原始材料，在引用该著作时一律以葡文原著作为引用对象并参考该著作的中文版，叶士朋：《澳门法制史概论》，周艳平、张永春译，澳门基金会1996年1月第一版。

[8] 主要指 legislação extravagante（单行法例），见［葡］马里奥·朱莉欧·德·阿尔梅达·科斯塔：《葡萄牙法律史》，唐晓晴译，澳门大学法学院2004年版，第222页。

[9] 赵秉志总编：《澳门民法典》，中国人民大学出版社1999年版，说明页。

体系先后由15世纪下半叶至17世纪适用的《阿丰索律令》、《曼努埃律令》，以及于1595年完成、1603年11月11日生效适用并于19世纪后期全部废止[10]的《菲利普律令》构成。《菲利普律令》在葡萄牙的出现和适用是具有戏剧性的。1580年至1640年葡萄牙王国实际上因皇室姻亲被迫并入了当时的西班牙王国（卡斯蒂利亚王国，Reino de Castilla），而这部律令，正如之前的《阿丰索律令》是以时任国王阿丰索五世（D. Afonso V）命名一样，[11]它也是以推动律令制定的时任国王菲利普一世（Filipe I)[12]之名命名。但推动制定该律令的国王，用今日之葡萄牙人对历史上西葡关系之眼光来看，并非葡萄牙人自己的国王，而历史的发展也证明了这点。1640年葡萄牙王国重新取得了独立的地位，并在这之后与西班牙王国进行了长达几十年的战争，而该律令被遵守至同年的12月1日之后失效，但在1643年1月29日葡萄牙国王又颁布了法令（Lei confirmando na Ordenações Filippinas）使其重新生效。[13]这三年的废除，大概是独立之初对侵略者制定法律清除的结果；而其获得重生，则是因为在事实上该律令体现了对葡萄牙法律传统的尊重，而且实际上它仅仅是将其前身《曼努埃律令》[14]的规定以及很多之后生效的规则收入单一的一部法律中[15]，并

---

[10]［葡］马里奥·朱莉欧·德·阿尔梅达·科斯塔：《葡萄牙法律史》，唐晓晴译，澳门大学法学院2004年版，第218页，参见该页引注466，《菲利普律令》在葡萄牙由1867年7月1日的《民法典》全部废止；而在1822年就已经独立的巴西，《菲利普律令》则由1916年1月1日公布的《民法典》（第3071号法律）废止。

[11]［葡］马里奥·朱莉欧·德·阿尔梅达·科斯塔：《葡萄牙法律史》，唐晓晴译，澳门大学法学院2004年版，第207页。

[12] 西班牙称为腓力二世（Filipe II）。

[13] Boletim do Conselho Ultramarino, Legislação Antiga, Volume I, 1446 a 1754, Imprensa Nacional, 1867, pp. 242 – 244.

[14]《曼努埃律令》是一份十分重要的立法作品，其大部分立法规定以先前作品为基础，即包括了相关的法律、教廷条约、法令、风俗和司法判决、礼仪、罗马法的一些规定、教会法和七章律；同时，该部法律对于已存在之法律渊源进行改革的变革性法典所代表的意义与葡萄牙现代国家的形成具有密不可分的联系，而其他欧洲国家的法律统一进程则更为复杂和迟延。如法国和西班牙，法律的统一迟至拿破仑的民法典化；德国和意大利则在政治统一后才得以进行。当然，这也正是由于他们处于语言、文化多元化下的政治纷争中这一与葡萄牙所不同的环境所致。见 António Pedro Barbas Homem, "As Ordenações Manuelinas significado no processo de construção do Estado", In Estudos em Homenagen ao Prof. Doutor Raúl Ventura, Vol. 1. FDUL, 2003. 5, pp. 310, 306.

[15]［葡］马里奥·朱莉欧·德·阿尔梅达·科斯塔：《葡萄牙法律史》，唐晓晴译，澳门大学法学院2004年版，第219页。

且该律令有利于整个王国的稳定与和平。[16] 至此之后,《菲利普律令》一直在葡萄牙王国与相关地区适用达几百年之久。[17]

(二)《菲利普律令》的结构与其内容

《菲利普律令》与葡萄牙此前生效的两部律令相比,其适用期是最长的;而其结构则是继承于前两者,维持了细分为标题以及段落的传统五篇体系;同时,各篇的内容也没有基础性的改变。《菲利普律令》分为五篇(livro),每一篇均按照题(título)的方式进行编列,并且对每题按照该题的具体内容进行命名,根据1985年因获C. 古尔本基安(Calouste Gulbenkian)基金会的支持而得以影印的版本,[18]《菲利普律令》第一篇有100题,主要规定了王室以及市政的各个行政以及司法职位,例如,在相关的历史研究中曾被提及的孤儿书记员以及孤儿法官,[19] 就规定于本篇第88题孤儿法官之规定(Dos Juizes dos Orfãos)与第89题孤儿书记员之规定(Dos Srivães dos Orfãos);[20] 第二篇与第三篇分别有58题与98题,其中,第二篇主要规范的是教会与国王的财产与特权,第三篇主要为诉讼制度的大量规定,如该篇第14题为听证制度(Do Regimento das audiencias),该篇第69~83题则以较大篇幅连续地就上诉(Appellação[21])问题进行了规定;[22] 第四篇和第五篇分别有107题与143题,其中,第四篇非系统性地就债法、物法、继承法等民事实体法进行了规定,如买卖、捐赠、其他各类合同,又如第74题的时效之规定、第80~86题的遗嘱之规定、第87

---

[16] Boletim do Conselho Ultramarino, Legislação Antiga, Volume I, 1446 a 1754, Imprensa Nacional, 1867, pp. 242 – 244.

[17] [葡] 马里奥·朱莉欧·德·阿尔梅达·科斯塔:《葡萄牙法律史》,唐晓晴译,澳门大学法学院2004年版,第218页。

[18] 该版本由Cândido Mendes de Almeida在1870年按照1603年版本以及1824年的版本而定稿,参阅Ordenações Filipinas Livro I, Cândido Mendes de Almeida, Rio da Janeiro, 1870, Edição da Fundação Calouste Gulbenkian, 见NOTA DE APRESENTAÇÃO以及后续页。

[19] 娄胜华:"混合、多元与自治:早期澳门的行政",载吴志良、金国平、汤开建主编:《澳门史新编》(第1册),澳门基金会2008年版,第146页。

[20] Ordenações Filipinas Livro I, Cândido Mendes de Almeida, p. 220.

[21] 上诉的现代葡文为apelação。

[22] Ordenações Filipinas Livros II e III, Cândido Mendes de Almeida, Rio da Janeiro, 1870, Edição da Fundação Calouste Gulbenkian, pp. 672 – 693.

题及后续的继承之规定、第102题及后续监护与保佐之规定。[23] 而第五篇则主要为刑事方面的规定，如第57题为假冒商品罪。[24] 可见该律令在内容上有了部门法大致的区分，作为一部法典，它囊括了行政法、司法组织法、教会法、王室法，也包括了民事、刑事、诉讼法。但是若仔细观察，我们可以发现其规定经常有含糊或者矛盾的地方，而这些缺点亦被后世批评者称为"菲利普主义（filipismos）"。[25]

三、《菲利普律令》与《海外立法》的关系

（一）出自《菲利普律令》的《海外立法》

葡萄牙王国的海外殖民地曾经颁布过一部名为《菲利普律令中的海外特别立法》（Legislação Que Está Nas Ordenações Chamadas Filippinas, Especialmente Relativas ao ultramar，以下简称《海外立法》）的法规，该法规在澳葡政府立法事务办公室于1995年出版的五卷本立法编年册中有所记载。[26] 在澳门，该编年册颇具权威，是现在对曾经在澳门生效过的法律的最可信记载。笔者查找到其原文的内容[27] 并经过对比，发现这一部法规全文均出自《菲利普律令》，且为律令第一、二篇和第五篇中各题包含的对部分章节的抽录。该法规抽录的各章节均有关于殖民地的大量规定，而其中每一题几乎都直接涉及以印度、非洲、巴西等殖民地为题名或内容的规定，该法规被同时记载在确认《菲利普律令》重新生效的法律[28] 之

---

[23] 时效、遗嘱、继承、监护与保佐之规定分别见于 Ordenações Filipinas Livros IV e V, Cândido Mendes de Almeida, Rio da Janeiro, 1870, Edição da Fundação Calouste Gulbenkian, pp. 896, 900 – 921, 922 – 993, 994 – 1011.

[24] Ordenações Filipinas Livros IV e V, Cândido Mendes de Almeida, Rio da Janeiro, 1870, Edição da Fundação Galouste Gulbenkian, p. 1206.

[25] ［葡］马里奥·朱莉欧·德·阿尔梅达·科斯塔：《葡萄牙法律史》，唐晓晴译，澳门大学法学院2004年版，第220页。

[26] RECENSÃO LEGISLATIVA, VOLUME 1, 1621 – 1910, GABINETE PARA OS ASSUNTOS LEGISLATIVOS, 1995, p. 7.

[27] Boletim do Conselho Ultramarino, Legislação Antiga, Volume I, 1446 a 1754, Imprensa Nacional, 1867, pp. 242 – 259.

[28] ［葡］马里奥·朱莉欧·德·阿尔梅达·科斯塔：《葡萄牙法律史》，唐晓晴译，澳门大学法学院2004年版，第220页。

后，并在内容上也呈现此顺序。[29]

（二）对《菲利普律令》相关内容的强调

笔者依据史料推测，这几个法规按照上述顺序出现是因为以下历史原因：在1580年至1640年期间，由于葡萄牙王国被西班牙王国兼并，而正在脱离西班牙统治并崛起的海上强国荷兰（此际正在进行两国间的八十年战争）为了分散西班牙压制其独立的财力和军力，进攻并占领了其大量海上殖民地——包括之前纷纷宣布效忠于西班牙国王的原葡萄牙殖民地，例如，1637年荷兰夺取了埃尔米纳（Mina）的堡垒，1642年彻底驱逐葡萄牙势力并占领了整个非洲黄金海岸。而远在亚洲的澳门也是荷兰人进攻的目标，1622年发生了葡荷澳门战役，此役葡萄牙人侥幸获胜[30]，使得荷兰人转而进占台湾。葡萄牙重新取得独立后，为了重申其对原海外殖民地的权力，在使本来就涵括原有殖民地规定的《菲利普律令》重新生效后，还从律令中抽录有关殖民地的规定形成《海外立法》，这应该是其对原殖民地权力的特别强调，事实上也与其在此之后发动的一系列夺回其在巴西、非洲和印度的一些殖民地的战争相呼应。

但有趣的是，之前被荷兰夺走后再未夺回来的非洲黄金海岸的殖民地，包括明确包含其首府埃尔米纳作为题名或内容的法律却在该法规[31]以及相应的《菲利普律令》中永久地成了空洞的文字符号，再也没有适用之实。

四、《菲利普律令》的规定未明确提及澳门的原因

笔者在对与《海外立法》相对应的《菲利普律令》的内容进行考证后发现，与其他殖民地不同的是，律令的条文并未出现任何与澳门有关的字眼，更别提适用的方式与内容了。在此，笔者依据律令本身以及相关的历史事实对可能导致该现象的两种原因略作讨论。

---

[29] Boletim do Conselho Ultramarino, Legislação Antiga, Volume I, 1446 a 1754, Imprensa Nacional, 1867, pp. 242 – 244.

[30] 至今澳门还存有得胜花园（Jardim da Vitória）及其纪念碑以纪念此事。

[31] 相应规定见第51题和107题，Boletim do Conselho Ultramarino, Legislação Antiga, Volume I, 1446 a 1754, Imprensa Nacional, 1867, p. 245 e p. 250.

(一) 律令编纂与殖民地立法的配合

根据《菲利普律令》的编纂时间，律令之所以对巴西、非洲、印度的殖民地都直接地进行了规定，很大一部分原因在于葡萄牙对这些地方的殖民历史比葡萄牙人进入澳门之始较为确定的时间1557年[32]早至少半个多世纪，葡萄牙人在此期间有足够的时间对在巴西、非洲和印度殖民地的治理的反馈进行法律上的思考并在新的律令中予以阐明。

以非洲和印度为例。编纂于16世纪初的《曼努埃律令》第二篇第27题对非洲各地的兵头（Capitão）[33]的司法管辖权进行了规定，[34]《海外立法》以及相应的《菲利普律令》中的第二篇第47题则沿用该规定并对其进行了扩充修改。[35]《曼努埃律令》第五篇的第112题为对埃尔米纳城堡和几内亚（Guinee）地区刑事方面的大篇幅规定，第113题则在该律令中第一次出现了对印度的规定。[36]葡萄牙人最早进入印度是瓦斯科·达·伽马于（Vasco da Gama）1498年5月20日登陆卡利卡特（Calecute），之后数年葡萄牙开始进占该地区。这也与史料记载的对《阿丰索律令》进行改革的具体时间1505年[37]相符合，此后编纂《曼努埃律令》的几十年中葡萄牙人完全可以对印度的初步情况进行规定。相比之下，葡萄牙人进入非

---

[32] 吴志良、汤开建、金国平：《澳门编年史》（第1卷），广东人民出版社2009年版，第113页。

[33] 相关的中文研究均将该出现在澳门的相同职务翻译为兵头，见娄胜华：《混合、多元与自治：早期澳门的行政》，载吴志良、金国平、汤开建主编：《澳门史新编》（第1册），澳门基金会2008年版，第149页。[清] 印光任、张汝霖：《澳门记略》卷下《澳蕃篇》称："夷目有兵头，遣自小西洋……或请法王（主教）至，会鞫定谳，籍其家财而散其眷属，上其狱于小西洋，其人属狱候报而行法。其刑或戮或焚，或缚之炮口而烬之。夷目不职者，兵头亦得劾治。" [清]祝淮：《新修香山县志》卷四《海防·附澳门》称："兵头遣自小西洋，今有大事，附达大西洋。"转引自吴志良、汤开建、金国平：《澳门编年史》（第1卷），广东人民出版社2009年版，第112页。

[34] Ordenações Manuelinas Livro II, Real Imprensa da Universidade de Coimbra, 1797. Edição da Fundação Calouste Gulbenkian, p. 138.

[35] Boletim do Conselho Ultramarino, Legislação Antiga, Volume I, 1446 a 1754, Imprensa Nacional, 1867, p. 247. Ordenações Filipinas Livros Ⅱ e Ⅲ, Cândido Mendes de Almeida, Rio da Janeiro, 1870, Edição da Fundação Galouste Gulbenkian, p. 477.

[36] Ordenações Manuelinas Livro II, Real Imprensa da Universidade de Coimbra, 1797. Edição da Fundação Calouste Gulbenkian, pp. 324 – 346.

[37] [葡] 马里奥·朱莉欧·德·阿尔梅达·科斯塔：《葡萄牙法律史》，唐晓晴译，澳门大学法学院2004年版，第212页。

洲则要早大约一个世纪。在考察了《阿丰索律令》而未发现任何殖民地规定[38]的情况下，我们至少可以认为，16世纪的整个葡萄牙海上王国的法律体系内的殖民地立法与其对殖民地的占领可以说几乎是"夫唱妇随"的。因而，考虑到《菲利普律令》的编纂时间大约始于1583年，[39]离1557年也已有20多年的时间，所以在编纂时间上似乎并无太大障碍。

（二）从属管辖与客观需要

对于澳门在律令条文中并无任何规定针对这一问题，若在编纂的配合上没有障碍，则或可考虑到当时澳门从属葡属印度管辖，其总体上适用该律令对葡属印度的规定，这也符合殖民地行政等级划分在法律中的需要。但究其深层次原因，则是因为澳门这块"飞地"虽与其他殖民地一样，风土民情同样与众不同，但相比其他殖民地，葡萄牙人对此地的占据应当说是平和的，并与当时的明帝国官民相妥协。所以其进入澳门初期，由于其占据仅属于借居性质，没有着手深入并控制当地华人社会的必要，而若只是囿于其自身的范围内，则适用同属亚洲的葡属印度的律令规定就已经满足了其客观需要。这也与300多年以后葡萄牙人逐渐深入并彻底控制澳门，以及意识到管制华人的困难而在完全殖民化之后的法律框架内采取了相应的立法措施——如制定《华人风俗民法典》，以缓冲矛盾的做法相互印证。

同时，在律令时期陆续出台的关于澳门的法规也证明了特别立法对于葡萄牙人群体在该"飞地"的日常生活，以及与当地华人的交往进行规制的必要性。因此，澳门不但在相当长的一段时间内在各个层面上作为葡属印度的一部分普遍适用律令，而且即使在律令未对其加以明确规定的情况下亦不乏依照律令对其进行特别适用的单行立法（以下将律令以及依据律令颁行的法规等简称为律令体系）。下文将陆续就从属管辖以及普遍适用

---

[38] António Manuel Hespanha 教授在 Panorama da história institucional e jurídica de Macau 中提及葡属非洲兵头的权利时引证《阿丰索律令》中第1篇第83题之规定，见 Panorama da história institucional e jurídica de Macau, Fundação Macau, 1995, p.70. 但笔者考察到《阿丰索律令》第1篇总计为72题，只是在《阿丰索律令》第55题有船长（Capitam）的规定，但未提及非洲殖民地。可综合参考 [葡] 马里奥·朱莉欧·德·阿尔梅达·科斯塔：《葡萄牙法律史》，唐晓晴译，澳门大学法学院2004年版，第210页，以及由科英布拉大学提供的《阿丰索律令》的扫描版，http://www1.ci.uc.pt/ihti/proj/afonsinas/l1ind.htm，最后访问日期：2015年1月11日。

[39] [葡] 马里奥·朱莉欧·德·阿尔梅达·科斯塔：《葡萄牙法律史》，唐晓晴译，澳门大学法学院2004年版，第218页。

与特别立法的具体情况展开讨论。

五、《菲利普律令》的适用与对澳门的从属管辖

（一）行政的从属

关于葡属印度对澳门的管辖,[40] 可从一些后来人的作品与当时的法律文件中获得印证。在一份由葡国人编著的有关澳门的宪制法律的历史著作中，提到在1642年6月14日的法令建立海外委员会（Conselho Ultramarino）以加强对殖民地的管理后直至1783年女王玛利亚（D. Maria）支持澳门总督［早期应称为兵头（Capitão）][41] 凌驾在议事会权力之上的100多年的葡萄牙的海外行政体系中，澳门一直从属果阿[42]（葡属印度的首府）。另外，直到1844年，葡萄牙女王才废除了由印度总督委任澳门总督［（或应称为兵头（Capitão）］的制度，澳门与帝汶和苏禄（Solor）合并为一个海外省，澳门总督成了"澳门暨帝汶总督",[43] 至此澳门才从葡属印度独立出来。之后随着殖民化程度的加深，澳门与其他殖民地一样适用近现代葡萄牙法律体系的同时也有了针对华人之特别立法的需要。而在这之前的兵头一职务本身就规定于律令体系中。[44]

（二）司法的从属

在叶士朋教授的《澳门法制史概论》的附录中，有一份1587年的

---

[40] 何志辉：《从殖民宪制到高度自治——澳门二百年来宪制演进述评》，澳门理工学院一国两制研究中心2009年版，第7~8页，其中提到："在葡萄牙的海外行政框架中，澳门一直被列入葡印果阿（Goa）的'从属地'。"

[41] 在19世纪由葡萄牙女王直接任命澳门总督之前，所谓澳门总督（Governador de Macau）实际上就是仅具有军事长官职能的兵头（Capitão），在很长一段时间内以及相关文件中也被称为兵头，见娄胜华："混合、多元与自治：早期澳门的行政"，载吴志良、金国平、汤开建主编：《澳门史新编》（第1册），澳门基金会2008年版，第149~150页。

[42] Jorge Noronha e Silveira, SUBSÍDIOS PARA A HISTÓRIA DO DIREITO CONSTITUCIONAL DE MACAU (1820–1974), INSTITUTO PORTUGUÊS DO ORIENTE, 1991, p.15.

[43] 吴小宇："澳门历史上的行政管理"，载《行政》1996年第4期，第1183页。

[44] ［葡］马里奥·朱莉欧·德·阿尔梅达·科斯塔：《葡萄牙法律史》，唐晓晴译，澳门大学法学院2004年版，第218页，参见该页引注466，《菲利普律令》在葡萄牙由1867年7月1日的《民法典》全部废止；而在1822年就已经独立的巴西，《菲利普律令》则由1916年1月1日公布的《民法典》（第3071号法律）废止。

《澳门大法官章程》,[45] 其中第一段规定,将不适合由其管辖的上诉提交至果阿高等法院（Relação de Goa）；其中的第五段又规定,对于不在其管辖范围的刑事案件,在兵头出席的情况下,大法官亲自将该案件依据律令规定的形式提交上诉至果阿高等法院（Relação de Goa）。[46] 在一些情况下,大法官还必须将案件上报给葡属印度副王（Vice - rei）[47]——实际上是指兼有该头衔的总督。例如,该章程的第十三段规定除了葡萄牙平民的自然死刑外,对于贵族和骑士的自然死刑的执行需上报葡属印度副王以审查其是否可执行。[48] 而在一份晚至1803年的《澳门大法官章程》中,其第2题规定除了按照王国的法律规定可以进行终审判决以及执行在其管辖权范围内的案件,对于其他超过管辖范围的案件,将上报至果阿高等法院（Relação de Goa）。[49] 而在从《菲利普律令》中抽取出来的《海外特别立法》中,第一篇第51题关于印度、埃尔米纳城堡和几内亚的法官规定的第6款就明确规定了一些案件需向相关的中级法院（Relação）提起上诉或请求。[50]

另外,在西方世界近代法律体系形成期间,相对于世俗法律的适用,

---

[45] 该章程全文仅有第2、3、12段分别提到适用未指名的律令的第三篇第77、16题,第二篇第47题。第2、3段之援引经查证内容仅与《曼努埃律令》的相应条文相符合,第12段关于兵头的规定如前文所述仅规定于《菲利普律令》第47题（Hespanha教授在其 Panorama da história institucional e jurídica de Macau, p. 73 所述该章程涉及《菲利普律令》),然而该章程的颁布时间为1587年,而《菲利普律令》完成编纂的时间为1595年,完全适用则在1603年,因而该章程对《菲利普律令》的适用实为一个疑问。

[46] 该海外高等法院成立于1544年。见［葡］马里奥·朱莉欧·德·阿尔梅达·科斯塔：《葡萄牙法律史》,唐晓晴译,澳门大学法学院2004年版,第228页。

[47] 副王（Vice - rei）的称号为葡萄牙王国授予某些葡属印度和巴西总督的荣誉头衔,以代表葡萄牙王室在印度行使王权,见 http: //pt. wikipedia. org/wiki/Vice - rei, 最后访问日期：2015年1月11日。如著名的航海家 Vasco da Gama 也曾获得葡属印度总督以及该头衔,关于该头衔的具体来由以及职权,可参见 António Vasconcelos de Saldanha, IUSTUM IMPERIUM – Dos Tratados como Fundamento do Império dos Portugueses no Oriente, Macau: Fundação Oriente, Instituto Português do Oriente, 1.ª edição, 1997. 7, pp. 333 – 351.

[48] António Manuel Hespanha, *Panorama da história institucional e jurídica de Macau*, Fundao Macau, 1995, p. 127.

[49] António Manuel Hespanha, *Panorama da história institucional e jurídica de Macau*, Fundao Macau, 1995, p. 131.

[50] Boletim do Conselho Ultramarino, Legislação Antiga, Volume I, 1446 a 1754, Imprensa Nacional, 1867, p. 246.

教会法律的适用几乎占据了日常生活的法律体系中的大半壁江山。在1557年2月4日，若奥三世在位期间，经保罗四世（Paulo IV）敕封，澳门被划归马六甲教区，隶属于果阿，受葡萄牙教区保护[51]，而教会法庭迟至1999年才终止其对澳门的管辖权。[52]

可见，在早期相当一段时间里，澳门是作为葡属印度一部分而接受管辖并适用律令体系的。

六、《菲利普律令》在澳门早期法律适用的法例分析

（一）相关法例

在菲利普律令体系的适用上，笔者主要根据一些按照律令体系而颁布的法律诏令以及准照等按照时间顺序来阐述适用的事实。

1603年1月24日由果阿和印度市政厅国王准照授予澳门选举三年期的孤儿法官（Juiz triennial de orphãos）和终身孤儿书记员（Escrivão de orphãosvitalicio）；[53] 1608年3月5日的一份准照，对澳门兵头（Capitão）作出了关于军需品的决定；[54] 一份1628年3月31日的法律诏令，作出了关于澳门主教以及在该篇幅较长的诏令结尾部分又作出了将作为俘虏的华人出售时，确认中国的习俗以及法律[55]的决定；1639年、1643年和1644年的三份准照，分别规定了澳门仁慈堂（Misericordia）的特权、对其章程

---

[51] 施白蒂：《澳门编年史（16~18世纪）》，澳门基金会1995年版，第15页。

[52] 赵秉志总编：《澳门民法典》，中国人民大学出版社1999年版，第10页。由于教会法是近代欧洲法律体系中的重要一部分，其对于澳门现代法律体系的影响也应当是深远的且值得研究的。

[53] Collecção Chronologica da Legislação Portugueza, 1603 - 1612, Compilada e Annotada por José Justino De Andrade e Silva, Imprensa de J. J. A. Silva, Lisboa, 1854, p. 3. 该文献的致读者页明确表明该文献记载年限为《菲利普律令》时期至君主立宪这一段时间，即1603年至1826年的立法编年册，本书为的记载年限为1603年至1612年。该历史事实的中文文献可参见引注19，该内容未标明出处并与前述文献有微细差别。

[54] Collecção Chronologica da Legislação Portugueza (1603 - 1612), Compilada e Annotada por José Justino De Andrade e Silva, Imprensa de J. J. A. Silva, Lisboa, 1854, p. 217.

[55] Collecção Chronologica da Legislação Portugueza (1627 - 1633), Compilada e Annotada por José Justino De Andrade e Silva, Imprensa de F. X. de Souza, Lisboa, 1855, p. 122.

（Compromisso）的确认以及对增加弟兄（Irmãos）数量的决定；[56] 1649 年的准照作出了对澳门神学院（Colegio de Macau）的财政支持的决定。[57] 另外，葡国王在 1753 年颁布授予 Feliciano Velho 在特定条件下航行澳门航线之执照（licença）的命令（Decreto），而在 1800 年则由海外委员会颁布了关于澳门主教与大法官的管辖权冲突的规定（Provisão）。[58]

（二）法例分析

在这些法律诏令、准照、命令以及规定中，有几份直接援引了律令中的规定，如 1639 年、1643 年和 1644 年三份准照。1639 年的准照颁布于该年的 1 月 15 日，该准照的内容是关于澳门仁慈堂的特权，其第二段规定国王同意赋予澳门仁慈堂享有与印度省仁慈堂同等但非专属授予于其的特权；第三段规定该准照被视为与法律诏令具有同等效力并因此延长一年的效力，将免除《菲利普律令》第二篇第 39 题和第 40 题的负担并在王国以及印度的掌玺官署（Chancellaria）登记。按照《菲利普律令》的该条文规定，[59] 法律诏令的生效期可超过一年，若低于一年的，则以准照形式颁布，所以免除的正是该部分规定的限制。而与仁慈堂有关的 1643 年 11 月 23 日的颁布的确认章程的准照以及 1644 年同意将弟兄人数由 300 提升至与里斯本仁慈堂相同的 700 人的准照，则都明确提出将该准照的有效期延长一年，从而免除《菲利普律令》第二篇第 40 题的规定，但未提出将其等同于法律诏令，因此，并未提到关于法律诏令规定效力的第 39 题。1800 年颁布的规定（Provisão）则援引了主要内容为教会权力与国王的权力的《菲利普律令》第二篇中的第 8 题关于世俗权力以及第 9 题世俗与教会事宜混合（mixti‑fori）的规定[60] 来处理管辖权冲突这一纠纷。

[56] 分别见 Collecção Chronologica da Legislação Portugueza (1634 – 1640), Compilada e Annotada por José Justino De Andrade e Silva, Imprensa de F. X. de Souza, Lisboa, 1855, p. 186 与 Collecção Chronologica da Legislação Portugueza (1640 – 1647), Compilada e Annotada por José Justino De Andrade e Silva, 2ªSérie, Imprensa de F. X. de Souza, Lisboa, 1856, pp. 441 – 442.

[57] Collecção Chronologica da Legislação Portugueza (1675 – 1683) e Suplemento à Segunda Série 1641 – 1683, Compilada e Annotada por José Justino De Andrade e Silva, Imprensa de F. X. de Souza, Lisboa, 1857, p. 191.

[58] Collecção da Legislação Portugueza desde a ultima compilação das ordenações, Legislação de 1791 a 1801, Antonio Delgado da Silva, Typografia, Maigrense, Lisboa, 1828, pp. 612 – 614.

[59] Ordenaçõeṣ Filipinas Livros Ⅱ e Ⅲ, Cândido Mendes de Almeida, pp. 464 – 466.

[60] Ordenações Filipinas Livros Ⅱ e Ⅲ, Cândido Mendes de Almeida, pp. 427 – 428.

那么，其他未直接援引律令规定的法律诏令、准照、命令等，就与律令无关了吗？显然不是。如根据 1603 年 1 月 24 日由果阿和印度市政厅国王准照的内容，虽然其未直接提及律令的援引，但是，该准照内容中的孤儿法官，孤儿书记员的选举，本身其职位以及选举方式就分别主要规定于《菲利普律令》第一篇的第 88、89 题以及第 67 题中。[61] 而即使是诏令和准照等规定本身的效力，也在律令本身中有所规定。如前文所述的关于规定对象的生效期，在《菲利普律令》中也有详细的规定。[62] 对于其他诸如兵头等在澳门历史研究材料中经常出现的职务，律令的规定中也多有涉及，不一而足。

(三) 分析结论

可见，律令体系在澳门的早期法律适用中是具有普遍性的，而诸如法律诏令、准照、命令以及规定等，也基本上是依据律令体系而作出特别适用的。不过无论是律令体系本身还是诏令、准照等，都还不是现代的法律用语表达结构，而是具有较为明显的叙事性，这种方式也往往使得对于某特定对象的规定散见于不同的篇中，导致了查找的困难，而表达的模糊与矛盾，亦未能直接满足生活所要求的保障。[63] 需要指出的是，若能搜集到律令适用之司法判决的材料，也将对上述结论提供极大的支持。

七、《菲利普律令》与现代澳门法律以及巴西法律的关系

(一)《菲利普律令》与现代澳门法律的关系

虽然律令体系繁杂且还不具有现代法律体系的高度抽象性，但是律令体系在澳门的适用不仅仅具有法史学和个案上的意义。纵观整个律令时代的法律，其体例以及编纂方式深受罗马法的影响，依次将内容按"卷 (Livro)——本文译作篇"、"题 (Título) 和相应的题名"以及在题下面以段落序号划分的方式排列。[64] 而这种《民法大全》式的体例方式，也

---

[61] Ordenações Filipinas Livro I, Cândido Mendes de Almeida, pp. 205, 220, 153.

[62] Ordenações Filipinas Livros II e III, Cândido Mendes de Almeida, pp. 464 - 467.

[63] [葡] 马里奥·朱莉欧·德·阿尔梅达·科斯塔：《葡萄牙法律史》，唐晓晴译，澳门大学法学院 2004 年版，第 299 页。

[64] 唐晓晴：《民法一般论题与〈澳门民法典〉总则》(上册)，社会科学文献出版社 2014 年版，第 16 页，注释 4。

与包括《澳门民法典》在内的近现代大陆法系民法典的编纂体例不无关系。

除此之外,律令体系中的许多传统也是法典化运动加以思考的重要材料。许多实体和程序方面的传统规定,如同欧洲其他国家对待自身的法律资源一样,在法典化运动中被加以系统化,而这些传统无论是得到保留,或是被改造,其留下的遗产与现代法律体系的丰富成果之间的延续性意义显然是无法割裂的。

例如,澳门有史以来第一部正式出版的物权法教科书,在讨论完全继受了葡萄牙民法的澳门民法中的所有权转移模式时,[65] 就清晰阐述了该意思主义模式的发展路径。该著作十分详细地指出,根据律令时期的律令条文[66]以及1801年的准照的规定,葡萄牙的所有权转移方式传统是名义加形式;可是在经过葡萄牙学者[67]对法国模式的研究后,则在葡萄牙的1867年民法典中,摒弃了其罗马法的传统模式,而采用了《法国民法典》的意思主义,此后即使到了深受德国法影响的1966年的新民法典的颁布,也依然保留了意思主义的变动模式。而葡萄牙学者在讨论其本国的这一问题时亦未忽略掉如此重要的法律渊源。[68]

(二)《菲利普律令》与巴西现代法律的关系

律令体系与澳门的关系并非突兀之孤证。在其他适用过律令体系的地区,如早在1822年就取得独立的巴西,实际上沿用《菲利普律令》的时间比葡萄牙本国更长,但是其适用并非全然与普遍的。其中公法部门较为集中的律令的第一、二篇实际在巴西独立之后也就失去了适用的理由;独

---

[65] 艾林芝:《澳门物权法》,社会科学文献出版社2013年版,第77~79页。

[66] 该书著者艾林芝教授明确援引及翻译了《阿丰索律令》第四篇第36题及第42题之规定并指出之后的律令都沿用了该规定,其中,笔者查证分别为《曼努埃律令》第四篇第24题及第28题,《菲利普律令》第四篇第2题,此外,其阐述还涉及《菲利普律令》第四篇第7题第7节。

[67] 唐晓晴教授亦详细指出,由学者M. A. Coelho da Rocha首先将法国模式介绍到葡萄牙,后由António Luís de Seabra引入其所主持编纂的《塞亚布拉法典》(Código de Seabra)——之后也适用于澳门的1867年民法典,关于该模式在澳门民法中的发展,亦可参考唐晓晴:"意思主义在民法上的扩张——略论澳门所有权转移制度的继受轨迹",载《"一国两制"研究》第9期,第51~58页。

[68] António Vieira Cura, "Transmissão da Propriedade e aquisição de Outros Direitos Reais (Algumas considerações sobre a História do Sistema do Título e do Modo)", in Estudos em Homenagen ao Prof. Doutor Raúl Ventura, Vol. 1. Coimbra, 2003, 5. Nota 4, pp. 374 – 375.

立之后律令的其他一些部分也随着1832年《巴西刑事诉讼法典》、1850年《巴西商法典》等法律的颁布而被废除；而实际上影响最大的是律令的第四篇，该部分中集中的民事方面的规定一直持续适用到1916年该国的民法典的颁布。[69]

在律令体系被完全废除后，其与现代巴西的法律体系的联系依然得到了延续。如有研究者指出在租赁制度中，[70]《菲利普律令》第四篇第23题及以下规定了诸如房主的同意和未得房主同意不得逗留或居住在房屋内的禁止结果等内容；而第24题则就强制迁出的几种情形进行了规定，如承租人未支付租金，承租人恶意使用房屋以及损毁房屋，房主需对房屋必要之布置作翻新或修理而不便于承租人在内居住，房主面临某些突然到访且需要占用房屋用以居住或其子女、兄弟姐妹的到访等必要之情形下需要承租人迁出。[71]而巴西1916年的民法典第1200条及以下以及1991年10月18日第8245号法律关于城市不动产租赁的规定则受到了律令的一些影响。例如，后者的第47条第3款规定，出于配偶或伴侣之自用，或对于不得处分该不动产的尊亲属或卑亲属的居住之用，在特定条件下出租人可以请求解除占有。又如继承人代位[72]制度，《菲利普律令》第四篇第87题[73]规定了五种代位方式，即一般代位、互相代位、未成年人代位、示例代位[74]以及简单代位。而1916年与2002年的巴西民法典则采用了除未成年人以及类未成年人代位之外的其他模式，还引进了信托代位。[75]

---

[69] 相关内容可参看唐晓晴："澳门民法与巴西民法的共同渊源与不同进路"，载唐晓晴：《民法基础理论与澳门民法的研究》，中山大学出版社2008年版，第261~273页。

[70] André Luiz Pedro, "As ordenações e o direito privado brasileiro", in Revista eletrônica da Faculdade de Direito de Campos, Campos dos Goytacazes, RJ, v. 3, n. 3, out. 2007, p. 14.

[71] Ordenações Filipinas Livros IV e V, Cândido Mendes de Almeida, pp. 804–805.

[72] 澳门翻译为"替换"，见赵秉志总编：《澳门民法典》，中国人民大学出版社1999年版，第513页。亦可参见具有公布澳门特别行政区法例之官方汇编职能的澳门特别行政区印务局网址，http://bo.io.gov.mo/bo/i/99/31/codcivcn/codciv2101.asp，最后访问日期：2014年12月24日。

[73] Ordenações Filipinas Livros IV e V, Cândido Mendes de Almeida, pp. 922–927.

[74] 该题虽名为示例代位（Substituição Exemplar），但是根据该题内容实际上是指聋哑以及精神失常者的代位，后来就演变成了内容相似的类未成年人代位；同时该题以一个未成年人举例，笔者推测后来该类型名称的演变或与该题举例有关。

[75] Código Civil Quadro Comparativo 1916/2002, Brasília: Senado Federal, 2003, pp. 542–543.

值得一提的是，葡萄牙采用了四种方式的代位[76]，分别是直接代位（基本上涵盖了一般代位和互相代位）、信托代位、未成年人以及类未成年人代位，而这又为《澳门民法典》所继承。[77] 可见律令体系与现代法律体系的延续性意义是显而易见的，这也正如现今许多大陆法系学者热衷对罗马法的研究一般，只不过在此意义之外，前者却还多了一层似是而非的遮羞布罢了。

八、结论

通过本文的研究，我们可以窥见澳门现行法律体系的连贯性。由于笔者对材料驾驭能力的不足，本文对于一些问题的研究还只是浅显的。但毫无疑问，包括中华法律体系以及葡萄牙法律体系在内的澳门地区的法律发展历史所遗留的丰富资源本身对当今澳门法律体系的完善无疑是宝贵的。虽然对于澳门而言，二者都已经走入历史，但其中的某些习惯也许还将继续影响着澳门人的生活方式。纵观世界，对这些历史资源本身的利用也可以在其他一些地方找到例证。

例如，包括与中华法系具有直接联系的台湾法域以及在20世纪下半叶才完全建立起来的中国内地的法律体系，其学术研究至今依然不断从其根源——罗马法处吸取养分。那么对澳门现行法律体系来说，其特有本源的存在及其与之相关的联系，显然是无法否定与割断的，并且具有十分重要的法律史和实证法研究意义。相比于前两者研究还需要跳脱到他国法（如德国法等）而言，澳门法律体系显然可以自身法律历史为基础，像其他诸如巴西等大陆法系拉丁法族国家或地区一样，构建自身的具有多元解释视角的法教义学体系。在欧洲正在又一次步入共同法（ius commune）时代的背景下，充分挖掘历史资源为本地区法律体系提供有效解释途径，并对该体系进行完善，对整个大中华乃至东亚地区而言，也有助于法律体系共同体的构建与完善。

最后不得不提的是，由于律令体系本身内容的混杂，除了本文的浅显

---

[76] 见唐晓晴等译：《葡萄民法典》，北京大学出版社2009年版，第411~414页，见第2281~2300条。

[77] 见赵秉志总编：《澳门民法典》，中国人民大学出版社1999年版，第531~535页，见第2110~2129条。

论证之外,在实体法以及诉讼法等现代部门法领域中,仍然有许多资源尚待挖掘,甚至还有尚未能收集整理的早期司法案例等。本文的讨论,从微观上来说,旨在为现行澳门法律体系寻求一种历史解释的视角以及法律史的构建方式;从宏观的方面来说,在主动或被动移植大陆法系或英美法系这两种现代西方法律体系之前,也可以为探求其他法律体系在东亚地区的法律适用史提供助力。愿笔者对目前这些有限的材料散发出的无限遐想所寄予的希望能够得到实现。

# 中国法律传统

中国历史叙事模式的再认识
——以"封建"概念为中心的考察

翟 宇[*]

一、"封建"概念在中国的产生和变异

"封"在甲骨文中即已出现,其义项中有划定土坡上疆界、授予封地、封受土地之意;而"建"则有"建立"、授予土地之意,与"封"颇为相近。[1]《诗经》有云:"无封靡于尔邦,维王其崇之。"又有"王曰:'叔父,建尔元子,俾侯于鲁'"之语。《尚书大传》上说:"古者诸侯始受封,必有采地。"《说文解字》对"封"和"建"的解释是:"封,爵诸侯之土也";"建,立朝律也"。《康熙字典》中对此二字的解释略同于《说文解字》。其实早在《说文解字》之前,"封建"在古文献中就已是一个限定性的词组了。如《左传·僖公二十四年》有云:"昔周公吊二叔之不咸,故封建亲戚,以蕃屏周。"另外本篇还有"周之有懿德也,犹曰:'莫如兄弟',故封建之"的记载。又如司马迁在《史记·三王世家》中写道:"闻周封八百,姬姓并列,……咸为建国诸侯……"太史公并说,此一现象是"制",是"礼"。也是在同一篇章中,司马迁还写道:"……故王者疆土建国,封立子弟……"

这些记述均表明中国上古时代存在自己的"封建"制度。相传,封建之制始于黄帝,至周初而盛,所封甚众。柳宗元在他著名的《封建论》中写道:"周有天下,裂土田而瓜分之,设五等,邦群后,布履星罗,四周

---

[*]《贵州社会科学》编辑部,副研究员。
〔1〕 冯天瑜:《"封建"考论》,武汉大学出版社2006年版,第13~14、166页。

于天下，轮运而辐集。"所封爵者，公侯伯子男五等，序列分明。张荫麟先生在他没来得及完成的《中国史纲》中对中国传统的封建制度介绍道："每一小封君是其封区内政治上和经济上的世袭主人，人民对他纳租税，服力役和兵役，不过他每年对诸侯和王室有纳贡的义务。"[2] 钱穆先生则认为，"封建"对西周至为重要，因其不仅是一种统制制度，更是一种通过殖民扩大疆域的绝好方式。"西周的封建，乃是一种侵略性的武装殖民和军事占领。"它与中国后世时隐时现的"封建"之不同在于，"后世统一政府只以封建制为一种政区与政权之分割"，而周朝之封建制度的背后"需要一种不断的武力贯彻"[3]。春秋时，大夫执政，封建之制始崩坏。延至战国，礼崩乐坏，王室衰微，诸侯对王室之义务全成具文。这时，列国封食邑于贵族功臣，受封者享收税之权，而无世袭统治权。秦有天下，废封建，置郡县。此即《史记·秦始皇本纪》所云："分天下以为三十六郡……天下之事无大小皆决于上。"及汉有天下，矫秦之枉，复周之古制，又行封建。此时，"封建"、"郡县"并立。而后几经削藩，至武帝之后，中央集权始大为扩张。在后世，尤以西晋为甚，"封建"几反复。至唐宋之后，郡县制日趋稳定。

整个郡县时代，中国人在使用"封建"一词上都没有出现过语义上的混乱。甚至当17世纪初黄宗羲、顾炎武把"封建"作为一种士大夫自治要求以及对抗当时中央集权国家统治的诉求时，"封建"的含义仍是那个与"郡县"对立的"封建"。到了19世纪后半期，从冯桂芬到戊戌时期的康有为、梁启超、黄遵宪等，都诉诸清初那个反中央集权的"封建"传统来保护地方社会的自治并将此自治的社会带入现代化的变法之中[4]。其实，这些变法者们同样也只是利用了中国古代封建制的分权倾向来对抗他们时代中央集权的统治，而这是对中国士大夫这种传统倾向的一种延续。所不同的是，他们诉求的目标是实现以宪法为基础的地方自治。而西学最终大规模的输入是造成"封建"一词在中国语义混乱的根源。

尽管现在很多学者认定，将feudal翻译成汉语之"封建"肇始于日本

---

[2] 张荫麟：《中国史纲》，上海古籍出版社1999年版，第25页。

[3] 钱穆：《国史大纲》（上册），商务印书馆1996年版，第45～46页。

[4] [美] 杜赞奇：《从民族国家拯救历史：民族主义话语与中国现代史研究》，王宪明译，社会科学文献出版社2003年版，第143～150页。

人,并且日本人最先将"封建"一词用作形容词,"最早的日语词典(1873年)将'封建'收在了'feudal'词条下"。[5] 但是,不可不察的是,日本人如此对译的时候却是借助了中国人自己在这一翻译问题上的做法。早在1840年代,在《海国图志》和《瀛寰志略》等中国人开眼看世界的启蒙书籍中,feudalism就被翻成了中国古已有之的"封建",日本人不过是借用了这种译法。[6] 然而,这种译法在近代中国的大行其道确实是受到了日本人极大的影响。据王力先生的研究,中国近世以来的译名多采用日本人的译法。"现代汉语中的意译的词语,大多数不是汉人自己创译的,而是采用日本人的原译。换句话说,现代汉语吸收西洋词语是通过日本语来吸收的。"[7] 其原因可能有二:其一,20世纪初西学大规模进入中国的时候正值中国留日学生处于高峰的阶段,他们带回来了大量日译的西方学术术语;其二,可能是因为当时中国编写西洋词典的人贪图便利,直接抄用日式西洋译名。"封建"一词即是利用古汉语已有的词语而给以新义。

"封建制度"一词在19世纪末即成为日本社会主义者用以介绍马克思主义的术语。[8] 在中国,最早在西学意义上使用"封建"一词的很可能就是那个此前还在用中国传统意义上的封建制作为其变法主张基础的梁启超。1902年,梁启超在题为《中国专制政治进化史论》的著名文章中明确使用了西学意义上的"封建"。他认为,中西都经历过宗法、酋长、神权、封建、君主专制五个时代,而后西方进入民主共和期,中国则未进入。西欧之封建制,"历时最长,势力最大,直到'百余年前,余烬未衰',中国早在两千多年前已铲除殆尽"。而且,梁启超把中西及日本皆纳入一个普遍经历过封建时代的谱系。封建制"东西所不同也,中国有之,日本有之,欧洲亦有之。然欧洲、日本封建灭而民权兴,中国封建灭而军权强"。[9]

---

[5] [德]李博:《汉语中的马克思主义术语的起源与作用》,赵倩译,中国社会科学出版社2003年版,第165、167页。

[6] 冯天瑜:《"封建"考论》,武汉大学出版社2006年版,第13~14、166页。

[7] 王力:《王力文集》(第9卷),山东教育出版社1988年版,第685页。

[8] [德]李博:《汉语中的马克思主义术语的起源与作用》,赵倩译,中国社会科学出版社2003年版,第165、167页。

[9] 许冠三:《新史学九十年》,岳麓书社2003年版,第54页。

任公不通西文却谙熟日语，他对西学的吸取大部分取自日本人的翻译。因而很可能的一个情况就是梁启超大概是自东洋借用了 feudal 并接受了日本人对这个词的译法。任公所做的无非是把中国传统语境中的"封建"对应成了西学之 feudal。中国最早直接从西文中翻译"封建"一词的是严复。他在翻译《原富》（1897～1900 年间译）和《群学肄言》（1898～1902 年间译）时，对于 feudal 一词，使用了混合结构的"拂特之制"的译法。[10] 严复在 1903 年译英人甄克斯的《社会通诠》时改变了自己的用法，使用了"封建"一词。但即使是这样，严复也是在中国传统语境下使用"封建"一词的。"由唐虞以讫于周，中间二千余年，皆封建之时代。"[11] 严复对"封建"一词在不同语境下的处理模式与梁启超无异。而在 1908 年出现的《共产党宣言》的第一个中译本中，译者将"feudalismus"和"feudale gesellschaft"分别译成了"封建制度"和"封建社会"。[12] 从此，"封建"一词的语义乱象便开始在神州大地登台。

二、"五种社会形态说"的形成与"封建"概念

西方学术词汇的传入遵循西方—日本—中国的路径，而关于学术词汇的争论也不能例外。"亚细亚生产方式"的论争首自苏联。1908 年，普列汉诺夫出版《马克思主义的基本问题》一书。他认为："像中国和古代埃及的经济发展的逻辑并没有导致古代生产方式的出现。"[13] 他把"东方社会制度"与"古代的"（奴隶制的）生产方式作为原始氏族社会解体之后两个并存的社会发展阶段。而鉴于当时俄国革命的发展形势，列宁持有不同的意见。在列宁那里，并没有什么特殊的"亚细亚生产方式"。列宁对"亚细亚生产方式"的看待角度是从现实的俄国革命发展情况出发的。因为马克思对东方社会以及亚洲社会的描述，通常包括俄国或者至少是包括

---

[10] 侯建新：《社会转型时期的西欧与中国》，济南出版社 2001 年版，第 398 页。

[11] [德] 李博：《汉语中的马克思主义术语的起源与作用》，赵倩译，中国社会科学出版社 2003 年版，第 165、167 页。

[12] [德] 李博：《汉语中的马克思主义术语的起源与作用》，赵倩译，中国社会科学出版社 2003 年版，第 165、167 页。

[13] [俄] 普列汉诺夫：《马克思主义的基本问题》，张仲实译，人民出版社 1957 年版，第 40 页。

俄国的一部分。如果同意了普列汉诺夫关于东方社会制度特殊性的论点，那么列宁恐怕就发展不起来所谓无产阶级革命可以在帝国主义的薄弱环节（俄国）率先爆发的被后世称为"列宁主义"的理论了。如果同意了普列汉诺夫关于东方社会特殊性的论点，那么列宁对本国历史由奴隶制到农奴制再到不发达的资本主义社会的历史图解就不得不重构了。如果要作出这种重构，那么这将使列宁在对马克思关于无产阶级革命只有在高度发达的资本主义社会才会爆发的著名论断作出这种革命当然也可以在帝国主义的薄弱环节首先爆发的理论大发展之后，不得不再面对这种革命如何能够最先在一个东方特殊类型社会爆发的修正困境。此等悖论是因为马克思主义本是为先进工业国家的城市工人阶级革命创立的，但是后来却演变成了落后的农民国家反对"资本主义"的革命运动所依据的主要思想体系。总而言之，尽管列宁在这个时期并没有形成关于社会主义革命可以在"一国首先胜利"的完整思想，但是，从他的思想演变的轨迹来看，这个时期的列宁也绝难同意普列汉诺夫的上述判断。

而后在苏联关于"亚细亚生产方式"的论争一直持续。直到1938年斯大林发表《辩证唯物主义与历史唯物主义》一文，关于"亚细亚生产方式"的讨论在苏联成了一个禁区之后，这一争论才慢慢地平息。此文的发表正值斯大林在苏联的权势日趋顶峰并借此大搞肃反之际。此文的发表对苏联乃至很多受莫斯科指导的外国共产党都有着导师式的文献意义。在文中斯大林写道："历史上有五种基本生产关系：原始公社制的，奴隶制的，封建制的，资本主义的，社会主义的。"[14] 这种经典的表述不仅明确否定了"亚细亚生产方式"概念，而且第一次鲜明地推出了各国历史发展都囊括其中的"五种社会形态"说。借此，斯大林不仅在国内掌握了解释本国历史发展的话语权，进而树立了其在苏联推行斯大林模式使苏联成为当时世界工业强国的奠定者形象，而且他本人也具有了继马克思、恩格斯、列宁之后的对别国革命运动从历史发展模式角度加以指导的马克思主义导师地位。在此之前，列宁也在1919年对人类历史尤其是本国历史做出了历经

---

[14] 联共（布）中央特设委员会：《联共（布）党史简明教程》，外国文书籍出版局1953年版，第156页。

原始公社制—奴隶制—农奴制—资本主义社会—社会主义社会的演进图式。[15] 但是列宁的表达并没有斯大林的表述那么公式化，当然也没有达到斯大林表述的那种强势效果。从此，"五种社会形态"在苏联以及受莫斯科指导的各国共产党那里定于一尊。

继苏联在1920年代围绕"亚细亚生产方式"出现争论之后，日本的马克思主义学界也围绕这个问题出现了比较有学术气氛的讨论。甚至有学者将东亚社会的"纳贡制"与"亚细亚生产方式"结合起来对本国以及儒家社会国家的历史作了一番有益的探索。最早将"亚细亚生产方式"应用到中国历史研究中的是郭沫若。他于1928年发表的《诗书时代的社会变革与其思想上的反映》一文中指出："所说的'亚细亚生产方式'，是指古代的原始公社社会。"[16] 当然，他后来多次修改了自己的观点，并把中国历史的演进纳入了原始社会—奴隶社会—封建社会的单线发展框架。从此之后，中国学界围绕"亚细亚生产方式"的论争就一直没有停止。由郭沫若直接挑起的1930年代关于中国社会性质的论战以及1950年代中期大陆学界关于古代史分期的争论，直至晚近以来大陆学术界关于中国历史上有无奴隶社会存在的讨论，都没有离开过这个"亚细亚生产方式"的幽灵。

三、"封建"概念的流变与中国历史认知的固化

需要明确的是，把全世界的历史都纳入一个"五种社会形态"层层演进的框架之内，从来就不是马克思本人严肃思考的产物。这种对人类历史的单线图式的划分是通过列宁更主要的是斯大林逐步完成的，而在中国则是由毛泽东完成了这种理论的民族化。而这种民族化实际上是一种对本国历史的"他者化"叙述。这其中的根本动机不仅涉及马克思主义与中国革命实践相结合的关键问题，还涉及我们要把本国历史纳入世界历史叙述框架以期不落后于别国历史发展的文化民族主义倾向的根本问题。这一点在王亚南先生于1940年评梁漱溟东西文化观的一篇文章中表现得最为明显："中国封建制与欧洲封建制比较起来，就不但更能显得集中，并还确定显得进步。"他还继续写道："就是远在我们四周以外的欧洲，它差不多是在

---

[15]《列宁全集》（第37卷），人民出版社1986年版，第62~71页。
[16] 郭沫若：《中国古代社会研究》，人民出版社1964年版，第133页。

中国封建制已建立了一千多年，……（之后）才开始其封建的社会组织端绪；而在实质上，它的那种封建体制，……远较中国封建体制为不进步，不合理。"[17]

对本国历史的"他者化"过程基本上伴随了近代以来的革命过程。中国近代以来的多灾多难早就引起了列宁的注意。早在1212年的《中国的民主主义和民粹主义》一文中，列宁就把中国归为"落后的、农业的、半封建的国家"的行列了。在1916年《论帝国主义时代民族解放战争的可能性及其胜利条件》一文中，列宁把中国、土耳其同波斯一道列为"殖民地的和半殖民地的国家"。总之，列宁对中国社会性质的定性多用"半封建的"、"封建的"、"殖民地的"、"半殖民地的"之类的词汇。斯大林继承了对中国如此定性的列宁传统。斯大林在1918年写就的《十月革命与民族问题》、《不要忘记东方》等文章中，也是把中国视为殖民地、半殖民地国家。[18] 中共成立后，其又继承了列宁和斯大林对中国社会性质的定义。在中共初期的党纲、宣言以及各种文件当中对中国社会的诸如"封建的"、"半封建的"、"殖民地的"、"半殖民地的"提法比比皆是。而在中共党内第一个将"半封建的"、"半殖民地的"提法二者并用的很可能是蔡和森。[19] 在整个1920年代，中共对中国社会的定性是与共产国际对中国革命的大指导框架分不开的。

大革命失败后，对中国社会的定性变得紧迫起来。因为这关乎一个下一步革命该怎么走的问题。实践总是先于理论。在共产国际以及中共内部还没有对中国社会和革命的性质作出特别清晰的论断之时，毛泽东就已经在井冈山拉起了共产党自己真正的革命队伍。在我们开始进入土地革命之时，对中国社会和中国革命进行清晰的定义就成为非常必要的了。而这些都是1930年代初期中国社会性质大论战的真实背景。在此环境下，斯大林具有先知的头脑。在1927年5月对中山大学那些将来很可能成为中共核心干部的学生进行的革命教导中，斯大林意有所指地说道："假如中国没有封建残余，假如这些残余对中国农村没有极重大的意义，那就不会有进行

---

[17] 蔡尚思主编：《中国现代思想史资料简编》（第4卷），浙江人民出版社1983年版，第531、533页。

[18] 《列宁斯大林论中国》，解放社1950年版，第27、48、117、136页。

[19] 周子东等编著：《三十年代中国社会性质论战》，知识出版社1987年版，第7页。

土地革命的基础了,那就谈不上土地革命是共产党在中国革命现阶段上的重要任务之一了。"[20] 斯大林发出这种观点的根本目的在于,在这种认知下对落后国家的革命运动进行导师式的指导。既然革命可以在落后的俄国发生,那么在半殖民地的东方社会爆发也不是不可能的事了。接下来就只剩下在共产国际以及联共内部由哪个革命家充当导师来引导东方国家革命走向成功的问题了。斯大林和托洛茨基围绕中国社会和革命性质问题的争论背后的权力斗争逻辑不过如此。在那次大论战之后,也是在托洛茨基不仅被流放到中亚更被驱逐出苏联之后,中国社会性质的阴霾终于拨云见日,看到了那道"半殖民地半封建"的曙光。

毛泽东在他于延安正式安顿下来并开始与国民党进行第二次合作之前,关于中国社会性质的阐述多与列宁—斯大林传统和中共中央遵循共产国际所下的定义相同。而西安事变之后,随着国共两党关系的逐步缓和,大批国统区的知识分子奔赴革命圣地。他们带去的不仅是高涨的共产主义革命热情,更有红军在井冈山时期和战略大转移时期,以及其后建基延安之初被围困封锁时期所无法得到的外部世界的资讯,当然也包括那场刚刚消弭的关于中国社会性质的大论战。毛泽东显然从这些人中了解到了这一方面的资讯并肯定吸收了其中不少成果。[21] 大论战的当事人,也是在论战收平之际即写出《中国社会性质问题的论战》和四卷本的《中国社会史问题论战》,并用马克思主义观点对这场论战作出详述的何干之,已于卢沟桥事变之后来到了延安,并出任陕北公学教授和中国问题教研室主任。毛泽东在1939年1月17日还写了一封信给何,与其探讨中国古代民族史的研究问题。[22] 此时,毛泽东认识到,"认清中国社会的性质,就是说,认清中国的国情,乃是认清一切革命问题的基本的根据"。在著名的《中国革命和中国共产党》(1939年)这篇长文中,毛泽东专辟了一节讲"古代的封建社会"。他说:"秦以前的一个时代是诸侯割据称雄的封建国家,那么,自秦始皇统一中国以后,就建立了专制主义的中央集权的封建国家",而这个封建国家"自周秦以来一直延续了三千年左右"。1940年1月,在

---

[20] [美] 盛岳:《莫斯科中山大学和中国革命》,奚博铨等译,东方出版社2004年版,第165页。

[21] 李君如:《毛泽东与近代中国》,福建人民出版社1997年版,第97页。

[22] 《毛泽东文集》(第8卷),人民出版社1993年版,第144页下注释、第143页。

毛泽东关于中国新民主主义革命思想的重要文献《新民主主义论》中，他再一次强调，"自周秦以来，中国是一个封建社会，其政治是封建的政治，其经济是封建的经济"，其文化"则是封建的文化"。[23]

从此以后，中国的马克思主义学者们都不约而同地接受了"五种社会形态"说，所争论的焦点变成了中国是自何时进入"封建社会"的。而在经过了1950年代中期关于古代史分期问题的大讨论之后，"战国封建说"逐渐占据优势地位，而这"完全是因为当年毛泽东主席赞成此说"。[24] "文革"中的1972年，郭沫若发表了《中国古代史分期问题》一文。这篇发表在当时左派占据的《红旗》杂志的文章再次重申了"战国封建"的观点。[25] 而这之后，极左势力公开将之立为定论并从此使"战国封建说"在中国定于一尊。即使是在1976年扫除极左势力以及之后完成对其残余的清除之后，"战国封建说"也没有被从各级学校历史教科书的神坛上请下来。

至此，我们可以看到，对"五种社会形态说"的采纳以及最关键的关于中国古代社会的封建定性完全是一种"政治势力压倒'知识分子的人文精神'的结果"。[26] 当完成了对中国历史由"封建"而"半封建"的历史构图之后，不仅上"山"下"河"成为必然，接下来的鏖战中国、逐鹿中原也就有了历史的正当性、正义性和正统性了。因为革命所带来的结果是中国社会一切标有"封建"、"半封建"的势力统统被一扫而光，包括那座压在中国人民身上的"封建大山"。此后，"无产阶级继续革命"的对象只需被贴上"封建"的标签，就可以顺应人类历史发展的规律而被扫进历史的垃圾堆了。这种对单线历史发展的维护完全服从于那种人类社会发展规律不可抗拒的现实目的论。从这个角度看，"封建"一词以及它所代表的西方学术体系在中国"他者化"的存在绝不仅仅是一种误用，而是一种歧用乃至"曲用"。

---

[23]《毛泽东选集》（第2卷），人民出版社1991年版，第624、623、633、664页。
[24] 王家范：《中国历史通论》，华东师范大学出版社2000年版，第42页。
[25] 郭沫若："中国古代史的分期问题"，载《红旗》1972年第5期，第56~62页。
[26] 李慎之、何家栋：《中国的道路》，南方日报出版社2000年版，第208页。

刘逢禄的公羊学研究及其法律史意义
——以其《春秋公羊经何氏释例》为中心

陈 煜[*]

清代公羊学作为清学的后起之秀，一度可以与作为清学代表的朴学（汉学）相颉颃，且因康有为借公羊之学行变法之志而风靡一时。尤其是康有为为了给其变法主张寻求理论基础而著的公羊学作品，实际上已经完全脱离传统经学的范畴，更是引发了当时政治界和学术思想界极大的震动。[1]但是现在研究维新变法的学者，往往对康有关政治法律的具体主张比较感兴趣，而对变法的理论基础——公羊学，则缺乏相应的关照。而研究清代公羊学的学者，则往往是在经学史的范畴之内来探讨，间或提及其与晚清变法之关系。至于清代公羊学究竟为晚清变法提供了何种资源，其内在的线索是怎样的，虽然也有学者对此做出过卓越的研究，但仍有进一步探讨的空间。[2]而不管如何，在讨论清代公羊学学术发展本身及其对政

---

[*] 中国政法大学法律史学研究院副教授，法学博士。

[1] 梁启超在其《清代学术概论》中对此有很生动的叙述："有为第二部著述，曰《孔子改制考》，其第三部著述，曰《大同书》，若以《新学伪经考》比飓风，则此二书者，其火山大喷火也，其大地震也。"见梁启超：《清代学术概论·儒家哲学》，天津古籍出版社2003年版，第71页。

[2] 如陈其泰的《清代公羊学》一书，是近年来关于清代公羊学最为详备的研究作品，其对清代若干公羊学家的成就，作了相当精到的剖析，属于本文所述第一种情形的力作，其中第六章"维新运动的思想武器"就较好地交代了公羊学对维新变法的意义。见陈其泰：《清代公羊学》，上海人民出版社2011年版，第212~253页。而台湾学者陆宝千的《清代公羊学之演变》一鸿文，则侧重于时势与学术双重背景对公羊学发展的影响，以及公羊学反过来对制度变革的影响，都切中肯綮。见（台）陆宝千：《清思想史》，华东师范大学出版社2009年版，第197~220页。但这两本作品均是从公羊学本身的发展展开的，而不是以其与变法的关系为中心，所以仍可以将议题进一步集中，当然，这两部著述仍是笔者写作此文最为重要的参考作品。

治法律发展发生了何种影响时,有一人物至关重要,他就是刘逢禄,虽然在清代学术史上大名鼎鼎,但是在当代的法律思想史研究中,这人却被忽略掉了。[3] 实质上追根溯源,清代公羊学恰恰是在刘逢禄这才真正成熟,从而由家学走向全国,也由此开始产生巨大的影响力。所以如果要探讨晚清的公羊经世和托古改制、维新变法,至晚也得从刘逢禄开始谈起。本文旨在梳理刘逢禄公羊学研究的精义及其特色,并在此基础上,揭橥其在晚清法律史上的影响,以期深化读者对近代法律思想史的认识。

一、刘逢禄与公羊学在清代的复兴

刘逢禄,生于乾隆四十一年(1776),卒于道光九年(1829),字申受,一字申甫,号思误居士,江苏武进(属常州)人,为常州学派的集大成者。刘出身簪缨之家,其祖父刘纶、外祖父庄存与皆做过乾隆时代的大学士,学问渊博。庄、刘两家世代联姻,为常州豪族,且皆以经术名世。刘逢禄幼年即由母亲庄氏授西汉贾谊、董仲舒文章(此亦为庄氏家学);稍长,精研董仲舒《春秋繁露》、何休《春秋公羊解诂》;后又得外祖庄存与、舅庄述祖的指点,此二者皆为公羊学大师,刘发愤研读二人著作,遂尽得家传。

刘逢禄和当时所有的读书人一样,走得也是读书仕进的道路。仕宦之前,他已经开始一边著书立说,一边设帐授徒,当然也得应科举试。中进士后,他长期任职礼部,亦有不俗的表现,但是他最大的贡献,则在于促成了公羊学在清代的复兴。

公羊学是一门古老的学问,源自于《春秋公羊传》。而关于《公羊传》的作者和成书时间一度也是聚讼纷纭,但通常认为是战国时齐人公羊高所撰。相传公羊高为孔子高徒子夏的弟子,为了解释孔子所著的《春秋》,

---

[3] 笔者查阅了各个版本的中国法律思想史教材,几乎没有涉及刘逢禄的部分。在刘之前,一般教材可能会提及戴震;在刘之后,则会提到林则徐;至于龚自珍和魏源,则是必定会提及的。而龚、魏两个人的思想,都受到刘氏的直接启发,那为何刘氏成了中国法律思想史上的失踪者呢?其原因不难想见:其一,刘氏的思想基本上是以一种学术的态度阐发的,而刘氏之书表面上也是针对东汉何休的解诂作的说明,所以容易给人一种经术考证的观感,而忽略其在书中的内在义理的阐发;其二,刘氏给人的印象是礼部一循吏,生平并无激烈之举,且很少涉及具体的政治法律问题,所以较之于后面的龚和魏,给人的思想震动自然要小。而龚恰恰是以激烈的思想,魏则是以具体的主张占据了思想史的席位。

并揭示孔子作春秋的真实意图，从而作《公羊》。《公羊》起初只是口耳相传，西汉景帝时，公羊高的玄孙与胡毋生（子都）一起将《春秋公羊传》著于竹帛。武帝之后，《公羊传》作为传《春秋》经典之作而得以列入官学，并成为今文经学最重要的经典。本文所谈公羊学，实际上相当于在谈今文经学。〔4〕

西汉尊今文经学，《公羊传》也因此成为解释《春秋》之义的不二权威。加上武帝时大儒董仲舒对《公羊传》的推衍发挥，着力阐发孔子的微言大义，于是围绕着《春秋公羊传》，逐渐形成一门学问。东汉虽尊古文，但围绕着公羊传依旧传下了有力学说，最为著名者为何休的《春秋公羊解诂》。此书除了回应公羊子之"辞"之"义"，更是归纳了孔子作春秋时确立的若干"例"。这个"例"可看作是孔子在写作《春秋》过程中，通过所选择的用词和写作的语气所透露出来的为人处世乃至治国理政的准则。清代公羊学家如孔广森、刘逢禄等辈高度评价何休的设例之说，当然在此基础上又有新解。总之，到了何休那里，公羊学才真正成为一种有条理有系统的经学学说。但在当时的两汉今古文之争中，何休发展出的公羊学实不占优势。

而随着东汉的覆灭，原先的今古文之争也告一段落。诚如梁启超所云："南北朝以降，经说学派，只争郑（玄）王（肃），今古文之争遂熄。"〔5〕后来的正统经学回避这一问题，而是由政府统一确定各门经典，到唐时《五经正义》出，杂糅今古文说，而宋更是废汉唐故训，这种情况延续至清初。公羊学在这一千多年的时间内，一直处于式微的境地，中间虽有宋代孙复、胡安国，明代赵汸、郝敬攻击古文经学，试图振衰起弊，重塑公羊学的地位，但因为种种原因，终未有成。但是不管公羊学在这么多年中的遭际如何，学者间评判公羊传中所谈《春秋》之"旨"和"例"

---

〔4〕 西汉尊今文经学，《诗》则韩、鲁、齐三家，《书》则欧阳氏、大小夏侯氏三家，《易》则施、孟、梁丘、京房四家，《礼》则大小戴，《春秋》则《公羊传》。而《公羊传》因是对与孔子直接相关的《春秋》之解释，也成为最有影响力的今文经典。

〔5〕 梁启超：《清代学术概论·儒家哲学》，天津古籍出版社2003年版，第67页。

的讨论从未停止过。[6] 由此亦可见清代公羊学之所以中兴，实际上是建立在一个已经有相当积淀的前人研究基础之上的。当然，公羊学本身的开放性以及丰富的内涵，也保证了这门学问可以常研常新。

因为公羊学内涵实在太过丰富，笔者不可能在此详细论述，且公羊学中各命题各家解释差别甚大，故笔者也无力归纳公羊大义之全部；只能采用一个粗糙的办法，合并同类项，将公羊学通说要义简单胪列，这些应该属于通识，治公羊者基本上都是在同意这些观念的前提下而各成其说的。

第一，孔子为受天命之素王，代行天子之事，作《春秋》为后世立法。[7]

第二，六经为孔子手定，用以推行其政教，而其中最为关键者，在于《春秋》一书。春秋为礼义之大宗。[8]

第三，《春秋》本质上并不是一部历史著作，而是一部改制之作，孔子通过贯彻于书中的"微言大义"（"旨"）以及写作的"笔削褒贬"（"例"），来表达其对社会的看法、对人事的评价和对理想制度的追求。

后来各公羊家的差异，集中在对"旨"和"例"的探究上。《公羊传》本身已经揭示出了《春秋》的某些要旨，诸如"大一统"、"别夷狄"、"异内外"、"讥世卿"、"三世异辞"、"九世复仇"、"拨乱反正"等；后来董仲舒又加以发挥，形成"张三世"，"通三统"，"新周、故宋、王鲁"等命题。至何休，则更为系统，形成所谓的"公羊家法"，即"春

---

[6] 关于《春秋》学（包括公羊学）在这一千余年的发展以及期间的话题探讨的简要论述，见[美]艾尔曼：《经学、政治和宗族——中华帝国晚期常州今文经学派研究》，赵刚译，江苏人民出版社2005年版，第104~131页。

[7] 王者之迹熄，孔子忧时伤世，图思改革，但有能无位，故与其托诸空言，不如见之于行事之深切著明，遂作《春秋》，为后世立法。如同司马迁在《史记·太史公自序》中所引壶遂之言："孔子之时，上无明君，下不得任用，故作《春秋》，垂空文以断礼义，当一王之法。"在这一点上，公羊家都无异议。各家的区别不过在讨论孔子是为汉代立法还是为万世立法而已。

[8] 《史记》作者司马迁身上同时具备其父司马谈的道家气质和他本人的公羊家气质。在《太史公自序》里，他对《春秋》一书推崇备至，如"拨乱世，反之正，莫近于《春秋》。《春秋》文成数万，其旨数千，万物之散聚皆在《春秋》……故有国者不可以不知《春秋》，前有谗而弗见，后有贼而不知。为人臣者不可以不知《春秋》，守经事而不知其宜，遭变事而不知其权。为人君父而不通于《春秋》之义者，必蒙首恶之名。为人臣子而不通于《春秋》之义者，必陷篡弑之诛，死罪之名。其实皆以为善，为之不知其义，被之空言而不敢辞。夫不通礼义之旨，至于君不君，臣不臣，父不父，子不子。君不君则犯，臣不臣则诛，父不父则无道，子不子则不孝。此四行者，天下之大过也。以天下之大过予之，则受而弗敢辞。故《春秋》者，礼义之大宗也。"

秋大一统"之义和"三科九旨"之说[9]。后来的公羊家都是对此大一统之义和三科九旨之说"接着说"（冯友兰语）。

至于清代中后期公羊学为何会复兴，成为融合政治与学术于一体的大流派，乃至在清末大放异彩之故，历来研究者往往会从经济、政治、文化和民族矛盾、中外关系等角度进行诠释，陆宝千先生在《清代思想史》中的一段话，堪为其典型：

> 其有不愿返诸宋学者，复由东汉而上溯西汉，遂及公羊之学，是学也，亦为汉学，而无训诂之琐碎，亦言义理，而无理学之空疏。适中清儒厌钻故纸而不忍遽弃故纸，菲薄宋儒而又思求义理之心情。偶有一二嗜奇者嗜之，公羊之学遂苕春萌。芽蘖既透，清运亦衰，匪乱夷患，纷至沓来。由是而平章朝政，由是而试议改革，皆据圣经贤传以立论，而又莫便于公羊。于是公羊之学披靡一时也。[10]

清代中后期公羊学的复兴，首先是学术本身的发展使然。乾嘉之时，正是"汉学"如日中天之际。"汉学"本是为纠正宋明理学之弊端发展而

---

[9] 关于孔子在《春秋》中包含"尊王"之念，清代庄存与就认为"通三统"、"备四时"、"正日月"、"审天命废兴"、"察五行祥异"，这些都是"奉天辞"，所以尊王也。见《春秋正辞》"卷一"，载庄存与、孔广森撰：《春秋正辞·春秋公羊学通义》，郭晓东、陆建松、邹辉杰点校，上海古籍出版社2014年版，第7~16页。其目的在于王者定天下于一，所以《春秋》揭示的首要观念就是"王者大一统"。董仲舒对于公羊学最大的贡献就在于发扬了"春秋大一统"之说。而何休则最终完成了公羊"三科九旨"体系的构造。所谓"三科九旨"，简言之，就是春秋将事物的品评，置于三个科段之内，而每个科段又可析为三层，合而言之，就是三科九旨。第一科三旨，是"新周，故宋，以《春秋》当新王"，这是对公羊子和董仲舒"通三统"说的具体发挥，董认为一代新王受命，就必须封此前二代之后为王，正如周取代殷商之后，封殷商和此前的夏之后为诸侯王，而每一代新王，均要"改正朔、易服色、制礼乐，一统于天下"，那么继周之后又该如何呢？按照"通三统"的规律，就要封此前二代之后为诸侯，所以要"新周"（"亲"周）、故宋（殷商之后），而更早的"夏"则不在分封之列，所谓"绌夏"。而以《春秋》当新王，即"王鲁"，假托鲁受命作新王。第二科三旨，是"所见异辞，所闻异辞，所传闻异辞"，这是对"张三世"的发挥，将孔子写春秋之时代划分成所传闻世，所闻世，所见世，对于所传闻世，记载粗略，而对于所见世，记载精微，所谓"始于粗粝，终于精微"，表明孔子寄托由衰乱之世达到王化大行的理想。春秋以获麟止，乃是太平之世将要来临之兆，以此表示拨乱反正之后，天下大同。第三科三旨，是"内其国而外诸夏，内诸夏而外夷狄"，乃至最后四海一家。这就是"异内外"。写作上首先写周鲁之事，然后推及诸夏之事，然后推及夷狄之事，区分诸夏夷狄，不按种族，而以文明和道德水准来分，最终夷狄进于中国，天下从此一家，王者由此一统。这就是何休"三科九旨"所揭示的春秋笔法。

[10] （台）陆宝千：《清代思想史》，华东师范大学出版社2009年版，第226页。

来。汉学家认为，汉代去六经纂成不远，汉诸经师所作传注较之于后来宋明诸子所作章句，当更能得圣人本意，所以希望通过辑佚汉人传注，并加以文字音义训诂，先"识字"后"通经"，最终真正理解经典。于是吴、皖两派相继兴起，诸子对于经典的整理和考异，成果斐然。但物极必反，吴派最后陷入"凡古必真，凡汉皆好"的泥古一途，而皖派则陷入"凡经必考，凡古必疑"的琐碎境地，其中皖派的影响尤为深刻。既然东汉诸训诂都不能定黑白是非于一尊，那么再往上追溯到西汉，就是非常自然的学术逻辑了。而西汉最为强劲的学术思潮中，公羊学赫然在列。于是公羊学的新起，乃是汉学发展的必然。因此，汉学（皖派）强调识字为通经，通经在致用，表面上是考证，而里子则隐含了对现存秩序的不满，实际拉开了类似"重估一切价值"思潮的序幕，而公羊学正好可资重估价值之用。

当然，这不是汉学家希冀看到的结果，事实上，后来今古文两派长期缠斗也于此重启。汉学引发公羊学复兴，颇有点"我不杀伯仁，伯仁因我而死"（《晋书·列传三十九》）的味道，只不过是从反面而言的。就主观上说，公羊学的复兴，乃是一部分饱学之士，厌恶汉学之琐碎，见木不见林，力图冲出汉学壁垒而作的思想上的反动。

公羊学的复兴之路从江苏常州开始，并且最初只是作为一门"家学"而存在。一般的学术论著，往往将晚清的今文经学（公羊学）的源头追溯到常州学派的创始人庄存与。最早可以追溯到龚自珍的说法："以学术自任，开天下知古今之故，百年一人而已矣。"[11]而正式将常州学派和清代公羊学联系在一起的，则是梁启超，梁在《清代学术概论》中提到："今文学启蒙大师，则武进庄存与也。"[12]现代学人，也多持此论。但蔡长林教授则认为这种说法不妥，认为这是一种"线性历史叙事"，是以终结替代开端，从而"模糊了常州学派与晚清今文学在不同的时空背景下，因关注课题之异所产生的各具特色的论述话语"。[13]所以蔡主张："除了要以

---

[11] 龚自珍："资政大夫礼部侍郎武进庄公神道碑铭"，载龚自珍：《龚自珍全集》，王佩诤校，上海古籍出版社2007年版，第141页。

[12] 梁启超：《清代学术概论》二十二，第67页。

[13] 蔡长林："常州学派略论"，载彭林主编：《清代学术讲论》，广西师范大学出版社2005年版，第46页。

开端替代终结外,也要有充分的去今文学化意识。"[14] 此话诚然不假,常州学派实际上是一个很芜杂的学派,并不专指今文经学,还涉及汉学考据学、阳湖文派等。但是不可否认,常州学派最有价值和最有影响力的学说,还是以春秋公羊学为代表的今文经学。[15] 即便庄存与本人并没有后来龚魏的"经世"和康梁的"变法"之志,且其所述经义也主要是给宫中皇子讲学所用的讲义,但这也不能否认其对后世公羊家的启蒙之力。诚如论者所示:"此后,清代经文经学派的重要人物,或者和他有师承关系,或者受到他的影响,开创之功,不可埋没。"[16] 庄乃常州学派的开创者,此后自第二代庄述祖、庄有可,[17] 至第三代刘逢禄、宋翔凤,再至第四代龚自珍、魏源,其间的师承关系至为明显。至于其影响所及,如此后湖南的今文经学家王闿运、皮锡瑞,四川的廖平,广东的康有为、梁启超,都可说是受益于庄的开创性著述。

庄存与,常州武进人,曾在上书房行走多年,为乾隆皇帝的近臣,并教授诸皇子经书,一生著述颇丰,其公羊学代表作品为《春秋正辞》。庄存与本是正统理学进士出身,又官居高位,思想本偏于保守,其学术作品如前所述,最初皆为教授诸皇子所编讲义,故而庄存与本人并无意识去复兴公羊学乃至开创常州学派。但是由于其置身于其时如日中天的"汉学"氛围之中,不可能不受到汉学的影响。作为一名帝国官僚和学术精英,庄必须要维护现存意识形态。而其时汉学的发展已经威胁到理学正统地位,

---

[14] 蔡长林:"常州学派略论",载彭林主编:《清代学术讲论》,广西师范大学出版社2005年版,第46页。

[15] 即便是蔡本人也承认,到第二代庄述祖那里,今文经学已经成为常州学派最为显著的学术特质,他说:"至于今文学之成立,则是要掌握庄氏家学所标榜的西汉理想在概念上的转变。因为随着庄氏家族的远离政治圈,'西汉'的含义在家族成员中也见其层递转变之迹。大体上是政治含义渐淡,而学术含义渐显,而愈趋近于一般印象中的今文学。其变化之源头亦体现在庄述祖身上;而其关键,则在刘逢禄袭用庄述祖的研究心得,并转化在对《春秋》的讨论当中,而使今文学的概念进一步明朗化。可以说,今文学这一概念得以借由庄氏学术而得以复活,应归结于刘逢禄熟练地运用今古文家法为判准,将家族'西汉'学术的概念作充分的转化,再加上以先入为主的考据态度——对刘歆的批判——运用于《春秋》学的研究而来。"见蔡长林:"常州学派略论",载彭林主编:《清代学术讲论》,广西师范大学出版社2005年版,第59页。

[16] 吴雁南主编:《清代经学史通论》,云南大学出版社2001年版,第143页。

[17] 庄述祖(1750~1816)为庄培因子,庄存与侄,培因早卒,述祖自幼学经于存与,而庄有可(1744~1822)是庄存与族孙,尽管述祖与有可辈分有别,述祖较有可长一辈,但有可却较述祖还长六岁,同样学经于存与。所以两人同为常州学派第二代健将。

自皖派出,疑古之风盛行,其以训诂的力量,甚至断定某些帝国长期奉行的教条为前人之伪(如理学"危微精一"之旨为《大禹谟》名句,而考据显示此为晋人作伪,非复圣人之言),继而以此为突破口,怀疑既存的一切,汉学因之越来越激进。于是庄在教授和著述中,有意无意地要维护圣人之道,而对他来说,公羊学春秋大一统之道是最好的反击武器。诚如学者所言:"庄存与的学术主张旨在抵消他所认为的汉学的激进政治影响,这种影响似乎从18世纪40年代即威胁帝国官方意识形态的巩固。"[18]

庄本意如此,但是一旦他走向公羊学研究之后,情况就发生了变化。"当他借《公羊传》这样一部非正统经典发挥己意时,[19] 就不仅有异于汉学,甚至走到理学的对立面。'真汉学'切断了与汉宋两家的联系。重建今文经学的理想鼓舞着庄存与的弟子们向汉以降的一切基于古文经学的政治话语宣战。"[20]

庄存与揭示的公羊要旨很丰富,我们仅举与晚清变法有密切关系者来叙述。最先需要提及的是,庄存与重新强调了世人尊崇春秋,并非因为春秋是一部记"事"之书,而是一部记"道"之书,记"事"之"辞",只不过是"宏道"的手段,正所谓"寄言出意"。比如对《春秋》"僖公五年,冬,晋人执虞公"这一段辞,庄解释道:"此灭虞也,曷为书执而已?忌也。虞,畿内之国,灭而不忌,是无天子也。虞曰公,王官也;晋国人,晋侯也。目人以执王官,罪既盈于诛矣。举可诛而人杀之,以不失罪;不书灭以隐之,而不伤义。故曰:史,事也;《春秋》者,道也。"[21] 所以,读《春秋》,明事更要明道。

那么《春秋》所揭示的最大的道究竟是什么呢?换言之,孔子作《春秋》究竟想要实现什么样的目的呢?对此,庄存与认为:"所谓《春秋》

---

[18] [美]艾尔曼:《经学、政治和宗族——中华帝国晚期常州今文经学派研究》,赵刚译,江苏人民出版社2005年版,第129页。

[19] 艾尔曼此语,不在于表示《公羊传》是区别于"正统经典"的异端,恰恰相反,《公羊传》一直列于儒家正统经典之内,只不过因为自东汉古文经学兴盛后,到唐代人们尊崇《左传》,《公羊》地位式微,所以相比于《左传》,显得冷清而已。《公羊传》本身从未遭到过统治阶级的废黜,始终为"正典"。

[20] [美]艾尔曼:《经学、政治和宗族——中华帝国晚期常州今文经学派研究》,赵刚译,江苏人民出版社2005年版,第129页。

[21] 庄存与:《春秋正辞》卷二,第54页。

之道，举往以明来也。"[22] 这就表明，《春秋》之目的乃是"述往事，思来者"，通过对《春秋》人事的评价，来为后世立法。

那《春秋》为什么在遣词造句上如此谨慎而简练，有时整个句子仅仅只记某时、日、月呢？对此，庄氏认为："君子作《春秋》，起教于微渺。"[23]《春秋》本意在记治乱，治乱中渗透着变革之道，庄含蓄地表达了孔子改制的用意。所以庄总结："《春秋》约文而旨博，不以人事多寡为繁省，识天下之故而已矣。"[24]

当然，庄氏如此解读《春秋》，除了学术立场外，也有政治上的忧患缘故。乾隆后期，和珅势力崛起，围绕着他的周边，逐步形成了一个巨大的贪腐集团，而皇帝对此不以为意，信任有加，这种情形又加速了乾隆后期政治的腐败。作为和珅对立面的庄存与对此既痛心又无奈，于是将一腔愁思化作文字，寄于公羊学中。后来魏源（与常州学派关系密切）对此揭示得很明白："君在乾隆末，与大学士和珅同朝，郁郁不合，故于诗易君子小人进退消长之际，往往发愤慷慨，流连太息，读其书可以悲其志云。"[25]

后来庄存与家族的举业受到了和珅集团的打击，庄氏后人的仕宦业绩大不如前。而庄在著述以明志的过程中，尽管含有变法的意图，却也并不明显。同时，庄存与治公羊，只是其学术兴趣的一途，此外，他还兼治古文经学，且用的方法并不排除汉学，故要说庄氏是一纯粹的公羊学家，自然并不确切。实际上，庄的公羊学著作，当时并未发表，其影响力在他身后才开始上升。但是他的这一学术转向，却打开了"潘多拉盒子"，诚如论者所示："庄存与没有预见到，他的大胆开端将会导致一种对经典政治学说激进式的重新发挥，同时还将影响他曾维护过的儒教国家的合法性。"[26]

---

[22] 庄存与：《春秋正辞》卷一，第20页。
[23] 庄存与：《春秋正辞》卷四，第100页。
[24] 庄存与：《春秋正辞》卷七，第135页。
[25] 魏源：《味经斋遗书》序，转引自［美］艾尔曼：《经学、政治和宗族——中华帝国晚期常州今文经学派研究》，赵刚译，江苏人民出版社2005年版，第76页。
[26] ［美］艾尔曼：《经学、政治和宗族——中华帝国晚期常州今文经学派研究》，赵刚译，江苏人民出版社2005年版，第129页。

和庄存与同时治公羊学,并被后世同尊为清代复兴公羊学的第一代功臣孔广森,则是公羊学研究专家,其所著的《春秋公羊经传通义》也是严格意义上的清代第一部完整的公羊学解释之作。但是孔广森治公羊,用的还是汉学方法,从训诂入手,试图解决"微言大义"的问题,而没有按照西汉"家法"的方式来研究。比如,他在解释"(隐公)十年,春,王二月,公会齐侯、郑伯于中丘"这段经文时,解释道:"是会《左传》以为正月,盖鲁之旧史如是,《春秋》将假隐无正月以见义,故特辟之也。《左氏》得其事而不知其义,《公羊》得其义而不详其事,每以《左氏》之事证《公羊》之义,乃益决《公羊》之可信云。"[27]所以梁启超评其学为:"戴震弟子孔广森始著《公羊通义》,然不明家法,治今文者不宗之。"[28]

公羊学到了庄述祖那里,又有了一个新变化。庄存与本意只是借公羊学来浇心中块垒,隐含其对现实污浊政治的不满,故而在学问上另辟蹊径,对于公羊,更看重其"大义",而不注重"微言",也无所谓"公羊家法"。这样自然就难以形成独立卓越的公羊的"专门之学"。庄述祖则显然有意识地将"公羊学"往"专学"的方向上引导。诚如学者所示:"庄述祖的经学思想尽管存在以汉学为根株、说经宗西汉的不协调,但是他重视今古文的区分,推许《公羊》学的家法,尊崇董仲舒、何休,以《春秋》之义贯通五经,批评刘歆的作伪等观念,则将清代以《公羊》学为中心的今文经学大大向前推进了一步,这些思想经刘逢禄的发挥,便形成了以《公羊》学为宗的经学体系。"[29]

因此,孔广森和第二代公羊学学人庄述祖一样,是在一个学术的范畴上发展了公羊学,虽然在揭示"春秋大义",也即在思想性方面,要逊于庄存与,但就解释的完整性和规范性而言,却是公羊学发展历程上重要的一环。于是到常州学派第三代刘逢禄那里,公羊学作为"学"就正式复兴于学术舞台。正是在他手里,原本作为常州家学的今文经学传至北京,逐渐成为全国性的学问;也正是在他手里,所谓"公羊家法"得以重建,公羊学作为一门学问正式确立。刘长于用《公羊传》解释经典,其著作体例

---

[27] 孔广森:"春秋公羊经传隐公第一",第284页。
[28] 梁启超:《清代学术概论》二十二,第67页。
[29] 黄开国、鲁智金:"庄述祖的经学思想",载《杭州师范学院学报》2006年第3期。

精严,思想深邃。梁启超曾为此盛誉:"其书(案:指《春秋公羊经何氏释例》)亦用科学的归纳研究法,有条贯,有断制,在清人著述中,实为最有价值之著作。"[30] 而且,正是因为他的研究,其外祖父庄存与的公羊思想,才真正得以传播。

刘逢禄对清代公羊学的最大贡献在于其将董仲舒、何休的观点进一步发挥,并总结出了春秋的三十个"例",每一例均有充分的证据,且不拘泥于《春秋》一书,还和《论语》相互发明,迭出新意。诚如论者所示,刘对清代学术的最重要贡献在于:"他响亮地提出只有公羊学说才得孔子真传,并重理了《公羊传》——胡毋生、董仲舒——何休前后相承的今文学派系统,堂堂正正地拿来与古文学派相抗衡,强调这是被埋没的儒家正统,晦暗千余年的公羊学说,至此才得显扬。"[31]

刘逢禄公羊学研究的要义和特色,留待下文论述。在此笔者想要阐明的是:之所以公羊学在刘逢禄这得以复兴,除了刘逢禄本人持业精进之外,还有其祖、舅已经给他奠定好一个良好的学术基础,是以其能在巨人的肩膀上构筑完备的公羊学理论;加上刘逢禄所处的时代,较之其舅、祖的时代,更显王朝末世的"衰相",典章制度变革呼声虽然至微,却隐然已有箭在弦上的态势。完备的理论与焦灼的时势,公羊学遂得大张其势,刘逢禄恰好处在这一个节点之上。

二、刘逢禄揭橥的公羊学要义与其在礼部的实践

刘逢禄平生著述甚丰,有《易虞氏变动表》、《六爻发挥旁通表》、《尚书今古文集解》、《诗声衍》以及大量的诗文,但是最受学界看重,也最能体现其学术和思想的,当为《春秋公羊经何氏释例》和《春秋公羊释例后录》。尤其是前者,是刘精心构思,经年累月写作而成,不同于一般的经典注疏或训诂;该书以何休的《春秋公羊解诂》为底本,重新归纳总结春秋义例,在每一大类"例"之后,再用"释曰"加以评论,极为精练。何休之书是对《公羊传》的逐段逐句的疏,在疏中总结春秋"笔法";刘则放弃了这种繁复的写作方法,而只是选择最能体现春秋大义的"例"

---

[30] 黄开国、鲁智金:"庄述祖的经学思想",载《杭州师范学院学报》2006年第3期。
[31] 陈其泰:《清代公羊学》,上海人民出版社2011年版,第80页。

来阐发。从其所选择的"例",我们可清晰地明了其写作意旨,而内含在"例"中的"义"也就昭然若揭了。刘逢禄死后,其遗稿被交由其徒魏源整理,魏源将《春秋公羊经何氏释例》与刘逢禄的其他重要公羊学著作一并结集刊行,其他公羊学作品总名之曰《春秋公羊释例后录》,包括《公羊申墨守》、《公羊广墨守》、《左氏广膏肓》、《谷梁申废疾》等,从中亦可看出刘今文经学的立场,即始终坚持公羊家法。《后录》大体是对《春秋公羊经何氏释例》的补充,本质上二者所持观点并无差异。所以,我们仅以《释例》为中心,来探讨刘逢禄揭櫫的公羊学要义。当然,我们所揭櫫的,也并非刘的公羊学研究的全貌,而是侧重于与法律史学相关部分的要义。

(一)《春秋》垂法万世,为圣人救世之书

判别今古文派一个重要的标准就在于对《春秋》一书性质的判断,今文认为《春秋》乃圣人所立的法度,而古文则倾向《春秋》乃记事之史。在这一方面,刘逢禄站在传统公羊学的基础上,认定《春秋》是圣人欲有所作为之书,既可用于学术研究,亦可用于持身治世,即"《春秋》文成数万,其指数千,天道浃,人事备,以之贯群经,无往不得其原;以之断史,可以决天下之疑;以之持身治世,则先王之道可复也"。[32] 所以要体察圣人之道,必须首先要读通《春秋》一书,正所谓"圣人之道备乎五经,而《春秋》者,五经之筦钥也"。[33]

圣人作《春秋》既然是为了救世,那么言语行文何以如此简练?即便是褒讥贬绝,也并非限于所有历史人物。即如褒扬,孔子生前常称道的晏婴、子产为何在《春秋》中概不能一现?对此刘是这样回答的:"盖《春秋》垂法万世,不写屑屑于一人一事。"[34] 只有那些有"绝异之行,可以为世立教"的,才能为春秋所提及。所以春秋虽然简练,但是却与天道人事"浃"、"备"。

刘认为《春秋》救世,并不是如某些公羊家所认为的那样,直接在书

---

[32]《清史稿·儒林传》。

[33](清)刘逢禄:"春秋公羊经何氏释例·序",载(清)刘逢禄:《春秋公羊经何氏释例》,曾亦点校,上海古籍出版社2013年版,第4页。

[34](清)刘逢禄:《春秋公羊经何氏释例·褒例第六》,曾亦点校,上海古籍出版社2013年版,第86页。

中确立若干条教条,而是通过褒讥贬绝,提供一个相对的标准,具体实施则仍需要智慧的读者读懂隐藏在文字背后的圣人真义,用之持世,方能开太平之治。刘为此论道:"而《春秋》所贵乎持世,乃在此而不在彼。为上可以知取人,为下可以知勉学矣。"[35]

那么《春秋》何以能够垂法万世呢?换言之,褒讥贬绝的合理性在哪里?刘逢禄指出的原因,直接继承自董仲舒"天人合一"的宇宙论儒学原理。他认为:"扶阳抑阴之心,辅相天地之道,历万世而不可变也。"[36]那么按照宇宙论原理,德主刑辅,阴主阳辅,那春秋应该多多表彰贤人,而不当诛、贬、绝那么多罪恶,其理何在?对此刘另发新解,认为这正是圣人温柔敦厚之意的体现,拿医生作譬喻,"夫医者之治疾也,不攻其病之已然,而攻其受病之处"。[37]所以《春秋》才上诛平王而下及于庶人,内诛鲁公而外及于吴楚,虽冒万世之罪而不敢避。这正是为了"救世"。当然,在批判的力度上,《春秋》还是保留了分寸的,正如刘在《诛绝例》的最后所论:"《春秋》之善善也长,恶恶也短,父子兄弟罪不相及,所谓'礼义之大宗'也。"[38]

正因为《春秋》通过这一方法贤贤贱不肖,所以在理论上,如果按照这一办法去救世,那么就可以达至正人心、厚风俗,实现太平之治,圣人求治之意可以得以应验。刘在讨论这个观点的时候,反观时政,发现现实的情形是赏罚不明,贤愚混淆,于是借公羊学加以发挥:"今小民有罪,则能以法治之;有善,则不能赏。而爵禄所及,未必非有文无行之士。是以贤不肖混淆,而无所劝惩。"[39]那么怎么解决呢?刘认为还是得从《春秋》那里寻找不二法门:"是宜修《春秋》举贤之制,而唐宋以来试士之

---

[35] (清)刘逢禄:《春秋公羊经何氏释例·褒例第六》,曾亦点校,上海古籍出版社2013年版,第87页。

[36] (清)刘逢禄:《春秋公羊经何氏释例·诛绝例第九》,曾亦点校,上海古籍出版社2013年版,第125页。

[37] (清)刘逢禄:《春秋公羊经何氏释例·诛绝例第九》,曾亦点校,上海古籍出版社2013年版,第125页。

[38] (清)刘逢禄:《春秋公羊经何氏释例·诛绝例第九》,曾亦点校,上海古籍出版社2013年版,第128页。

[39] (清)刘逢禄:《春秋公羊经何氏释例·褒例第六》,曾亦点校,上海古籍出版社2013年版,第87页。

法以次渐废，则朝廷多伏节死义之臣，而闾巷多砥行立名之士，斯结人心，厚风俗，存纲纪之要道也。"[40]

这段话非常重要。其实刘在著述时，时不时会联系实际发出感慨，提出改革的建议，不过后人在编纂刘的文集时，因惧贾祸，删掉了很多"今"字的议论，但仍留有一些蛛丝马迹。这段话，表达了刘对当时政治生活中庸人充斥的忧虑，希望能突破科举的藩篱，直接"尚贤"，后来龚自珍"不拘一格降人才"的呼声，不啻为刘这一主张的再版。

总之，刘在其著作中多次论证了《春秋》为垂法万世的救世之书，表面上只是祖述公羊家的"家法"，但是实质上，若联系他所处的时代——学术上孜孜于考证经史的汉学方兴未艾，政治上一片万马齐喑的局面，我们就可以知道，他之所以在《春秋》一书的性质上比以前公羊家更强调"救世"的特征，乃在于他希望通经致用，使经义落实到政治和社会实践当中。

至于为什么《春秋》会有选择性地书写某年、某时、某月、某日这个问题，刘逢禄在归纳了朝例、聘例、伐例、侵例等50余种"例"后，指出："《春秋》不待褒讥贬绝，以日月相示，而学之者湛思省悟。如美泓战书朔，贬内去时日之类是也。故曰：经世，先王之志。圣人议而勿辩，其言弥微，其旨弥显，使人属辞比事，而辨惑崇德，斯善学也。"[41] 故在刘看来，《春秋》不用把话说得很明白，只要看其时月日例的用法，就可以知道圣人的态度。在此我们需要特别关注的是，刘在文中已经明确地提到圣人志向在于"经世"。这个为此后龚自珍、魏源更明确地提出"经世致用"的主张，提供了一个学术上的基础。

（二）文质必再而复，"正名"亦是变革

我们知道，孔子《春秋》致用，所用的方法首先是"正名"，正名的要求，就是要摆正各自的位置。刘逢禄认为，《春秋》在所记内容的详略上，贯彻了"正名"的主张："然则详于王而略于侯国，正王以率侯也；

---

[40]（清）刘逢禄：《春秋公羊经何氏释例·襃例第六》，曾亦点校，上海古籍出版社2013年版，第87页。

[41]（清）刘逢禄：《春秋公羊经何氏释例·时月日例第四》，曾亦点校，上海古籍出版社2013年版，第63页。

详大国而略小国，正大以率小也；详诸夏而不及夷狄，正内以率外也。"[42] 另刘还认为："是以论王政，则曰'谨权量，审法度，修废官'……改制质文，审法度也……"[43] 这里明确地提到"改制质文"，也就是圣人因时而变法，变法恰恰也是为了贯彻"正名"的要求。当出现名不正言不顺的情况时，就要将名"正"过来，这就是"变"之义。对此，刘引述了何休的一段解诂：

> 《春秋》改周之文，从殷之质，合伯子男为一，一辞无所贬，皆从子，夷狄进爵称子是也。忽称子，则与诸侯改伯称子辞同，于成君故名也。名者，缘君薨有降既葬名义也，此非罪贬也。君子不夺人之亲，故使不离子行也。王者起，所以必改质文者，为承衰乱救人之失也。天道本下，亲亲而质省，地道敬上，尊尊而文烦。故王者始起，先本天道以治天下，质而亲亲，及其衰敝，其失也亲亲而不尊。故后王起，法地道以治天下，文而尊尊，及其衰敝，其失也尊尊而不亲，故复返之于质也。[44]

这段话充满着历史循环论的基调，但是"变"之义却极为明显。孔子曾经说过："质胜文则野，文胜质则史。文质彬彬，然后君子。"[45] 而《逸周书》也曾提到："夏数得天，百王所同，其在商汤，用师于夏，除民之灾，顺天革命，改正朔，变服殊号，一文一质，示不相沿。"[46] 也就是说，夏朝属于"文"，商朝属于"质"，商代夏，正所谓"文质相救"，从而明确地提到了革命或变革的动力。[47] 对此孔子的态度相对平和一点，他

---

[42]（清）刘逢禄：《春秋公羊经何氏释例·名例第五》，曾亦点校，上海古籍出版社 2013 年版，第 77 页。
[43]（清）刘逢禄：《春秋公羊经何氏释例·褒例第六》，曾亦点校，上海古籍出版社 2013 年版，第 86~87 页。
[44]（清）刘逢禄：《春秋公羊经何氏释例·通三统例第二》，曾亦点校，上海古籍出版社 2013 年版，第 12 页。
[45]《论语·雍也》。
[46]《逸周书·周月解》。
[47] 刘逢禄后期的作品《公羊申墨守》，在解释《公羊传》"何言乎'王正月'？大一统也"这段话时，笺注曰："大一统者，通三统为一统。周监夏商而建天统，教以文，制尚文。《春秋》监周而建人统，教以忠，制尚质也。"见（清）刘逢禄：《春秋公羊经何氏释例》，曾亦点校，上海古籍出版社 2013 年版，第 294 页。这同样是一种"文质相救"的变革论调，但比《春秋公羊经何氏释例》中的内容更为明确。而和孔子的"吾从周"论已经有所区别，详见后文。

说:"周监于二代,郁郁乎文哉!吾从周。"[48] 这里的"文",与上面所谈"文质"的"文"不尽相同,它更多表文明之意,但是其中已经蕴含了与时损益的观念。在孔子看来,周朝鉴于夏、商二代之得失,制礼作乐,已经达到了一个"文质彬彬"的君子世界,也由此才让孔子向往。故就现实生活而言,孔子其实是不保守的,而是有着变革的理念,孟子曾一语道破这一点,孔子乃"圣之'时'者"。

刘同样用"文质"来表述其变革观,但较之何休,显然有进一步的发挥。他说:"……非仅明天命所授者博,不独一姓也。夫正朔必三而改,故《春秋》损文而用忠,文质必再而复,故《春秋》变文而从质。"[49] 在此基础上,他甚至直言:"治不可恃……乱不可久……圣人以此见天地之心。"[50] 这里刘明确地表明,兴衰更替乃历史的规律,只是这一过程,并非急骤的,而是要"三而改"。因此,刘逢禄所说的"改制质文",也就是孔子"以《春秋》当新王"的公羊学义理。后来这个义理被康有为进一步发挥,直到把孔子塑造成改制的大教主,而主张激进的变法:"汉臣董仲舒所谓:'为政不调,甚者更张,乃可谓理。'故不变则已,一变则当全变之,急变之。"[51] 这一点或许是刘逢禄难以预料的。总体看来,刘逢禄所持的还是一种渐进式的变革观,本质上并没有脱离学术考证的范畴。

(三)张三世,改革以臻于至善

"张三世"为公羊学一大要义,刘自然也不会忽略,但是他深化了其中的内涵。就《春秋》所记二百四十二年的顺序、详略,以及孔子为何如此安排,刘解释说:"有见三世,有闻四世,有传闻五世,于所见微其词,于所闻痛其祸,于所传闻杀其恩。由是辨内外之治,明王化之渐,施详略之文。鲁愈微,而《春秋》之化益广,内诸夏、不言鄙疆是也。"[52] 这是

---

[48]《论语·八佾》。

[49](清)刘逢禄:《春秋公羊经何氏释例·内外例第三》,曾亦点校,上海古籍出版社2013年版,第14页。

[50](清)刘逢禄:《春秋公羊经何氏释例·张三世例第一》,曾亦点校,上海古籍出版社2013年版,第9页。

[51] 康有为:"恭谢天恩并陈编纂群书以助变法,请及时发愤速筹全局折",载孔祥吉编著:《康有为变法奏章辑考》,北京图书馆出版社2008年版,第354页。

[52](清)刘逢禄:《春秋公羊经何氏释例·张三世例第一》,曾亦点校,上海古籍出版社2013年版,第8页。

对"公羊三世说"的进一步发挥：鲁国正在不可避免地走向衰微，正是在这种存亡绝续的历史关头，更要用《春秋》来施行王化，这也是公羊学"王鲁"一义的延伸。《春秋》当新王，在于构建一个理想的秩序，未必就是复兴鲁国，且鲁本不过是周的一个诸侯国，孔子是绝对不会有将鲁凌驾于周的想法的，且事实上也无此可能。在鲁国的衰败中，孔子想到的是保存祖先伟大的传统，这个传统就是文质彬彬的礼乐文明，所以与其说王鲁是政治理想，不如说是一种文化秩序的阐发。故而"《春秋》起衰乱以近升平，由升平以极太平"[53]。"极太平"一说后来被康有为演化为"大同"世界，并且康用很大篇幅的《大同书》来描绘自己心目中的乌托邦。

刘同时还就"春秋大一统"发挥新义，认为："慎言行，辨邪正，著诚去伪，皆所以自治也。由是以善世，则合内外之道也。至于德博而化，而君道成，《春秋》所谓'大一统'也。"[54] 即他认为王者一统并非纯用武力可致，更在于"德化"，"德博"才能"王化"，"君道"成，"大一统"方可致。这里我们要体察刘的用心，他并没有谈一家一姓之天下，而是更注重"一统"的道德正当性。作为一个公羊学家，他自然深通"君亲无将，将而必诛"的道理，所以不可能有类似"暴君放伐"的激烈言论。他所说的一切，都还是在学术研究的范围之内，但是字里行间，却隐含着变法的主张。比如，他在论述《春秋》的变革之义时，提到："《春秋》通三代之典礼，而示人以权。"[55] 这里面的"示人以权"，就是要求人们因时损益，通权达变，而不是拘泥于周代制度；应该在通三代的基础上，发掘最好的治理之道。

为了表达改革以臻至善之义，刘还专门对为什么《春秋》终于获麟提出了新解。在《春秋公羊经何氏释例》的最后，刘提到："圣人拨乱反正，尤重于'上律天时，下袭水土'，必至于太平以瑞应为效，而后地平天成

---

[53]（清）刘逢禄：《春秋公羊经何氏释例·张三世例第一》，曾亦点校，上海古籍出版社2013年版，第9页。

[54]（清）刘逢禄：《春秋公羊经何氏释例·内外例第三》，曾亦点校，上海古籍出版社2013年版，第18页。

[55]（清）刘逢禄：《春秋公羊经何氏释例·通三统例第二》，曾亦点校，上海古籍出版社2013年版，第14页。

之道著，则莫近诸《春秋》也。"[56]而所谓"地平天成之道著"一语，不啻是说经过了种种的磨难，人类终于臻于至善之域。而这个地方是一个君道充盈的领域，刘的立说终不离开明专制的范畴。

综上所述，借助于对春秋之"例"的阐发，刘构建了一套阐发变革进化的历史哲学，为后来改革者"穷通变久"的改革理论提供了最好的学术支持。在这些改革者看来，《春秋》实在是一部"为万世开太平"的指导之作，刘氏一语实可谓代表："尧、舜、禹、汤、文、武之没，而以《春秋》治之，虽百世可知也。"[57]

刘不仅在著述中表达了公羊精义，而且自己在仕途中也身体力行，实践其"通经致用"的主张。据《清史稿》记载："道光三年，通政司参议卢浙请以尚书汤斌从祀文庙，议者以斌康熙中在上书房获谴，乾隆中尝奉驳难之。逢禄揽笔书曰：'后夔典乐，犹有朱、均；吕望陈书，难匡管、蔡。'尚书汪廷珍善而用之，遂奉俞旨。"[58]后夔乃尧舜时期的乐官，吕望即西周初年的姜尚，此二人代表制礼作乐、广施教化的典范，他们虽德化广博，但其任内仍出现丹朱、商均、管叔、蔡叔这些不肖之徒，而后人并不以此贬低后夔和吕望。这个古典被刘逢禄信手拈来，用以表明即便汤斌生前有过，也只是白璧微瑕，仍得从祀文庙。此一事即体现了刘逢禄"通经致用"的思路。

另有一事更足以证明刘时刻不忘将公羊学研究实际运用于政治法律生活当中。道光四年（1824），刘逢禄补礼部仪制司主事。越南贡使陈请为其国王的母亲乞赐人参，得旨赏给。道光皇帝所下的诏书中有"外夷贡道"之语，其使臣欲请改"外夷"为"外藩"，部中以为诏书难以更易，但又恐越南不满。此时，刘的公羊学素养派上了用场。刘在回复越南方面的文牒中写道：

周官职方王畿之外分九服。夷服去王国七千里，藩服九千里，是藩远而夷近。说文羌、狄、蛮、貊字皆从物旁，惟夷从大、从弓。考东方大人

---

[56]（清）刘逢禄：《春秋公羊经何氏释例·灾异例第三十》，曾亦点校，上海古籍出版社2013年版，第14页。

[57]（清）刘逢禄：《春秋公羊经何氏释例·王鲁例第十一》，曾亦点校，上海古籍出版社2013年版，第152页。

[58]《清史稿》列传二百六十九，"儒林三"。

之国夷，俗仁，仁者寿，有东方不死之国，故孔子欲居之。乾隆间奉上谕申饬四库馆不得改书籍中'夷'字作'彝'，舜东夷之人，文王西夷之人，我朝六合一家，尽去汉、唐以来拘忌嫌疑之陋，使者无得以此为疑。[59]

越南使者遂无辞而退。我们看刘的这个答复，实质上就是外交领域中的"春秋决议"，建基于其对经典的认识——"圣人有为之书"的判断之上。而公羊学向来就主张"《春秋》为圣人之刑书"，又云"五经之有《春秋》，犹法律之有断令"[60]，刘也是自觉遵照《春秋》大义来处世接物。为此《清史稿》作者赞曰："逢禄在礼部十二年，恒以经义决疑事，为众所钦服类如此！"因此，刘本人的公羊学研究和实践，本身就具有很强的法律史意义，但这只是就传统意义上而言；刘的公羊学研究，更大的意义还是对晚清法律史的影响，尤其是在变法思想的传播上，征诸史实，他的确是后来变法思潮的引路之人。

三、刘逢禄公羊学研究对晚清法律史的影响

刘逢禄的公羊学研究，基本还是限制在学术的框架之内。刘本人是礼部的一名中级官员，任职期间从未有夸张或惊人之举。即便"变革"、"救世"的思想在他的著作中并不鲜见，但都是以一种学术化的表述或写作的笔调表现出来，这方面也有一点点"春秋笔法"的味道，所以要理解其思想，需要有智慧的读者。加之刘写作态度严谨，表现出来的形式还是传统注疏体，且刘一以发掘义理为旨归，辞章文采方面就显得不足。也因此，他的作品"言之无文，行而不远"，只是在学术界流传，而未在思想界乃至社会上掀起巨大的波澜。

但这并不意味着刘对晚清法律史没有产生影响，恰恰相反，其影响是长期和深远的，主要通过两个途径：一是通过直接向龚自珍、魏源传授公羊学，而使其学发扬光大，最终形成一股"公羊经世"的思想热潮；二是通过其著作，间接地影响维新变法人士，最终成为康梁变法的理论基础之一。

---

[59]《清史稿》列传二百六十九，"儒林三"。

[60]（清）刘逢禄："春秋公羊经何氏释例·律意轻重例第十"，曾亦点校，上海古籍出版社2013年版，第145页。

(一) 直接影响：龚自珍、魏源"公羊经世"

龚自珍、魏源皆为当时思想界巨子，我们谈晚清变法思潮，必定会提到龚、魏，他们是社会转型过程中首先高倡"经世"、"变革"主张之人。龚、魏两人，年龄相仿[61]且为密友，两人思想主张有许多相似之处，是以可以同论。他们都曾经直接问学于刘逢禄，且在本人的著作中，都直接指出自己受刘影响之深。尤其是龚自珍，受刘的影响更大。龚自珍年少时沉浸于当时风靡的"汉学"氛围中，其外祖父为著名的汉学家、"皖派"嫡传段玉裁。龚一开始的学术路径也是由训诂通文字，由文字通传注，由传注通经义，观《龚自珍全集》中其对于金文、碑刻材料的考释，就可以看出其有很强的汉学功底。但是28岁的时候，龚在京师碰到刘逢禄后，其学术路径就发生了巨大的转型，并且龚还作诗明志："昨日相逢刘礼部，高言大句快无加；从君烧尽鱼虫学，甘作东京卖饼家"（就刘申受问公羊家言）。[62]

青年时期的龚自珍已经敏锐地认识到这个时代的病症，写过一些针砭时弊的文章，且也有"仿古"改革的建议。[63]但这些都没有摆脱传统士大夫"经世"的作风，因其不去探讨原理，而只是就实际情形阐发感性的认识，所以整个思想呈现的是一种"碎片化"的面貌。而这种情形，随着他后来从学于公羊学大师刘逢禄，发生了根本的改变。这个改变就是在阐发春秋公羊学的基础上，自觉以公羊学为批判现实、改革制度的武器。"龚子渊渊夜思，思所以撑简经术，通古今……"[64]正是龚自珍的夫子自道。

龚自珍认为要振衰起弊，必得破除人们的保守习气和陈旧观念。而此习气和观念乃人们长期迷信经典所致。因此，龚首先从为"经""正名"

---

[61] 龚出生于1792年，魏出生于1794年。

[62] "鱼虫学"是今文经学对古文经学的讽刺语，意味着古文（清代表现为汉学考证学）只关注"鱼虫之名"这些细碎之事；而"卖饼家"则是古文对今文的讽刺，认为今文游谈无根，今文家言无异于卖饼家语。从这首诗中可以看出龚二十八岁以后就以公羊学者自居，由此可见刘对他的影响力。诗见龚自珍：《龚自珍全集》，王佩诤校，上海古籍出版社2007年版，第441页。

[63] 见龚自珍："明良论"（一）、（二）、（三）、（四），载《龚自珍全集》，王佩诤校，上海古籍出版社2007年版，第31~35页。

[64] 龚自珍："农宗"，载龚自珍：《龚自珍全集》，王佩诤校，上海古籍出版社2007年版，第49页。

开始，龚认为"经"的定名，其实带有很大的偶然性和随意性，如"后世称为经，是为述刘歆，非述孔氏；"[65]"《周官》之称经，王莽所加"。[66]这些观点在习惯了传统经传的人看来，无疑是很大胆的，而龚的意思就是要人们破除盲从盲信，不要拘泥于经典。

然后，他又强调，圣人制作六经，目的是为了应用。龚自珍用《春秋》之例，来证明此点："谨求之《春秋》，必称元年。年者，禾也。无禾则不年，一年之事视乎禾。"[67]而"禾"恰恰是百姓日用所必需，所以，"经"是切合人伦日用的。正所谓："圣人之道，本天人之际，胪幽明之序，始乎饮食，中乎制作，终乎闻性与天道。民事终，天事始，鬼神假，福祉应，圣迹备。"[68]故圣人作经不是简单地应人们"进德修业"之需。

那么圣人制作经典，如何能够满足人伦日用之需呢？最终的途径只有一条，就是"应时制宜"。龚自珍用春秋公羊学来解释礼的制定也是时代的要求。如就祭礼而言，"夫《礼》据乱而作，故有据乱之祭，有升平之祭，有太平之祭。"[69]不同的时世，用不同的祭法。而刑罚同样如此。在一篇文章中，龚同样用春秋三世说来解释"刑罚世轻世重"的内在原理："愿闻司寇之三世。答'周法，刑新邦用轻典，据乱故，春秋于所见世，法为太平矣。世子有进药于君，君死者，书曰：弑其君。盖施教也久，用心也精，责忠孝也密。假如在所传闻世，人伦未明，刑不若是重，在所闻世，人伦甫明，刑亦不若是重。'"[70]

由此可见，公羊学给龚自珍提供了一个很好的解释工具，龚自珍用它来表达对世道的关切以及提出改革的主张，这既源自对社会危机的直感式

---

[65] 龚自珍："六经正名"，载《龚自珍全集》，王佩诤校，上海古籍出版社2007年版，第37页。

[66] 龚自珍："六经正名答问一"，载《龚自珍全集》，王佩诤校，上海古籍出版社2007年版，第39页。

[67] 龚自珍："六经正名答问一"，载《龚自珍全集》，王佩诤校，上海古籍出版社2007年版，第39页。

[68] 龚自珍："五经大义始终论"，载《龚自珍全集》，王佩诤校，上海古籍出版社2007年版，第41页。

[69] 龚自珍："五经大义始终论"，载《龚自珍全集》，王佩诤校，上海古籍出版社2007年版，第41页。

[70] 龚自珍："五经大义始终问答三"，载《龚自珍全集》，王佩诤校，上海古籍出版社2007年版，第47页。

的忧虑，更有积淀于学术之基础上的理论推衍。两者的结合，使得龚自珍后来的思想超越了早期的感慨式议论，而更显系统深刻。

龚自珍思想中最深刻的地方，在于其化用了公羊学"春秋三世"理论，直陈现在的世道是"衰世"，而衰世开始的表现还类似于"治世"，但是如果履霜，还没有做好"坚冰至"的防备的话，那么"乱亡"的命运也就不远了。他说：

> 吾闻深于春秋者，其论史也，曰：书契以降，世有三等，三等之世，皆观其才，才之差，治世为一等，乱世为一等，衰世为一等。衰世者，文类治世，名类治世，声音笑貌类治世……履霜之骄，寒于坚冰，未雨之鸟，戚于飘摇，痹劳之疾，殆于痈疽，将萎之华，惨于槁木，三代神圣，不忍薄谴。士勇夫，而厚豢驽羸，探世变也，圣之至也。[71]

这是建基于公羊学理之上而发出的"盛世危言"，那么如何防止呢？龚自珍的答案是改革。龚所采的依旧是公羊学思路，首先表明"圣人"制作法制以垂统，孔子作春秋给世人立法。"天生孔子不后周，不先周也，存亡绝续，俾枢纽也。"[72] 正是因为孔子的制作，所以文明相传不绝如线。"圣人者，不王不霸，而又异天；天异以制作，以制作自为统。"[73] 其次，社会有弊端，就得相应改革，于是在公羊学所内蕴的历史进化的思想上，龚自珍发出了堪为当时最强音的改革呼声："一祖之法无不弊，千夫之议无不靡，与其赠来者以劲改革，孰若自改革？"[74] 这就是为人所津津乐道的龚氏"自改革"法律思想。

如此，从学理上而言，龚自珍的"自改革"法律思想，实际上是在刘逢禄"张三世"、"改制质文"等思想的基础上推衍而成的。

至于魏源，不仅亲受业于刘逢禄，还系统编纂了刘逢禄的遗书，受刘

---

[71] 龚自珍："乙丙之际箸议第九"，载《龚自珍全集》，王佩诤校，上海古籍出版社2007年版，第7页。

[72] 龚自珍："古史钩沉论二"，载《龚自珍全集》，王佩诤校，上海古籍出版社2007年版，第24页。

[73] 龚自珍："壬癸之际胎观第三"，载《龚自珍全集》，王佩诤校，上海古籍出版社2007年版，第15页。

[74] 龚自珍："乙丙之际箸议第七"，载《龚自珍全集》，王佩诤校，上海古籍出版社2007年版，第6页。

氏影响自然也很深。他从刘逢禄那里得到灵感,著有《诗古微》、《书古微》两部公羊学专著,但是这两部专著并没有将公羊学理更进一步深化,而只是将公羊之义套在《诗经》和《尚书》这两部经典当中。作者试图证明的是,《诗》和《书》同样贯彻着大一统、通三统等公羊义理,并且试图总结《诗》、《书》中的公羊之"例",作为《诗》、《书》本身的研究,的确富有新意,但是对于公羊学而言,并没有知识上的"增量"。[75]

但是我们却不能够因此而认定魏的公羊学研究没有意义,因为他的志向本来就不在纯学术上。对他而言,"通经"只不过是手段,真正的目的在于"致用"。其学术说到底是为其改革设想服务的,所以其作品表面上是考证发微之作,而骨子里则是为改革制造依据。诚如梁启超所云:"考证之学,本非其所好也……故虽言经学,而其精神与正统派之为经学而治经学者则既有以异。自珍、源皆好作经济谈……"[76] 所谓作"经济谈",乃是"经邦济世"之论。

魏也用"改制质文"的公羊变革观来表达自己"变道"的主张,所谓:"文质再世而必复,天道三微而成一箸。今日复古之要,由训诂声音以进于东京典章制度,此齐一变至于鲁也;由典章制度以进于西汉微言大义,贯经术、政事、文章于一,此鲁一变至道也。"[77]

和龚自珍相同,魏源在许多著述中,也多次总结时代的弊病,诸如"堂陛翫愒"、"政令丛琐"、"物力耗匮"、"人才嵬荼"、"谣俗浇酗"、"边塲弛警"等。[78] 在魏的笔下,世道较之龚自珍益为"衰世",于是魏的"经世"之志,比龚更强烈。龚多少还用春秋公羊学作为经世的依据,并屡引公羊学章句;而到了魏源这里,直接宣称,如果经书不能治国经世,那么就是"无用之王道"。[79] 言下之意,如果能经邦济世,那么即便不用经书,也是符合"先王之道"的。这实在是有点"筌蹄"的味道,得

---

[75] 关于对魏源这两部书的评价,另参见陈其泰:《春秋公羊学》,上海人民出版社2011年版,第169~185页。

[76] 梁启超:《清代学术概论》,天津古籍出版社2003年版,第69页。

[77] 魏源:"刘礼部遗书序",载《魏源集》(上册),中华书局1983年版,第242页。

[78] 魏源:"默觚下·治篇十一",载《魏源集》(上册),中华书局1983年版,第65~66页。

[79] 魏源:"默觚下·治篇十一",载《魏源集》(上册),中华书局1983年版,第36页。

公羊之意而忘公羊之言。

总之,龚自珍、魏源都是志在公羊经世,并且都利用公羊学为自己的改革主张(经世本身就蕴涵了改革的味道)提供"合法性"依据。这是直承刘逢禄公羊学研究精义而来,只是刘未说得如此明显而已。

(二)间接影响:康有为"托古改制"

刘逢禄之后,经过龚、魏等人的传播,公羊学作为一门学问,在知识界几乎成为一门显学,后来知识分子或多或少都受到公羊学的影响。比如,治古文经学的章太炎,在康有为变法失败之后的翌年,还曾经评论道:"且说经之是非,与其行事,固不必同。"[80] 章太炎与康有为属于两个阵营的人,但是对于康有为托古改制事业的失败,章并不认为纯然是说经的问题,而与康之行事做人有关。这从一个侧面说明今文经当为学界所重视。

康的思想比较驳杂,刘逢禄的思想只是其思想的来源之一,但是从康的著作屡次征引刘逢禄的作品来看,对刘,康应该是不陌生的。退而言之,即便康未认真读过刘的《春秋公羊经何氏释例》,但由刘发扬光大的清代公羊学,被康改造利用为变法的思想武器,却是不争的事实,从这个角度而言,说刘影响了康,亦非虚言。

限于主题,本文不拟探讨康的具体变法主张,我们仅仅看一下康有哪些公羊派言论。康是一个有着很大学术野心和政治抱负的人,观其在年轻时(28岁)完成的《康子内外篇》就可以看出,他素有构建系统理论的学术倾向,他试图为"天地人"三才、世界万物寻求其基本原理。[81] 对于变法,他同样要寻求变法基本义理。此后他受公羊学启发,终于发现了变法的原理,这个原理就通过两本专著表达了出来,也就是学界周知的《新学伪经考》和《孔子改制考》。

这两本著作的作用,简言之就是一破一立,前者在于破除人们对此前

---

[80] 章太炎:"翼教丛编书后",载汤志钧编:《章太炎政论选集》,中华书局1977年版,第96页。

[81] 《康子内外篇》分内外两大部分,内篇言天地人物之理,外篇言政教艺乐之事。包括"阖辟"、"未济"、"理学"、"爱恶"等十五篇,全书系统性虽然较之于康晚期的《大同书》似有未逮,但考虑到作者时尚不满三十岁,可见康具有何等的思考之力。参见康有为:《康子内外篇》(外六种),楼宇烈整理,中华书局2012年版,相关部分。

经典的迷信,根本颠覆传统经学主流观念;而后者将孔子塑造成无所不能的改制先师,直接为变法服务。《新学伪经考》开篇就有惊人之语:

> 始作伪乱圣制者自刘歆,布行伪经篡孔统者成于郑玄。阅二千年岁月日时之绵暧,聚百千万亿衿缨之问学,统二十朝王者礼乐制度之崇严,咸奉伪经为圣法,诵读尊信,奉持施行,违者以非圣无法论,亦无一人敢疑者,于是夺孔子之经以与周公,而抑孔子为传;于是扫孔子改制之圣法,而目为断烂朝报。'六经'颠倒,乱于非种;圣制埋殁,沦于霾雾;天地反常,日月变色⋯⋯且后世之大祸⋯⋯而皆自刘歆开之。是上为圣经之篡贼,下为国家之鸩毒者也。[82]

这几乎一开始就将刘歆、郑玄定为经学之罪人,而给数千年读书人所奉的经典下定语为"伪经",骤然读之,怎能不骇然。然后康有为从十四个方面来证明当时所传经典为"伪经",他的主要方法是考辨相关的史传记载为伪,并且经学的传授源流有误。《新学伪经考》一出,就在学术界乃至社会上引起轩然大波,所以很快书版就被销毁。后来虽有重版,但很快又因遭到保守硕儒抵制而再次被毁。

但即便书版被毁,康已经打开了潘多拉盒子,传统经典的不可靠和不可信已经作为一种思潮流行于世。康于是又作《孔子改制考》,堂而皇之地兜售其公羊变法的理论。全书是在传统公羊学理论框架下写作的,并且接受六经为孔子所作,《春秋》为孔子为后世立法开太平之书,孔子素王改制之义。但是康显然走得比传统公羊学家要远得多。在《孔子改制考》中,康首先论证先秦诸子都有改制创教、托古改制的行为,后来孔子创立了儒教,儒教在和各教的斗争中逐渐占据上风;其次论证孔子独立地制定了六经,孔子法尧舜文王进行托古改制,逐渐成为凌驾于一般世俗权威之上的改制"教主"。康的整个做法,颇有点类似于一种新的"造神运动",这一点从该书的序言中就表达得很明确:

> 天哀大地生人之多艰,黑帝乃降精而救民患,为神明,为圣王,为万世作师,为万民作保,为大地教主。生于乱世,乃据乱而立三世之法,而垂精太平⋯⋯此制乎,不过于一元中立诸天,于一天中立地,于一地中立

---

[82] 康有为:《新学伪经考》,中国人民大学出版社2010年版,第1~2页。

世,于世中随时立法,务在行仁,忧民忧以除民患而已。[83]

康有为如此"打扮"孔子,实际上是有其深刻用意的。因为要变法,得先解决一个问题:由谁来推动变法,方具有合理性?而如果要在体制内进行改革,不可避免会触及既得利益集团的利益,那么如何使得这部分人能够作自我牺牲?只有塑造一个超越于世俗王权的改革者,然后以其名义,改革方有合法性。由此,康逐渐拉开了变法维新的大幕。

虽然这两本书从纯粹公羊学学术角度而言,无异于"离经叛道",若刘逢禄死而复生,他也一定不会认同康的观点。但康却通过这两本书,震撼了时人固有的思维,达到了"破"的效果,公羊学"求变"的思维,也在一定程度上得到了展示。所以作为改革家的康有为,以公羊的思维,实践了刘逢禄的变革思想,只不过康是以曲解公羊经文的方式实现的。这真是公羊学作为一门学问的吊诡之处。

四、余论:近代法制变革的公羊学底色

刘逢禄的生存年代恰是中国盛极而衰的年代。如同上引陆宝千先生所述那样,乾隆中后期,因天下承平日久,百弊渐生,文法益密,治法益疏,贿赂公行,歌舞升平,在表面的繁荣背后,已经隐藏着很大的危机。刘的外祖父庄存与已经敏锐地观察到这一变化,只是当时危机尚未显露,庄也无意去做改革家,他只是把一腔愁思,融化在其《春秋正辞》等学术作品之中。他以公羊学教授族中子弟,不想因为庄、刘两家声望,与士人对时局的关注,原本只是家学的公羊学,渐渐成了常州地方的显学,蔚然而成常州学派。到后来嘉庆、道光年间,国势衰颓,政治上出现巨大的危机,[84]所谓"匪乱夷患,纷至沓来"。在这种情形下,有识之士更难以稳坐书斋,而思以所学"经世"。这一潮流实由嘉庆后期的刘逢禄启其端,他将常州公羊学带到北京,又凭借其学术影响力,将公羊学复兴光大。而当时"经世致用"的命题再次在时代危机中被重新揭橥,此时西学思潮尚未汹涌东来,故思想家只能从原来的知识结构中寻找治国之道。《春秋》本衰世求太平之理想之书,又是孔门不刊之经典;而《公羊传》作为儒家

---

[83] 康有为:《孔子改制考》,中华书局2012年版,序第1页。
[84] 具体的论述,见张国骥:《清嘉庆道光时期政治危机研究》,岳麓书社2012年版。

十三经之一，本身即具有传《春秋》的正统性，又蕴含改革求治之道；最关键者，《春秋》公羊本身具有"无达诂"的理论开放性，便利于解释者假托经典发挥己义，于是公羊学在这种境遇之下就开始了复兴之路。事实上，我们回头再看，晚清公羊学，正是沿着"我注六经"到"六经注我"的轨迹一步步发展过来。

故而，晚清公羊学的演变，经历了一个由学术研究到政治应用的过程。继刘逢禄之后，诸立足于公羊学而持变革主张者，逐渐由对经典的重新诠释，进化到追寻经典背后的多重意蕴，到最后经典只是成了他们实现"经世"乃至"变革"之目的的一个幌子。这当然是一个渐进的过程，在龚自珍、魏源时代，虽然他们也主张变革，但是危机似乎还未达到十分严重的程度，所以他们所揭橥的公羊学，停留在对旧制度的修补之上，构成一种温和的变法理论。而到了康有为的时代，国势江河日下，变革之势客观上显得极为紧迫，此时康已经不满足于阐发传统的公羊之义了，而要求一种更为激进的变法理论。然而在当时的语境下，传统经史子集仍是士人普遍的知识框架，若一味用西法西籍来号召变法，效果可想而知；所以康最终选择了利用公羊学破和立构建自己的变法理论体系，以适应变革的要求。

正如汪荣祖教授所云："事实上，晚清变法家若无传统学问之素养，便难以发挥其言论之效力。新思想若无本国语言之词汇，不能表达；若无本国历史文化之例子作譬，新意思亦不能表达。"[85]

细观戊戌变法之前近代法律变革思想的发展，我们会发现其中门派众多，诸如地主阶级改良派、洋务派、早期维新派、国粹派，一直到戊戌维新派，无不为拯救时局、变革法制贡献自己的药方。而所供药方大体不出三种，一是纯粹用古方医今病，一是借洋方疗中病，更多的则是中西医相结合。但是实际上直到戊戌变法之时，中国人对西方法律思想和制度的了解，仍是极为肤浅的。其中，虽不乏个别通达之士，能识得西学真蕴，如郭嵩焘等，但其以西法变革的主张却在国内——上至朝廷，下至阎闾，概被视作毒蛇猛兽；剩下的，除去颠顶之士一味守旧之外，大多同意开眼看

---

[85] 汪荣祖："晚清变法思想之渊源与发展"，载汪祖荣：《晚清变法思想论丛》，新星出版社2008年版，第80页。

世界，于是中西掺杂的药方是最为流行的。不过药方中即便出现了诸如"民主"、"人权"、"宪政"等时髦之词，究竟在多大程度上与其本义若合符节，实在令人怀疑。似乎在1919年之后，这种情形才稍稍得以改观。由此，重新认识近代法律思想史，从固有学术清代公羊学入手，似乎是更为妥切的一种方式。所以，考查清代公羊学与晚清变法的关系，可视为传统学术和政治关系最为经典的注脚。甚至极端而言，近代真正的变革思潮，都是以公羊学为"里子"而以舶来的西学为"面子"的结合。故而，刘逢禄的公羊学研究及其于法律史的终极意义也正在此。

清朝"父祖被殴"律例研究

龚金镭[*]

引 言

自古以来，中国就是一个十分注重孝道的国家，而中国在维持孝道方面的手段也呈现了多样性。其中，积极手段包括通过礼教的方式约束民众言行以及宣传孝行等，而消极方面又通过制定刑法典，以刑罚的方式来惩戒人们的"不孝"，两种手段相辅相成。早在秦汉时期就已经有"不孝入律"，而后北齐律中有"重罪十条·不孝"的发展，一直到隋唐律中最终确立"十恶·不孝"继而传承至清律，这项立法精神始终贯穿着法典的制定。

随着时代的发展，单纯的惩治"不孝"罪的否定性义务规范已经非常成熟，而强调肯定性义务的规范及其相关的理论亦日渐完善，"父祖被殴"律例的整个演变过程，就是体现了这一方面。"父祖被殴"条的立法精神早在董仲舒的"春秋决狱"中就已经体现，同时这条律文的兴起也是随着法律儒家化的开始而呈现在世人面前。长辈被殴，尤其是父祖，作为晚辈，不能熟视无睹，必须采取行动；相反的，在防卫中如果程度太过，将对方殴成重伤，或者直接殴死，更或者防卫的对象身份特殊，由此产生的一系列社会与法律问题，非常值得今人深思。因此，这一极其容易陷入正反两方面影响的社会现象，使得立法和司法时如何去调和这二者的矛盾冲突，成为该法立足的重要突破点。

---

[*] 中南财经政法大学法律史专业2015级博士研究生。

从纵向历史观的角度看，中国法律本身就是一个传承发展的过程。谭嗣同在《仁学》一书谈到，"二千年来之政，秦政也……"一语道破了中国虽然朝代更迭频繁，但是执政立法的基本精神却一直在传承。现今的法律中已经没有了"父祖被殴"这一条文，但是《大清律例》作为中国古代最后一部正朔法典，集前朝历代的法典法规之大成，承上启下，其历史地位不可忽视。从一条基础的法条切入，有"窥一斑而知全豹，见一粟而观沧海"之效，对于我们梳理其他法律文献和古籍资料，完善清代律例的研究具有一定的意义。

从横向的法文明比较上看，弄清大清律例中类似于"父祖被殴"等条款所体现的中国传统法律区别于其他法文明的特殊性，有助于我们认识到现今制定相关法规时，应当注意既不能尊崇拿来主义，导致"仪貌而失神，弃瑜而收瑕"，又不能无视传统法律文化所固有的问题，将糟粕视为圭臬，而是，应当像"英美之继承罗马法乃见道忘山、得意忘形"[1]。

一、"父祖被殴"条的历史沿革

(一)"父祖被殴"条的文化渊源

1. 儒家的孝道思想概述

中国儒家思想将孝道作为它的思想基石，而对孝行也主要是从"生养死葬，葬毕哀祭"行为进行规范，"孝子之事亲也有三道焉，生则养，没则丧，丧毕则祭，养则观其顺也，丧则观其哀也，祭则观其敬而时也，尽此三道者，孝子之行也"[2]，其根本要求就是由表及里地以其最虔诚之态度（即"顺"、"哀"、"敬"）去遵循孝行。

作为儒家至圣先贤的孔子，对"孝"最言简意赅之解释，可以从《论语》之"无违"[3]这二字看到，即要求无条件地服从父母，达到"礼"所要求的规范，"生，事之以礼；死，葬之以礼，祭之以礼"[4]；接着孔子

---

〔1〕 苏亦工："得形忘意：从唐律情结到民法典情结"，载《中国社会科学》2005年第1期。

〔2〕 张文修编：《礼记》，北京燕山出版社1995年版，第333页。

〔3〕 麦晓莹、许秀瑛校注：《论语》，广州出版社2001年版，第14页。

〔4〕 麦晓莹、许秀瑛校注：《论语》，广州出版社2001年版，第14页。

提出最基本的做法:"事父母几谏,见志不从,又敬不违,劳而不怨"[5];"父在,观其志;父没,观其行;三年无改于父之道,可谓孝矣"[6]。由此可以看出,儒家经义要求子孙做到"无违"、"不违"、"无改"。

不过与后世所改变后的儒家思想相比较,先秦时期的儒家要求对孝保持朴素的由内而外的真实情感流露。《礼记》是西汉戴圣对秦汉以前的汉族礼仪著作加以辑录、编纂而成的作品,主要记述了战国以后以及西汉时期的社会变革,其中,《檀弓上》记载道:"丧礼,与其哀不足而礼有余也,不若礼不足而哀有余。祭礼,与其敬不足而礼有余也,不若礼不足而敬有余。"[7]从这点可以看出,那个时期的儒家并不认同突破原有礼法规制的行为。而到了后期,对于孝行的认识开始过分强调形式,而忽略了内心实质,这也影响到后世对于亲人遇险时救助以及复仇上的表现行为。

2. 儒家关于亲族救助和复仇的理论

儒家关于亲族救助与复仇制度的认识的起源已经无法具体考证,然而可以从《周礼》等相关的儒家经义中看到相关记述,《礼记·曲礼》云:"父之仇,弗与共戴天。兄弟之仇,不反兵。交游之仇,不同国。"[8]《周礼·朝士》记载:"报仇雠,书于士,杀之无罪"[9],表达了复仇必先向法官呈报,有所限制。而《周礼·地官·调人》记载:"掌司万民之难,而谐和之。凡过而杀伤人者,以民成之。凡和难,父之仇,辟诸海外,兄弟之仇,辟诸千里之外,云云。凡杀人而义者,不同国,令勿仇,仇之则死。"[10]这又强调了民众应当勇于承担为父报仇的决心。

从儒家的立场来讲,关于亲族救助和复仇的态度为,在一方的亲属,特别当尊亲属遇到危险的时候,同一家族的人务必要相互之间进行援助和扶持,尤其是当受到其他氏族的人侵犯的时候,有必要时应当帮助去复仇;而且在救护过程中,大多数经义表示杀人不需抵命。甚至在即时性的

---

[5] 麦晓莹、许秀瑛校注:《论语》,广州出版社2001年版,第46页。
[6] 麦晓莹、许秀瑛校注:《论语》,广州出版社2001年版,第7~8页。
[7] 张文修编:《礼记》,北京燕山出版社1995年版,第53~54页。
[8] 张文修编:《礼记》,北京燕山出版社1995年版,第25页.
[9] 薛允升:《读例存疑点注》,胡星桥、邓又天点注,中国人民公安大学出版社1994年版,第667页。
[10] 薛允升:《读例存疑点注》,胡星桥、邓又天点注,中国人民公安大学出版社1994年版,第667页。

问题上，孔子更是表示应当将兵刃藏于身边，假如在市朝遇到仇人立即反击，免去重新回去拿武器的过程，以正确把握时机，即"子夏问于孔子曰：'居父母之仇，如之何？'夫子曰：'寝苫枕干，不仕，弗与共天下也。遇诸市朝，不反兵而斗'"。

正是这种儒家的基本伦理思想，使得古人虽明复仇之弊，但却无论在理论上还是实践上都不曾完全禁止之。这种矛盾的思想直接影响到后世的立法和司法。

3. 法家、墨家关于亲族救助和复仇的理论

在复仇问题上，先秦法家的态度与儒家截然不同。法家崇尚法的精神，是断然反对复仇的，而实践法家思想的秦国，自商鞅变法开始，就要求在法律关系中"父不能以问子，君不能以问臣"[11]，以法度约束复仇相关，"世之为治者，多释法而任私议，此国之所以乱也"[12]。后来韩非子也公开反对以"私"规范社会制度，"夫立法令者，以废私也。法令行而私道废矣……所以治者，法也；所以乱者，私也。法立，则莫得为私矣。故曰：'道私者乱，道法者治'"[13]；并且韩非认为游侠私斗，"以武犯禁"是"乱"的变现[14]。同时，韩非作为法家思想的继承者，认为臣民绝对忠于君主，君主的意志高于孝父慕义，因此统治者即便错杀臣属亦不可报复。法家更加重视国家利益，认为能够表现此类利益精神的法律在地位上高于其他一切社会规范，觉得只有最高决策者即君主才有权力去施行赏赐和刑罚，因此其精神是绝对不允许私人之间的复仇和无规则的盲目救助，以免破坏社会安定秩序。所以，即便是在先秦，也不是所有的国家和所有任何时代都允许公开私斗，至少秦国就不可以。

在战国末期，儒家和墨家并称为天下两大显学，韩非子曾云："世之显学，儒、墨也。儒之所至，孔丘也；墨之所至，墨翟也。"[15] 其中，墨家的精神一直被世人传诵，并得以传承下来。而墨家"摩顶放踵利天下，

---

[11] 张觉等：《商君书》，中国国际广播出版社2011年版，第272页。
[12] 张觉等：《商君书》，中国国际广播出版社2011年版，第191页。
[13] 《韩非子·诡使》。丁辛百：《名家讲解韩非子》，长春出版社2008年版，第534～535页。
[14] 《韩非子·五蠹》。丁辛百：《名家讲解韩非子》，长春出版社2008年版，第577页。
[15] 丁辛百：《名家讲解韩非子》，长春出版社2008年版，第534～535页。

为之"[16]的观点也与侠的精神有共通之处。春秋战国时期礼崩乐坏，社会不平之事时有发生，也就需要有人站出来为其平不平之气。墨家伦理思想与儒家不同的是，其任侠之风往往具有普遍性，而不具有针对性，它比儒家显得更具有攻击性和激进性，反映了当时特定群体的精神诉求，以及最终上升到民族文化的意识形态。此外，墨家明确反对儒家的"亲亲有术，尊贤有等"[17]，讲究在立法和执法形式上，要求"不党父兄，不偏富贵，不以亲害法"，无等级差别地"天下兼相爱"[18]，而其"非攻"的思想也在一定程度上限制了"非正义"的复仇，知"义与不义之别"[19]，以不义攻伐，"此譬犹医之药万有余人，而四人愈也，则不可谓良医矣"[20]。以上这些思想也从侧面、多角度地影响着后世对于亲族救助和复仇的立法思想体系。

（二）清以前关于"父祖被殴"条的相关规定

1. 两汉、南北朝时期关于"父祖被殴"条相关规定

到了汉代，随着汉武帝"罢黜百家、独尊儒术"的立国方针的提出，法律儒家化亦蓬勃兴起。根据《太平御览》卷六百四十引：

甲父乙与丙争言相斗，丙以佩刀刺乙，甲即以杖击丙，误伤乙。甲当何论？或曰：殴父，当枭首。论曰：臣愚以父子至亲也，闻其斗，莫不有怵怅之心；扶杖而救之，非所以欲诟父也。《春秋》之义，许止父病，进药于其父而卒。君子原心，赦而不诛。甲非律所谓殴父，不当坐。[21]

这是一个关于儿子为援救父亲而误伤父亲，应否视同殴打父亲的"不孝"罪行而加以重惩的疑难案件，董仲舒援引《春秋》之义，认为某甲没有殴父之心，故不应追究。类似特殊的判决虽然有违官方修订的法律条文，但是却符合当时儒家所推崇的伦理思想，是一种援引法律原则而非援引法律规则的方式，即"春秋之听狱也，必本其事而原其志，志邪者不待

---

[16] 梁涛：《孟子解读》，中国人民大学出版社2010年版，第352页。
[17] 施明：《墨子》，广州出版社2001年版，第245页。
[18] 施明：《墨子》，广州出版社2001年版，第91页。
[19] 施明：《墨子》，广州出版社2001年版，第119页。
[20] 施明：《墨子》，广州出版社2001年版，第139页。
[21] （北宋）李昉、李穆、徐铉：《太平御览》卷六百四十引，转引自范忠信、陈景良主编：《中国法制史》，北京大学出版社2007年版，第232页。

成,首恶者罪特重,本直者其论轻"[22],世谓之"原心论罪"。

后北周"盗贼群攻乡邑及入人家者,杀之无罪。若报仇者,告之于法而自杀之,不坐"的规定,[23]亦类似关于复仇罪如何处置的论述。

2. 唐宋时期关于"父祖被殴"条相关规定

根据沈家本的《历代刑法考》,"父祖被殴"相关内容,在唐代正式入律,不过唐代称之为"祖父母为人殴击",律文曰:

> 诸祖父母、父母为人所殴击,子孙即殴击之,非折伤者,勿论;折伤者,减凡斗折伤三等;至死者,依常律。谓子孙元非随从者。【疏】议曰:祖父母、父母为人所殴击,子孙理合救之。当即殴击,虽有损伤,非折伤者,无罪。「折伤者,减凡斗折伤三等」,谓折一齿合杖八十之类。「至死者」,谓殴前人致死,合绞;以刃杀者,合斩。故云「依常律」。注云「谓子孙元非随从者」,若元随从,即依凡斗首从论。律文但称祖父母、父母为人所殴击,不论亲疏尊卑。其有祖父母、父母之尊长,殴击祖父母、父母,依律殴之无罪者,止可解救,不得殴之,辄即殴者,自依斗殴常法。若夫之祖父母、父母,共妻之祖父母、父母相殴,子孙之妇亦不合即殴夫之祖父母、父母,如当殴者,即依常律。问曰:主为人所殴击,部曲、奴婢即殴击之,得同子孙之例以否?答曰:部曲、奴婢非亲,不同子孙之例,唯得解救,不得殴击。[24]

从唐律的规定中我们可以看到,当祖父母、父母被人殴击之时,子孙可以采取正当防卫,只要不是构成"折伤","损伤"可以免责;既是"折伤",也可以"减凡斗折伤三等"。但是如果打死了人,要"依常律",把人殴打致死,则要处以"绞刑";但是如果用利刃将人杀死,则要处以"斩刑"。同时,律文还规定了,子孙不可以是"随从者",可以理解为不能有主观过错,即为父祖先行犯罪行为的从犯;否则,依照疏议解释就是"依凡斗首从论"。

---

[22] (汉)董仲舒:《精华》,《春秋繁露》卷三,转引自范忠信、陈景良主编:《中国法制史》,北京大学出版社2007年版,第233页。

[23] (唐)魏徵等:《隋书》,吴宗国、刘念华等标点,吉林人民出版社1995年版,第449页。

[24] 刘俊文点校:《中华传世法典:唐律疏议》,法律出版社1999年版,第455~456页。

唐律已经开始涉及防卫时服制内亲属相犯该如何处理的问题。律文的"但书"中写道，祖父母、父母被人打了，不分亲疏尊卑，可以还殴解救；但如果是祖父母、父母被其尊长殴打，尊长依律可免责，那么不能还殴，如果还殴，就要依照"斗殴常法"处罚。如果丈夫的祖父母、父母和妻子的祖父母、父母互相殴击，子孙之妇不能殴打丈夫的祖父母、父母，如果殴打了，就要用常律处罚。这里只规定了媳妇的义务，没有规定丈夫的。在最后的法律问答中，还特别规定了主人如果被别人殴打，部曲、奴婢作为非服制内亲属，不能适用该律文，只能解救，不能还击。这是唐律不同于现行刑法的一大特点，现行刑法所讨论的防卫对象基本上是施行不法侵害的任意人，而"唐律以封建伦理为立法根据，防卫对象的规定也完全服从亲属尊卑之序，对于尊亲属对别人或对自己的不法侵害都没有正当防卫的权力"[25]。

《宋刑统》承袭《唐律疏议》，基本无异，只不过在结尾补充道"臣等参详：如有复祖父母、父母之仇者，请令今后具案，奏取敕裁。"[26] 对此，薛允升阐述道，杀人（指杀子孙父祖）的人，罪当处死，但是子孙也不可以擅杀之，唐朝统治者不想把杀人的权力交给平民。

3. 明朝关于"父祖被殴"条相关规定

明代正式将"父祖被殴"条入律，全条律文为：

凡祖父母、父母，为人所殴，子孙即时救护而还殴，非折伤，勿论；至折伤以上，减凡斗三等；至死者，依常律。若祖父母、父母为人所杀，而子孙擅杀行凶人者，杖六十。其即时杀死者，勿论。[27]

明朝距离唐代有七八百年的时间，采取众儒之说，而特别设立了"勿论与杖六十专条"补充唐律，实际上是因循了元律。对于该律文，明代律学家雷梦麟说道："此重在'即时救援'四字，盖本欲救护其亲，恐不得脱，不得已而还殴之，非有意于殴人也……父母之仇不共戴天，故轻之也。若即时杀死，由于一时之愤激，亦义气所发也，故勿论。然须看'即

---

[25] 钱大群：《唐律研究》，法律出版社2000年版，第223页。
[26] 薛梅卿点校：《中华传世法典·宋刑统》，法律出版社1999年版，第406页。
[27] 怀效锋点校：《中华传世法典·大明律》，法律出版社1999年版，第169页。

时'二字,若少迟焉,则杖六十矣。"[28]在此,雷氏特别强调了"即时性"。

根据沈家本在《历代刑法考》中叙述,这种立法方式"按之礼经圣言,似不相背",这条律文继承了《周礼·朝士》篇关于复仇的叙述,凡是报仇的人,若是行之有理,杀之无罪。不过沈家本亦指出,不通过官府,不诉诸司法,擅杀之,怎么可能没罪呢?如此匆忙就定无罪,恐怕不是太合适。另《捕亡门》中又有杀死应死之人"满杖"之条,普通人如果互相殴杀,该如何处罚已经在此条文中详细规定。

二、清朝"父祖被殴"律例修订与变化

(一)"父祖被殴"律文的制定与修改

1. "顺治三年"的律文规定

"顺治三年"律文具体如下:

凡祖父母、父母,为人所殴,子孙即时[少迟,即以斗殴论。]救护而还殴,[行凶之人]非折伤,勿论;至折伤以上,减凡斗三等;[虽笃疾,亦得减流三千里为徒二年。]至死者,依常律。若祖父母、父母为人所杀,而子孙[不告官]擅杀行凶人者,杖六十。其即时杀死者,勿论。[少迟,即以擅杀论。若与祖父母、父母同谋共殴人,自依凡人首、从法。又。祖父母、父母被有服亲属殴打,止宜救解,不得还殴。若有还殴者,仍依服制科罪。父、祖外,其余亲属人等被人杀而擅杀行凶人,审无别项情故,依罪人本犯应死而擅杀律,杖一百。][29]

此条是原律,其小注都是在顺治初年律内集入,小注内其余亲属被人杀而擅杀行凶人者。

2. "雍正三年"的律文规定

自"顺治律"之后,历时70多年,清统治者于雍正元年,开始开馆修律,并且于雍正三年颁行《大清律集解》,大致形成了清律436条律文的规模。后乾隆元年重新开馆修律,到乾隆五年颁行《大清律例》之后,

---

[28] 雷梦麟:《读律琐言》,怀效锋、李俊点校,法律出版社2000年版,第393~394页。

[29] 马建石、杨育裳校注:《大清律例通考校注》,中国政法大学出版社1992年版,第862页。

其律文基本上很少再修撰，并一直持续到清末。

"雍正三年"律文具体如下：

凡祖父母、父母为人所殴，子孙即时［少迟即以斗殴论。］救护而还殴［行凶之人］，非折伤，勿论；至折伤以上，减凡斗三等；［虽笃疾，亦得减流三千里，为徒二年。］至死者，依常律。若祖父母、父母为人所杀，而子孙［不告官］擅杀行凶人者，杖六十。其即时杀死者，勿论。［少迟即以擅杀论。］若与祖父母、父母同谋共殴人，自依凡人首、从法。又，祖父母、父母被有服亲属殴打，止宜救解，不得还殴。若有还殴者，仍依服制科罪。父、祖外其余亲属人等，被人杀而擅杀行凶人，审无别项情故，依罪人本犯应死而擅杀律，杖一百。］

臣等谨按：此重子孙复仇之义，故原情以定罪也。此律所重在"即时"一语。首节言祖父母、父母被人所殴，子孙即时救护而殴至折伤以上及至死之罪，盖本欲救护其亲，还殴以脱亲于厄，原非有意殴人，故非折伤，勿论；折伤以上，减凡罪三等。惟将行凶之人殴至于死，则人命为重，故依常律拟抵。末节言祖父母、父母被杀，子孙不告官擅杀之罪。父母之仇，不共戴天，但，杖六十。其祖父母、父母方被杀死之际，即时杀死行凶人者，此出于一时痛愤激切之情，故原而勿论。

原拟：现行例一条，类于此律，应增入。[30]

"雍正三年"律文与"顺治三年"律文最大的不同在于加入了"臣等谨按"，此按语开篇伊始就表明了"原情"的立法宗旨，也强调"即时"的重要性；随后的"本欲救护其亲"、"脱亲于厄"则鲜明地指出该法的立法依据就是要求重审孝道本意、维护封建宗法体系，当然，如果防卫过当，也应当"人命为重"，"依常律拟抵"；末节言"不告官擅杀"，仍然需要承担刑事责任，除非"出于一时痛愤激切之情"。

3. "乾隆五年"的律文规定

"乾隆五年"律文具体如下：

凡祖父母、父母为人所殴，子孙即时［少迟，即以斗殴。］救护而还

---

[30] 吴坤修等：《大清律例根原》，郭成伟点校，上海辞书出版社2012年版，第1423~1424页。

殴［行凶之人］，非折伤，勿论；至折伤以上，减凡斗三等；［虽笃疾，亦得减流三千里为徒二年。］至死者，依常律。若祖父母、父母，为人所杀，而子孙［不告官］擅杀行凶人者，杖六十。其实时杀死者，勿论。［少迟，即以擅杀论。若与祖父母、父母同谋共殴人，自依凡人首从法。又，祖父母、父母被大服亲属殴打，止宜救解，不得还殴。若有还殴者，仍依服制科罪。父、祖外，其余亲属人等，被殴而擅杀行凶人，审无别项情故，依罪人本犯应死而擅杀律，杖一百。］[31]

"乾隆五年"律文与"雍正三年"律文在原律部分基本无异，只是将最后一句的"被人杀而擅杀行凶人"改为了"被殴而擅杀行凶人"。就律条全文而言，"乾隆五年"律文较之"雍正三年"律文最主要的是删除了按语，而这主要是为了不与例引起冲突。其后开始在乾隆二十五、二十六两年已有新例[32]，分别有服、无服情书被杀文拟徒流，例载人命篇斗殴及故杀人条，与注内拟满杖之处不符，所以将旧注删除并合并。这样修改主要是为了突出例的作用，使体系更加完善，也方便州县官员具体断案和查阅。

根据沈之奇对于该条律文的解读，该律文较之明律重在强调"即时救援"，既注重时效性，必须是"即时"，要有"情势紧迫"的前提，不得已而出于此，不然过了这个时间段，"稍迟"，就要依照斗殴论；又强调了必须是"救援"，不是授权去殴人，这用词较之唐律有所变化。另外，如果救援殴打，其法律后果基本与明律相当，也区分了"折伤"与"非折伤"的处罚。但是对于"勿论与杖六十专条"，则承袭了明律，与唐律有所区分：对于如何殴死，此处"不问"，只区分主观故意或过失，而即时杀死，"勿论"；如果不报知官府，私自擅杀，杖六十（此处沈之奇考虑到了"辜内身死"的特殊性，依照基本刑法精神，依旧以擅杀论；至于"共同犯罪"，其精神则传承于唐律）。

---

[31] 吴坤修等：《大清律例根原》，郭成伟点校，上海辞书出版社2012年版，第1423~1424页。

[32] 马建石、杨育裳校注：《大清律例通考校注》，中国政法大学出版社1992年版，第862~863页。

（二）"父祖被殴"条例的增删

1. "雍正三年"的条例

"雍正三年"原拟现行例一条："凡祖父母、父母为人所杀，本犯拟抵后或遇恩、遇赦免死，而子孙报仇，将本犯仍复擅杀者，杖一百、流三千里。"[33] 此为如果遇到恩赦免死，子孙寻仇将该人杀死应该如何处罚的规定。此条系康熙年间现行则例，雍正五年律例馆奏准附律。[34]

"雍正三年"另有一条现行例："凡两家互相殴，因见父子叔侄兄弟之中被殴，各行救护以致彼此各伤一人者，一命已有一抵，审明素无仇隙，原情均有可矜，应照共殴人执持凶器、亦有致命伤痕者律，发边卫充军。如遇热审减等，各照律徒三年。"[35] 该条例则具体叙述了当父子叔侄兄弟之间相互殴击应当如何处罚的问题；同时，也涉及主观故意或过失，其中参照的是"共殴人执持凶器、亦有致命伤痕者律"；另外还提到遇到热审减等的问题。

2. "乾隆四十二年"的条例

"乾隆四十二年"的条例第一条仍是沿用雍正三年"原增现行例"，即关于恩赦的条例，其后新增一条："人命案内如有父母被人殴打，实系事在危急，伊子救护情切因而殴死人者，于疏内声明，援例两请，候旨定夺。其或有子之人与人角口，主令伊子将人殴打致死，或父母与人寻衅斗殴，其子踵至，助势共殴毙命，俱仍照例科罪，不得概拟减等。"[36] 这条是关于"救护情切"之下打死人后如何援例两请的规定，并且还说明了父祖本身存在过错，如与人口角或登门寻殴，"教唆"救护之人"助势"共殴之该如何处理的问题。此条亦涉及共同犯罪，与雍正三年例不同的是，雍正三年例的第二条是指救护人即犯罪主体本身有过错，而这里考虑的则是被救护之人的行为本身已触犯法律的情形。

这一条是雍正元年的援例，雍正五年律例馆奏准附律。乾隆五年官修时，将"如有救父情切"改为"如有父母被人殴打，实系事在危急，伊子

---

[33] 吴坤修等：《大清律例根原》，郭成伟点校，上海辞书出版社2012年版，第1424页。

[34] 马建石、杨育裳校注：《大清律例通考校注》，中国政法大学出版社1992年版，第863页。

[35] 吴坤修等：《大清律例根原》，郭成伟点校，上海辞书出版社2012年版，第1424页。

[36] 吴坤修等：《大清律例根原》，郭成伟点校，上海辞书出版社2012年版，第1425页。

救护情切"等语。乾隆四十三年官修时,又将原例内"其或有子之人与人口角"下,"俱仍照律科罪"上,增改为"主令伊子将人殴打致死,或父母与人寻衅斗殴,其子踵至,助势共殴毙命"等句。[37]

3. "乾隆六十年"的条例

乾隆六十年的条例,第一款修订了凶犯逃脱之后不同情形的处罚方式,将原先的进行了扩充:"祖父母、父母为人所杀,凶犯当时脱逃,未经到官后被死者子孙撞遇杀死者,照擅杀应死罪人律,杖一百。其凶犯先经到官拟抵,或于遇赦减等发配后,辄敢潜逃回籍,致被死者子孙擅杀者,仍照旧例杖一百、流三千里。若本犯拟抵后援例减等,问拟军、流,遇赦释回者,国法已伸,不当为仇,如有子孙仍敢复仇杀害者,仍照谋、故杀本律定拟,入于缓决,永远监禁。"[38]

可以看到该条例第一款分了三种情形,前两种是凶犯本身处于违法状态,即主观有过错;第三种是凶犯已得到国法伸张,主观无过错。显然最后一种情形下,如果子孙仍然要予以报仇,则处罚最为严厉,"入于缓决,永远监禁"。这一条的修改,根据按语是根据当时"刑部具题议驳陕西省赵宗孔殴死赵秕麦"一案进行修撰,如此处理是怕"此风一开,谁非人子,皆得挟其私忿藉口报复,势必至仇杀相寻,伊于何底"[39]。

4. "嘉庆六年"的条例

本条主要是对于康熙年间至乾隆六十年关于第一款所涉行为是否分别治罪进行修订,将"仍照旧例"四个字去掉,防止了繁冗,主要增加了一款关于亲属内犯罪的条例:"祖父母、父母被本宗缌麻尊长及外姻小功缌麻尊长殴打,实系事在危急,卑幼情切救护因而殴死尊长者,于案内声明,减为杖一百、发边远充军。照例两请,候旨定夺。若非事在危急,仍照律拟罪,秋审时核其情节,入于缓决,不得滥引此例。"[40] 笔者认为,这条是对于雍正三年父子叔侄兄弟互殴条的补充和续纂,是根据嘉庆四年"河南巡抚倭什布审题郝和尚救母情切殴伤缌麻服叔郝太花身死援例两请

---

[37] 马建石、杨育裳校注:《大清律例通考校注》,中国政法大学出版社1992年版,第863页。

[38] 吴坤修等:《大清律例根原》,郭成伟点校,上海辞书出版社2012年版,第1425页。

[39] 吴坤修等:《大清律例根原》,郭成伟点校,上海辞书出版社2012年版,第1425页。

[40] 吴坤修等:《大清律例根原》,郭成伟点校,上海辞书出版社2012年版,第1427页。

案"而修订。这条较之殴打平人的处罚更重,甚至若当时情景不在危急可入缓决,从这条可以看出对服制内亲属犯罪的严厉处罚,体现了维护纲常礼法的立法原则。

5. "道光四年"的条例

"道光四年"条例主要是针对"嘉庆六年"新增亲属内犯罪条例的修改,其中主要修改了父母被卑幼殴打之时还殴的处罚:"……至父母被卑幼殴打,实系事在危急,救护情切因而殴死卑幼罪应绞候者,于疏内声明,减为杖一百、流三千里。候旨定夺。如殴杀卑幼罪不应抵者,各于殴死卑幼本律上减一等,仍断给财产一半养赡。若非事在危急,仍照殴杀卑幼各本律问拟,均不得滥引此例。"[41]对于该条例,薛允升指出,如果杀死尊亲,本来就应该绞决,"得不谓之罪犯应死乎?又何减一等之有?",因此认为"断给财产一层,似可删去"[42]。

6. "咸丰二年"的条例

"咸丰二年"条例是对原第二款,即修改后的"嘉庆六年"凶犯逃脱后子孙寻仇处罚的修改,新增:"……至释回之犯复向死者子孙寻衅争闹,或用言讥诮、有心欺凌确有实据者,即属怙恶不悛,死者子孙忿激难堪因而起意复仇致毙者,仍于谋、故杀本律上减一等,拟以杖一百、流三千里。"[43]

7. "同治九年"的条例

"同治九年"的条例极为特殊,它是将此前数次条例修改合整后经整理而成:"救亲被殴人命之案……不得援例声请。"[44]从此条例可以看到其既有原先历朝历代各款条例的影子,又增加了一些较为特殊复杂的情形,比如,"死者系犯亲本宗、外姻有服卑幼,先将尊长殴伤,其子目击父母受伤,情急救护"之情形下,被害人和救护人的服制身份较为复杂的处理。不过该条无甚新意,终归还是前几款的杂糅。对该条例,薛允升指出,此条例对于服制和无服制的区别对待不甚妥当,未考虑周全,因此认

---

[41] 吴坤修等:《大清律例根原》,郭成伟点校,上海辞书出版社2012年版,第1427页。

[42] 薛允升等:《读例存疑点注》,胡星桥、邓又天点注,中国人民公安大学出版社1994年版,第669页。

[43] 吴坤修等:《大清律例根原》,郭成伟点校,上海辞书出版社2012年版,第1428页。

[44] 吴坤修等:《大清律例根原》,郭成伟点校,上海辞书出版社2012年版,第1428页。

为"上条所无,未免参差"〔45〕。

(三)"父祖被殴"律例的规范化

1. 权利义务界定更加明晰

清朝修律开始于顺治初年,并且在顺治三年第一次颁行。作为中国历史上最后一个专制王朝,从立法角度来看,清朝通过条例、则例、事例、章程、成案、榜文禁约等法律形式对其不断加以完善,并凸显出其法律制度的多民族色彩。"父祖被殴"律例是《大清律例·刑律·斗殴》最后一个条款,由于其罪名的特殊性,属于频繁增订删改的律条之一。在清律中,律中所设的罪名为基本罪名,在这个基本罪名的基础上,即便是出现律难以涵盖的案件,也不能够违背律的原则和原本内涵。自乾隆五年之后,修例的模式基本为十年一大修、五年一小修,虽然这个模式后来并没有非常严格地遵行,然而事实上的续纂修改亦是不少的。可以看出,整个清律之更变,在例而不在律。律典为"立国之长经",因此,律文一般不会轻易更改变化。但是随着经济的发展以及人口的增加,社会矛盾必然呈现出多样化,不更改原有律文是不可能适应日益变化的社会生活的。而"父祖被殴"各例正是在此背景之下多有删改。

从关于"父祖被殴"条律例的具体分析中可以看出,该律例主要是围绕着如何防卫的中心词展开,律例规范了防卫时应当注意的真实情况,并且在此基础上加以扩充,只不过拓展的范围非常有限。当父祖被殴之时,如果受害人(即防卫对象)没有被直接杀死,只不过是有一定的生命威胁,这个时候如果要对防卫人进行处罚,一般要经过上层(一般是最高统治者)的同意,否则对防卫人一般会减轻或免除处罚。当然律例在规定时特别考虑了共同犯罪等方面的因素,如果只是假借争论来施行报复,那么父祖和子孙即防卫人构成共同犯罪,相对而言处罚会比前述之情形更加严苛。

2. 主客观方面的规范化

"父祖被殴"条最重要的条文精神,即"即时性",如果具备即时性,那么在地方官作出判决时,防卫人一般会受到相对较轻的处罚;如果即时

---

〔45〕 薛允升:《读例存疑点注》,胡星桥、邓又天点注,中国人民公安大学出版社 1994 年版,第 669 页。

性已过，则处罚就会显得更加严厉，而不单单是简单地处以杖刑，有可能是直接流放或者死刑。一般来讲，复仇与家庭关系紧密相连。其中，第三项条款是专门解决家庭中极为复杂的矛盾关系——即父祖、受害者和防卫人有亲属关系之时的问题，这种关系直接导致了条例的变化。

其实"父祖被殴"条已经可以从《唐律疏议》中找到雏形。在确定了主体关系的情况下，我们需要更加注意客观方面的比较。相同的条文如果在《唐律疏议》中寻找相比较，那么可以发现唐律在立法中显得有些仓促，而且可以看出，其中的案件被刻意地简化规定，目的估计在于为了赋予地方官司法能动性，但清代"父祖被殴"条对此就规定得甚为精确，甚至于可以说是从每个特殊案例中慢慢细化总结而来，其条例亦并非形同虚设，而是切切实实地反映了当时的社会人文状况，符合当时的政治法律语境，虽然从现代的立法精神上来看，有些律例的规定确实有失偏颇。

笔者认为，对于血统关系的思考，在参照前朝（主要是唐代）的各种观点之下，清代的规定肯定要比初期的规定更为主动。清代仔细严密的法律规制将此类问题变成了一种控制系统，由政府部门对此进行惩罚和处置，通过对"父祖被殴"律例关系的理解也可以看到政府对其各种处罚已经更加具体化。中国古代的法律渊源是多种多样的，而在适用时，法律的不同来源亦使规则趋向于多元化，以保持社会关系的统一。因此有学者认为，中国法律的重点是判例法的风格与法定风格的混合，也有学者把这种法律来源多元化的情况称为"泛人文主义"，可被视为中国古代法律的素质的一端。

三、清朝"父祖被殴"律例的评析

（一）清朝"父祖被殴"律例的立法主旨评析

1. "律令"向"律例"转化

清代作为中国封建社会最后一个王朝，在各种制度的构建上，尤其是法律制度层面，自然是吸收了历朝历代的精华，乃集大成者。成文法的构建从李悝的《法经》开始一直延续不曾间断，即使是惯于适用习惯法的蒙元政权，在入主中原后，也入乡随俗地制定各种成文法；同时，立法技术在时间的历练下也变得越来越成熟，为清朝统治者吸收总结并集成创造了条件。通过对清朝"父祖被殴"律例的研读分析，可以看到中国封建立法技术至清朝已经到了登峰造极的阶段，法律规范也从原有的"律令法体系"转变为"律例法体系"，例的广泛适用和结构性构建，使其形成了有别于其他法系的一个重要特色。此后，"明清史籍在评论律例关系时，也往往以此为口实，将法条繁冗、胥吏玩法等各种消极法制现象都算在例的头上"[46]。

仔细研读后可以发现，律例的制定，尤其是例的修缮，它本身具有一套非常完善的制度支持。如有学者指出："明中叶以后，以《大明会典》的编撰和《问刑条例》的修订为代表，传统的律令体系受到了很大冲击，也成为'律令体系'向'律例体系'转化的主要转折点"[47]。霍存福等也指出："清代有律、有例而无令"，"对清例转化明令的基本事实的分析，有助于厘清律令制发展的线索"。[48]瞿同祖则认为例在法律上处于优先地位，清"律文除涉及官制职称、货币单位和徒罪科刑不同明制，以及少数律文有所修改增删外，基本上沿用明律"[49]。从例的数量、种类的角度考虑很容易得到这一结论。应该说清代律少例多，以及律不变例常变，是当时社会现实的反映，而律例之间在不同时期有不同的重要性，基本上处于相辅相成的平衡状态。

清朝的法律于世著名之处在于律与例的完美结合。律毋庸赘述。而例最早起源自宋代，是为了防止其他人干预专权，将权力空前集中于皇帝一身。到了明朝，明太祖朱元璋就指出，频繁修律势必会导致一定的恶果，但并不明确反对例的修订。而到了清朝，如上文所述，经过康雍乾嘉时期上谕、敕令的修例活动，清代律文不断得以发展和完善。例文与客观现实需要的契合，是出现以例破律现象的原因，这本身亦有其内在的合理性。因时、因地制宜是条例变通律文的最重要的特征，比如，较为明显的即为就某一范围之内特定时间段出现的因特殊情况而制定的条例。这些条例因其效力的特殊性，往往会出现取代律典的情况。但是此类条例往往呈现不

---

[46] 刘笃才："律令法体系向律例法体系的转换"，载《法学研究》2012年第6期。

[47] 张凡："大明令与明代的律令体系——明代令的作用与法律效力"，载《殷都学刊》2009年第3期。

[48] 霍存福、张靖翊、冯学伟："以大明令为枢纽看中国古代律令制体系"，载《法制与社会发展》2011年5期。

[49] 瞿同祖："清律的继承和变化"，载《历史研究》1980年4期。

稳定的状态，一旦特定的时间过去，或者特定的情况消失，该条例便会被废除，而以前停止运行的律典又会重新实现其效力，在立法中则常常会有"复还旧例"等字样，或者具体问题详请具奏。

不难看出，例为古代法制开辟了新的局面，反映了古代统治者欲将其统治秩序制度化和固定化的欲求。就拿本文讨论的"父祖被殴"条律例来看，律本身的完善就在很大程度上得益于例的修订。律中关于"祖父母、父母被大服亲属殴打，止宜救解，不得还殴"等条，都是通过康熙直到乾隆年间例的不断修改反馈于律。同样有别于律典的稳定性，例的灵活性和变通精神，可以因时、因地制宜作出修改完善，比如，针对"父祖被殴"条中关于服制犯罪这一特殊情况而制定的相关条例，从而对律"局部引申，扩大补充，限定律文，申明律文，辅助律文"，正所谓"例无律不得以独立，律无例不能以自行，是二者互为前提，相互依存"[50]。

2. "服制"因素影响定罪量刑

在律例的制定和实施过程中，中国传统思想文化模式的影子也在时时闪现，如"父祖被殴罪"律例的实施过程，从某个侧面验证着中国传统思想文化模式运行的诸多特征，"在中国，当刑事法律首次颁布的时候，有关礼仪方面的规范和规定早已制度化，并且达到相当高的水平"[51]，本罪律例所涉及的"服制"立法，也在中国历史上对中国的社会乃至政治生活产生了不小的影响，这其中有利也有弊，需要辩证分析。

对中国传统的法律精神而言，正如布迪和莫里斯教授所述，"只有了解中国人对'孝道'的崇尚，才能弄明白为什么法律规定杀死儿子的父亲仅受到很轻的刑罚，甚至免于处罚"[52]。在推崇孝道的同时，围绕着孝道所延伸的依照"服制"定罪量刑是中华法系最大的特点。中国的法律传统在世界范围内称得上是最古老和最持久的，但同时也被指责为古代法律在施行时的各种困境来源。事实上，有学者认为中国古代缺乏法律制度，因为儒家思想，即占主导地位的国家意识形态和哲学伦理体系弥漫生活的各

---

[50] 苏亦工：《明清律典与条例》，中国政法大学出版社1999年版，第223～228页。

[51] [美] D. 布迪、C. 莫里斯：《中华帝国的法律》，朱勇译，江苏人民出版社2003年版，第311页。

[52] [美] D. 布迪、C. 莫里斯：《中华帝国的法律》，朱勇译，江苏人民出版社2003年版，第316页。

个领域。而在任何国家,司法文化是其法律文明的核心组成部分。从独特的世界观、人生观、价值观出发看待中华民族司法文化的完整性,可以看到中国古代司法文化交织着法律与道德,由此构成鲜明的中国特色。

"父祖被殴"条由于其罪名的特殊性,无论在立法和司法实践都表现出明显的依"服制"划分特征。在律文中,"祖父母、父母被大服亲属殴打,止宜救解,不得还殴"就和前文"救护而还殴〔行凶之人〕,非折伤,勿论"有很大区别,这里已经区分了亲属和普通人救护时所承担的不同的法律后果。在条例中,"雍正三年"有规定父子叔侄兄弟之中被殴,各行救护以致彼此各伤一人的处罚内容,该条就表现为相对减轻;"嘉庆六年"规定有祖父母、父母被本宗缌麻尊长及外姻小功缌麻尊长殴打,实系事在危急,卑幼情切救护因而殴死尊长者,于案内声明,减为杖一百、发边远充军,这条跟原律"非折伤,勿论;至折伤以上,减凡斗三等;〔虽笃疾,亦得减流三千里为徒二年。〕至死者,依常律"的规定又有不同;"道光四年"又补充了父母被卑幼殴打之时还殴的处罚,"……至父母被卑幼殴打,实系事在危急,救护情切因而殴死卑幼罪应绞候者,于疏内声明,减为杖一百、流三千里。候旨定夺。如殴杀卑幼罪不应抵者,各于殴死卑幼本律上减一等,仍断给财产一半养赡"。而在成案的编纂中,也是根据"无服制人"、"五服内尊长"、"五服内卑幼"、"无服制或因出继的亲属"等几个方面去修订,且这些是律例成案讨论的主要对象,基本遵循了尊卑相犯的基本原则:尊长侵犯卑幼,服制越重定罪越轻,而卑幼侵犯尊长,服制越重则定罪越重。

(二)清朝"父祖被殴"律例的缺陷与不足

中国古代传统以"百善孝为先"的理论概念规范着民众的权利义务,甚至在某种程度上达到了苛刻的地步。而这种思想精神除了平日的礼法教化,也显著体现在立法和司法上,"道德法律化"是中华法系的一大特色之一,"自汉朝开始,儒家的孝道逐渐得到法律的认可与维护,维护的主要手段在汉朝为褒奖孝行典范,魏晋以后则发展为奖惩并用"[53]。

"父祖被殴"条规定了子孙在遇到父母被殴时的救助义务,这不但在

---

[53] 屈永华:"从儒家孝道的法律化看法律维护道德的限度",载《法商研究》2013年第5期。

无形中增加了子孙的义务，而且大量的成案事例表明，尽管子孙往往已经尽了义务，但是由于父母的死与子女存在着客观上的某种联系，最后司法官仍可以在不考虑主观方面的情况下按照基本的重罚处理。同样由于服制的存在，比如父母和服制内尊长互殴，子孙无论救不救援都要被处以刑罚，虽然律文规定了"止宜救解"勿论，但是在实践中难以把握，导致子孙往往陷于两难的境地，进而使其行为不具有期待可能性。

1. 主体权利义务的失衡

"父祖被殴"罪名在整个律典中十分特殊，从律文上看，它是规定了作为的义务，即在父祖被殴时，子孙给予救助所实施的行为应当享有和承担的各种权利义务。但事实上，透过此条文我们应当看到立法者其实是通过单列法规的形式，重申父祖被殴时子孙所应当承担的不作为的义务。正因为在封建礼教语境的法律体系下子孙不可能不救助，所以对于在救助时所出现的各种问题才应当单独列出一条加以规定。而由于中国古代立法的特殊性，这条法律以纯正不作为犯的形式加以规定，这种模式的根源是推崇孝行，以"孝"入律，片面增加了子孙的义务，使得法律主体的权利义务失衡。

中国古代统治者维护秩序和谐的出发点必然导致它的立法目的不在于维护个人的自由，而是维护其根本的执政统治秩序。导致以"孝"入律的重要原因在于，没有对最高统治权的权力约束的机制。当掌权者这么做时，根本目的是为了对他们自己更有利，立的都是"一家之法"，是"专为帝王一家谋私利的专制之法"[54]，所谓"后世之法，藏天下于筐箧者也；利不欲其遗于下，福必欲其敛于上"[55]。中国古代的民众于司法实践中一般不具有选择的自愿性和自主性，古代封建法律儒家化的过程亦为"义务本位"观念在民众意识中潜移默化的进程。

从上可以看到，对于孝道这类属于道德调整的对象，中国古代封建统治者将其入律，名义上是为了推崇"孝道"，但实际根本目的只是要将民众束缚在其构建的理性框架之下。"不得乎亲，不可以为人；不顺乎亲，

---

[54] 吴光：《黄宗羲与清代浙东学派》，中国人民大学出版社2009年版，第118页。
[55] 《黄宗羲全集》（第1册），浙江古籍出版社点校，浙江古籍出版社1985年版，第6页。

不可以为子。"[56]《孟子》中曾记载，匡章因父要杀母，极力劝止，但其父仍一意孤行，杀害匡章之母，匡章遂离父而去，结果"通国皆称不孝焉"[57]。而后匡章更是驱散妻、子，以不受妻、子的服侍、奉养惩罚自己。在中国古代社会中，权利义务平衡在制度设计伊始就被扭曲，固有的经济基础是以家族为核心的，最基本的生产单位不是个人而是家庭，个人的自由和意志得不到应有的关注，"贵贱有等，长幼有差，贫富轻重皆有称者也"[58]，"少事长，贱事贵，不肖事贤"[59]，最终以牺牲个人的权利来达到"绝对的和谐"[60]。

在中国古代社会，复仇不是那种受害人和防卫人两个当事人之间的简单个人关系的问题，其也同样对"第三方"——被救护人"父祖"产生深远的影响。换句话说，也是因为由受害人和防卫人延伸形成的法律对"复仇"的惩罚程度加深，使得超越个人利益，继而上升到更为复杂的国家利益对其干涉，"夫父母至亲，救父母至情，振古如兹，闻亲呼救而子不趋护者，诚无此情，必待亲已被殴而子乃救护者，诚无此理。古之人谅已先，今人念及之而定律。而定例必郑重于救亲及危急等字，不肯轻率议减者，诚以所原者非一节之情，而所准者亦非一人之理"[61]。这种超出个体本位、超出个体权利之上的制度设计，必然导致个体所感知的只有无穷无尽的责任感，权利长期得不到尊重，消极地被动继受不应承担的义务。

"父祖被殴"条所宣扬的根本精神，甚至不符合儒家思想原本的初衷。儒家关于"孝道"的遵循，"是根据人之常情而设定的，仅仅是指引与倡导人们应当如何恰当地表达内心的哀敬之情"[62]。如果将道德以法律的形式规定下来，强制民众遵守义务而忽视权利，其结果就是民众争先恐后地以外在的形式将之表现出来，包括像"父祖被殴"条所体现的法律精神，"同态复仇"这种落后的权利自助形式在其原则下居然可以长期默许存在，

---

[56] 梁涛：《孟子解读》，中国人民大学出版社2010年版，第203页。
[57] 梁涛：《孟子解读》，中国人民大学出版社2010年版，第229页。
[58] 叄壹、冯蕾编著：《荀子》，太白文艺出版社2009年版，第69页。
[59] 叄壹、冯蕾编著：《荀子》，太白文艺出版社2009年版，第49页。
[60] 梁治平：《寻求自然秩序中的和谐》，中国政法大学出版社2002年版，第231页。
[61] 祝庆祺等编：《刑案汇览三编》，北京古籍出版社2004年版，第1648页。
[62] 屈永华："准五服以制罪是对儒家礼教精神的背离"，载《法学研究》2012年第5期。

其结果就是"杀父之仇,不共戴天"。东汉以前一直对血亲复仇表示默许,这种意识形态的长期构建,变相地使子孙的义务无限拔升,不救护不复仇就会被扣上"不孝"的帽子,社会评价一落千丈。同时,这种构建甚至超过了犯罪的期待可能性,比如,上述案例中所举的"过失戳伤伊父身死"(乾隆三十三年说帖)之案。案中,蒙扶芒为蒙扶泳的父亲,蒙扶泳去解救蒙扶芒的过程中,由于失手而戳伤父亲,导致其父不治身亡。这本是个意外事件,结果最后蒙扶泳因依照子孙过失杀祖父母、父母而拟绞立决。如此判决,导致了整个权利义务系统的失衡,"只要父母的死与子女的行为在客观上存在关联,即使子孙没有任何过错也难逃重刑,这种赤裸裸的恐怖和暴虐对于维护孝道而言不可能有任何积极意义"[63]。

2. 家族伦理和社会正义的冲突

该条罪名规范的内容与今日刑事立法"正当防卫"中的条款相类似,即当子孙遇到自己的直系亲属安危受到侵害时,可立马付诸救助;但这种类似正当防卫的内容与今日规定最大的不同,就在于对"防卫自己"和"防卫尊亲属"的法律责任是有区分的。从与其他律例的比较中可以发现,古代对于正当防卫的立法出发点在于维护家族伦理的宗法制,而非个人的人身权益,这在一定程度上违反了社会正义。

关于"防卫自己"的律文在唐律中规定在《斗讼律》中,"乙不犯甲,无辜被打,遂拒殴之,乙是理直,减本殴罪二等,合笞二十"[64];到大清律,这条演变为"后下手、理直者,减本等罪二等"[65]。按照律意,可知在古代就有此等观念,实属难得,不过也是符合常理,在遇到危险时人人都有自我救助和防卫的本能和权利,只是和现今的刑法规定略有出入,这里的差距就是在当时,假如是"防卫自己",即便是"理直",也就是正当,亦减"二等",即要承担刑事责任。

然而当防卫人是防卫自己直系血亲尊亲属之安危时,假如还击,对于侵害人,仅仅是造成了肢体折伤以下的其他轻微伤,则勿论其罪,如唐律

---

[63] 屈永华:"从儒家孝道的法律化看法律维护道德的限度",载《法商研究》2013年第5期。

[64] 刘俊文点校:《中华传世法典·唐律疏议》,中华书局1999年版,第424~425页。

[65] 田涛、郑秦点校:《中华传世法典·大清律例》,法律出版社1999年版,第444页。

规定"诸祖父母、父母为人所殴击,子孙即殴击之,非折伤者,勿论"[66];而大清律例亦同,"凡祖父母、父母,为人所殴,子孙即时[少迟,即以斗殴论]救护而还殴,[行凶之人]非折伤,勿论"[67]。子孙遇到父祖被殴,上前阻却,奋进全力还殴之的确属于"正当防卫"的一般范畴,对于这一条,台湾中国文化大学史学系桂齐逊教授就曾指出,"当人们见到自己的直系血亲尊亲属受人殴打,本于人类自发之孝心,当然会奋力保护或解救父祖之安危,因而出手还击原加害人,自属人伦之常道,此所以唐律曲体人情,在有限度的情况下(限于'折伤以下'),阻却其违法罪责"[68]。沈家本则认为,后世律法有矫枉过正的嫌疑。他认为,"平情而论",唐律虽然严苛,但是尚且有"以礼坊民"之意,而后世律法却是赋予了民众相杀的权利。人都有自己的亲属,亲属也有各子孙,如果纵容复仇,这将会导致"冤冤相报何时了"的复杂局面,那么此刻"议法者何以不为之防"[69]?

我们可以从两条律文的比较中看到,"防卫自身"和"防卫直系尊亲属"在承担的法律责任上是不同的。同样是"折伤以下",前者是"减本等罪二等",后者是"勿论"。这种立法很明显不是从维护个人人身权利的角度出发,或者说维护宗法伦理的因素大于维护个人人身权利。区别性的对待,引发的后果就是直接导致同一种法律行为,却需承担不同的法律后果,亦引发家庭伦理与社会正义的冲突。在现实司法实践中,往往出现子孙防卫过当的行为,甚至父祖和子孙构成共犯的现象。比如,嘉庆十七年的"子被殴死母将凶犯殴打成废"之案[70],杨老春殴伤徐良元身死,徐良元之母徐氏心怀悲忿,唤同次子徐世元、堂侄徐小春等,将杨老春揪倒,各用石将其殴伤成废。虽然此案最后的处理结果是免议,但是这种现

---

[66] 刘俊文点校:《中华传世法典·唐律疏议》,中华书局1999年版,第455页。

[67] 马建石、杨育裳校注:《大清律例通考校注》,中国政法大学出版社1992年版,第862页。

[68] 桂齐逊:"唐律与台湾现行法关于'正当防卫'规定之比较研究",载《中西法律传统》2008年。

[69] 沈家本:《历代刑法考·附寄簃文存》,刘经元、骈宇骞校注,中华书局1985年版,第1877页。

[70] 祝庆祺等编撰:"刑案汇览第四十五卷",尤韶华等点校,收录于《〈刑案汇览〉全编》,法律出版社2008年版,第2319页。

象不能不说是因为有了先前的一味维护家族伦理的立法精神的指引而出现,甚至会导致父祖"理直气壮"地要求子孙"还殴之"。因而这种立法精神不但没有减轻子孙在救助中不应当承担的法律义务,而且还片面地减轻子孙以及父祖应当承担的法律责任,从而不利于保护受害人的利益,而这种矛盾的立法模式的根源就是中国古代立法的目的是为了维护宗法伦理而非个人权利。

3. 混淆"愿望的道德"与"义务的道德"

随着经济和社会的发展,群体愈发扩大,"群体内部的亲缘关系就越来越淡化了,从生物本能上看,人们也就更缺乏为了他人进行报复的生物冲动"[71]。正因为如此,官方意识形态单方面地要求民众盲目地遵从"孝道",甚至采取极端的方式去表现自己如何崇孝是极其不合时宜的。这种强制推行"孝道"的意识形态的模式,不承认自我局限性,不正视经济学和生物学所揭示的事实所包含的意义,最终势必会陷入逻辑的混乱。意识与现实的自相矛盾,在对"父祖被殴"现象进行立法时造成的直接后果就是片面地强调子孙的义务。而"父祖被殴"条的制定,也从一个侧面反映了在民众中普遍出现的复仇以及防卫过当的现象,而正是因为这种现象与社会发展和正当秩序的维护形成矛盾,所以才不能不通过律法来规范。但是我们不可以忽视的是,法律的本质是排除"道德激情",而不是确立"道德激情",即被矫饰后的并非出自本能的利他主义。

之所以导致这种现象的出现,还因为中国古代立法混淆了富勒所述的"愿望的道德"(也称为欲望的道德)与"义务的道德"之间的区分。根据富勒的划分,"如果说愿望的道德是人类所能达致的最高境界作为出发点的话,那么,义务的道德是从最低点出发……法律不可能强迫一个人做到他的才智所能允许的最好程度"[72],从而表现为他们的生活是依照本能而生存。人们不能强迫一个人过充满高度"理性"而且有价值的生活,因为这么做违背了人作为最基本个体的自然属性。富勒希望确立的,"正是一个具有理性基础的、能限制权力恣意的限制性法治概念"[73]。而在这一

---

[71] 苏力:"复仇与法律——以《赵氏孤儿》为例",载《法学研究》2005年第1期。
[72] [美] 富勒:《法律的道德性》,郑戈译,商务印书馆2005年版,第8~11页。
[73] 孙笑侠、麻鸣:"法律道德性:法律,抑或道德?",载《法制与社会发展》2008年第3期。

概念中，义务和权利应该是对称的。法律条文强制性规定，必须赋予其对称性，也就是说，没有义务没有权利，以相应的公式看待等于双方必须认识到定性等效，并在某些情况下可以表示为互惠的等量。

中国法律是基于儒家传统而立，与伦理关系的探索不同，儒家的法律关系是道德价值观引导法律，形成以道德律为主的价值。因此，法律的儒家哲学是基于道德和价值观的法哲学，而这种伦理道德观念往往被付诸制度构建，其中也包括政治法律制度。"礼"这一概念，早在西周就是一个包容性的概念，发展到后世有了更丰富的内涵，而这一概念已被演绎成治国之本，"明德慎罚，出礼入刑"，"道德和礼仪"成了统治的最重要手段。人们希望国家治理有一个重要的策略，但它倡导的是"德"上面的王权与法律，其中，适当的司法实践指南即为"美德"。然而，最终的儒家美德是一个以"礼"为根本的仪式，中国从重男轻女到祭祀仪式，间接反映社会认同水平是一个熟人社会和身份阶级社会，这个社会自然凸显祭祀礼仪的主要作用。在包罗万象的治理政策上，礼法法官的道德评价是礼仪，宗教层次是礼仪，礼在日常生活中无处不在，既是一项基本国策，又是一个法律工具。古代法律组织进行祭祀仪式时，补充和完善了仪式，使之系统化和合法化。其基本原则为"亲亲"、"尊尊"，这反映了家庭层面和君主制的统一。但两者相辅相成的应用，使伦理和法律部分重叠。如果用法律来强制执行，而不是用法律规范道德，那么这个重叠区的范围就会使道德的覆盖面扩大以及被法律调解规制的领域相对减少。这种情况如果任其扩大，就会导致道德和法律不再有自己的范围，伦理和法律等领域相融合而不再有差别。后果是，当人们有问题时，将不知道该归属于伦理道德管辖，还是法律管辖，从而会引起社会更多的混乱迷茫。道德外化执法只是对人们的外部行为进行监管，而无法真正影响人们的思想和心灵。

"父祖被殴"条的律例设计精致巧妙，但是我们需要寻找可行的裁断标准，因为法律必须转向"义务的道德"。在中国，儒家思想渗透于以宗族为基础的、与血液有关的社会体系之中。事实上，在儒家社会中，一个大家族通常给其成员提供教育、道义和物质支持。反之，家庭成员是经由道德义务责任追求自己的直系亲属或其他家庭成员的利益，并在理论上寻求一个完美的伦理原则，其中包括强调秩序、平衡与和谐，以及对权威的尊重和对他人的关心。因此，如果法律仁慈是适用于任何人，那么就必须应用于所有人，而不仅仅是那些政治阶级。看起来孝道的施行确实是从上到下，在约束民众的同时也约束统治者，然而这仅仅是理论上的构建。具体运行中我们可以看到，几乎所有关于"父祖被殴"的案例都发生于庶民之中。这种突发性的冲突往往不具有预谋性和组织性，更应当防止和引导，而不是一味地"惩恶"。过高地估计其罪行的严重性，势必导致司法资源配置的不平衡，同时，导致民众对于"义务的道德"的错误理解，从而引发价值观和逻辑的混乱。

法律作为构建社会秩序的规范性实体，如果不能明确用人的理性去替代作为道德存在的义务，那么"义务的道德"将无从体现，而法律自身的道德性，即"愿望的道德"只能施加间接的影响，否则它会使法律陷入无确定性。"如果愿望的道德侵入义务的领地，人们就会根据他们自己的标准来权衡和限定他们的义务"[74]，这个后果就是导致执法者在执法时"选择性地执法"[75]，因为其没有一个确定有序的标准。

余论

"父祖被殴"律例的研究给予我们很多的启示和认知，也使我们从全新的角度认识到，中国古代法律是多角度、多方面地规范社会生活，在当时的社会语境下，能达到如此成就，已经从某种程度上超过了当今中国的立法，有很多地方值得借鉴。

中国古代传统以"百善孝为先"的理论概念规范着民众的权利义务，甚至在某种程度上达到了苛刻的地步。而这种思想精神除了平日的礼法教化，也显著体现在立法和司法上，"道德法律化"是中华法系的一大特色之一。"父祖被殴"条规定了子孙在遇到父母被殴时的救助义务，这无形中增加了子孙的义务；而且在大量的成案事例中发现，虽然子孙往往已经尽了义务，但是由于父母的死与子孙存在着客观上的某种联系，最后司法官仍然可以在不考虑主观方面的情况下按照基本的重罚处理。同样由于服制的存在，比如，父母和服制内尊长互殴，子孙无论救不救援都要被处以刑罚；虽然律文规定了"止宜救解"勿论，但是在实践中难以把握，导致

---

[74] [美] 富勒：《法律的道德性》，郑戈译，商务印书馆2005年版，第34页。
[75] [美] 富勒：《法律的道德性》，郑戈译，商务印书馆2005年版，第10页。

子孙往往陷于两难的境地，进而使其行为不具有期待可能性。

　　本文从另一个角度分析认为我们也应当同样注重法律的实效问题，"如果只注重条文，而不注意实施情况，只能说是条文的、形式的、表面的研究，而不是活动的、功能的研究"[76]。中国古代受语境的限制，在"愿望的道德"和"义务的道德"上区分得并不明确，但是它仍然试图去划定一个界限，即一条"充当着两种道德之间的关键堤坝"的分界线。尽管这个界限并不完美，但毕竟是一种可资借鉴的尝试，其理想目标是"既不能过于保守也不能过于激进，而是应达到某种'黄金分割线'般的恰切状态"[77]。因此，通过对"父祖被殴"律例的法律条文及其动态运行的分析，我们可以考察制度的利弊得失，并尽可能地发掘出制度背后的政治性、社会性和制度性根源。

---

[76] 瞿同祖：《中国法律与中国社会》，中华书局2003年版，第2页。
[77] 赵万一、蒋英燕："论不作为侵权及其法律完善"，载《北方法学》2010年第1期。

陈济棠主粤时期广东的地方自治

蔡东丽*

一、训政时期县自治的开展

孙中山曾经提出"建国三时期"理论，把建立民国的程序分为军政、训政、宪政三个时期，主张在训政阶段施行约法，由国民政府派出经过训练、考试合格的人员，到各县筹备地方自治，并对人民进行使用民权和承担义务的训练。凡一省之内全部的县均已实行自治，就可结束训政，开始宪政阶段。1926 年至 1928 年北伐期间为军政时期；1928 年东北易帜，北伐结束，蒋介石在南京宣布"军政时期"结束，"训政时期"开始，中国自 1929 年开始进入训政时期，为期 6 年。这一时期由国民党主持政治事务，并帮助训练人民参政的能力。训政时期的主要工作是培育地方人士的自治能力，换言之，人民必须了解如何行使四权（即选举、罢免、创制、复决四权），才可真正担负起自治的责任。孙中山先生在《建国大纲》第 8 条中规定："……人民曾受四权行使之训练，而完毕其国民之义务，誓行革命之主义者，得选举县官以执行一县之政事；得选举议员以议立一县之法律。"

1928 年 10 月 3 日，国民党中执委通过《训政纲领》，规定在训政时期，由国民党全国代表大会代为行使政权，并训练国民逐渐行使各项政治权利，由此确立了国民党一党专政的训政制度。1931 年 5 月 12 日国民会议通过《中华民国训政时期约法》。

---

* 华南理工大学法学院教师。

为实现训政时期训练国民学会行使各项政治权利的主要目标，1929年3月国民党第三届全国代表大会通过两项有关地方自治之议案：一是确定县为自治单位，努力扶植民治；二是制定地方自治法，并规定其强制部分。同年，邵元冲撰写《训政时期的社会基本建设》一文，对地方自治的真义，解释得非常清楚。他说："总理在政治上最大的目的，就是要做到主权在民。要做到主权在民，就一定要使民众懂得民权的意义，明了民权的运用。如若不然，那么虽有地方自治的名目，有地方议会的组织，事实上还是由少数人操纵、利用。"[1]

孙中山从建立民主政治的角度系统提出了其地方自治思想，他结合中国的历史与现实，并借鉴西方的地方自治制度，主张在中国实行县自治。他在《国民政府建国大纲》中详细阐述了"县自治"的思想，对实行县自治的方法和步骤进行了系统设计。他认为建设县自治是民国的"础石"，是实现民主宪政的基础。南京国民政府成立以后，自诩秉承孙中山遗教，强调推行地方自治，认为"县自治工作之良窳，可以决定本党整个革命的成败"[2]。1928年9月国民政府公布《县组织法》提出以官治训练自治。1929年召开的国民党第三次全国代表大会决定："本党今后之主要工作，不特必须确立县以下之自治制度，而尤当扶植地方人民之自治能力。"[3] 1934年12月由立法院拟定通过了《县自治法》草案，但未被最终公布。国民党中央和国民党各级政府为推行县自治制定了大量的法规、制度、条例，并计划1930年内依照《县组织法》建设完成县组织，同时训政人员初期训练完毕；1932年底以前初期调查户口、清丈土地完毕；1933年底各地筹备自治机关完全建立；1934年底以前完成县自治。但是，南京国民政府的实际县制，更主要的是由《县组织法》、《剿匪区内各县编查保甲户口条例》、《县各级组织纲要》等相关规定建构起来的，以保甲为基础的官治体制，并未建立起真正的自治组织，县自治的发展方向和真正实践均是走向官治。

北伐结束全国统一后，广东的政治局面发生了极大变动。1929年2月

---

[1]《广东民政》1929年第49期，第35页。
[2] 山西省民政厅：《山西民政汇刊》，1931年，第5页。
[3] 荣孟源主编：《中国国民党历次全国代表大会及中央全会资料》（上册），光明日报出版社1982年版，第639页。

爆发蒋桂战争,李济深在广东完全掌握党政军大权。后李济深因为在中央政治局会议上反对蒋介石对桂系下达讨伐令而被蒋介石软禁于汤山。蒋随后将广东军权交与陈济棠,政权交与陈铭枢。1931年,陈济棠乘胡汉民被蒋介石软禁,通电反蒋并驱走广东省长陈铭枢,实际掌握了广东的最高权力,之后数年,陈济棠集广东党政军大权于一身。自1925年孙中山逝世之后,国民政府几经分合改组,最终于1932年宁粤合流趋于稳定,广东省也自此完全听命于中央政府。

这一时期,地方自治仍为广东省政府所重视。1932年9月,陈济棠在西南政务委员会上提出并经决议通过了《广东省三年施政计划》。他说:"三年施政计划的唯一目的,是要建成三民主义的新广东。其中一切计划,都是根据总理的建国大纲而制定的。依照训政时期的需要,积极地训练人民,使有相当的政治知识能力,藉以促进地方自治,以期人民能够行使四权。"陈济棠较为重视在广东的地方自治,并特任林翼中为民政厅长,负责地方自治活动的开展。

据1931年出版的《广东民政厅筹办地方自治》书所载,民政厅长林翼中曾指出广东推行地方自治的基本问题,他说:"我们广东乡间的人民,对于政治观念还是很薄弱,一般老百姓大都只知道纳粮为他们应尽的义务,不独关于党国大事不闻不问,就是关系到自身利害的事,也常常不注意。往往等到祸患临头,才去联络反抗,做出暴动的事情来。"[4]事实上,不仅仅广东是这种情况,在教育尚未普及之前,全国占绝大多数的乡村农民,恐怕都不理解民权是什么。孙中山对这一事实非常了解,所以决定在推行宪政之前,要有一个实施训政的阶段。孙中山极力主张在广东省积极从事对四权的训练与培育工作,例如派遣地方自治协助员前往各乡镇进行宣传与训练。假如训政成功,人民就能够自己管理公共事务。进一步来讲,在消极方面可以杜绝贪官污吏势力的萌芽与封建思想的复活;在积极方面可以促进人民政治能力的发展,使国家组织更加健全,社会幸福也可以由此增进。孙中山认为,广东省人民既有革命的精神,各种设施也比其他省更为先进,所以广东对于训政工作中的地方自治更应当加倍努力,以为全国其他各省的表率。但是,由于广东省的政局一直动荡不定,实际上

---

[4]《广东民政厅筹办地方自治实况》,1931年,第1~6页。

自治工作一直呈现出举步维艰的态势。

二、广东省县自治推行的情况

广东在县自治的建设方面，自 1929 年起就有初步的进展，而真正步上正轨，则是 1931 年至 1935 年的四五年间。这一时期，广东按照内政部规定的实施县自治之程序要求，进行了一系列地方自治的筹备工作。到 1929 年，广东省完成县自治事项的大体情况如下：内政部要求划一县市制度，废除道及县佐，广东省道及县佐很早就已经废除了；要求颁定县市组织法，督促各省依法组织，广东省已经遵照办理颁布了市县组织法；要求督促各省设立地方行政人员训练机关、考试及训练县长及地方行政人员，广东省因为军费浩繁、财政紧张，还没有设立这一机构，其中于 1929 年 11 月间曾经举行过一次县长考试，但还没能对县长进行训练；规定由内政部监督各省政府训练区长，其乡长、镇长、闾长、邻长等训练由省政府监督所属各县市办理，并得分区为之，这一点广东省尚未办理；要求各省从速指定收入储备办理自治临时经费，由于广东省军费浩繁、财政紧张，暂时未能遵照办理；要求各省厘定剿匪办法，同时实行清乡，对此广东在 1928 年间已经进行了清乡，后因 1928 年 5 月间，土匪蠢蠢欲动，各地方不太宁静，广东拟于省军事行动结束后，继续办理清乡；要求各省化除地方上的不正当团会，实行改编或编练地方保卫团，广东省已经通令化除不正当团会，并已经办理保甲，以确保地方治安，对于地方保卫团则拟从缓编练；要求各省编制县市公安局，设立公安分局，设分驻所以及巡逻区，编练警察，维持地方治安，广东省多数已经办理；要求各县市依照户口调查统计报告规则及表式，办理户口调查，依据调查结果划定本区乡镇闾邻，广东省大体已完成这一工作；要求整理各县市疆界，依县市组织法划分区乡镇各自治区，广东省各县县界已完成划定。[5]

1929～1935 年间，广东省推行县自治的具体情况如下：

（一）划分自治区域，完成县政建设，建立各级民意机构

划分自治区域，是办理地方自治的重要事务。1929 年广东省政府要求

---

〔5〕 王萍："广东省的地方自治——民国二十年代"，载台湾《'中央研究院'近代史研究所集刊》1978 年第 7 期。

各县市遵照办理户口调查，并依据调查结果划定本区乡镇间邻，据办理之先后呈报办理情形，已大体完成这一工作。同时，省政府要求整理各县市疆界，依县市组织法划分区、乡镇、各自治区，据此广东省各县界已基本完成划定。

广东省划分地方自治区域之初，由于经费所限，没能派人员仔细勘查各县情况，只是由各个县市就原有区域划分呈报核定施行。其中如有发生争执者，就由民政厅赴县复核，绘图呈核，或者由民政厅派人员勘查，一面依照地势、历史及经济等关系，以定划分之标准。1931年至1935年，各自治区域之分合变更，大致逐渐确定。1934年2月为了使各区乡界限更加明了，广东省政府曾订定各县自治区域图绘制办法及各种图例，分发各县遵照。到1935年广东全省共有750区，13 546乡，688镇，46坊。[6]

国民政府规定地方自治以县为单位，因此，必须先完成县政建设，即按照历史、面积、人口、交通、人民习惯等划分标准确定县治，建立县、区、乡、镇、间、邻各级行政机关。其中，各级民意机构的设立是地方自治的核心内容。1929年12月国民政府颁布《县组织法施行法》，规定各地完成县组织的期限，限定广东等五省于1930年6月完成，其他各省须在1930年12月前完成。[7] 1931年3月，内政部又制定了《县行政区域整理办法大纲》。

1931年各地完成县组织的最后期限到期时，国民政府内政部召开了第一次全国内政会议，会议通过的决议提到，由于"各省展期之后，不能再请展缓，而事实上又因军事灾歉各种关系，难以一蹴而就，转致令出不行，法同虚设"，所以转请国民政府改变原来期限，"另就各省实在情形，分定展限之期"，[8] 这反映出各地未能按期完成县组织的实际情况。

县以下各级组织的成立情况也是如此。区、乡、镇、间的组织，由于层级过多，造成办事繁难，行政效率低下，各地"依法组织者非常之少"[9]。各级民意机关的成立情况也与所规划的相去甚远。"民意机关，

---

[6] 王萍：《广东省的地方自治——民国二十年代》，载台湾《'中央研究院'近代史研究所集刊》1978年第7期。

[7] 《东方杂志》第26卷第19号。

[8] 刘振东主编：《县政资料汇编》，中央政治学校研究部发行，第333~334页。

[9] 程方：《中国县政概论》，上海书店1992年版，第56页。

采直接选举,而民众未经训练,人口未经调查,亦不免陈义过高,故县参议会参议员之选举,各省始终未能举行;而区民大会、乡镇民大会,以全区、全乡镇公民出席,直接行使民权,聚数百人或数千人于一堂开会,事实上有不可能。结果法文所规定者,等于一纸空文。"[10]

虽然广东各地县组织的建设没能完成预定任务,但广东省的地方自治工作仍在向前推进。广东省级民意机构的成立对于深化地方自治工作有重要作用。广东的省一级民意代表机构在清末有谘议局,民国元年、民国八年有省议会。但由于内乱频仍,民生凋敝,加上人民对于四权的行使没有受过一定的训练,所以所谓的代议制度与民治的真正意旨相去甚远。在军政时期结束后,广东省就努力办理地方自治,训练人民行使四权,以培养人民自治的基础。经过几年的努力,广东省各县、区自治组织先后建立,而广东省三年施政计划的实施,又有待于民众的协助,所以国民政府西南政务委员会于1932年6月颁布广东省参议会组织规程及选举规则。1934年6月,广东省政府委派民政厅长兼任选举总监督,负责办理选举事宜,并由各县、市长兼任县市选举监督;同时成立选举总监督事务所及县市事务所,积极指导人民从事选举。至同年8月上旬,各县市及各界团体与华侨之省议员陆续选出,定于8月15日为省议会成立之期。省参议会成立后,举行了全体参议员会议,根据各地民众的需要,议决重要议案87项,以备政府采纳。广东省参议会的成立与运作,为地方自治深入开展奠定了良好的基础。

(二)对土地、人口进行调查统计

根据《建国大纲》第10、11条规定,每县开创自治之初,必须先规定全县私有土地之价,地方政府照价征税,地价之增益也为地方政府所有,用以经营地方人民事业。因此土地的整理对推进地方自治,尤其在筹措自治经费方面有重大作用,是初期县自治任务的重点,由此各省先后认真开展对土地的调查统计。按照国民政府的要求,土地清丈应当于1932年底完成。基于聘请专家等相关费用十分昂贵,并且缺乏统一的规划,直到1935年各地也未进行普遍的土地清丈。国民党政府虽然屡次命令进行,但

---

[10] 中山文化教育馆编:《地方制度改进专刊》,中华书局1943年版,第52页。

"数年来还不是徒托空言"[11]。

自治区域的划分大都以人口密度为标准,而地方人民要取得自治权也要借自治区域来确定。所以孙中山在1920年手订的《地方自治开始实行法》中,以人口调查为推行自治的首要任务。建设县自治的初期,各地大都先后进行过户口调查,但很少按照国民政府的规定于1932年底完成。广东省于1933年3月依照陈济棠的《广东省三年施政计划》制定全省人口调查实施方案及实施程序,并成立全省各级人口调查事务处。1933年间,全省各级人口调查事务处陆续成立。为了迅速完成人口调查任务,广东省又于1934年4月,颁发人口调查表、统计概要及人口调查须知等,规定同年10月1日为全省人口总调查日期。至于之前奉当地军政机关命令已调查清楚的各县,届时也必须进行复查,以确保无虞。待全省人口调查大致就绪,统计完毕后,各县人口准确数目就可以一目了然。但是由于人事变迁不断,人口调查完毕后,如若不进行人口登记,人口的增减将无从得知确切数目。于是在进行人口调查以后,省政府命令各县市依照内政部颁布的《户籍法》,设置户籍管辖区,并派乡镇坊长兼任户籍主任。后因人事登记手续非常繁杂,不能没有监督及指导机构,于是无从得知,又规定以县市政府为监督机关,由区长进行指导,务必对于人民出生、死亡、迁徙及失踪等事项,详细登记,从而得知人口的确切数目。

(三)办理警政,推行保甲,确保地方治安

地方建设必须有一个安定的环境。根据南京政府对各省办理地方自治的具体要求,广东省于1928年间厘定剿匪办法,并进行了清乡;同时,通令化除地方的不正常团会,并办理保甲。南京政府于1928年公布的《县组织法》规定,县政府应当设立公安局,掌户籍、警卫、消防、救灾等事项。内政部要求各县除设立公安局外,应划分区域设公安分局,再划分守望巡逻区设分驻所,所有警察人员非经考试并训练合格者不得录用。于是,广东省政府着手编制县市公安局,划设公安分局,划设分驻所及巡逻区,并且编练警察,以确保地方治安。到1932年广东多数县市已经设立公安局,但是由于警力主要集中在城市,基层警力严重不足,许多经费短缺之县只得改设公安科。

---

[11] 《东方杂志》第31卷第14号。

此后，由于各地方军阀割据，而共产党势力也逐渐发展壮大，基层的警政工作逐渐向保甲方向靠近。警政工作的内容也由最初的治理社会治安转化为消灭敌对势力。自1932年始，为弥补地方警力的不足，广东各地方基层开始大力推行保甲制。

陈济棠主粤时期，广东省政府推行了一系列强化保甲编制的法令法规，加紧控制乡村和绥靖地方。早在1928年7月，广东省民政厅就会同广东地方警卫队编练委员会拟定《广东省保甲条例》；1929年11月，民政厅拟定《广东省暂行保甲办法》；1933年7月第一集团军总司令部拟定《广东省现行保甲简章》；1936年3月民政厅会同第一集团军总司令部拟定《暂行广东省保甲条例》。这些保甲规章的主旨大都是："健全下层组织，肃清奸宄，抽练保丁，增强地方自卫能力"等，后期又加入了"发展经济，推进合作，树自治基础"等内容。[12]

这些保甲条例多数是由军事机关直接订立，其目的是以军事力量来弭盗、绥靖和"清剿共产党"等。实施地方自治则成为这一时期编组保甲的口号。保甲制度的原始目的以纳粮、息盗为归依，而此时保甲制的主要工作是编查户口、戡乱地方。由于陈济棠等广东主政者遵循孙中山的地方自治思想，于是基层保甲工作也多带有"实施地方自治"、"树自治基础"、"发展地方经济"等功能，而其真正的出发点和侧重点，仍是"查户清奸"，增强地方自卫能力。陈济棠治粤时期，广东省虽保甲章程规则迭出，政令严饬屡颁，在地方行政管理和维护地方治安方面做了不少工作，取得过一定的成绩，但由于各种因素，却始终未能收到预期之效果。

4. 训练自治人员

广东十分重视地方自治人才之养成，并增设地方自治科。筹办地方自治，头绪万端，创办之初，一切法规与办事手续，未必是所有人都熟悉了解。况且广东省教育尚未普及，专门人才十分缺乏，所以培养专门自治人才，是当务之急。1931年10月，广东省民政厅筹备设立地方自治人员养成所，招考中学以上毕业生120名入所训练，以养成自治专才。又因为办理自治以县为单位，广东省各县的辖区，多数较为辽阔，因而县长政务繁多，对于全县地方自治，如若不增设专科不足以办理地方自治事务。所以

---

[12] 李泺：《广东省编办保甲实况》（1937年），广东省档案馆藏档，案卷号：3-1-42。

在养成所学员毕业后，就通令各县设立自治科，并且委任各毕业学员充当各县自治科成员，从此由这一专门机构负责地方自治的推行。

孙中山的《建国大纲》虽然以县为自治单位，但是在一县之中，在县政府与乡镇公所之间作为联络枢纽的是区公所。假如主持区公所事务之人选用得当，不仅可以为县政府工作提供较好的帮助，还可以有利于县自治的推行。1932年3月，广东省民政厅设立地方自治工作人员训练所，抽调各县区委员及候补当选人轮流进入训练所接受训练，期间定为3个月，期满后回县服务。1934年7月，因为县参议会是一县之民意机关，县参议员之言论措施是否适当，应当特别注意，于是在全省行政会议上讨论县参议员之训练问题。经过议决，决定成立县参议员训练班，调遣各县参议员入所训练。后因负有指导人民行使四权义务之县镇里长副不容忽视，于县参议员训练班成立后，又订定各县、乡、镇、里自治人员轮流训练办法，并委派各县、乡、镇、里自治训练员，分赴各县轮流训练，借以培育自治能力，养成良好之干部人才。到1935年为止，地方自治工作人员训练班，已办了10期。县参议员训练班，也已经两届毕业，总人数不下两千。此后根据各方报告，毕业学员回乡服务后，大都能根据其所学，尽忠职守，深得社会各界人士的称赞。各地毕业学员，也多被选为省参议员，或者继续担任本级职务。

为了使地方自治人员的工作有所保障，广东还对自治人员之奖恤与惩戒进行了规定。广东省于1933年3月颁布《地方自治人员考绩章程及暂行奖惩章程》，对于各县办理自治有一定成绩的自治人员，酌情给予奖励；营私舞弊，放弃职守的，按照其情节，或申戒，或记过、停职，以树立彰善惩恶之风气。由于自治工作与一切反革命势力背道而驰，有些努力办事的自治人员，遭到土豪劣绅的嫉恨，甚至有自治人员惨遭杀害的事情发生，于是在考绩章程及奖惩章程之外，省政府又订立了《自治工作人员抚恤章程》，目的是使自治人员能够安心服务地方事务，使自治工作易于推行。

（五）筹措自治经费

自治经费分为经常费及事业费两种。1929年至1930年广东筹办地方自治时期，支出以经常费为主，事业费则视乎需要临时募集。按照规定，自治经费由地方拨款，但事实上办不到。除了县参议会的经费多数由县地方拨款外，区公所经费只能一部分由县补助，一部分自筹；至于乡镇公所经费，也有由县政府统筹统支的，但大多数仍是自筹自给。

据1937年的调查资料，广东省各地县参议会每年支出最多者为新会县，共计9480元；最少的是感恩县，计1056元。区公所年支出最多者为高要县第五区，计13 700多元；最少者为大埔县第二区，计120元。乡镇区公所年支出最多者为南海县盐步乡，计2868元；最少者为吴川县芝乡，仅支出4元。还有其他根本无经费可言者。[13]

由于经费短缺，各地自治事务进展缓慢。在"县"未获得地方自治法人资格前县财政一直靠省政府供给，很不稳定，因此自治经费难以保障。而"县"作为行政和自治的双重机构，它的行政经费和自治经费并未划分，在行政经费严重不足的情况下，自治经费就更没有着落。国民政府也不得不承认上述自治事务，"或已择要举办而成效未著，或正着手筹办，甚或有迄未进行的，其功效无论矣"[14]！

对民众进行"四权"训练是孙中山地方自治思想中最看重的一个方面，他认为对人民进行四权的训练才能体现直接民权。《国民党自治法规》规定："中华民国人民，无论男女，在县区域内连续居住1年以上，或有住所2年以上，年满20岁，经宣誓登记后，为县公民，有出席县民大会、本乡乡民大会、本镇镇民大会、本区区民大会及行使选举、罢免、创制、复决之权。"[15] 法律虽然明确了国民的权利，但并没有明确怎么将规定权利转化为现实的路径和程序，因而在实践中并不能执行到位；再加上地方政府害怕真正实行选举后会动摇自己的地位或引发混乱，因此，对民众的训练小心翼翼，多数不愿主动对人民进行诱导扶持。"法令上尽管尽量给予人民以行使四权的权利，事实上没有实行过一天的四权行使训练。"[16] 不少地方的闾邻长和乡镇长的选举多为地方豪绅甚至地痞流氓所把持，"稍有声望者，不愿充任，而地方无赖子，又多方钻营以求之，故推选之

---

〔13〕 王萍："广东省的地方自治——民国二十年代"，载台湾《'中央研究院'近代史研究所集刊》1978年第7期。

〔14〕 李时友：《中国国民党训政的经过与检讨》。

〔15〕 刘振东主编：《县政资料汇编》，中央政治学校研究部1939年版，第248页。

〔16〕 陈克文："四种政权的行使与训练"，载中山文化教育馆编：《地方制度改进专刊》，中华书局1943年版，第47页。

结果,每良才落选,败类获选"[17],使得地方选举失去其本来的意义。其他自治事务如教育、建设、卫生等,也是由于经费短缺而步履维艰。

1935年11月,国民党第五次全国代表大会在关于地方自治的决议案中说:"乃回顾过去成绩,全国1900百余县中,在此训政将告结束之际,欲求一达到建国大纲之自治程度,能成为一完全自治之县者,犹查不可得,更遑言完成整个地方自治工作。"[18] 此言明白地承认了国民政府以及各省推行县自治的失败。

三、广东省县自治失败的原因

(一) 推行自治面临诸多的困难

广东省政府虽大力推行地方自治,但仍然困难重重。这主要是因为它牵涉甚广,如教育人民、灌输新知识新观念、筹措经费、制定法规、订立训练方法等,又必须深入民众,广泛进行。

实行地方自治,必须先划定自治区,依自治区再设置各层自治机构。而1931年至1935年间,广东各县筹办地方自治在划分自治区工作上即遇到困难。广东省内各地往往地域之间成见颇深,邻近乡镇反而互相隔阂甚至仇恨,在执行自治区划时不愿合并,引起许多争执,致使划区工作遭遇很大的阻碍。对于办理地方自治而言,这是一项不小的困难。

推行地方自治的工作之一是民众的训练,必须循各种方式加强民众对政治、社会各方面的事务之认识,进而使其能积极地参与其中。广东虽为革命重地,但一般人民的政治意识并不强,农工阶层甚至连识字的条件都够不上,要对他们灌输民治观念,实是不易。1933年广东省已宣誓的公民为880多万人,只占全省人口四分之一左右。而开展自治工作所需要的各种人员,都必须从头加以训练,自治人才十分稀缺,就连县市议员都是短期训练班出身,他们对自治的认识也不深。

尤其困难的是要消除地方上的反对势力。土豪劣绅为了保持其地方影响力,往往阻碍自治工作,甚至有殴打自治人员至死的事件发生。虽然订

---

[17] 徐德嶙:《地方自卫及自治讲义》,油印讲义,第49页。

[18] (台)中国国民党中央党史史料编纂委员会编:《革命文献》,中国国民党中央党史史料编纂委员会1978年版,第240页。

有《自治工作人员奖恤办法》，但危险的现状仍然使部分人员裹足不前。此外，经费方面亦颇费周章，办理自治花费巨大，1937年全省自治总经费达5 749 000余元。因为没有固定来源，政府只得巧立名目，设立"附加"、"摊派"、"报效"等额外税目，商民不胜负担，征收异常困难。

（二）具体制度上有许多不足之处

如果要建立县自治，确定县的自治地位和权限是必要的前提，而国民政府迟迟没有承认县的自治地位和明确划分县的自治权限。实行自治意味着中央与地方职能的合理划分与中央政府权力的下放，国民党宣称实行县自治却不愿意让渡权力，其结果只能使自治陷入困境。当时国民党力图加强中央集权，需要不断强化国家权力以及对地方的控制，而实行自治意味着权力的下放与行政权力的远离，二者存在尖锐的矛盾。最终，现实的考虑战胜了民主的追求，国民党逐渐削弱各级自治组织的自治职能而加强其行政职能，将区一级自治组织完全变为行政组织，最后又以传统的保甲制度代替了自治组织。为缓解农村社会危机，国民党不得不用中国历史上传统的社会控制机制取代自治组织，标志着自治实际上已经发生蜕变。

而在财政制度上，由于县自治的内容极为广泛，实行起来需要巨额资金。但国民政府的地方财政主要以省为主题，县财政长期依附于省财政之下，没有独立的财政地位，自治经费难以保障。此外，上级机关还往往"命令县政府担负许多责任而不畀以适当的经费，所以县政府不但没有经费来办理自治事项，即办理委办事项的经费也极不充足"[19]。

在文化基础方面，国民政府的地方自治主要是以县为单位自上而下推行，但由于历史的影响，当时地方上的县不仅没有形成所谓的"市民社会"与作为社会中坚力量的"中产阶级"，而且缺乏必要的经济、社会与文化条件，人民很难有觉悟去积极主动参与地方自治活动。地方民众对自治事业反应冷淡，只求置身事外甚至强烈反对。民众民主意识的缺乏对自治中的民主建设造成了困难，自治沦为投机者牟利的招牌，失去了自治的本意。

自治人员素质低下也是其中一个重要原因。南京国民政府成立后，曾推行考试制度，但成效不彰，官吏水平没有根本改观。根据国民党法规规

---

[19] 陈之迈：《中国政府》（第3册），商务印书馆1946年版，第128页。

定，县长只有经过考试或审查合格才能被任用，但各地并未普遍遵行。实际上各地县长职位多为下述人等所把持：①当局之亲戚故旧；②要人之门生至好；③军队中之官佐兵弁。[20] 这样的县长多半既无学识又无经验，只知以搜刮逢迎为能事，无法实现对自治的指导与监督职能。区乡镇间邻长等基层自治人员名义上由选举产生，实际上多由地方缙绅担任。他们是传统政治的代表，难以承担社会改革管理人的要任，有的甚至"俨然以地方官自居，生杀予夺，为所欲为，政府几无从制止"[21]。

地方自治虽然是一种基层工作，但它却是测定现代政治文明程度的标尺。地方自治办理合宜，才能逐步实现政权在民的民主政治。从广东地方自治的推行情况，就可以知道我国由帝制转为民主的过程之艰巨。广东推行地方自治的实践与经验也说明，推翻帝制可由革命手段迅速达成，而建立民主则需要从缓进行。

1936 年，陈济棠因为"两广事变"失败，通电下野。广东省收归南京国民政府中央管辖，广东的地方自治工作陷于停顿。不久抗战全面爆发，广东省政府迁至粤北，国民党政府开始推行新县制；在抗日背景下，广东的非沦陷区开始进行"容纳保甲于自治之中"的新县制建设。

---

[20] 政治通讯月刊社编：《县政问题》，第 113、115 页。

[21] 政治通讯月刊社编：《县政问题》，第 115 页。

"使由使知"中的规则遵守观念
——兼评严复对"民可使由之,不可使知之"的阐释

王 星[*]

《论语·泰伯》有"子曰:'民可使由之,不可使知之'"一章,大意是:可以要老百姓跟着走,不一定要老百姓知道这是为什么。然而,自古以来对这句话的解释却人云人殊。近代以来,"使由使知"的论辩更是被推向了"愚民"或"民主"的两极之争。1913年,严复在一次讲演中以"民可使由之,不可使知之"为题,就是对当时这一争鸣的回应。他借解读孔子"使由使知"之义,阐发了法律、宗教和道德对于治世治道的意义。这次演讲发生在严复思想的转折时期,后世往往将这一阶段的严复评价为"保守"、"复古"、"反动"。然而,在今天看来,严复的观点不仅不"反动",而且在一定程度上正本清源。同时,其在规则观念中融入儒家思想,对于当下法治社会的合理建构也颇具启发性。

一、"使知之"、"使由之"释义之争

《论语·泰伯》"民可使由之,不可使知之"[1]一章自古便释义各别,而自近代以来更是论者芸芸。所谓半部《论语》治天下,历来对《论语》章句的不同解释,政治意蕴多大于文字含义本身;那么对"使知使由"章的歧见,也就不难理解了。

"使由使知"在古人那里,解释虽有差异,但分歧常在章句训诂方面,

---

[*] 澳门大学法学院博士研究生。
[1] 本句也有不同句读。如毛子水注:《论语今注今译》,台湾商务印书馆1984年版,第117页,"民,可使由之,不可使知之"。笔者所依据的文本为,杨伯峻译注:《论语译注》,中华书局1980年版,第81页。内地发行的《论语》大多如此断句。

政治意涵则相近。常被后人论及的首先有东汉郑玄的注释:"由,用也。可使用而不可使知之者,百姓能日用而不能知。"[2]本章接续"兴于诗"一章,此"民"指弟子。[3]《十三经注疏·论语注疏》对此作出补充:"正义曰:此章圣人之道深远,人不易知也。由,用也。'民可使由之,而不可使知之'者,以百姓能日用而不能知故也。"[4]其次是朱子《四书集注》:"民可使之由于是理所当然,而不能使之知其所以然也。程子曰:'圣人设教,非不欲人家喻而户晓也,然不能使之知,但能使之由之耳。若曰圣人不使民知,则是后世朝四暮三之术也,岂圣人之心乎?'"[5]按照上述两种解释,孔子并非"不欲"使知,而是人民身体力行道德礼仪是理所当然,"使知之"并无必要。"人生而平等",却不能否认个体之间存在强弱智愚之别;即便一些人不懂其中的道理,也不妨碍他去做合乎礼法的事情。

《论语集释》引了刘开《论语补注》中的一个例子:"盘庚迁殷,民皆不欲,盘庚决意行之,诰谕再三,而民始勉强以从其后。子产治郑,都鄙有章,郑民始怨而后德之。故使之行其事,可也;而欲使明其事,则势有不能。"[6]在这个典故中,盘庚"诰谕再三"的效果并不令人满意,而子产没有沿用前人的方法,而是直接"使由之",却让人民"始怨而后德之"。亦即,人民未必能够被公开的理由说服,若让他们身体力行,反倒对政策的好处有直接的观感,他们自然遵行。

时至近代,对本章政治意义的解读分歧才日渐芜杂。据说近代颇为流行的"愚民说",最早是"到中国来传教的一位教士,研究了中国书后,倡此说的"[7]。此后一发而不可收,学人开始大胆假设和褒贬"使由使知"的意义。其中,以下几种立场较有代表性:

第一,托古改制。康有为在其《论语注》中讲道:"愚民之术,乃老

---

[2] (汉)郑玄:《论语正义》,(清)刘宝楠注,上海书店1986年版,第161页。
[3] (汉)郑玄:《论语正义》,(清)刘宝楠注,上海书店1986年版,第161页。
[4] (魏)何晏注、(宋)邢昺疏:《十三经注疏·论语注疏》,朱汉民整理,张岂之审定,北京大学出版社2000年版,第115页。
[5] (宋)朱熹:《论语集注》卷八,见《四书集注》,岳麓书社1987年版,第151页。
[6] 程树德:《论语集释》卷十五,国立华北编译馆1943年版,第461页。
[7] 参见徐晋如:《启蒙还是教化?——兼释'民可使由之不可使知之'》,载《社会科学论坛》2011年第8期,第165页以下。

子之法,孔学所深恶者。圣人遍开万法,不能执一语以疑之。且论语六经多古文窜乱,今文家无引之。或为刘歆倾孔子伪窜之言,当削附伪古文中。"[8] 亦即本章可能不是孔子所作,而是"古文窜乱"的结果。这种"托古改制"的思想渊源于公羊今文学,着眼于"微言大义"。所谓"古文今学派的孔子是述而不作的保守主义者,而康有为的孔子是托古改制的维新主义者"[9]。维新派的另一位代表梁启超,则将句读改为"民可,使由之;(民)不可,使知之。"此意在使孔子民主化。康、梁的解释看似维护孔子权威,但"虽煞费苦心,反失孔子本意"[10]。而且,维新派的本意绝非维护儒学,其目的恰恰相反。余英时先生强调:"戊戌变法前后,儒家的价值系统第一次受到比较全面的挑战。康有为的改制虽假借孔子之名,其实是以西方的政治为蓝图。换句话说,他是想以偷梁换柱的方式,使西方的价值取代儒家。"[11]

第二,愚民或轻视教育说。杨树达先生认为,根据《论语·雍也》"谁能出不由户?何莫由斯道也"、《周易·系辞上传》"仁者见之谓之仁,知者见之谓之知,百姓日用而不知,故君子之道鲜矣",以及《孟子·尽心上》"行之而不著焉,习矣而不察焉,终身由之而不知其道者,众也"中所表达出的立场,"使由之"一章应理解为"民愚不可知"。他说:"孔子此语似有轻视教育之病,若能尽心教育,民无不可知也。"[12] 1974年北京大学哲学系主编的内部资料——《论语批注》中将本章译为:"孔子说:对于老百姓,只能让他们照着(统治者的)命令去做,不能让他们知道为什么要这样做。"[13] 其中编者还毫不客气地评论道:"这是孔老二献给奴隶主贵族的愚民政策。它充分暴露了孔老二敌视劳动人民的反动本性和害

---

[8] 康有为:《论语注》,中华书局1984年版,第114页。
[9] 范文澜:"中国近代史的分期问题",转引自李泽厚:《中国近代思想史论》,天津社会科学院出版社2003年版,第153页。
[10] 杨伯峻译注:《论语译注》,中华书局1980年版,第81页。
[11] 余英时:"中国现代价值观念的变迁",载余英时:《余英时文集》(第2卷),广西师范大学出版社2004年版,第49页。
[12] 杨树达:《积微居论语疏证》,台湾大通书局1974年版,第138页。
[13] 北京大学哲学系1970级工农兵学员:《论语批注》,中华书局1974年版,第175页。这本书出版于"文革"时期,将孔子描述成"反革命"、"丧家狗"、"死硬派"(附录一),反映了毛泽东"一贯批孔"的立场,是当时批林批孔的重要文献。

怕劳动人民的虚弱本质。"[14]这更是将本章树为孔子"反动"思想的靶子。"文革"时期的解释显然是极端路线的畸形产物,今天看来已不可取。但时至今日,仍有愚民说的支持者,如:"由于生活在特定的历史条件下,宗法观念、等级观念很强的孔子谈论一些包含性别歧视、等级歧视的说法,这是很正常的现象。"[15]且"从政治过程中的实际功能看,'民可使由之,不可使知之'是愚民之术的经典依据"[16]。

第三,"民可使乐成,不可使虑始"说。李泽厚在《论语今注》中认为,愚民之说自然不妥,但孔子也绝非改革派塑造出的民主斗士。中国古代的"民主"乃是"为民做主",与"民为贵"同一旨趣,而并非人民做主的现代民主。所以这只是 for the people,不是 of the people 和 by the people。"古语亦有'民可与乐成,未可与虑始',均同一经验,不足为怪,不足为病。时易世变,孔子之是非当然不是今日的是非。"[17]杨伯峻也采这种观点,他认为:"这两句与'民可以乐成,不可与虑始'意思大致相同,不必深求。"[18]别生解释,并无必要。

第四,政治引导说。钱穆有云:

上章('兴于诗,立于礼,成于乐'。笔者注)言教化,本章言行政,而大义相通。《孟子》曰:'行之而不著焉,习矣而不察焉,终身由之而不知其道者众也。'《易传》曰:'百姓日用而不知。'皆与此章义相发。民性皆善,故可使由。民性不皆明,有智在中人以下者,故有不可知之者。若在上者每事于'使民由之'之前,必先家喻户晓,日用力于语言文字,以务使之知,不惟无效,抑且离析其耳目,荡惑其心思,而天下从此多故。即论教化,诗与礼乐,仍在使由。由之而不知。自然而深入,终自可知。不由而使知,知终不真,而相率为欺伪。《易传》云:'通其变,使民不倦。神而化之,使民宜之。'亦为民不可使知,而谋求其可由,乃有此变

---

[14] 北京大学哲学系1970级工农兵学员:《论语批注》,中华书局1974年版,第175页。
[15] 张分田:"儒家愚民思想的经典依据——略论'民可使由之,不可使知之'的句读之争",载《人文杂志》2009年第6期,第137页。
[16] 张分田:"儒家愚民思想的经典依据——略论'民可使由之,不可使知之'的句读之争",载《人文杂志》2009年第6期,第136页。
[17] 李泽厚:《论语今读》,生活·读书·新知三联书店2004年版,第232页。
[18] 杨伯峻:《论语译注》,中华书局1980年版,第81页。

通神化之用。近人疑《论语》此章谓孔子主愚民便专制，此亦孔子所以有不可使知之慨欤！[19]

钱穆的观点与朱熹相近，认为虽然无法使每个人都知晓其中的道理，但民性皆善，所以可使之由。"愚民政策"自然是一种误会，也不符合孔子"仁者爱人"的主张。孔子推行教育不遗余力，是开平民教育先河之人，说他搞愚民政策也不合逻辑。由于本章是断章的典型例子，没有上下文背景，萧民元大胆假设了这句话的情境："有一天，孔子及弟子们在讨论礼仪（相当于现在的种种行为规范和社会运作机制）的根本精神。经孔子阐发后，乃有弟子赞叹它的深远高明，并说道：'这种道理当政者如何能使人民明白？'（当时人民读书识字者极少。）孔子回答说：'不明白没关系，只要教导人民如何去做就行，不一定非得让人民知道其中道理。'（旨在防范以'人民不懂'为推行不力的借口。）"[20] 这也是在说，每个人智力学识有不同，但不明白制度运行的道理没关系，行为规范总还是要引导人民去做的。

二、严复"民可使由之不可使知之"讲义[21]

严复之于20世纪初的中国，是西方思想的最大权威。[22] 但他却在近代反思孔学的浪潮之中，批评了"西学东渐依赖"和"浅学粗心"之疑谤，并明言"孔子此言，实无可议，不但圣意非主愚民，即与'诲人不倦'一言，亦属各有攸当，不可偏行"[23]，以驳斥"愚民"的流行说法。1913年严复发表演说时，正当"每谓孔术胚胎专政，此为明证，与老氏'国之利器不可以示人'一语同属愚民主义"[24] 这类解释流行的时代。然而这位西学的启蒙者，却用《论语》最为人所诟病的章句为儒家辩护，着实引人深思。

---

[19] 钱穆：《论语新解》，九州出版社2011年版，第194~195页。

[20] 萧民元：《论语辨惑》，中国社会科学出版社2001年版，第96~97页。

[21] 严复："'民可使由之不可使知之'讲义"，载王栻主编：《严复集》，中华书局1986年版，第326~329页。

[22] 参见冯友兰：《中国哲学简史》，北京大学出版社1996年版，第279页。

[23] 王栻主编：《严复集》（第2册），中华书局1986年版，第326页。

[24] 王栻主编：《严复集》（第2册），中华书局1986年版，第326页。

在论及此章时，严复站在前人释义的基础上，凭借自身的西学功底，又加诸新的意蕴。他认为，本章中两"之"字所指代的，为三种有约束力的规则体系——宗教、道德、法律。根据英国哲学家穆勒的说法，"道德乃方术，而非学理"。社会中的人对道德的遵守，是如同孩提索乳、燕雀营巢一般本能的行动。若使知之而后使由之，则"社会之散而不群久矣"。至于宗教，则"无分垢净，其权威皆由信起，不由知之。设从知入，则无宗教"。[25]

其后，严复论及"使由之"与法律规范遵行之间的关系，说道：

最后则有法律。夫法律者，治群之具，人之所为，而非天之所制也。然则其用于民，似可使由而兼可使知，莫法律若矣！且察古人，月吉象魏之意，似亦未尝不欲民知，以为法律例行之助。……彼谓法律之行于民，犹夫道德之条诫，转不欲划然分明，制为畛畔，使持循者严于文字而弃其精神。富民弊日用之常，所谓善恶是非，自其彰明较著者言，虽在蚩氓，不知盖。即在疑似之际，使其人第本良知，以为断绝，其违道不至甚瞆法律之事，亦如此耳。身为国民，皆有服从法律之义务，顾从其大者言，法之所求至易尽也：勿杀人性命；勿残人肢体；勿玷人名誉；勿盗人财产；勿行欺侵；勿背契约；勿播弄黎老；勿凌害幼孤。……是故风俗敦庞之国，其民以离法甚远之故，于法律每不分明；而锥刀堂争之民，其国恒难治，其民德亦必不厚也。由斯而论，则虽在法律，其于民也，亦可使由而不可使知。何则，知之转于乱而近于治远耳。[26]

由此严复认为，说起"知"与"行"兼备的规范体系，非法律莫属。近世法律哲学要求法律必须具有公开性，以保障人们的合理预期。然而"法律是最低限度的道德"，对大多数人来说，法律的规范目的无外乎：不得杀人伤人、不得背信诈欺、不得欺凌老幼、不得盗人财产。所以越是风俗敦庞，民众反而离法律越远，遵守法律的动机不应该是形式上的外部强制。相较于"锥刀堂争"需要外在强力治理的国家，发于内心而对规则的遵守，更加润物无形，恰到好处。显然，在严复的观念中，"不立文字"

---

[25] 王栻主编：《严复集》（第2册），中华书局1986年版，第327页。
[26] 王栻主编：《严复集》（第2册），中华书局1986年版，第328页。

的"致君尧舜上,而使风俗淳"(杜甫诗)的政治理想,比之有成文之形却不能引导人民的社会规范要高明许多。

三、"顽固保守"还是"回归传统"

(一)"顽固守旧"?

"民可使由之不可使知之"讲义发表于 1913 年。根据一些学人的论调,1911 年是严复由进步走向保守的转折点。一些权威学者(可能是大部分)认为他晚年的文章体现出了一种倒退和反动的倾向。他的传记作者王栻这样评价晚年的严复:"戊戌政变以后至辛亥革命以前(1898~1911年),他大量翻译西方资产阶级著作,继续介绍并提倡'西学'中的民主和科学,但同时逐渐变成保守者。在辛亥革命以后至于死(1911~1921年),他虽仍保持强烈的爱国思想,却已成一个顽固的老人。"[27] 王栻对提倡读经和尊孔的严复,给予了全然否定的评价,认为他已然"完全走上了顽固保守的老路"[28]。周振甫也认为:"到戊戌政变后,由于形势的发展,他从先进变成落后,逐渐转向反动了。"[29] 也就是,他们曾经战斗过一个时期,"替旧时期的中国资产阶级民主革命服务"。但这个反动同盟军稍一反攻,他们"就偃旗息鼓,宣告退却"[30] 这种观点,与主流史观中旧的资产阶级没有彻底革命性这一结论同一旨趣,那么"民可使由之不可使知之"讲义也自然成为严复"退化"的佐证。严复尊称孔子为圣人,并且激烈地批评了受西学误导"横生谤议"的论者,似乎俨然成为儒教传统的卫道士。

然而,相比国内一些学者的论调,美国汉学家本杰明·史华兹的观点似乎更为客观:

> 我的印象是,这一时期的严复始终坚持根本的急务,而且,内在的思想实质是前后一致的。……在这个时期里,可以看出严复具有保守的政治

---

[27] 王栻主编:《严复集》(第 1 册),中华书局 1986 年版,第 1 页。

[28] 王栻主编:《严复集》(第 1 册),中华书局 1986 年版,第 6 页。

[29] 周振甫编:《严复诗文选》,人民文学出版社 1959 年版,第 268 页。该引文出自周振甫为本选集所写的后记。

[30] 王栻主编:《严复集》(第 2 册),中华书局 1986 年版,第 7 页。此处王栻引用了毛泽东在《新民主主义论》中的评价。

偏向，但这一点从他的早期论文中已可察觉，义和团后只不过是更显著了。然而，无论如何不能把这种保守主义等同于'向传统倒退'。在这个时期里，可以说严复有一种赞许传统思想的某些成分的倾向，但这在《天演论》的按语中已可见到。[31]

再来看1911年后严复思想态度的发展，我们发现说他在最后十年内"背离西方回到传统"是有些理由的。但是，这种对西方的背离，绝不是急转弯式的，也不是像他的传记作家所说的完全背离。王栻直截了当地说："辛亥革命以后，严复更走上了反动的道路。"周振甫则在"复古"的标题下讨论严复的这一段时期。而我虽然并不特别有兴趣为严复辩护，反对指责他在辛亥革命后成为一个"反动派"，但我觉得，革命后严复在世界的形象突然崩溃了这一说法必须经受检验。[32]

从上引文字中，我们可以肯定，史华兹眼中的严复并非如王栻、周振甫等人笔下那样，从一个"进步的中国人"遽然退化成为"保守派"。晚年严复并没有放弃西学，对国家和人民的拳拳之心未减半分。《救贫》中提倡力广交通，《说党》中抨击"党利居先，国计居后"之时弊，都能看出严复学贯中西的功力和相当的政治敏感。因而，对严复后期的否定论调至少是过于尖刻武断的。

当然，对比严复早期与晚年的文章，我们可以发现他早期多提倡西方政治学说，而在晚年反而重归孔孟之道。譬如在《读经当积极提倡》一文中，他说："总之，治制虽变，纲纪则同，今之中国，已成所谓共和，然而隆古教化，所谓君仁臣忠，父慈子孝，兄友弟敬，夫义妇贞，国人以信诸成训，岂遂可以违反，而有他道之从？"[33]论调与"使由使知"讲义自属一脉。如果说，《天演论》、《群己权界论》的译文，以及《斯密亚丹传》、《孟德斯鸠传》的撰文所展现出的是一个"进步的中国人"（毛泽东语）的话，我们仍需追问，是否对传统的回归就一定意味着倒退和背叛？我们不免要探求导致严复立场变化的原因。对此，史华兹这样写道：

---

[31] [美]本杰明·史华兹：《寻求富强——严复与西方》，叶凤美译，江苏人民出版社1990年版，第144页。

[32] [美]本杰明·史华兹：《寻求富强——严复与西方》，叶凤美译，江苏人民出版社1990年版，第147～148页。

[33] 王栻主编：《严复集》（第2册），中华书局1986年版，第332页。

严复之所以"背离"西方，实际上乃是其对西方"民德"、"自由"之理想与一次世界大战的残酷现实相冲突而产生的巨大震动。第一次世界大战前，严复似乎一直不准备放弃他的信念，即"自由、平等和民主"是导致英美富强的综合因素中最不可缺少的成分。[34]

他对大战的复杂反应中，有一部分是被真正的吃惊所引起的。他的社会达尔文主义给予他关于大战的思想准备是像布尔战争这样很有限的十九世纪战争，但是，第一次世界大战以其空前规模的毁灭性的破坏给严复带来了畏惧和恐怖感。[35]

只是在第一次世界大战爆发后，我们才看到了严复明确否定西方的态度。"文明科学，中效其人类如此，故不佞今日回观吾国圣哲教化，未必不早见及此，乃所尚与彼族不同耳。""不佞垂老，亲见脂那七年之民国与欧罗巴四年亘古未有之血战，觉彼族三百年之进化，只做到'利己杀人，寡廉鲜耻'八字。回观孔孟之道，真量如天地，泽被寰区。此不独吾言为然，即泰西有思想人亦渐觉其为如此矣。"从西方的普罗米修斯的事业上退回来，圣人们也许终究是对的。[36]

这番论述并非空穴来风。晚年严复思想的变化与世事激变不无关系。理性、文明与科学，却在第一次世界大战的野蛮和血腥中化为形而上的泡影。这些矛盾使西学浸润中的严复开始反思："乃至于今，其弊日见。"《天演论》中"物竞天择，适者生存"的译文被引为经典，但1910年之后的严复已经开始重新审视社会达尔文主义的正当性。此时，温良淳厚、讲求自我修为的儒家思想，自然让矛盾与痛苦中的思想者产生了归属感——"圣人们也许终究是对的"。

严复是"从西方的普罗米修斯的事业上退回来"。古希腊悲剧中的启蒙者——普罗米修斯虽然为人类盗火而受天罚，却也是一个重叠着暴力、背叛、自负，擅长权术与诡辩的复杂形象。他对他的听众们鼓吹自己启蒙

---

[34] [美] 本杰明·史华兹：《寻求富强——严复与西方》，叶凤美译，江苏人民出版社1990年版，第155页。

[35] [美] 本杰明·史华兹：《寻求富强——严复与西方》，叶凤美译，江苏人民出版社1990年版，第158页。

[36] [美] 本杰明·史华兹：《寻求富强——严复与西方》，叶凤美译，江苏人民出版社1990年版，第159页。

的功绩,毫不吝惜对自己的赞美:"你听完我其他的发明,更会惊叹,我构想出了怎样的技巧,怎样的技艺。"[37]"如果把这一切一言以蔽之,那就是:人类的一切技能都源于普罗米修斯。"[38]他鼓吹暴力推翻权威:"简单一句说来,我憎恨所有的神明。"[39]伊奥被他的言语混淆了心神,悲叹道:"强烈的疼痛和疯狂的错乱重又在我心中燃烧,牛虻那如火的针刺重又在蛰扎我。……猛烈的疯狂暴流把我刮得偏离了道途,舌头已不听调遣,浑浊的话语茫然无章地撞击着可怕的灾难的滔滔洪流。"[40]西方启蒙思潮下因狂热而走向失控的法国大革命,也印证了普罗米修斯式启蒙的"双刃剑"特质:一方面倡导自由,另一方面却激化了仇恨和人性的混乱。战争则是这种冲突的极致体现:"何期科学精,转把斯民蹂。君看四年战,兹事那可又。"[41]"见说伤亡过十万,不堪入种日萧条。"[42]

与"利己杀人,寡廉鲜耻"相对照,儒家则善于发掘人性的"善",以循循善诱而"使由之"。儒家思想强调人的自我修为,主张性善说。《大学》中有:"心正而后身修,身修而后家齐。"[43]此意在使人培养慎独自律的品格。孟子云:"恻隐之心人皆有之,羞恶之心人皆有之,恭敬之心人皆有之,是非之心人皆有之。恻隐之心,仁之端也;羞恶之心,义之端也;辞让之心,礼之端也;是非之心,智之端也。"[44]两者比较,无怪乎严复会发出"回观孔孟之道,真量如天地,泽被寰区"的感慨。正是在这样的冲击与对比之下,才有了回归传统的严复。

---

[37] 王焕生译:(古希腊)《普罗米修斯》文本,该诗剧作者不详。转引自刘小枫:《普罗米修斯之罪》,生活·读书·新知三联书店2012年版,第148页。

[38] 王焕生译:(古希腊)《普罗米修斯》文本,该诗剧作者不详。转引自刘小枫:《普罗米修斯之罪》,生活·读书·新知三联书店2012年版,第150页。

[39] 王焕生译:(古希腊)《普罗米修斯》文本,该诗剧作者不详。转引自刘小枫:《普罗米修斯之罪》,生活·读书·新知三联书店2012年版,第190页。

[40] 王焕生译:(古希腊)《普罗米修斯》文本,该诗剧作者不详。转引自刘小枫:《普罗米修斯之罪》,生活·读书·新知三联书店2012年版,第182页。

[41] "书示子璿四十韵",载王栻主编:《严复集》(第2册),中华书局1986年版,第409页。

[42] "欧战感赋",载王栻主编:《严复集》(第2册),中华书局1986年版,第369页。

[43] 此处所依据的文本为毛子水等注译:《四书今注今译》,台湾商务印书馆1984年版,第3页。以下若无特别注明,则《大学》、《孟子》的文本依据皆出于本书。

[44] 《孟子·公孙丑·不忍》。

（二）严复"使知使由"解说的合理性

即便不论严复思想转折的大背景，"使由使知"讲义本身的说理脉络就深值赞同。首先，"愚民"之说与孔子思想不符。严复在文中讲到："因国种教化，无论何等文明，其中冥昧无所知与程度不及之分子恒居多数。"其次，"不可使知之"并非十成的禁止之义，而是"由术穷而生禁止之义"。"使知之"，非不为也，实不能也。

严复主张，即便是表现为"外部强制"的法律，也并非是出于"知之"，而是善性和教化引导下的自我选择，是"所当然"而非"所以然"。法律必须公开，这固然是近代法治精神的重要内容，但这并不意味着每个公民都需要知法懂法后方能守法。法律体系复杂，用语佶屈聱牙，人人知法懂法最多只能是一种理想："至于法令繁兴之后，欲明法典之统系与其解释请比之宜，每资专门毕生之学而后能之，使必知之而后有由，将法律之行无日。"[45]

"使由之"不是反智的产物。余英时先生认为，中国的政治传统中虽然一向弥漫着一种反智的气氛，但是，这种"反智"主要存在法家"以法为教、以吏为师"的政治主张当中，而儒家思想当中却难觅这种倾向："从历史上看，儒家对中国的政治传统影响最深远，这一点自无质疑的余地，但是这一传统中的反智成分却和儒家政治思想的关涉最少。先秦时代孔、孟、荀三家都是本于学术文化的立场来论政的，所以礼乐、教化是儒家政治思想的核心。无论我们今天对儒家的'礼乐'、'教化'的内容抱什么态度，我们不能不承认'礼乐'、'教化'是离不开知识的。所以儒家在政治上不但不反智，而且主张积极地运用智性。"[46]

同时，儒家并不鼓励违背人的本性，相反，儒家相信人的善性能够引人向正确的方向走。梁漱溟先生的解释令人深以为然：

人自然会走对的路，原不须你操心打量的。遇事他便当下随感而应，这随行而应，通是对的，要于外求对，是没有的。我们人的生活便是流行之体，他自然走他那最对，最妥帖最适当的路。他那遇事而感而应，就是

---

[45] 王栻主编：《严复集》（第2册），中华书局1986年版，第328页。

[46] 余英时："反智论与中国政治传统——论儒、道、法三家政治思想的分野与汇流"，载余英时：《历史与思想》，台湾联经出版事业公司1976年版，第4页。

个变化,这个变化自要得中,自要调和,所以其所应无不恰好。所以儒家说:"天命之谓性,率性之谓道。"只要你率性就好了,所以就又说这是夫妇之愚可以与知与能的。这个知和能,也就是孟子所说的不虑而知的良知,不学而能的良能,在今日我们谓之直觉。这种求对求善的本能、直觉,是人人都有的。……这种好善的直觉同好美的直觉是一个直觉,非二;好德,好色,是一个好,非二。所以孟子说:"口之于味也有同嗜焉,耳之于色也有同听焉,目之于色也有同美焉。至于心独无所同然乎?心之所同然者何也?谓礼也,义也,圣人先得我心之所同然耳;故礼义之悦我心,犹刍豢之悦我口。"这种直觉人所本有,并且原非常敏锐,除非有了扎染习惯的世界。你怎样能复他本然敏锐,他就可以活动自如,不失规矩。[47]

这与程伊川"性即理也,所谓理性是也"和阳明之学中的"致良知"、"知行合一"同一意旨。这样的"使由之"实际上抓住了絜矩之道的神髓。从这个角度上说,西方自有其理性主义,儒家亦有其理性主义。"孔子有他一种精神,为宗教所不能有。这就使他相信人都有理性,而完全信赖人类自己。儒家没有什么教条给人,有之,便是教人反省自求一条而已。除了信赖人类自己理性,不再信赖其他。"[48]

在近现代西方实证法学家的文字里,道德或法律往往呈现为"压力"、"科予义务的初级规则"。人们之所以去做合乎法令的事,乃是基于强制而不得不为之。似乎在这种语境下,法律自然要使人"知之",方能"使由之"。而相比之下,儒家则体现为一种向内要求的特点。严复的解释也最终落脚于此,与其使"锥刀堂争"、"民德不厚"屈服于严苛的外部强制,不如使"风俗敦庞"。孔子在"使由使知"中的真正精神或许正在于此。

---

[47] 梁漱溟:《东西文化及其哲学》,商务印书馆2010年版,第142页。
[48] 梁漱溟:《中国文化要义》,上海世纪出版集团2005年版,第180页。

四、严复之说的现实意义

(一)儒家"使由使知"与社会规范

严复对"使由使知"的解释,其意义不仅在于为儒家思想正名,更是以敏锐的笔触书写了人之所以遵守规范的理由。虽然公开性是法律的应有之义,人民按规则行事,却并不以"知之"为前提。

公民为何守法?在洛克看来,人们之所以自愿受法律约束,是基于他们对权力让渡的同意:"除非人们同意并授予让渡权力,没有人有权制定法律。不论受到何种严厉的约束,都要表示完全的服从,而这一切最后总是归结到最高权力,并受该权力所制定的法律的指示。"[49] 但自然法学派的社会契约理论缺乏根据:"卢梭之所谓民约者,吾不知其约于何世也。"[50] 而实证法学派,如奥斯汀,认为法律是主权者的命令,人们之所以遵守法律是由于其强制性。[51] 尽管其后实证法学派对法律命令说加以缓和,但总体上忠实法律的义务是出于法律形式本身。

不论自然法学派还是实证法学派,论及守法动机,前提仍然是法律的强制力,并且其中有一个隐藏条件,即公民应当知道法律所带来的后果。但人们"守法"是否遵照了"有意而为之"的思维路径呢?伊·亚·伊林这样说道:

> 所谓精神状态,是指这样一种心理状态,即对最高的、客观的价值的领悟、体验和实现。这种状态将心灵转化为上帝的生命的活的器官,它能向人揭示它的使命,同时指出它所应有的和必需的生存方式。人对它精神上所必需的这些生活方式的追求,是一种合理的、正确的、合法的追求,或者说,它本身就是一种自然权利。……精神与法之间的这种联系可以这样表述:精神的必要形式构成了法律关系的基础。[52]

这种说法表达了这样的观念:即人们所选择的合理生存方式,实际上

---

[49] John Locke, *Two Treaties on Civil Government*, World Public Library Edition, p. 261, available at http://books.ebooklibrary.org/members.8/oca/t/twotreatisesonci00lockuoft.pdf.

[50] "《民约》评议",载王栻主编:《严复集》(第2册),中华书局1986年版,第340页。

[51] Surya Prakash Sinha, *Jurisprudence: Legal Philosophy*, West Publishing Co., 1993, p. 193.

[52] [俄] 伊·亚·伊林:《法律意识的实质》,徐晓晴译,清华大学出版社2005年版,第142页。

是本于对最高客观价值的领悟，乃是听从内心的召唤。这与儒家的观念有相似之处，只不过伊林是在法律语境下讨论"最高客观价值"，儒家所探讨的则为"仁"和"礼"。孟子云："今人乍见孺子将入于井，皆有怵惕恻隐之心，非所以内交于孺子之父母也，非所以要誉于乡党朋友也，非恶其声而然也。"[53] 中国人向内用力的人生态度，被梁漱溟先生誉为"中国文明一大异彩"。他说："旧日中国文明最令人惊异者，即是其社会秩序恒自尔维持，若无假乎强制之力。"[54]

中国古代的法律，实际上是在以礼俗作为社会规范的前提下，以刑法这种技术来实现社会秩序。王伯琦先生认为："吾国文籍上的所谓法，在清末以前，大多仅指刑事法而言。这是纯粹的技术法，根本不是我们的行为规范。除此而外，吾国数千年来所维持社会秩序，成为一般人确信为不可不遵守之规范者，为礼。"[55] 法律只是一种手段，而礼俗才是真正得以定亲疏、明是非的行为准则。"传统思想，贵德而贱刑。强制力在中国，是不被尊重的。它只是迫于事实不能不有之，乃至不能不用之，然论其本旨，则是备而不用的。"[56] 可见，不论是治道或是治世，归根结底，"礼"才是最本初、最深刻的正当性根源。而作为技术的法律，它只是一种裁判标准，那么人民自然没有义务去了解。

而作为行为准则的礼，也并不是一定以"知之"为要件的。"礼者也，理也"，它本质上不是刻意为之的人工造物，而是自然而然形成的。这种"礼"的秩序，若能"使知之"自然好，但并非必需。《论语·为政》中有这样一段："季康子问：'使民敬，忠以劝，如之何？'子曰：'临之以庄，则敬；孝慈，则忠；举善而教不能，则劝。'"在孔子心中，治理社会的理想模式是"劝导"，而非立于文字和假以强力。实际上，这种治世的方式，不违人的本心，不违自然之道，"使由之"乃是理所当然。"在我们的传统思想上，从人到礼到天是一体的，从性到社会秩序到自然秩序是一贯的，天人是合一的，主观与客观不是对立的，同一个理之中，就包含了天、地、人三者一贯之理。这一贯之理，非人之理性智慧所能创造变更或

---

[53] 《孟子·公孙丑·不忍》。
[54] 梁漱溟：《中国文化要义》，上海世纪出版集团 2005 年版，第 175 页。
[55] 王伯琦：《近代法律思潮与中国固有文化》，清华大学出版社 2005 年版，第 12 页。
[56] 梁漱溟：《中国文化要义》，上海世纪出版集团 2005 年版，第 176 页。

理解，要明了其中之理，唯有从实践上去体会。"[57]

（二）中国古代法律推行中"使知之"的实质

如果说起学术传统当中主张"使由之"必先"使知之"的，则只有法家。《商君书》有云：

> 故天下之吏民，无不知法者。吏明知民知法令也，故吏不敢以非法遇民，民不敢犯法以干法官也。吏遇民不循法，则问法官，法官即以法之罪告之，民即以法官之言正告之吏，吏知其如此。故吏不敢以非法遇民，民不敢犯法。如此，则天下之吏民，虽有贤良辩慧，不敢开一言以枉法；虽有千金，不能以用一铢，故知诈贤能者皆作而为善，皆务自治奉公，民愚则易治也，此皆生于法明白易知而必行。[58]

法家希望人人知法，而法律也应当浅显明了，以便"以法为教"、"以吏为师"[59]。然而，法家眼中的法律，是"严刑峻法"。与儒家依靠劝导和效法而"使由之"的规则运行方式不同，法家无非法、术、势，都提倡依赖强力治世。而这种思想指导下的法律制定与实施，极有可能违背"天人合一"的大道，仅为国君服务。这当然与儒家理想背道而驰。法家认为，如果没有强权的威慑和分明的赏罚，即便是尧舜那样的明君也不能治理国家。《韩非子·奸劫侍臣》说："无威严之势、赏罚之法，虽尧舜不能以为治。"而法家理想中的法律的施行，应当达到这样的效果："朝廷不敢辞贱，军旅不敢辞离；顺上为之，从主之法，虚心以待人，而无是非也。故有口不以私言，有目不以私视。而上尽制之，为人臣者，譬之若乎，上以顺头，下以修足；清暖寒热，不得不救；镆铘傅体，不敢弗搏，无私贤哲之臣，无私智能之士。故民不越乡而交。无百里之戚。贵贱不相踰，愚智提衡而立，治之至也。"[60] 法律是绳墨，是规矩，具有捶策之威。它"是一种可以摆脱人之主观情意之干涉的工具；凭着这种工具，国君在从

---

[57] 王伯琦：《近代法律思潮与中国固有文化》，清华大学出版社2005年版，第104～105页。

[58]《商君书·定分》。此处所依据的文本为贺凌虚注译：《商君书今注今译》，台湾商务印书馆1987年版，第194页。

[59]《韩非子·五蠹》。此处所依据的文本为邵增桦注译：《韩非子今注今译》，台湾商务印书馆1990年版，第5页。下引《韩非子》亦同。

[60]《韩非子·有度》。

事政治统治工作时，可以保证其客观性、确定性与公平性，是故，它是能'绌羡齐非'，能齐一化整个国家之人民的唯一途径"。[61] 它并不是循循善诱的，而是用分明的赏罚告诉人们"何者当为"、"何者不当为"。

由此观之，儒法两家对于社会治理规范性质的理解截然不同。前者的规则体现为一种教化，意在实现一种和谐浑然的秩序，并不需要赏罚分明的文字；而后者认为，若要实现整齐划一的政治秩序，必须有外部强制及有形的规则，正因如此，才需要赏罚分明、易懂的法律规范形式，并且必须"使民知之"。此外，更为讽刺的是，从韩非"民愚则易治"的表述中可以看出，推行愚民政策的不是主张"民可使由之，不可使知之"的儒家，而正是主张"天下之吏民，无不知法者"的法家。余英时先生这样评价道："中国政治思想史上的反智论在法家的系统中获得最充分的发展。无论就摧残智性或压制知识分子言，法家的主张都是最彻底的。更重要的，从秦汉以后的历史来看，法家的反智论在中国的政治传统中造成了持久而深刻的影响，绝不是空谈仁政的儒家所能望其项背的。"[62]

反观历史，强调"知法懂法"的朝代，施行的往往是法家"严刑峻法"那一套，而这种治理方式历来为史家和文人所不齿。贾谊《过秦论》下篇有言："故秦之盛也，繁法严刑而天下震；及其衰也，百姓怨而海内叛矣。故周王序得其道，千余载不绝；秦本末并失，故不能长。"依法家"天下之吏民，无不知法者"而治理国家的秦，三世而亡，自不必说。

另一个典型例证则为明朝。明朝的统治者非常重视法律的编修和推行，但明朝同样也是酷吏横行、刑用重典的朝代，其法律推行的最终目的是对民众和朝臣的严密控制和压制。根据《明史·刑法志》[63] 的记载，"明太祖平武昌，即议律令"[64]。李善长当时作为律令总裁官，主张"今制宜遵唐旧"[65]，依照唐律编修明律。洪武六年夏刊《律令宪纲》，同年

---

[61] 蔡英文：《韩非的法治思想及其历史意义》，台湾文史哲出版社1987年版，第198页。

[62] 余英时："反智论与中国政治传统——论儒、道、法三家政治思想的分野与汇流"，载余英时：《历史与思想》，台湾联经出版事业公司1976年版，第20页。

[63] （清）张廷玉等：《明史》卷九十三，中华书局1974年版。"刑法志"位于《明史》第四册，卷九十三至卷九十五。

[64] （清）张廷玉等：《明史》卷九十三，中华书局1974年版，第2280页。

[65] （清）张廷玉等：《明史》卷九十三，中华书局1974年版，第2279页。

冬天诏刑部尚书刘惟谦详定大明律。洪武二十二年，为了防止条文适用错误，又加以编类，"改名例律冠于篇首"[66]。后经反复讨论修改，洪武三十年才正式颁行《大明律》，足见其立法之严谨。除了对立法过程的重视，朱元璋还做过大量的"普法"工作。所谓明刑所以弼教，明朝立法者煞费苦心。他们不仅强调"法贵简当，使人易晓"[67]，而且"又恐小民不能周知，训释其义，颁之郡县，名曰律令直解"[68]。对《大诰》，则"命刑官取大诰条目，撮其要略，附载于律。"[69]，并且"编次成书，刊布中外，令天下知所遵守"[70]。

然而，明朝统治者如此重视法律的"使知之"，恐怕与其严苛残酷不无关系，它通过成文法令的威慑使人们产生畏惧心理，方便行使君权。《明史》的编撰者评价道："大抵明律视唐简严，而宽厚不如宋"[71]。在法律适用上，"大诰所载诸峻令未尝轻用"[72]。此外，与简严的法令伴生的是近乎恐怖的政治氛围和名目繁多的特务机关。明朝大兴酷吏，刑讯方式五花八门，残酷程度令人发指："酷吏辄用挺棍、夹棍、脑箍、烙铁及一封书、鼠弹筝、拦马棍、燕见飞，或灌鼻、钉指……"[73]虽然太祖告诫子孙："吾治乱世，刑不得不重。汝治平世，刑自当轻，所谓刑罚世轻世重也"[74]，但是后世统治者的酷刑峻法绝不弱于当年。明朝创设廷杖、东西厂、锦衣卫、镇抚司狱等刑罚和刑讯机构。这些刑罚和机构"杀人至惨，而不丽于法"[75]。始于明太祖时期的廷杖制度摒弃了"刑不上大夫"的古训，许多正直敢谏的大臣因受廷杖之刑，当场毙命。[76]永乐年间重设锦衣

---

[66]（清）张廷玉等：《明史》卷九十三，中华书局1974年版，第2281页。
[67]（清）张廷玉等：《明史》卷九十三，中华书局1974年版，第2280页。
[68]（清）张廷玉等：《明史》卷九十三，中华书局1974年版，第2280页。
[69]（清）张廷玉等：《明史》卷九十三，中华书局1974年版，第2284页。
[70]（清）张廷玉等：《明史》卷九十三，中华书局1974年版，第2284页。
[71]（清）张廷玉等：《明史》卷九十三，中华书局1974年版，第2285页。
[72]（清）张廷玉等：《明史》卷九十三，中华书局1974年版，第2284页。
[73]（清）张廷玉等：《明史》卷九十四，中华书局1974年版，第2315页。
[74]（清）张廷玉等：《明史》卷九十三，中华书局1974年版，第2283页。
[75]（清）张廷玉等：《明史》卷九十五，中华书局1974年版，第2329页。
[76]（清）张廷玉等：《明史》卷九十五，记载，正德十四年，舒芬等一百四十六人因谏止南巡而被杖打，死者十一人；嘉靖三年，群臣争大礼，廷杖一百三十四人，死者十六人；正德年间，南御史李熙弹劾贪吏而触怒刘瑾，刘瑾矫旨杖三十，几乎将李熙打死。

卫,厂卫并立,其手段无所不用其极,使得"朝野相顾不自保"[77]。然而法律对这些特务机关却毫无约束力。更有甚者,明朝后期,锦衣卫为了论功行赏,内部出现了"冒滥无纪,所报百无一实"[78]的风气。

从明朝法制与政治来看,这种意义上的"使知之",不过是要人民屈服于刑罚的威慑力而守规矩,批量生产顺民与弄臣而已。《律令直解》书成之后,朱元璋喜出望外:"吾民可以寡过矣。"然而这仅仅是皇权的一厢情愿,人民即便寡过,也是被迫的。锦衣卫、东西厂等作为严刑峻法的执行者,却滥用权力,缺乏约束,正所谓"有权的无限有权,无权的无限无权"[79]。可见,"使知之"未必就有积极的结果,反而可能使法律进一步沦为纯粹的工具。

(三)"使由使知"与现代法治

反观当下,"普法教育"已经在我国进行了20余年。有人这样描述普法教育的意义:

加强普法教育是依法治国、建设社会主义法治国家的基础工程;加强普法教育是服从于、服务于建立、健全社会主义市场经济体制的需要;加强普法教育是促进社会主义精神文明建设的内在要求;加强普法教育是实现国家长治久安、维护社会稳定的重要措施;加强普法教育是提高公民整体素质,坚持科学发展观的需要。[80]

此外,"普法"涵盖面不可谓不广:"从源头上治理流动人员'法盲'现象",对外来务工人员进行普法教育。在学校"构筑起'学校、家庭、社会'三道防线,实现了教育方式、质量、成效三突破"。[81]

但是,这种论调有很明显的悖谬。一方面,从最直观的角度来说,杀人者不能以"不懂法"来为自己的残忍行径辩护;另一方面,要人民通晓法律既不现实也无必要。正如严复所说,"即在文化大开之国,其中法令,本于随时之义所不得已,而有事者常若牛毛",现代法律部门之间体系繁

---

[77] (清)张廷玉等:《明史·卷九十五》,第2335页。

[78] (清)张廷玉等:《明史·卷九十五》,第2340页。

[79] 同前引45,第48页。

[80] 王金增:"论加强我国普法教育的重要性和必要性",载《中国劳动关系学院学报》2005年第4期。

[81] 郭晓宇:"法制宣传教育亮点频呈",载《法制日报》2008年1月21日,第1版。

杂，一味普法反而徒增社会负担。举例来说，人们的日常交往行为往往牵涉民事法律规范。而"法定"的若为任意性规范，其功能在于指导交易或节省交易成本；若为强制性规范，其功能亦在于建立自治的基础结构，为裁判者提供解决争议的依据，是技术性的，不在于影响人们的行为。这两种规范类型显然无需"使知之"。[82] 此外，"违背公序良俗"作为民法上法律行为效力瑕疵类型之一，更是本于社会一般观念和善良风俗而判断的。综上所述，民众日常交往中所涉及的一些规范以裁判法为主，实际上并没有必要"使知之"，而是自然而然"使由之"了。

至于禁止性规范，或者说，设定义务的规范，的确与奥斯丁的规范理论相合，属于立法者的命令，而"该命令必须或多或少严格地被贯彻"[83]。即便如此，若不分场合、不讲方法地普法，恐怕弊端大于优点。我国农村普法往往采取"流动式"普法方式，"宣传车上有时候站着多名纹丝不动，作痛苦状的未决或已决的罪犯"。[84] 不仅如此，"普法似乎始终重在告诉农民哪些是不能做的，例如公粮必须按时缴纳，提留款以及各种税费不得拖欠，非法同居违法，早生超生要被罚款，'严打'斗争肯定会常抓不懈等等。'普法'所涉及的多数都不是'法'，普法成了说教，而且是或多或少地挟带着'恐吓'意味的说教。"[85] 且不说"早生超生必罚款"、"严打"这些措施的正当性，单是这种"普法"方式就有法家"以法为教，以吏为师"的遗风。法家思想产生于战国乱世，那种威严、压制性的法律是为所谓"霸道"而服务的，人们出于对权威的畏惧而被压服。这不仅与儒家的政治理想相去甚远，恐怕也并非和谐社会的应然主张，更不是现代法治精神的应有之义。

严复《"民可使知之不可使由之"讲义》于法治理念的启示是，仅靠法律之"形"，而不得社会治理之"神"，这样的"知之"是不得要领的。鲜血淋漓的近代历史，让严复重新反思西方思维模式的弊病，重新回到孔

---

[82] 参见苏永钦："私法自治中的国家强制——从功能法的角度看民事规范的类型与立法释法的方向"，载苏永钦：《走进新世纪的私法自治》，中国政法大学出版社2004年版，第20页。

[83] [德] 阿图尔·考夫曼：《法律哲学》，刘幸义等译，法律出版社2011年版，第216页。

[84] 周光权："'普法'的方式"，载《清华法治论衡》（第4辑），清华大学出版社2004年版，第490页。

[85] 同上。

孟向内求真的轨道，避免"知之转于乱而近于治远"。儒家思想中的"使由使知"虽不至于延伸到"人是自己的神"那样，但那种不立文字、不靠强力就能够引导人们进行自律的智慧，在今天看来，则比"以法为教"高明很多。对于儒家的政治智慧，梁漱溟先生的总结十分高妙："离开宗教而有道德，在中古西洋殆难想象；离开法律而有秩序，在近代国家弥觉稀罕。然而在旧日中国却正是以道德代宗教，以礼俗代法律，恰与所见于西洋者相反。道德存于个人，礼俗起于社会；像他们中古之教会、近代之国家，皆以一绝大权威临于个人、临于社会者，实非中国之所有。"[86] 或许我们可以设想，若严复眼中"风俗敦庞之国"能得以实现，实际上法治理想或许也就不久远了，毕竟中国人身上流淌的是儒家文化的血液。对传统智慧的敬意，可能才是法治之"中国特色"真正的源头活水。

---

[86] 同前引47，第176页。

西方法律传统

17世纪的自然理性与技艺理性之争
——兼及论争背后的治理逻辑

江小夏*

一、引言

普通法宪政问题一直是英国法研究中的核心问题，2015年国内学界就有两篇相关文章从不同角度介绍了英美学界近来的普通法宪政主义研究。李红海发表在《华东政法大学学报》2015年第1期的《当代英国宪政思潮中的普通法宪政主义》一文，对英国当代学界普通法宪政主义思潮的兴起作了分析："普通法宪政主义实际上是针对过去行政法中的越权无效原则的反思过程中逐步形成的，本质上是17世纪以来经典普通法理论的翻版，是对光荣革命之后议会取得至上地位和行政权不断扩张的一种理论回应，而这种回应借助的则是英国的普通法传统和法治原则。"[1]该文指出，普通法宪政主义者力图将普通法奉为英国宪政体系中的高级法，以制约行政权甚至立法权，即以司法审查的手段来保障公民个人的权利和自由，这无疑符合当前以法治保障人权的世界法律发展趋势。

此外，段元秀发表在《长春大学学报》2015年第7期的《普通法宪政主义的内涵及复兴——兼论詹姆斯·塔利的普通法宪政主义观》一文主要从分析詹姆斯·塔利（James Tully）《陌生的多样性：歧异时代的宪政主义》一书出发，指出在当前宪法学甚至政治学领域占据主导地位的现代宪

---

* 华东政法大学博士研究生。
〔1〕 李红海："当代英国宪政思潮中的普通法宪政主义"，载《华东政法大学学报》2015年第1期。

政主义之外,以英美普通法为核心的普通法宪政主义也是一种不可忽视的宪政主义思潮和制度架构类型。作者还提出,相对于传统的现代宪政主义而言,普通法宪政主义对当前的宪政思潮发展可能更有启发意义,因为"在普通法宪政主义的历史中可以找到法律和政治的多元主义,以及关注文化因素之宪政思维形式等资源"。[2]换言之,普通法因其法律渊源上的历史性与裁判机制上的演绎性,而具备充分的灵活性与适应性,故能包容后殖民地时代各国、各民族的多元法律传统。再简言之,在普通法宪政体系中,不同法律传统能够找到其存续下去的合适途径。[3]

前述二文所论述的主题虽都涉及当代的普通法宪政主义,但各有其侧重点:前文将普通法宪政主义作为解构议会主权主义,约束行政权与立法权,保障公民权利与自由的一种路径;后文则侧重于讨论普通法宪政主义中的多元主义因素,突出普通法宪政主义对多元法律文化的包容性,将之作为当前世界多元法律传统存续与发展的一种出路。普通法宪政主义本身是个复杂多变的概念,因而前述二文能够从不同角度对其进行解读,但二文都提到了一个概念——"普通法宪政主义的复兴",意即普通法宪政主义并不是近来方兴起的一股思潮,而是17世纪一种古老的宪政传统在当今的复兴。如此,就需要回答两个问题,即17世纪的普通法宪政究竟为何,后世学者又何以能对其进行多种诠释。[4]

一旦将目光投回那个时代,我们就会发现17世纪其实是普通法宪政研究中不能绕过、充斥着论辩与斗争的一个时期:柯克与詹姆斯一世关于王大还是法大、自然理性还是技艺理性的著名论辩开启了这个瑰丽的世纪;查理一世与议会的长期斗争就发生在该世纪的前半叶,最终走向内战;史

---

[2] [加]詹姆斯·塔利:《陌生的多样性:歧异时代的宪政主义》,黄俊龙译,上海世纪出版集团2005年版,第206页。

[3] 参见段元秀:"普通法宪政主义的内涵及复兴——兼论詹姆斯·塔利的普通法宪政主义观",载《长春大学学报》2015年第7期。

[4] 从英国史的研究视角上看,17世纪的英国史一般被置于所谓的"近代早期"(early modern)阶段,剑桥大学出版社甚至有一系列的出版物专门以"近代早期"这个时段为研究主题。这个主题的内容非常广泛,从日常生活到哲学思想,几乎无所不包,仅在法学相关主题上,就包括了从司法机构到法律哲学等丰富内容。这一系列成果其实是英国当前法律史资料整理潮流中的一朵浪花,以塞尔登协会、埃姆斯基金会为代表的研究机构对年鉴等浩瀚的英国历史文献的整理一直在进行。

上首次处死君主的司法审判也发生在这个世纪的中段；克伦威尔等建立共和国的尝试跨越了 17 世纪 40～50 年代；革命与复辟所带来的诸多宪政问题始终折磨着那个时代的政治家与思想家，即使经过 1688 年的光荣革命，这些问题依然是政治讨论的核心内容……仅仅通过简单的列举，17 世纪在普通法宪政问题上的意义便已显而易见，还有什么比革命、复辟以及王权、议会的斗争等事件更能算得上宪政问题呢！

二、柯克、霍布斯与黑尔

在 17 世纪如此众多的宪政问题中，柯克与詹姆斯一世的论争无疑是其中最夺人眼球的事件之一。柯克通过与詹姆斯一世的论争，重新宣示了"国王在万人之上，却在上帝与法律之下"这一古老法谚，指出国王并不是全知全能的，不能以自然人的理性来插手需要法律人的技艺理性才能驾驭的司法事务。此后，在博纳姆医生案（Dr. Bonham's Case）的审判中，柯克进一步提出了普通法法院可以裁断议会立法是否"违反普遍的正义与理性"，这一论述常被后世学者引为现代司法审查制度之滥觞。[5] 这些也是现今我们提及柯克时最经常注意到的两大事件，但如果我们只关注这两点，就容易形成一种错觉，仿佛在柯克提出这些观点之后，现代的司法审查制度与法律至上观念就已然牢固确立了。这种简单的想象当然是一厢情愿的。事实上，在柯克提出所谓的"司法审查"理念之后，司法独立在英国并没有想当然地实现或确立下来，在 17 世纪长期的政治斗争中，普通法法院未获得对王权的胜利，在光荣革命后，主权者易位，议会取代国王，成为普通法法院与法官们的"新主人"。[6] 在更微观的层面上，柯克所明确提出的普通法经典的技艺理性也并未立即取得对自然理性观念的胜利，而是不断受到霍布斯等人的挑战与批判。

---

〔5〕 昆廷·斯金纳《观念史中的意涵与理解》一文在论述历史研究中的时代错置（anachronism）现象时就举了柯克在博纳姆案中的论述被后世认为是司法审查原型的例子，此时代错置现象即"某位作家可能被发现持有某论点，而在原则上他根本不可能有这样的意图，而只是碰巧使用了类似的术语罢了"。[英] 昆廷·斯金纳："观念史中的意涵与理解"，任军锋译，载丁耘、陈新主编：《思想史的元问题》，广西师范大学出版社 2005 年版。

〔6〕 参见于明："古代宪制、法律职业与主权者革命：重读'司法独立'的英国故事"，载《中外法学》2013 年第 1 期。

概而言之，在柯克与詹姆斯一世的论辩之后，普通法至上与技艺理性的理念并未在英国获得主导地位。这一理念在 17 世纪早期受到王权至上理念的压制，在 17 世纪晚期又恰逢议会至上理念渐趋主流。在这一系列理念间的斗争中，以霍布斯与柯克、黑尔（Sir Matthew Hale，1609～1676）与霍布斯的论争最具代表性。如果说论争必须得是双方你来我往的交锋，那么这两番论争都不算严格意义上的论争，因为它们都是单方面的，都是前者对后者的观点作出评述，而后者却并没有公开回应。霍布斯写《哲学家与英格兰法律家的对话》（以下简称《对话》）时，[7] 柯克早已去世；黑尔写《对霍布斯关于法律对话的回应》（Reflections on Hobbes's Dialogue of the Law，以下简称《回应》）时，[8] 霍布斯虽还在世，但却未见有回应的文字面世或留传下来。

柯克与霍布斯二位都是英国政治史、思想史、法律史上鼎鼎大名的人物，学界此前对之已有不少研究与介绍，故在此不再赘述二人的生平事迹。相对而言，无论是在英美还是在国内，黑尔就相对不那么出名。这位被霍兹沃斯（William Holdsworth）认为是"17 世纪最重要的法学家"，[9] "与霍尔特（John Holt）、曼斯菲尔德（William Murray, 1st Earl of Mansfield）一样能够影响整个世纪，并称普通法历史上三大巨头的法学家"，[10] 其代表作有《普通法史》（History of Common Law）、《国王诉讼的历史》（The History of the Pleas of the Crown）、《上议院的管辖权》（The Jurisdiction of the Lord's House, or Parliament Considered According to Ancient Records）、《国王的特权》（The Prerogatives of the King）、《海事法院管辖权》（Sir Matthew Hale on Admiralty Jurisdiction）等。虽然黑尔现在主要以著述传世闻名，但他在生前却几乎没有出版过法学著述，其绝大部分著述都是在他去

---

[7] [英] 托马斯·霍布斯：《哲学家与英格兰法律家的对话》，姚中秋译，上海三联书店 2006 年版。

[8] "Reflections on Hobbes's Dialogue of the Law", in William Holdsworth, *A History of English Law*, Vol. V, Methuen, 1978, pp. 500 – 513. 中译本见 [英] 托马斯·霍布斯：《哲学家与英格兰法律家的对话》，姚中秋译，上海三联书店 2006 年版，附录。

[9] William Holdsworth, *A History of English Law*, Vol. VI, Methuen, 1977, p. 574.

[10] Thomas Barnes, *Shaping the Common Law: From Glanvill to Hale, 1188 – 1688*, Stanford University Press, 2008, p. 222.

世后由后人陆续整理出版的。[11] 当时他主要以德行卓越、政治中立、博识多学闻名。其一生经历更是传奇，早年取得出庭律师资格后，主要代理叛国罪案件，1640年代著名的劳德大主教案、斯特拉福德伯爵案以及查理一世案等著名大案中都有他的身影。尽管表现出鲜明的保皇派政治色彩，但在共和国时期，他先是被克伦威尔任命为一个法律改革委员会主席，随后被任命为普通民事诉讼法院（Court of Common Pleas）法官，身兼议员与法官两重身份。到复辟时期，他又受到查理二世的重用，先是被任命为财税法院首席男爵，后更成为王座法院首席法官。

三、霍布斯的理性观与主权观

霍布斯与柯克、黑尔与霍布斯的两组单方论辩提到了许多相关问题，但根据黑尔对霍布斯的《回应》，这些论辩其实主要围绕理性与主权两大问题进行，即是自然理性还是技艺理性、是王权还是普通法法官，制定或发现了法律。[12] 所以，更简言之，这些论辩其实主要是围绕法律的制定问题展开的，即什么立法主体（主权者）根据什么（自然理性还是技艺理性）制定或发现了法律，这是一个问题的两个方面，且是紧密联系的。我们先从双方对理性的论辩开始考察。

在《对话》中，霍布斯批评以柯克为代表的普通法法学家，认为他们所提出的技艺理性：首先是不真实的，因为法律并不产生于律师或法官的理性，而是产生于主权者的意志，也是一种自然理性，而不是技艺性的；其次是模糊的，因为技艺理性不能澄清律师和法官的推理和实际的法律之间的关系，法律即主权者的命令，其效力是主权者赋予的，而法官只能在特定的案件中对其进行解释和适用。针对霍布斯的理性观点，黑尔进行了细致的回应。

霍布斯对理性的论述秉承了他一贯以来的国家与主权观念——绝对君主观念，在他所设想的自然状态中，人与人互不信任，充满敌视，无所谓正义。这种自然状态的设想无疑来自于他亲身经历的英国内战，这种长期

---

[11] 黑尔遗留手稿规模恢宏，其整理工作直到现在还在继续，最新的情况可以从波斯特玛（Gerald J. Postema）教授2014年1月10日接受的一次采访中得知。

[12] 参见［英］托马斯·霍布斯：《哲学家与英格兰法律家的对话》，姚中秋译，上海三联书店2006年版，第1~10页。

动荡的局面给生性谨慎的霍布斯以极大的心理影响,故他对一个强有力的强权的需求尤为强烈。正如他在《利维坦》中所言:"在没有共同权力的地方就没有法律,而没有法律的地方就无所谓不公正。"[13]他渴求一个公共权力。那么,这个公共权力如何建立呢?霍布斯认为应该通过一个信约,但他所谓的信约绝不是基于双方的自由意志订立的,"如果没有刀剑,信约不过是空话而已",其理论体系中的信约是基于"刀剑",即基于恐惧而建立的。这样就形成一个很微妙的理论,霍布斯认为,为了摆脱令人恐怖的自然状态,应该借助于同意恐惧某个人,来订立一份信约。[14]

霍布斯所谓的信约就是其理论体系中的根本性法律,这个根本性法律的目的乃是约束臣民支持授予主权者的一切权力,即为了维护政治共同体的存续。而自我维续是所有事物的最终目的,政治共同体为了自我维续而有信约的订立;同样,相对的,个人也当然有自我维续的本能,个人的自我维续意味着有一些自然权利是不可让渡的。在霍布斯的理论体系中,即使在通过信约将权利转让给主权者后,个人依然有一些不能让渡的自然权利,即不得自证其罪、酷刑下撒谎、逃兵役甚至反叛等。虽然这些权利并不能排除主权者的权力,但在霍布斯的思想体系中,这些权利被侵犯就意味着是战争重开,政治秩序重建的开始。[15]故而,在霍布斯那里,从信约以下的法律就是主权者为了政治共同体维续下去而发布的一系列命令。这些命令(法律)来自广泛的自然律法(以保障人民安全为宗旨),主权者是制定修改这些法律的唯一主体,也是运用这些法律的裁判者。

在霍布斯的整套思想体系下,理性问题应该以这样的发问方式提出,即谁的理性算数?这是霍布斯理论体系中特殊的发问方式,正如他在《比希莫特》中对内战原因的分析那样:内战发源于学究政治,因为长老会牧师、民主绅士、普通法学者等知识权威关心政治、正义等抽象原则,争论谁更有智慧与学识,从而败坏了人民(包括长老会信徒、伦敦商人、家道

---

[13] [英]托马斯·霍布斯:《利维坦》,黎思复、黎廷弼译,商务印书馆1985年版,第95~96页。

[14] 参见[美]斯托纳:《普通法与自由主义理论:柯克、霍布斯及美国宪政主义之诸源头》,姚中秋译,北京大学出版社2005年版,第146~149页。

[15] 参见[美]斯托纳:《普通法与自由主义理论:柯克、霍布斯及美国宪政主义之诸源头》,姚中秋译,北京大学出版社2005年版,第153~154页。

败落的财主)。具体而言,长老会牧师主张精神威权为了维护宗教正统有权干涉国政,认为倘若法律违背人的良心,臣民可以不服从法律;民主绅士反对君主专制,主张民主制、共和制;普通法学者除了反对君主特权,还认为君主未经人民许可不能征兵、征税。这三类人或者反对君主专制,或者主张臣民有不服从法律服从良心的自由,或主张君主的军事权、财政权应受制约,或者干脆主张民主、共和,在霍布斯看来是导致内战动乱的三股主要力量。在这一整套批判中,霍布斯的发问逻辑是,学术研究与讨论应该解决谁有资格统治的问题,而不是谁更有智慧与德行,正如宗教应该教人该信仰何人,而不是教人该信仰什么。[16] 可见,霍布斯的发问逻辑是一以贯之的。

四、黑尔的理性观与王权观

相对应的,黑尔以及柯克讨论的其实是理性是什么、何种理性能更好地发现法律的问题。黑尔先是界定了理性的内涵和外延,指出我们在谈论理性时,有三种可能的含义:一是将其视为事物之间或事物内部的一致性、关联和依赖性;二是理性天赋,即人们认识、判断、推论时所运用的能力;三是理性天赋与理性主题之结合。[17] 按照黑尔的理性定义,三种理性的含义其实广泛存在于世界上,并且常常相互混融。比如,在数学中,一些数学定理、规律就是第一种理性含义,它内涵在世界万物中;而要发现和学习这些定理、规律,就需要拥有一定的数学理性天赋,但理性天赋在人中间是各异的,有些人擅于几何而弱于数论,有些人正好相反,还有些人都擅长或都不擅长,此即理性的第二种含义;擅长几何的人学习和研究几何就很容易取得成就,而让其研究其不擅长的数论可能还不如常人,这就是理性的第三种可能含义。

黑尔将理性细分为理性天赋与理性主题,指出要取得最大的成就需要两者很好的恰合。而每个人的理性天赋领域与水平其实几乎是天定的,因此更重要的并且后天可以左右的是选对理性主题。因为所有人都有的理性

---

[16] 参见王军伟:"学究政治与十七世纪英国王权的危机——霍布斯《比希莫特》简评",载林国基、林国华主编:《自由海洋及其敌人》,上海人民出版社2012年版,第63~70页。

[17] "Reflections on Hobbes's Dialogue of the Law", in William Holdsworth, *A History of English Law*, Vol. V, Methuen, 1978, pp. 500-502.

在面对不同主题时会根据其天赋不同而各不相同,正如一个人可能是位优秀的雄辩家、道德家,但可能其在政治与文学上的天赋却很平庸。即"一个人的理性,可能只适合一个主题而不适合其他主题。"而且,通常"宣称具有整全的知识的人,不过是对每一样事物仅有一些肤浅的、零碎的了解而已"[18]。

在众多的理性主题中,黑尔进一步指出,法律的理性因其主题而成为所有理性类型中最难熟悉掌握的。因为法律所要面对的情况是高度复杂的。

法律涉及管理文明社会,并使之井然有序;涉及确定衡量正当与不正当的标准,这涉及很多具体细节。因而,人们不能指望对于它们可获得与数学科学相同之确定性、清楚和证明。有的人带着某种信念宣称,自己构造了一个可以适用于所有国家和各种情况、永远不会出错的法律与政治理论体系,就像欧几里得证明他的结论那样清楚和一致。这样的人是自欺欺人,一旦碰到具体的应用,就会证明是无效。[19]

为了证明以上结论,黑尔还进一步列举了五点理由:[20]

第一,在道德领域,尤其是涉及共同体的法律时,每个人尽管都有关于正义与合宜的基本概念,但当面对具体的个别情形时,却很难达成一致。

第二,无论是制定法律,还是解释和适用法律,都极为困难,因为:其一,它需要对于可能出现的种种情况具有长远的眼光,不仅是对该法律所要解决的问题,也要对所提出的该救济方法由于意外而产生的、作为其结果产生的及附带产生的问题有这种眼光;其二,它需要对拟议中的法律的便利程度作出某种详尽的、有经验依据的判断,并考察这种便利是否大幅度地超出它所要解决的那些不便;其三,它需要良好的判断力和技巧,

---

[18] "Reflections on Hobbes's Dialogue of the Law", in William Holdsworth, *A History of English Law*, Vol. V, Methuen, 1978, p. 501.

[19] "Reflections on Hobbes's Dialogue of the Law", in William Holdsworth, *A History of English Law*, Vol. V, Methuen, 1978, p. 502. 中译参考 [英] 托马斯·霍布斯:《哲学家与英格兰法律家的对话》,姚中秋译,上海三联书店2006年版,附录,第201页。

[20] "Reflections on Hobbes's Dialogue of the Law", in William Holdsworth, *A History of English Law*, Vol. V, Methuen, 1978, p. 504. 中译参考 [英] 托马斯·霍布斯:《哲学家与英格兰法律家的对话》,姚中秋译,上海三联书店2006年版,附录,第203页。

从而在适用该救济时,能够……使所产生的不便尽可能地小。[21]

第三,因为环境不同,人们的每一道德活动都是有所差异的,对其定性与裁决很困难。可以说,在世界上,没有两个完全相同的道德活动,故而制定有关道德活动的法律是很困难的。所以,法律的视角就必须是长远的,因为往往当下的、直接的、近距离的视角下所产生的理性认识是片面的或不合理性的。进而,要获得一部在长远看来是理性的法律,最佳的选择是通过年高明智、经历丰富的一两百位老人协商制定,而不是由一位没有什么经验的年轻人自己制定。

第四,因为法律是长期的、不断重复的、经验的产物,所以尽管经常被称为愚蠢之母,但这种方法确实是人类借以发现法律的缺陷及补救措施的最明智方法。

第五,法律的制定者在制定法律时往往是为了某一目的,但后来者却并不一定清楚这些目的。面对这种情况,黑尔指出因为这些法律带来了确定性,所以遵守它们就是合理的,无需搞清楚当初的立法目的。[22]

基于以上五点理由,黑尔批判了霍布斯认为法律理性是自然理性的观点,认为法律理性是:"需要经由习惯、熟悉和训练才能获得,通过运用那种天赋进行阅读、研究、观察,才能给予一个人关于法律的完备的知识。尽管一个人长期勤劳地投身于这种学习研究中,也不能僭称自己的判断不会出错,更不能僭称自己已经完整地获得了有关英格兰法律所可以获得的全部知识……"[23] 这也是对霍布斯"一个人可以在两个月内就可以运用它们"[24]一说的反驳。

接下来,黑尔分析了为什么普通法法律人相对其他人来说,可对本王

---

[21] "Reflections on Hobbes's Dialogue of the Law", in William Holdsworth, *A History of English Law*, Vol. V, Methuen, 1978, p. 504. 中译参考 [英] 托马斯·霍布斯:《哲学家与英格兰法律家的对话》,姚中秋译,上海三联书店2006年版,附录,第203页。

[22] "Reflections on Hobbes's Dialogue of the Law", in William Holdsworth, *A History of English Law*, Vol. V, Methuen, 1978, pp. 502–505. 参见 [英] 托马斯·霍布斯:《哲学家与英格兰法律家的对话》,姚中秋译,上海三联书店2006年版,附录,第201~205页。

[23] "Reflections on Hobbes's Dialogue of the Law", in William Holdsworth, *A History of English Law*, Vol. V, Methuen, 1978, pp. 502–505. 中译参考 [英] 托马斯·霍布斯:《哲学家与英格兰法律家的对话》,姚中秋译,上海三联书店2006年版,附录,第205~206页。

[24] [英] 托马斯·霍布斯:《哲学家与英格兰法律家的对话》,姚中秋译,上海三联书店2006年版,附录,第6页。

国的法律做出更为恰当的判断和解释，原因在于：其一，普通法法律人的自然理性水平并不低于从事其他学科研究的人；其二，因为法律学科本身的性质和状况，研读法律的人，必须比其他学科更加勤奋和专注，故而比其他人更为熟悉地掌握法律；其三，因为普通法职业群体内部的关系紧密，所以法律自身拥有跨越时代与地域的确定性与一致性，而这种确定性与一致性又反过来塑造了普通法职业群体内部的紧密关系；其四，普通法法律人对于国会法案和成文法的阐释，相对于其他人来说也更具有优势，由于职业原因，他们能够预见到法律实施的情况，能够通过前代法官的阐释而对法律有更好的理解。[25]

黑尔这样的理性观当然也是建立在其王权观的基础上的。在《回应》第二部分"论主权权力"中，黑尔以一贯的切入方式——定义与分类——入手，对政府变体（modification of government）进行定义与分类。在此基础上，他对威廉征服的性质进行了分析，指出威廉征服并没有消灭以前治理者的全部权利或协议，而是继承了爱德华国王的权利及协议，当然也就没有改变英格兰人的法律或财产权或自由保有地产，这种继承还通过威廉一世的盟约及之后历代国王承认爱德华国王的法律的形式得以一再确认。这种确认不仅是宣示征服者及其继承者们的合法性，同时也是对其义务的一再确认，这些义务就规定在《大宪章》及其他涉及臣民自由权利的法律中。[26]

接下来，黑尔以列举的方式指出了国王六大权力，简言之：①缔造和平和宣布战争；②赋予钱币价值和合法性；③赦免公罪；④决定司法管辖权；⑤征集陆海军；⑥制定、颁布法律。宣示这些国王权力当然不是目的，黑尔紧接着指出了这些权力的两项限定：①国王不能强迫任何人离开王国，未经议会同意不能强加某些税费；②不能在没有两院的建议和同意时制定法律。因为未经国会两院的同意，国王不能制定法律，所以单单有

---

[25] "Reflections on Hobbes's Dialogue of the Law", in William Holdsworth, *A History of English Law*, Vol. V, Methuen, 1978, p. 506. 参见［英］托马斯·霍布斯：《哲学家与英格兰法律家的对话》，姚中秋译，上海三联书店2006年版，附录，第206~208页。

[26] "Reflections on Hobbes's Dialogue of the Law", in William Holdsworth, *A History of English Law*, Vol. V, Methuen, 1978, pp. 506-508. 参见［英］托马斯·霍布斯：《哲学家与英格兰法律家的对话》，姚中秋译，上海三联书店2006年版，附录，第208~210页。

国王的敕令并不能创制法律，而只能宣示、公布法律，这就驳斥了霍布斯的"国王的命令即法律"的观点。为了进一步驳斥"有些思辨家"（很明显就是霍布斯）"君王的权力，不可能存在任何限定或削减，他可以创制、废止或修改他所乐意的法律，征收他所乐意的税，以他所乐意的方式、在他乐意的时间侵削臣民"的观点，[27] 黑尔详细分析了（霍布斯的）这些观点何以错误：其一，这些观点从历史上考察就是错误的，其中黑尔详细列举了历史上国王不能创制法律，也不能废止法律的例子；其二，这些观点是有悖于自然正义与衡平的，因为国王及其他人都有义务信守誓言和承诺，国王的特权都是经过与臣民的协议授予的，而臣民们的原初自由与权利却是通过一些协议恢复的；其三，这些主张对于政府是有害的，是奸佞之辈试图以之媚惑国王，妄图离间君王与人民之间的信任关系，因为任意加重税负、征兵无疑会消减臣民对君王的信赖；其四，这些主张会使得人们忧惧不安，因为过重的税费、赋役负担会破坏贸易与实业，导致人们贫乏，使得王国陷入困境；其五，这些学说的诸多依据本身就是站不住脚的，其错误在于根据极端的情势来决定自己的观点，而且经验证明，根据传统构建的英格兰政府已足以应付种种紧急事态："认为法律或政府的模式应当按照极为罕见的情况来予以架构，这是十分荒唐的。这就仿佛一个人把伞菌（agaric）和大黄（rhubarb）每天都端上餐桌食用，仅仅因为他生病的时候它们对他有用，而这种病每 7 年才可能得一次。"[28]

五、理性观与治国逻辑

黑尔的这一整套反驳不同于霍布斯对柯克的批评，他们的思辨结构迥异。霍布斯的进路是追求永恒问题之永恒答案，其哲学思想是非历史的，他反对柯克的历史主义，因为他认为从历史经验里面不能获得任何真理；而与之相反，黑尔却每每从历史进路对霍布斯的诸多重要观点进行反驳，

---

[27] Reflections on Hobbes's Dialogue of the Law, in William Holdsworth, *A History of English Law*, Vol. V, Methuen, 1978, p. 509. 参见 [英] 托马斯·霍布斯：《哲学家与英格兰法律家的对话》，姚中秋译，上海三联书店 2006 年版，附录，第 211 页。

[28] "Reflections on Hobbes's Dialogue of the Law", in William Holdsworth, *A History of English Law*, Vol. V, Methuen, 1978, pp. 509–512. 中译参见 [英] 托马斯·霍布斯：《哲学家与英格兰法律家的对话》，姚中秋译，上海三联书店 2006 年版，附录，第 211~218 页。

指出其在历史上并不存在,此即用"一个单独的重要经验可用来反驳一个普遍命题,从普遍的经验中,一个人可以确实得出某些普遍的结论"。[29]在历史的路径之外,黑尔还从政治与道德的维度对霍布斯的观点进行反驳。他指出普通法理性的关键在于长期的适用,而长期的适用又意味着经过长期司法实践与检验的法律共同体与人民的接受。

正如本文篇首所提,当下的普通法宪政主义是种多元主义的思路,是对议会主权体系的挑战。因此,与普通法的技艺理性相对应的就不仅是君主主权、议会主权下的自然理性观念,还有更深层次的自博丹以来的近代主权理论。这套主权政治治理理念,以自然状态下订立原始契约的社会契约理论为出发点,以治理权的授权(或授予君主,或授予政府)为方式,认为自然正义与理性的体现方式主要是通过(或君主或议会)立法,法官根据立法作出裁判。而普通法理论其实挑战的是这个理论体系的整体,他们认为普通法本身就是理性,体现自然正义与理性的最好方式是演绎式的、按照遵循先例原则的、个案类推式的解决方式,认为在这种方式下的普通法规则是经过千百年淬炼、得到千百年来精英与民众智慧检验的,具有历史适恰性(historical appropriate)。这两种治理理念似乎可以归纳为司法式的治理模式与立法式的治理模式,长久以来,后者取代前者被认为是近代化的最主要标志之一。但在当下宪政主义的思潮下,在以人权、自由为核心价值的法治建设中,以司法的技艺理性为代表的普通法宪政主义,因其对个体价值的充分关注,而似乎有被掘出坟墓、焕发第二春的趋势。然而,最后我们不禁发出疑问:真的确定司法理性在近代化的过程中是默默无闻地潜行吗?

---

[29] [美]伯尔曼:《法律与革命》(第2卷),袁瑜铮、苗文龙译,法律出版社2008年版,第273页。

论美国征收条款的历史变迁及其原理

孙 聪*

自建国以来,我国长期实行计划经济体制,并建立了与此相适应的土地征收制度。随着改革开放全面而深刻地发展,我国逐步建立了社会主义市场经济体制。计划经济时代建立的征收制度已经无法适应当今经济社会发展的需要。为了应对这一问题,我国逐步地对征收制度进行改革,如2004年将征收(用)条款写入宪法,随后又在《物权法》中作出了相应的具体规定,同时还制定了诸如《土地管理法》一类的专门法对征收进行规制。但是,我国的征收制度仍然面临许多需要解决的问题,如征地范围超过了公共利益的范畴,征地补偿标准较低等。而美国作为法治发展的先进国家,其征收制度至今已建立200余年,其中积累了许多经验和教训,值得我们借鉴和反思。

本文力图梳理美国征收条款变迁的历史脉络,并从中发现其变迁原理,以及征收法背后所蕴藏的普适观念、价值和原理,以期为我国征收法的发展和完善尽绵薄之力。本文主要分为三个部分:第一部分为征收权与征收条款(takings clause)。对征收权(eminent domain)的概念和征收条款要素进行了简单介绍,辨析了征收与征收权的区别,并指出征收法的现代性主要表现为征收的合理化和民主化。第二部分为征收条款的历史变迁。首先,考察了古典时期的征收制度,揭示了该时期征收的合法性源自政府的治安权,并且主要依靠政治程序对征收行为进行限制;其次,考察

---

* 中南财经政法大学法制史博士研究生。

了征收条款的现代化,表明了该时期的征收条款不仅使征收权宪法化,从而独立于治安权,而且赋予公民针对征收的损害赔偿请求权。第三部分为征收条款的变迁原理,主要从制度变迁和制度与思想的互动角度分析了征收条款现代化的原因,以及现代化的动力。

一、征收权与征收条款

所谓征收权,是指政府实体固有的,为了公共用途(public use),并通过支付合理赔偿而征收私有财产的权力。[1] 荷兰的格劳修斯创造了"征收权"一词,用以描述作用于自然财产的国家权力。

在美国,征收权最早可以追溯到殖民地时期,各殖民地对于土地的管理和利用。[2] 当时的美国人从英国法中继承了征收的观念,而该观念又可以追溯至英国的《大宪章》。事实上,及至美国建国时,政府的征收权已经存在了相当长的时间了。[3] 但是,彼时的征收权并未从治安权(police power)中分离出来,而成为政府的一项专门的权力和职能。时至今日,美国的国家征收权已经成了一项专门性权力,并主要地规定于联邦宪法第五修正案的征收条款中(Takings Clause),以及各州宪法的对应条款中。因此,征收法成了宪法的重要分支。

美国征收条款规定:"没有正当法律程序不得剥夺任何人的生命、自由和财产;未经公平赔偿,不得将私人财产充作公用。"[4] 它是整个征收法律制度合法性的基石。征收条款主要适用于政府运用征收权征收私有财产的案件。依据其规定,征收条款主要包含三大法律要素,其中一项为程序性的,另外两项则为实体性的。具体而言:其一,政府的征收行为,不论是立法的,还是行政的,都必须具有程序上的正当性;其二,政府对私有财产的征收必须是为了满足公共用途;其三,政府必须支付合理赔偿(just compensation)给被征收者。这三大要素实际上也从程序和实体两方

---

[1] Bryan A. Garner ed., *Black's Law Dictionary*, 9th ed., West Group, 2009, p. 601.

[2] Daniel P. Dalton, "A History of Eminent Domain", *Public Corporation Law Quarterly*, 2006, No. 3, p. 1.

[3] Daniel P. Dalton, "A History of Eminent Domain", *Public Corporation Law Quarterly*, 2006, No. 3, p. 1.

[4] U. S. C. A. Const. Amend. V.

面对国家征收进行了限制,其中"公共用途"与"合理赔偿"为实体性限制。

公共用途与合理赔偿要件虽然有限制征收权的作用,但是这两个要件的内涵却存在着争议,并因此阻碍了它们限制征收权滥用功能的发挥。首先,就"公共用途"而言,在征收法的前现代时期,法院就在确定该要件的内涵上摇摆不定,先后出现了扩张解释[5]和限制解释[6]两种截然对立解释方法。该分歧一直延续到20世纪才暂告结束。整个20世纪,美国的法院都在扩张解释"公共用途"。[7]然而,进入21世纪后,法院的政策又有转向限制解释的倾向。[8]其次,就"合理赔偿"而言,不论是立法机关还是法院,对其内涵的分歧主要集中在"合理"的量化标准上。以法院为例,在具体案件的裁判中,法官经常会为赔偿数额而争论。这主要涉及以下几个方面:其一,被征收财产上附着的所有权人的情感和特殊需求是否应当赔偿;其二,被征收土地的预期利益是否应当赔偿;其三,商誉是否应当赔偿;其四,当部分征收发生时,应当如何计算赔偿的数额。[9]

总之,征收条款是美国现代征收法体系的基石,其现代性主要表现为,一方面其以基本法的形式定义了征收权,使国家的征收职能实现了理性化和专门化;另一方面它也赋予了公民针对征收行为的损害赔偿请求权,使政治参与的范围得以扩大。但是,征收条款本身用词的不确定性,使得美国征收法的哲学基础始终无法统一,从而使现代征收法表现出碎片化的样态。

二、征收条款的历史变迁

联邦宪法第五修正案中的征收条款规定了征收权的基本构成要件。然而,美国的征收权并非在一开始就具备前文所述的法律要素,甚至征收权

---

[5] See, *Stowell v. Flagg*, 11 Mass. 364 (1814).

[6] See, *Harding v. Goodlett*, 11 Tenn. (3 Yer.) 40 (1832).

[7] See, *Berman v. Parker*, 348 U.S. 26 (1954); *Hawaii Housing Authority v. Midkiff*, 467 U.S. 229 (1984); *Poletown Neighborhood Council v. City of Detroit*, 410 Mich. 616 (1981).

[8] See, *Kelo v. City of New London*, 545 U.S. 469 (2005).

[9] John G. Sprankling, *Understanding Property Law*, Matthew Bender & Company, Inc., 2013, pp. 831–834.

最初也只是主权中治安权的一重属性,而并不是一项独立的主权权力。就整体而言,在18世纪中期以前,美国的征收法处于古典时期,其特征为征收权尚未专门化、理性化,征收行为受制定法中的"公共用途"和特定的政治程序之限制。自18世纪末期开始,美国的征收法开始了现代化的进程,主要表现为联邦和各州宪法中开始出现征收条款,以理性化的形式确认了政府拥有专门化的征收权;同时,征收条款中还对合理赔偿作出了明确的规定,从而赋予公民针对国家征收的损害赔偿请求权。

(一)古典时期的征收及制度限制

1. 古典时期征收的性质

在古典时期,北美地区并不存在现代意义上的征收,殖民地政府当局的征收行为更多的是出于土地管理活动的需要。当时,征收权并不是一项明确且独立的宪法权力,而主要被视为主权权力的内在属性之一,并因此经常与主权的治安权(police power)属性混同。所谓治安权,是指广泛存在于联邦内每一个州主权当中的特定权力,它们主要涉及公众的安全、健康、道德和普遍的福祉。[10] 而不论是当时还是现在,政府当局运用治安权征收私有财产并不必支付赔偿金。因此,殖民地时代的制定法和最早的州宪法都不承认财产被征收的所有权人有获得合理赔偿的权利。[11]

权力属性的区别导致古典的征收性法律常常对财产权施加限制,并通过制定法确定了不经赔偿的征收形式。由于仿照英国实行土地保有制,所以,北美土地的实际所有者在名义上仅是代表国王或殖民地之"人民"保有土地。因此,当所有权人行使权利时,公权力会对其合法地施加限制。殖民地时期,土地所有权人通常从一些政治实体手中,附条件地获得土地作为私有财产。[12] 其中最常见的条件是"积极利用"(affirmative use),它要求土地所有权人必须积极地开发利用土地,而不能撂荒,或者消极地开发。如果土地所有权人不能积极利用土地,政府当局有权征收其土地,并转让给任何能够实现积极利用的第三人。在此过程中,失去土地的所有权

---

[10] *Lochner v. New York*, 198 U. S. 45, 53 (1905).

[11] William Michael Treanor, "The Origins and Original Significance of the Just Compensation Clause of the Fifth Amendment", 94 *Yale L. J.* 694, 695 (1985).

[12] John F. Hart, "Colonial Land Use Law and Its Significance for Modern Takings Doctrine", 109 *Harv. L. Rev.* 1252, 1259 (1996).

人不会获得任何形式的赔偿。在 Lindsay v. Commissioners 案中，法院明确指出，政府当局是"以修建公路为目的"而征收原告的"荒废的、未开发的土地"，因此不应当向其支付赔偿金。[13] 在稍后的 M'Clenachan v. Curwin 案中，法官依据制定法同样认为，当政府当局征收私人所有的"林地或未开发土地"时，"并不需要因其征收行为而支付赔偿金"。[14]

当时的制定法对私有土地利用的上述限制，主要出于两个正当化事由：王室特权和共和主义思想。首先，王室特权的正当化事由实际上是英国土地保有制度被移植到北美殖民地的结果。美国的法律观念和制度，尤其是在殖民地时期，深受英国的影响。英国的土地保有制度随着法律继受而在北美确立。因此，国王在法理上可以限制个人的产权。[15] 在当时，国王无疑是主权的象征。上述 Lindsay 案中，法官在判决中宣称，"人民的国王"之固有特权之一便是为了公益而制定法律限制自有保有人的产权，而且该权力应当由本州最高当局行使。[16] 其次，当时流行于殖民地的古典共和主义思想也起到了推波助澜的作用。共和主义者信奉公益（common good），并将社会看作有机的整体。北美古典共和主义的核心思想认为，国家的主要角色是引导公民过一种有德性的生活，使每个公民可以为了公益而无私地奉献。[17] 因此，在共和主义的语境中，个人权利只能居于次要地位。在 Lindsay 与 M'Clenachan 案的判决中，法官都认为，不论是对自由保有地产的限制，还是政府当局对荒地的无偿征收，都是为了"公益"（general good）和"公共的便利"（public convenience）。[18]

在上述两点因素的共同作用下，殖民地政府常常以土地所有者没有有效地利用土地为由而不加赔偿地征收土地，以进行道路、堤坝、磨坊等基础设施的建设。但不论是出于王室特权，还是共和主义思想，殖民地当局的征收行为实质上都以主权作为正当化的唯一依据。总之，在殖民地时代，人们普遍认为，政府当局的征收行为是在行使主权，公民不拥有针对

---

[13] *Lindsay v. Commissioners*, 2 S. C. L. 38（1796）.

[14] M'clenachan v. Curwen, 6 Binn. 509（1806）.

[15] Treanor, supra note 11, 697（1985）.

[16] *Lindsay v. Commissioners*, 2 S. C. L. at 38.

[17] Treanor, supra note 11, 699（1985）.

[18] *Lindsay*, 2 S. C. L. 38. Also see, *M'clenachan v. Curwen*, 6 Binn. 509（1806）.

主权的任何诉权。

2. 古典时期对征收的制度限制

在古典时期，政府当局的征收行为虽然不像现代征收法那样，受到宪法条文的明确限制，但是，当时的法律还是对政府可能的、随意施为的征收行为施加了限制。这些限制主要表现在实体和程序两个方面。

（1）实体法上的限制。在18世纪中期以前，北美殖民地鲜有现代意义的征收发生。但是，通过立法机关的授权性立法，使私主体之间仍然存在一定数量的征收行为。在这些立法中，以所谓的作坊法案（Mill Acts）最为典型。无论在作坊法案的文本中，还是在法院适用作坊法案的过程中，都要求作为征收者的私当事人的征收行为必须符合公共用途的要求。根据马萨诸塞殖民地1713年制定法，作坊主建立的作坊必须能够促进本镇，或者至少是当地大多数邻居的利益。[19] 这是北美殖民地土地征收法律制度中，关于公共用途最早的规定。在此后的立法和司法活动中，公共用途逐渐被各殖民地和州确认，并且其内容被不断地细化。在此过程中，如何对该原则进行规范性表述和法律解释，成了议会和法院的首要任务。

当时，各殖民地（州）的法院开始依据作坊法案等征收性法律处理案件，并先后对公共用途的内涵作出了扩张性解释和限制性解释。在扩张解释公共用途原则的州中，法院通常认为，土地征收行为有助于当地私人企业的发展，这对于促进当地整体福利的增长具有重要作用。因此，只要对整体福利的增长有益，征收行为就满足了公共用途的目的，至于征收者到底如何使用被征收的土地，并不在法院的考量范围之内。例如在 Stowell v. Flagg 案中，法院就指出，因为作坊对公共福利的发展具有特别重要的作用，所以，即使土地被因必须利用水力而引起的泛洪所损毁，也符合"公共用途"的要求，从而不构成侵权。[20] 在限制解释公共用途原则的州中，法院则强调征收人对被征收土地的实际使用状况，[21] 即被征收土地在使用时，必须被公众直接地、实际地使用。在 Harding v. Goodlett 案中，田纳西州的法院认为，原告建立作坊只是行使征收权的借口，因为其作坊纯粹是

---

[19] Province Laws 1713, ch. 15.

[20] Stowell v. Flagg, 11 Mass. 364 (1814).

[21] Philip Nichols, Jr., "The Meaning of Public Use in the Law of Eminent Domain", 20 *B. U. L. Rev.* 615, 626 – 627 (1940).

私人企业，[22] 从而否定了作坊主的征收行为。

（2）程序上的限制。与现代征收法不同，殖民地时期的征收法通常仅对政府当局的征收行为施加程序的限制，以保护私有财产免受主权权威的肆意侵害；而并未直接赋予公民实体性的损害赔偿请求权，以对抗主权权威。上述限制主要表现在宪法层面、制定法层面。在宪法性法律层面，例如，纽约于1683年颁布的《自由与特权宪章》（Charter of Liberties and Priviledges）规定，"凡自由民，非经其同等地位者依法判决或遵照本行政区法之规定外，不得被剥夺其自有保有地产权"。[23] 这项规定可以直接追溯到1215年《大宪章》第39条，其中规定，"凡自由民，除经其贵族依法判决或遵照国内法律之规定外，不得加以扣留，监禁，没收其财产"。[24] 而在制定法层面，例如，有关城市土地利用和面貌的法律规范，它们主要规定了城市土地所有者使用土地的方式，以及在土地上建设房屋时应当遵守的限制。在弗吉尼亚，州立法机关就通过制定法授权城镇的管理委员会制定相关法规，管理城市的土地使用和面貌。同样性质的法律还出现在水利和矿业生产的领域。其特征都是由地方立法机关通过政治程序制定法规管理土地利用。对此，Hart认为，这些立法为提出和制定征收条款的立法者所熟知。[25] Treanor则进一步指出，在殖民地时期和独立战争时期，立法者认为，政府当局的征收行为要受到多数主义者的政治决策体制的约束。在实践中，这种政治决策体制通常表现为，由特别任命的陪审团或委员会决定何时征收与何时补偿。但在通常情况下，鲜有被征收者获得赔偿，即使陪审团或者立法机关决定给予赔偿，其数额也远低于被征收财产的实际价值。[26]

（二）征收条款的现代化

亨廷顿指出，政治现代化的三个特征包括权威的合理化、结构的分离

---

［22］ *Harding v. Goodlett*, 11 Tenn. (3 Yer.) 40 (1832). See Emily A. Johnson, "Reconciling Originalism and the History of the Public Use Clause", 79 *Fordham L. Rev.* 265, n. 400 (2010).

［23］ William Michael Treanor, "The Original Understanding of the Takings Clause and the Political Process", 95 *Colum. L. Rev.* 782, 786–787 (1995).

［24］ Ralph V. Turner, *Magna Carta: Through the Ages*, 1st ed. Longman, 2003, p. 231.

［25］ John F. Hart, "Land Use Law in the Early Republic and the Original Meaning of the Taking Clause", 94 *Nw. U. L. Rev.* 1099, 1107 (2000).

［26］ Treanor, supra note 23, 787–788 (1995).

和政治参与的扩大。[27] 据此标准,美国征收法的现代化应当开始于独立战争时期。当时,立法机关通过制定法,赋予了公民针对征收行为的损害赔偿请求权。这表明在征收法领域,政治参与获得了扩大。此外,当时的宪法开始明确定义征收权,从而使国家征收权从治安权中独立出来,并得以理性化。随之而来的是法院开始运用其司法功能对征收法进行解释使用,进而逐渐形成了专门化的征收法领域。

独立战争时期,美国的征收法基本延续了殖民地时期的风格,由立法机关通过政治程序决定征收的对象与范围,并且基本不对被征收者提供损害赔偿。同时,被征收者也没有制定法上的针对征收行为的损害赔偿请求权。直至1776年,仍然没有任何一个州的宪法要求对政府当局的征收行为进行"合理赔偿"。但是,随着独立战争的发展,政府的征收行为开始失控。在战争过程中,所有的州都颁布并广泛地适用"褫夺公权法案"(Bills of Attainder),以资助战事。[28] 所谓"褫夺公权法案"(Bills of Attainder),是指立法机关通过立法,宣称特定的个人或集团违法,从而不经正当程序便征收其财产,剥夺其自由。[29] 根据古典时期的征收法,政治程序如果失败,那么就意味着被征收人不会有任何机会获得合理赔偿,更意味着私人财产权将失去一切保护。鉴于"褫夺公权法案"的泛滥严重破坏了财产制度,当时的立法者开始把"合理赔偿"条款写入制定法,甚至是宪法,以赋予公民个人对抗国家征收的赔偿请求权。1777年,佛蒙特州率先将赔偿条款纳入州宪法中,明确规定:"不论何时,当任何人的财产以公共用途被征收后,被征收人都应当获得等价的货币作为赔偿。"[30] 1780年的马萨诸塞州宪法也作出了相似的规定:"无论何时,当任何个人的财产因公共的迫切需求而被充作公用时,他都应当因此而获得合理的赔偿。"[31] 1787年的《西北条例》则把这种请求权的适用范围扩大至整个西

---

〔27〕 [美]塞缪尔·P. 亨廷顿:《变化社会中的政治秩序》,王冠华等译,沈宗美校,上海世纪出版集团2008年版,第78页。

〔28〕 Duane L. Ostler, "Bills of Attainder and the Formation of the American Takings Clause at the Founding of the Republic", 32 Campbell L. Rev. 227, 228 (2010).

〔29〕 16B Am. Jur. 2d Constitutional Law § 716.

〔30〕 Vt. Const. of 1777, ch. I, art. II, http: //www. leg. state. vt. us/statutes/const2. htm.

〔31〕 Mass. Const. of 1780, partI, art. X, https: //malegislature. gov/Laws/Constitution#pageTop.

北地区，它规定："为了保护公共利益，政府当局可以因公共的迫切需要，而对个人财产实行征收，或要求其履行特定的义务。同时，政府当局应为其上述行为支付全额的赔偿。"[32]

此后，联邦宪法和"权利法案"的颁布，不仅标志着公民的损害赔偿请求权在联邦层面获得承认，还标志着征收法在制定法层面上完成了现代化。联邦宪法第五修正案中的征收条款（Takings Clause）规定，"没有正当法律程序不得剥夺任何人的生命、自由和财产；未经公平赔偿，不得将私人财产充作公用"。[33] 根据古典时期美国在征收领域中的法律实践和经验，征收条款对征收权施加了两项限制：其一，政府对私有财产的征收必须是为了满足公共用途（public use）；其二，政府必须支付合理赔偿（just compensation）给被征收者。前者在公法领域为立法机关在制定征收法时施加了内部性限制；后者则通过赋予公民损害赔偿请求权而为政府的征收行为施加了外部性限制。征收条款的颁布，一方面表明了征收权正式成为一项理性化了的宪法权利；另一方面表明了征收法的政治基础的扩大。

虽然制宪者将征收条款写入宪法是征收法现代化的里程碑，但是由于其宪法条文的属性，因此用词高度抽象，含义模糊，极易在适用时引起争议。其中"公共用途"标准更是在古典时期就引起了法院的广泛争论。而在"合理赔偿"标准中，到底何为"合理"同样存在解释的空间。因此，在美国的征收法完成了制定法层面的现代化之后，法院就逐渐在现代征收法的发展中占据了中心地位，它通过法律解释，扩大了现代征收法的适用范围。

综上所述，美国宪法中的征收条款大致经历了古典时期和现代化时期两个发展阶段。在古典时期，虽然征收行为并非基于专门化与理性化的国家征收权，但是，众多征收性法律的存在为征收权和征收条款的诞生提供了丰富的实践经验。例如，征收必须基于"公共用途"，同时还要符合特定的政治程序。这些古典时期征收的构成要件，显然为现代征收法提供了制度上的路径选择，并使其产生了路径依赖。在现代化时期，征收条款被

---

[32] Northwest Ordinance of 1787, art. 2, http://avalon.law.yale.edu/18th_century/nworder.asp.

[33] U. S. C. A. Const. Amend. V.

州和联邦的宪法广泛采纳,从而使征收权从治安权中独立出来,在法理上获得了专门化和理性化。同时,"合理赔偿"的规定赋予了公民针对征收的赔偿请求权,扩大了征收法的政治基础,使其具备了民主性。

三、征收条款的变迁原理

虽然美国的征收条款是基于美洲当地的自然地理和社会政治现实而诞生的法律,但是任何制度都不可能凭空诞生,在制度背后必然存在着历史与文化的传承。就征收条款的历史变迁而言,它不仅从英国法中直接继承了某些制度要素,还从中吸收并转化了许多观念和理论。前者构成了征收条款宪法化的制度基因,后者则是征收条款变迁的主要动力。

（一）征收条款的制度基因

如同其他法律制度一样,美国的征收法律制度主要继承自英国。其制度基因主要来源于《大宪章》有关正当程序的规定。虽然"征收"一词由格劳修斯（Grotius）首次使用,但是征收的观念早已存在于英格兰的土地上。在1215年《大宪章》中,第39条明确规定,"凡自由民,除经其贵族依法判决或遵照国内法律之规定外,不得加以扣留,监禁,没收其财产"。[34] 由此可见,早在中世纪,英格兰人就认为国王拥有不经所有者同意而没收其财产的权力。而更令人印象深刻的是,大宪章的规定,要求国王的征收行为必须遵从法律或既定的政治程序。简言之,至少自1215年起,英格兰人就认为征收应当受到限制。

此后,随着民族国家的建立,征收权逐渐成为具有主权的政治实体所固有的权力。[35] 虽然行使征收权的主体从国王变成了议会,但是,根据英国的政治传统,由议会行使的主权也应当受到法律和既有政治程序的限制。作为主权固有属性的征收权同样也应当受到此限制。17世纪至19世纪,英国在政治结构上完成了现代化,其标志之一是权威的合理化,即主权完全集中于议会,全国范围内只有唯一的政治权威。[36] 伴随着权威合理

---

〔34〕 Ralph V. Turner, *Magna Carta: Through the Ages*, 1st ed., Longman, 2003, p.231.

〔35〕 Peter J. Kulick, "Rolling the Dice: Determining Public Use in Order to Effectuate a 'Public - Private Taking' - A Proposal to Redefine 'Public Use'", *L. REV. M. S. U. - D. C. L.* 639, 643 (2000).

〔36〕 [美]塞缪尔·P.亨廷顿:《变化社会中的政治秩序》,王冠华等译,沈宗美校,上海世纪出版集团2008年版,第85~86页。

化产生的是结构的分离,政府各机构及其下属机关逐渐实现了功能上的专门化。这种政治结构的现代化与英格兰的保守主义传统相结合,形成了在统一主权下,政府各专门机构之间相互对抗的政治体制,从而保证英国始终走在立宪主义的道路上。[37] 总之,在当时的政治实践中,英国人更多地依靠政治程序来限制主权,尤其是征收权的行使。

上述政治结构随着英格兰的殖民活动延伸到了大西洋彼岸的北美大陆,每个殖民地都相当于一个微缩版的英格兰。它们的政治实践使上述英格兰的政治制度在北美洲落地生根。因此,作为整体性政治制度子系统的征收法,在诞生之初就是为了利用政治程序限制公权力的滥用。

在古典时期,北美的立法者除了运用上述多数决的政治程序限制政府的征收行为外,还利用"公共用途"原则对征收进行限制。但是,在实践中,"公共用途"语词的模糊性,使其限制作用无法发挥。例如,在前述 Stowell v. Flagg 案和 Harding v. Goodlett 案的判决中,马萨诸塞州最高法院和田纳西州法院就采用了不同的解释标准,分别从扩张性和限制性的角度对公共用途进行解释,从而使这种实体性法律限制沦为支持政府当局进行征收的政策工具。因此,多数决的政治程序就构成了对征收行为的重要制约。正如 Treanor 所言,殖民地时期的许多征收性法律通过程序性的规则限制政府当局的征收行为。[38] 对于继承了英国普通法传统的北美殖民地,1215 年大宪章第 39 条成了这种制度的首选。如前文所述的纽约 1683 年《自由与特权宪章》中的规定就是最直接的例证。此外,在殖民地时代的征收性法律中,也普遍存在以特别成立的陪审团或委员会决定何时征收与何时补偿的例子。例如,1719 年特拉华州的作坊法案就规定,对于那些已经或计划建立作坊的不动产所有者,如果其土地适合建立作坊,那么该法案将赋予其征收权,以便在必要时征收与其土地相邻的他人的"小块"土地,从而使作坊得以顺利建立。[39] 在此过程中,作坊主应当向两名治安法官提出申请,由他们召集一个由六名有产者组成的陪审团,决定临近的将

---

[37] 〔美〕斯科特·戈登:《控制国家》,应奇等译,江苏人民出版社 2008 年版,第 257 ~ 262 页。

[38] Treanor, supra note 23, 787 (1995).

[39] John F. Hart, "Property Rights, Costs, And Welfare: Delaware Water Mill Legislation, 1719 – 1859", 27 *J. Legal Stud.* 455, n. 3 & n. 4 (1998).

要被征收的土地的价值。[40] 而殖民地时期,应用更为广泛的道路法案(Road Acts)也有类似规定。它们通常规定由陪审团通过多数决的政治程序,决定支付给被征收土地者赔偿金的数额。[41] 如此一来,经由政治程序决定的合理赔偿就将政府征收行为的外部性内部化了,从而实现了抑制政府征收冲动的功能。

在现代化时期,虽然《西北条例》和《联邦宪法第五修正案》通过"合理赔偿"的规定对征收权施加了外部限制,但是这些法律仍然继承了古典时期的程序性限制。《西北条例》中仍然存在明显继承自1215年《大宪章》第39条的程序性限制,即"任何人,除经其同等地位者依法判决或遵照国内法律之规定外,不得被剥夺自由或财产"。[42] 第五修正案中的"正当程序"(Due Process)也是出于以程序限制权力的目的而设置的。由此可见,在征收条款的历史变迁中,"公共用途"的实体性限制与多数决的程序性限制成了贯穿整个变迁过程的重要制度因素。其中后者不仅是完全遗传自大宪章的制度基因,更是古典时期与现代化时期限制征收权的有效手段。正因为如此,制宪者们将其写入了联邦宪法,以基本法的形式防止政治程序的败坏,并最终实现对征收权有效的内部控制。[43]

对于征收条款而言,自古典时期起就是一项旨在限制征收权的限权法。其限制方式表现为实体性限制与程序性限制。就后者而言,它直接继承自英国的《大宪章》,而《大宪章》本身就是一份限制公权力的重要法律文件。首先,从性质看,《大宪章》是一份具有多重法律性的文件。学界对于《大宪章》的性质向来存在分歧,有些学者认为《大宪章》是一份正式的法律文件,而反对者则以《大宪章》的制定程序存在瑕疵而拒绝承认其合法性。即使在承认《大宪章》的法律性的阵营中也存在分歧。如

---

[40] John F. Hart, "Property Rights, Costs, And Welfare: Delaware Water Mill Legislation, 1719–1859", 27 *J. Legal Stud.* 455, n. 5 (1998).

[41] William B. Stoebuck, "A General Theory of Eminent Domain", 47 *Wash. L. Rev.* 553, 579–583 (1972); Treanor, supra note 23, 787 (1995).

[42] NorthwestOrdinanceof 1787, art. 2, http://avalon.law.yale.edu/18th_century/nworder.asp.

[43] William Michael Treanor, "The Original Understanding of the Takings Clause and the Political Process", 95 *Colum. L. Rev.* 782, 855 (1995).

Stubbs 根据 1215 年《大宪章》第 63 条认为,《大宪章》实际上是一个条约。[44] 而以 M. Emile Boutmy 为代表的一些学者则认为《大宪章》是一项契约或私人协定。[45] 针对上述两种观点，McKechnie 指出，法律性是理解《大宪章》本质的关键，并且必须在当时的历史情境中理解《大宪章》的法律性。[46] 据此，McKechnie 认为，《大宪章》的内容包括了一系列的制定法和政治、民事权利；其形式则借鉴了封建时代授予地产权的法律文书的风格。[47] 因此，《大宪章》是具有多重法律属性的法律文件。

其次，从其内容看，《大宪章》还是限制权力的法律文件。《大宪章》共计 63 条，其中列举了许多权利，它们代表了约翰王为重新获得封臣之忠诚而付出的代价。《大宪章》的制定者们完全无视了政治科学的抽象原理，而将精力集中在具体且实用的问题上，也即他们着力针对约翰王滥用王权的诸多行为规定相应的救济方式，以此来限制国王的权力。[48] 长久以来的观点都认为，《大宪章》试图，并且确实地保障了所有等级和个体的自由，而不仅仅保障封建贵族的权利。但是 McKechnie 在细致地分析了《大宪章》的相关条文后指出，《大宪章》是一份封建特许状，其中许多章节仅仅适用于土地所有者。[49] 然而，不可回避的是，《大宪章》仍然保护了大量的英国农民的权利。对此，McKechnie 认为，《大宪章》表现出这种样态，其原因在于这些农民是其领主有价值的财产。[50]

总之，不论《大宪章》最初的保护对象之范围是否涉及贵族以外的阶层，这份历史文件一定有限制国王权力的初衷。那么，从《大宪章》直接获取制度基因的征收条款必定也是一项限制权力的法律。在一个政治共同体中，如果权力和权利的总和是一定的，那么当权力被法律限制后，共同体成员行使权利的空间就将增加，并最终保障权利本身。因此，《大宪章》

---

[44] W. S. McKechnie, "Magna Carta: A Commentary on the Great Charter of King John", rev. Glasgow, 1914, p. 105.

[45] Id., p. 106.

[46] Id., p. 107.

[47] Id., p. 108.

[48] Id., p. 110.

[49] W. S. McKechnie, "Magna Carta: A Commentary on the Great Charter of King John", rev. Glasgow, 1914, pp. 115–116.

[50] Id. p. 119.

同时也是保障权利的法律,并且将这一属性遗传给了第五修正案中的征收条款。简言之,古典时期的征收性法律和征收条款都继承了《大宪章》限制权力、保障权利的制度基因。

(二)征收条款的变迁动力

美国征收条款变迁的动力主要源自现有制度参与者的行动。他们受到新的现实的制度外因素,如独立战争、国家建设、政治制度设计等的影响,产生了新的观念,并最终通过其在既有法律制度中的行动,实现了征收条款从古典到现代的变迁。

在古典时期,美国的征收性法律继承了《大宪章》的制度基因,从而为征收法在美国的发展选定了路径,即法律通过限制公权力,保障公民的权利。如前文所述,不论是古典时期的征收性法律,还是现代化时期已经宪法化的征收条款,其制度设计都在于限制政府的征收行为。然而,随着独立战争的爆发与最终胜利,美国上下必须面对建设国家和政治制度过程中不断涌现的新问题的挑战。在解决这些问题的过程中,立宪者们开始在古典理论中寻求一切可用的知识资源,并将它们与启蒙思潮相结合,从而形成了指导美国政治法律建设的政治哲学和法律哲学。这种宏观的思想潮流变化,通过立宪者们的立法活动开始在国家生活的各个方面发挥作用,要么建立了新的制度,要么促进了既有制度的变迁。征收法的现代化变迁正是在这样的背景中展开的。

征收法的现代性突出地表现为征收权的合理化(具体表现为宪法化),以及征收的民主化。前者表现为征收权在宪法层面获得了独立的地位,后者表现为公民获得了针对征收行为的损害赔偿请求权,从而扩大了征收法的政治基础。这与古典征收法完全不同。彼时,征收权还未在全国范围内实现宪法化,这使它要么与治安权产生竞合,要么因为征收主体不适格,而成为准征收;对它的限制主要依靠集体性的政治程序;公民个人的具体诉求基本被排除在征收程序之外。征收法从古典到现代的变迁的动力主要源自"立法者"的思想与现实制度之间的互动,即"立法者"在新观念、新思想的影响下,通过在既存制度中的行动,更新制度。因此,在征收条款现代化的过程中,制度变迁的动力性因素具体表现为以下两个方面,它们分别促进了征收权的合理化和征收的民主化:

首先,征收权的合理化是法律观念由绝对主义转向工具主义的必然结果。在工具主义法律观念下，具有理性的人成了主体，法律成了客体，是实现一定目标的工具，可以依人的理性进行塑造。在此观念的影响下，中世纪以来的"基本法"观念逐渐失去了统治地位，这就为征收权的理性化设计奠定了基础。在美国法律观念从绝对主义转向工具主义的过程中，布莱克斯通的法律本体论始终是变化的核心。布莱克斯通的《英国法释义》对法律的阐释可以看作是 18 世纪美国法律观念的典型代表，或者至少是 18 世纪后半叶美国法律观念和法理学的重要思想渊源。卡尔文·伍达德就把《释义》称作美国事实上的"法律圣经"。[51] 因此，当时法律观念的转变也完全以布莱克斯通法律本体论中的不同方面为依据。在 1772 年至 1787 年间，美国的普通法观念基本属于一种非工具性的、绝对主义的法律观。这种观念的理论渊源是布莱克斯通基于自然法的法律本体论。[52] 该理论可以从以下三个方面加以理解：

第一，布莱克斯通认为自然法具有永恒性、普遍性和最高的权威性，它直接来自于上帝的意志，是人类一切法律的来源与模板，任何违背自然法的人法都是无效的。但是，自然法并不是显露在外的，它隐藏在事物的本质之中，只有通过人类的理性才能发现其本质意义。

第二，布莱克斯通认为人法以自然法和神启法为基础，并不得违背后两者，其存在的意义是填补自然法与神启法留下的空白。国内法是人法的一种表现形式，它在英国可以被划分为普通法与制定法，判断国内法是否与自然法相一致同样需要人类的理性。

第三，在布莱克斯通的法律观念中，理性成为联系自然法和人法的桥梁。自然法的发现需要求助于人类的理性，而判断某一国内法是否与自然法一致，同样需要理性的帮助，理性因此而成为自然法与国内法之间的桥梁。由此可见，理性在一定意义上成了布莱克斯通整合自然法与国内法，特别是普通法的重要工具。

由此可见，在布莱克斯通的法律观念中，自然法与国内法，在理性的统御之下形成了统一。他的理论认为普通法与自然法的实质是一样的，普

---

[51] [美] 卡尔文·伍达德："威廉·布莱克斯通与英美法理学"，张志铭译，载《南京大学法律评论》1996 年秋季号，第 4 页。

[52] Sir William Blackstone, *Commentaries on the Laws of England*, Vol. 1, Portland: T. B. Wait Company, 1807, pp. 38 – 40.

通法就是自然法。其理由在于人类运用理性发现了隐藏在现象之下的人类社会的规律,即自然法;而普通法的发现仍然借助了这同一种理性。那么,自然法源自上帝,能够发现它的人类理性必然是布莱克斯通所谓的"正确的理性",依此理性发现的、存在于历史中的普通法不仅因此获得了合法性,更因此与自然法等同起来。在布莱克斯通的法律本体论中,由于自然法与普通法的等同,后者获得了来自上帝的神圣性,这是难以更改的、绝对的。据此,北美的法学家运用布莱克斯通的理论,将自然法与普通法等同,从而论证了英国普通法规则在北美的合法性。但是,这一论证的副产品则是,北美的法学家和法官同时接受了布莱克斯通的绝对遵循先例的观念。[53] 不过,布莱克斯通的先例观念在北美的传播,也成为日后法律观念转型的诱因之一。

在1787年至19世纪初这段时间内,美国的法律观念逐渐发生转向,工具性的法律观念兴起。工具性法律观念的兴起开始于18世纪最后几年对于普通法上的犯罪规则的争论,随后逐渐扩大到整个普通法规则。[54] 对于这种转向出现的原因,Feldman认为,这一时期的法理学者们"完全地接受了一种前现代主义的进步观(类似于末世论的进步观),它最为经常地表现为一种工具主义的和实用主义的法律观"。[55] Feldman进一步指出,这种前现代主义的进步观中包含了对"自然法之恒久和普遍原则的持续的忠诚",自然法所代表的"永久的和普遍的原则在某种意义上为进步提供了一个目标和限制"。[56] 因此,为了追求这种以无限接近自然法为目标的进步,美国法律人对于法律的态度开始变得"工具化"和"实用主义",开始转向布莱克斯通法律观念中实证主义的一面。他们认为,自然法对人之行为的效力来自于主权者的认可,国内法亦是如此。自然法与国内法的合法性基础都源于主权者的意志,而主权者的意志则是人类理性的表现形

---

[53] [美]卡尔文·达伍德:"威廉·布莱克斯通与英美法理学",张志铭译,载《南京大学法律评论》1996年秋季号,第12~13页。

[54] [美]莫顿·J. 霍维茨:《美国法的变迁:1780~1860》,谢鸿飞译,中国政法大学出版社2004年版,第13~16页。

[55] [美]斯蒂芬·M. 菲尔德曼:《从前现代主义到后现代主义的美国法律思想:一次思想航行》,李国庆译,中国政法大学出版社2005年版,第134页。

[56] [美]斯蒂芬·M. 菲尔德曼:《从前现代主义到后现代主义的美国法律思想:一次思想航行》,李国庆译,中国政法大学出版社2005年版,第135~136页。

式之一。[57] 此时,"理性"的实质含义已经从客观的上帝理性转变为主观的人的理性。换言之,人可以依据其理性,在自然法原则的指导下,将法律作为工具加以运用,以促进人类社会的进步。例如,在 Charles River Bridge v. Warren Bridge 案中,托尼大法官就认为,法律应当被用来促进经济发展和繁荣:"一切政府的目的都是促进自己赖以建立的社区的幸福和繁荣……在像我们这样自由、充满活力和创造力、人口和财富不断增长的国家里,每一天都会发现需要新的道路,以利出行和贸易。一个州不应当被假定放弃了这一权力,因为,同征税权一样,保持这一权力不被削减是整个社区的利益所在。"[58] Feldman 认为,这种判决实际体现了自然法原则与法律工具主义的统一,"自然法原则为美国法律制度、包括普通法原则提供了一种形而上学的基础。但是,原则仍然必须进行具体的解释和应用于具体的司法争议,而在法官们做这些事情的时候,他们就得实际、工具主义一些"。[59]

总之,随着法律观念从绝对主义转向工具主义,美国的法律人开始以更加世俗的眼光看待法和法律。他们逐渐将发现法律、解释法律的上帝理性替换为了人的理性,并将自然法原则作为法律发展,乃至政治社会构建和发展的终极目标。人可以通过其理性,运用法律等工具促进社会经济的进步,以使人类社会无限地接近自然法的要求。在此思想的影响下,美国的制宪者们才能够有意识地和有可能地建构以宪法为核心的法律体系,并通过宪法的形式实现国家权力的理性化和宪法化,征收权的理性化和宪法化只是这一法律观念转变的必然结果之一。

其次,征收法的民主化源自革命时期的政治家运用自然法理论,是对以大宪章为代表的传统政治理论的重新解释。18 世纪,英国已经逐渐建立起了以议会为中心的现代化的政治体制,主权被集中于议会。这使大宪章开始在英国的政治生活中逐渐隐退。但是,在大西洋另一端的北美殖民地,情况则完全不同。殖民者们仍然自信地认为,大宪章这份历史文件仍

---

[57] Sir William Blackstone, *Commentaries on the Laws of England*, Vol. 1, Portland: T. B. Wait company, 1807, pp. 43 - 44, 49.

[58] *Charles River Bridge v. Warren Bridge*, 36 U. S. 420, 547 - 548 (1837).

[59] [美] 斯蒂芬·M. 菲尔德曼:《从前现代主义到后现代主义的美国法律思想:一次思想航行》,李国庆译,中国政法大学出版社 2005 年版,第 140 页。

然能有效地保护他们免受专制政府的侵害。显然,美国人熟知的大宪章是科克的版本。因为,美国人既把导致大宪章产生的 11 世纪英国人反抗专制者的运动当作自己的历史,又认为大宪章本身是古老的英国自由传统的保证书。这些认识无疑都来自科克所编织的有关大宪章的神话。正是基于对大宪章本身及其历史的崇拜,使得北美的殖民者在新大陆建立社会时强化了英式的自由传统。其结果是,所有的 13 个殖民地的议会都由选举产生,这使其成为当时西方世界最民主的政治共同体。[60] 同时,这也使得北美殖民地和后来的美国的政治制度更加接近 16 世纪的都铎政体。正如亨廷顿所指出的,"在美国革命前的宪政辩论中,殖民者实际上是在为英国的旧宪政辩护,反对他们离开母国后的、已存在了一个世纪的英国新宪政"。[61]

然而,北美的殖民者并不是仅仅依据英国的经验而主张其基本权利的。18 世纪是自然法的世纪,因此,他们还通过自然权利的理论来解释其自由。[62] 根据当时的自然法理论,人类通过社会契约从自然社会进入政治社会。这与北美殖民地的情况高度契合,即各殖民地都是基于特许状而建立。因此,殖民者认为他们的特许状实质上是与英王之间的关于统治的基本原则的神圣契约,以阐明立约双方的权利和义务。上述认识的产生乃是基于北美殖民地高度自治的事实。在北美殖民地建立的前 100 年间,英国政府并未对其多加留意,而是将主要精力放在西印度群岛的蔗糖贸易上。因此,北美殖民地不仅得以免受来自母国的严密监督,还不用缴纳税赋。事实上的高度自治使当地人不仅坚信自己与母国的自由民一样享有同等的权利,更坚信"法治"和"王在法下"的原则。但是,就法理而言,北美殖民地是英王依据其特权而占有的领地,并且英王有权宣布殖民地立法机关制定的法律无效。[63] 此外,13 个北美殖民地的立法机关与英国议会之间的关系也没有被法律所澄清。因此,就整体而言,北美殖民地实际上是英王的私人财产;就立法机关而言,北美殖民地的议会与英国议会的法律关系也不明确。这样的关系,在一定程度上,为日后北美殖民地反抗英国

---

[60] Ralph V. Turner, *Magna Carta: Through the Ages*, 1st ed., Longman, 2003, p. 209.

[61] [美] 塞缪尔·P. 亨廷顿:《变化社会中的政治秩序》,王冠华等译,沈宗美校,上海世纪出版集团 2008 年版,第 81 页。

[62] Ralph V. Turner, *Magna Carta: Through the Ages*, 1st ed., Longman, 2003, p. 209.

[63] Id., p. 211.

政府的专制统治埋下了伏笔。

在独立战争爆发前的一个世纪中，殖民地的律师和政治性小册子的作者们就不断地以大宪章支持自己反对专制的英国政府的观点，并且通过对大宪章和各个殖民地宪章的阐释来界定殖民地与英王和英国政府的关系。北美的殖民者对于大宪章的阐释显然与其母国的同胞不同。Ralph Turner 指出，美国人以17世纪的契约理论阐释大宪章和各个殖民地的宪章。他们认为，北美殖民地与乔治三世的关系是契约性的，各殖民地的宪章就如同领主与封臣，或者国王与臣民之间的契约。[64] 到了18世纪，北美的移民开始进一步以社会契约理论澄清殖民地与母国的关系，并以此重新解释大宪章和各殖民地的宪章，为他们反抗英国的斗争提供正当性。总之，以自由主义的自然法理论对大宪章进行重新解释，使得如下观念得以在北美广泛传播：政府的权力来自于人民订立的社会契约，因此是有限的；既然人类是根据社会契约进入政治社会的，那么单个的公民就有权利参与政治活动。上述观念为现代民主政治的发展奠定了一定的理论基础，同时也成为征收权民主化的理论依据。

四、结语

在历史变迁的过程中，美国的征收法经历了由古典向现代的转变，其中的现代化过程集中地体现了制度基因的强力遗传性和制度与人之间的互动。首先，国家间的历史传统越相似，制度基因的遗传性就越强。就征收条款而言，不论在古典时期还是在现代时期，它都体现了对《大宪章》的继承，具体表现为对《大宪章》条款的直接继承，以及对大宪章所承载的自由民主观念的继承。其次，在制度变迁的过程中，制度和人之间存在着双向互动。在征收条款的现代化过程中，作为该制度参与者的理论家们运用当时流行的自然权利论和社会契约论重新解释了《大宪章》和征收制度，从而利用新的观念，在既有的制度框架中促进了制度的变迁，并最终实现了征收条款的现代化。

---

[64] Ralph V. Turner, *Magna Carta: Through the Ages*, 1st ed., Longman, 2003, p. 213.

均衡且透明：英国民事执行权运行的费用制度及其改革*

宫 雪**

民事诉讼费用制度的建立和完善是决定一国民事司法能否实现程序经济、减轻当事人讼累的重要因素。特别是在"当事人主义"诉讼模式下的英国，[1]由于诉讼费用高昂和程序拖延造成了司法资源的大量浪费，成为民事司法制度发展的桎梏所在。1994年开始的"沃尔夫改革"对英国民事诉讼费用的完善主要集中在三个方面：降低诉讼费用、增强诉讼费用的可预测性以及使诉讼费用与案件性质相适应。特别是《接近正义：最终报告》赋予了法院决定诉讼费用问题的权力，使其更为灵活地控制诉讼程序。而此后，英国并没有停止完善民事诉讼费用制度的步伐。2010年1月，英国司法大臣杰克逊发布《民事诉讼费用报告》，将民事诉讼费用的改革又一次提上日程；随后在2011年3月，英国大法官兼司法大臣和议会议员肯尼斯·克拉克（Kenneth Clarke），向政府提交民事诉讼经费改革的建议书，提出以"败诉并非必须交付诉讼费用"为中心开展民事诉讼费用制度的新一轮改革。[2]

---

* 本文系国家社会科学基金青年项目（项目号14CFX070）、华东政法大学2015年度校级科研项目《民事执行权的控制研究——基于英国视角的考察》（项目号15HZK007）的阶段性研究成果，并获2015年度"博士毕业生后续学术发展支持计划"资助。

** 华东政法大学法学博士。

〔1〕 本文所称"英国法"均为英格兰与威尔士地区的法律。

〔2〕 有关此次民事诉讼费用改革的详细内容请参见李峣："英国民事诉讼费用的最新改革"，载《人民法院报》2012年12月14日，第8版。

在诉讼费用制度的框架之下，英国民事执行程序中的费用收取也不断进行着调整和改革。可以说，相比在诉讼程序中，费用制度的变化在民事执行程序中产生的效果更为明显。英国郡法院的执行实践就充分证明了这一点：由于2009年新的《民事诉讼费用法令》生效，执行措施的申请费用有所增加，使执行措施的申请数量呈现不同程度的下降趋势。因此，为保证民事执行权的顺利运行，必须建立合理的执行费用体制。

一、英国民事执行费用制度法律体系

英国民事执行权运行费用的法律体系主要由普通法上所确立的执行费用收取原则以及制定法上的相应规则共同构成。通常执行人员因完成执行事务所发生的费用由债务人承担，或从通过出售令程序出售所扣押财物的款项中获得，同时也存在债权人支付相应费用的情形。[3]

（一）普通法上的执行费用收取原则

英国普通法上对民事执行权运行费用的规制主要有两项重要原则——实际产生且必要原则以及均衡性原则。[4]

1. 实际产生且必要原则

实际产生且必要原则是指，只有执行人员必须且实际采取的执行措施才应当收取费用。[5] 因此，执达吏（Bailiff）每次收取由于行使强制执行权所产生的费用，都需要向债务人发出费用收取的通知。

2. 均衡性原则

均衡原则要求在执行合法债权与保护债务人之间达到合理的平衡，同时必须符合保护人权法律所体现的价值和精神。当到期债务与产生的费用之间，或所实施的执行行为与所需的费用之间的比例发生任何显著失调时，执行费用制度将受到质疑。

在确定收费是否合理和相称时，法院主要考虑的标准包括四个方面：

（1）执行债务的数额与费用的比例必须均衡，不允许执行所收取的费用过分大于到期债务。

---

〔3〕 *Robson v. Biggar*，（1907）1 KB 690.

〔4〕 John Kruse, *Power of Distress: A Guide to Remedies Unreformed by the Tribunals, Courts and Enforcement Act* 2007, Wildy Simmonds & Hill Publishing, 2009, p. 129.

〔5〕 *Holmes v. Sparks & Nicholas*，（1852）12 CB 242；*Cohen v. Das Rivas*，（1891）64 LT 661.

（2）依据为实现执行所进行的实际工作，如果执行人员同时执行几项执行令状却只扣押了债务人的一项财物，则只能按照一次扣押支付费用；相反，如果执行人员在同时执行几项执行令状时扣押了债务人的不同财物，即使所有被执行的财物均位于同一处所，执行人员也可以基于执行每一项执行令状而收取费用。

（3）依据执行人员因从事执行事务所产生的相关费用。

（4）费用产生的期间也受到严格限定，当执行人员实施扣押所持续的期间不合理时不允许其收取相关费用，但是如果债务人和债权人同意则可以允许扣押较长一段时间，并基于此收取较高的费用，例如，长达15个月的期间。[6]

（二）制定法上的执行费用规则

制定法上所规定的民事执行权运行的费用主要包括两部分：第一部分是向法院申请签发动产扣押令状（Writs of fieri facias/Warrants of execution）[7]、押记令（Charging Order）[8]等执行措施，以及请求执行人员实施执行所需向法院缴纳的费用；第二部分是执行人员收取的费用，特别是私人执行人员所收取的费用。

1. 法院收取费用的标准

2008年英国《民事诉讼费用法令》附录1第7条规定了高等法院执行程序中所收取的费用标准：

（1）盖印于动产扣押令状、占有令状（Writ/warrant of possession）及动产交付令状（Writ/warrant of delivery），应缴纳50英镑，当占有令状及交付令状所包含的债务金额有所增加时不需进一步支付费用。

（2）申请请求判决债务人或其他人出席法庭，提供与执行高等法院裁判有关的信息，应缴纳50英镑。

---

〔6〕 Re Beeston（1899）1 QB 626；Re Hurley（1893）1 WR 653.

〔7〕 英国普通法对于判决的执行主要使用动产扣押令状，指执行人员扣押判决债务人的有形货物、动产以及其他财产，以便清偿金钱债务。

〔8〕 押记令，又称扣押偿债令，是英国民事执行措施之一，法院可根据判决债权人的申请发出命令，将债务人的资金、股票、股份、土地或作为合伙人应得的合伙收益设定为偿债担保，以保证判决的执行。在规定期限过后，未被偿付的判决债权人可以诉请变卖债务人被扣押的财产从而获得受偿。

（3）申请第三方债务令、通过衡平法上的执行方式委托一位接管人，或申请押记令的，应缴纳100英镑。

（4）申请判决传票，应缴纳100英镑。

（5）请求或申请登记法院的判决或裁定，或申请许可仲裁裁决，或可以在国外使用的法院判决或裁定的证明书或核证副本，应缴纳50英镑。

2009年7月生效的《民事诉讼费用法令》（修正案）第8.1条规定了郡法院执行程序中所收取的费用标准：

（1）申请执行郡法院裁判或通过郡法院强制执行动产执行令状的（强制执行罚款除外），郡法院处理中心（County Court Bulk Centre）[9] 所受理之外的案件，增长至100英镑，而郡法院中心的案件增长至70英镑。

（2）基于无法执行的通知，而请求尝试通过新的地址进一步执行动产扣押令状，应缴纳25英镑；

（3）申请请求判决债务人或其他人出席法庭，提供与执行郡法院裁判有关的信息，由应缴纳45英镑增长至50英镑；

（4）申请第三方债务令、通过衡平法上的执行方式委托一位接管人，或申请押记令的，由应缴纳55英镑增长至100英镑；

（5）申请判决传票，由应缴纳95英镑增长至100英镑；

（6）签发占有令状或交付令状，应缴纳95英镑，当占有令状及交付令状所包含的债务金额有所增加不需进一步支付费用；

（7）申请扣押入息令（除合并扣押入息令外）以确保判决债务的执行，由应缴纳65英镑增长至100英镑，命令所针对的每一位债务人都需支付，而当扣押入息令在判决传票程序所举行的聆讯中签发的则无需支付申请费用。

2. 执行人员费用标准

郡法院执达吏等公共执行部门的执行人员是国家公务员，在执行费用的收取上一般按照国家统一规定，也即债权人在向法院申请执行令状需缴纳一定费用，除此之外并不收取额外的执行费用，因此基本上不存在问题

---

[9] 郡法院处理中心（County Court Bulk Centre），简称CCBC，是根据《民事诉讼规则》第7.10条规定而设立的英格兰和威尔士郡法院，不同于其他郡法院开庭解决纠纷的方式，主要通过电子媒体来处理纠纷，如果需要开庭则将案件移送至其他郡法院。

和争议。然而，虽然相关法定规范（Statutory Instruments）[10]同样对私人部门执行人员向债务人收取费用的问题进行了规定，但民事执行所涉及的收债事项众多，根据不同的执行事务形成了各自独立的费用标准。这些法律法规具体参见表1。

虽然，制定法针对许多债务类型的执行费用标准均设置了相应的许可，但是很少涉及执达吏执行普通法形式上的扣押时的费用收取问题。例如，治安法院判处的罚款及罚金的执行主要通过合同方式，将英格兰和威尔士不同地区授权给几个执行机构负责，费用标准由执行机构各自制定。

表1 英国对不同类型债务执行费用的相关法定规范情况表[11]

债务类型	法律法规	颁布时间	修改时间
郡法院判决	《民事诉讼费用法令》	2008年	2009年
高等法院动产扣押令状	《高等法院执行员规则》	2004年	—
市政税	《市政税（管理和执行）条例》	1992年	—
商用场所租金	《欠租扣押财物法》	1988年	1999年、2000年、2001年、2003年、2009年及2011年
儿童抚养费	《儿童抚养（征收和执行）条例》	1992年	2000年、2009年
关税与国内消费税	《关税、消费和其他间接税扣押规则》	1997年	—
非家庭财产税	《非家庭财产税率（征收和执行）（本地列表）条例》	1989年	1992年、1993年、1998年、2003年、2004年、2009年、2010年及2014年

---

[10] 英国于1946年颁布了《法定规范法》（Statutory Instruments Act），该法主要调整行政法规和重要的行政规章，对制定程序、法规公布和议会监督也作了一些规定，但并未规范所有的授权立法。

[11] 本表系作者根据英格兰与威尔士相关制定法加以整理和制作。

续表

债务类型	法律法规	颁布时间	修改时间
道路交通费	《道路交通费用执行（持证执达吏）规则》	1993 年	1998 年、2003 年
社会保障金	《授权官员扣押（费用、成本和索价）规则》	1999 年	2004 年
土地印花税	《土地印花税（管理）规则》	2003 年	2004 年、2005 年、2006 年及 2011 年
	《征收人扣押（费用、成本和索价）（印花税罚金）规则》	1999 年	—
税收（所得税、资本利得税及公司税）	《征收人扣押（费用、成本和索价）规则》	1994 年	1995 年、1999 年

过去英国民事执行的费用制度是依据执行人员执行程序的三个阶段来制定的：征收（levy）、扣押（impound）和变价出售（Removing goods for sale）。由于这一程序有可能因为债务人的偿债行为而随时终止，在设置执行程序的费用标准时允许根据不同的债务类型分别规定，因此，每一种债务的执行都存在十分细致的规定。以高等法院动产扣押令状的执行为例，可以窥见英国执行费用制度的细微和复杂之处。

依据 2004 年《高等法院执行员规则》附录 3 规定，高等法院执行员在执行高等法院签发的动产扣押执行令状可收取的费用，依据执行行为可以分为多个计费类别（参见下表），具体而言：

（1）若执行到位则对已到位金额按比例收取，即第一个 100 英镑，按照 5% 收取，超过 100 英镑的按照 2.5% 的比率收取。

（2）执行员为实施执行行为往返于办公地点与执行地点的交通费用，每英里收取 29.25 便士，总计不超过 50 英镑，适当的情况下所有动产的搬运应一次完成。

（3）扣押债务人动产，每前往一处地方扣押收取 2 英镑的费用。

（4）在执行过程中遇到争议时进行调查询问及通知工作，可以收取每笔不超过 2 英镑的费用,若因此合理而实际地产生了邮费、电话费、传真费及电子邮件等通讯费用,可以收取每笔不超过 2 英镑的费用。

(5) 持有、搬运或存储动产的,实际看管被扣押的动产每人每天收取 3 英镑,采取巡视占有协议的方式则每天收取 0.25 英镑,而搬运扣押的动产、存储动产以及看管被扣押动产的情况下则按照实际的合理支出收取。

(6) 通过公开拍卖的方式出售动产成功售出的,在拍卖商处售出则第一个 100 英镑按 15% 的比例、接下来的 900 英镑按 12.5% 的比例、超过 1000 英镑的按照 10% 的比例收取;在债务人处售出则按 3.5% 的比例收取。但如果未能成功售出,对于已经为公开拍卖而进行了准备工作的,被扣押的动产已搬运至拍卖商的处所,按动产价值的 10% 收取;被扣押的动产未搬运至拍卖商的处所的,按动产价值的 5% 收取。

(7) 通过私人合同的方式出售扣押动产,出售金额 100 英镑以下的部分按 7.5% 比例,出售金额 900 英镑以上的部分按 6.25% 收取,出售金额 1000 英镑以上的,按 5% 的比例收取。

如此可见,英国执行法律中对执行费用的规定可谓错综复杂,同时英国对各项债务的执行收费标准也有所修改,例如,2003 年《欠租扣押财物法》(修正案)[Distress for Rent (Amendment) Rules 2003] 再一次提高了私人执达吏的有关收费标准:①实施扣押的费用,标的为 100 英镑以下的案件从收取 12.50 英镑增长至 21.65 英镑,超过 100 英镑的案件按照相应比率收取费用(参照下表 2);②看管费用,由看管人看管扣押财物的,从每天 4.50 英镑增长至 7.80 英镑,而采取巡视占有方式的,看管费从原来的 45 便士增长至 80 便士。

表 2 欠租扣押财物执行扣押费用标准表

标的金额 M	M≤100 英镑	100 英镑 < M≤200 英镑	200 英镑 < M≤600 英镑	600 英镑 < M≤2100 英镑	2100 英镑 < M≤10100 英镑	M > 10100 英镑
扣押比率	固定值 21.65 英镑	12.5%	4%	2.5%	1%	0.25%

二、英国民事执行费用体制存在的缺陷和产生的问题

毫无疑问,债务人希望在强制执行中支付合理的费用以保护自己的权益,执行人员则期望获得与其所从事的事务相适应的酬劳,而由普通法与制定法上的规定共同构成的英国执行费用法律体系,在实践中出现了阻碍民事执行权运行的情形,也因此产生了一系列问题。

(一) 存在的缺陷

由于债权人、债务人以及执行人员对自身利益的考虑不同,其对现有的收费体制的评价也存在较大差异,总的来说,英国执行费用体制存在的缺陷主要集中在以下三个方面:

第一,费用标准不统一。对于执行费用标准的批评主要来自两个方面:一方面,债务人认为执行费用过高,特别是相对于其所拖欠的债务而言;另一方面,执行机构则认为,现有体制所规定的法定收费标准太低,特别是执行人员所从事的很多管理性质的事务并不收取费用,只有当案件最终执行到位时收取较高的费用才能弥补执行人员在大多数案件中无法成功执行所付出的努力,这十分必要,否则他们将无法维持执行行业的可营利性。而从英国司法部于2008年8月至2009年10月开展的执行费用制度审查结果可以看到,有76%的受访者认为实践中执行人员基于其实际从事的执行事务而获得的收入并不公平。

第二,费用收取不透明。债务人及执行机构均认为基于债务类型所构成的现有执行费用制度措辞不够严谨,复杂而且模糊,导致执行机构在收取执行费用时经常受到债务人的质疑,因为债务人感觉自己受到了不公平的待遇。在2008年8月至2009年10月英国司法部组织的执行费用制度审查中,有61%的受访者认为现有执行费用体制的透明度低于中等水平。

第三,存在被滥用的可能。从英国司法部于2008年8月开展的执行费用专项审查的反馈中可以得知,执行费用制度的滥用主要表现为三种主要形式:有67%的受访者认为存在"幽灵访问"(Phantom visits)的情形,即执达吏仅前往债务人所在处所执行一次,但是却按多次执行收取费用,事实上多次执行可能根本不存在;还有50%的受访者认为费用收取不恰当,例如,由于现有收费制度允许多次执行,有的执行人员在同一天多次访问债务人住所,甚至明知债务人不在,因此产生的费用也要由债务人承

担;另有27%的人认为滥收费还体现在过度使用"合理成本",在实践中执行机构要求支付的"合理成本"其实并未产生,但由于担心不支付这笔费用会带来不利后果,债务人往往都会向执行机构支付。[12]

第四,激励机制不恰当。在英国执行费用体制下,执行人员的行为受到了不恰当的激励。例如,为能够快速实现执行目的,在实践中无论执行活动对实现债权是否存在必要,执行人员往往通过实施或承诺实施连续性的执行行为以实现强制执行;为激励实现债务,其中许多额外的成本可以通过收取"合理费用"获得;另外,不接受将还款计划(如分期付款)作为全额偿还的替代方式,因为现金回流和费用回收时间的滞后对于执行机构而言是缺乏吸引力的。[13]

(二) 产生的问题

这些不同的费用标准令执行人员及债务人都感到模糊不清,给他们造成了不必要的负担,同样也由此产生了许多其他问题。

1. 收费制度不合理导致投诉增多

对执行人员最常见的投诉是他们收取的费用问题。由于目前执行人员的收费制度十分复杂,每一项对民事执行权的实施行为都可能带来不同的收费制度,除一些法律规定明确了执行特别事项的收费标准外(如涉及道路交通违例事项),其他制定法只是规定了强制执行公司与客户之间的合同问题。因此,给不法执行人员提供了可乘之机,其滥用收费标准的情形屡见不鲜,债务人与执行机构之间产生了许多争议,收费制度不合理导致了矛盾的增多。

当事人对执行费用有异议的申请需要法院审查,计费依据颇富有争议。例如,在对商用场所拖欠租金追收时,由于拖欠的租金数额与所扣押的租客财物价值不对等的情形普遍存在,那么费用计算应当按照债务的数

---

[12] Ministry of Justice, Enforcement Fee Structure Review: "Proposal for a new Enforcement Fee Structure and analysis of the issues and options", https://consult.justice.gov.uk/digital-communications/transforming-bailiff-action/supporting_documents/enforcementfee%20structurereview.pdf, 最后访问日期:2014年9月1日。

[13] Ministry of Justice, Enforcement Fee Structure Review: "Proposal for a new Enforcement Fee Structure and analysis of the issues and options", https://consult.justice.gov.uk/digital-communications/transforming-bailiff-action/supporting_documents/enforcementfee%20structurereview.pdf, 最后访问日期:2014年9月1日。

额还是按照扣押物品的价值计算才比较合理？实践中的处理方法是，只要法律上允许，不管执行人员有无实施实际上的执行行为，执行人员往往都可以收取费用，如在未实际扣押的情况下，收取交通费等。除此之外，由于现行法律没有对执行人员前往欠租处所的次数进行限制，实践中，有些执行人员为了增加收费多次上门，甚至明知租客不在该处所，也并未实施扣押行为，债务人对此颇为不满。

2. 收费制度不合理妨碍执行效率的提高

英国民事执行程序费用收取最早所遵循的原则是，如果判决债务人延迟偿还债务则由其承担。但这一制度存在的问题是判决债权人从公共和私人执行部门获取民事执行服务，但并不需完全支付费用。因此，判决债权人并不关心服务的成本问题。此外，这一制度对判决债权人也并不有利，因为判决债务人支付的费用越多，债权人所能收回的债务金额则越少，因此，扣押入息令在很多情况下更有利于判决债务人和债权人，而在通常情况下适用最多的执行措施是扣押财产。

三、英国民事执行费用制度的改革

（一）民事执行费用制度的改革进程

随着英国民事执行改革的不断深入，针对执行费用制度的咨询和完善也逐步进行，开展了一系列对执行费用制度的咨询审查活动并提出了相关建议。这一改革持续了相当长的一段时间，其中里程碑式的审查活动及相关咨询文件包括以下几项：

第一，2001年7月，英国原司法大臣办公厅发布的《执行绿皮书》第五章对英国原有执行费用制度进行了审查和咨询，政府将以明确和可接受的方式制定新的执行收费标准。但是，这一文件并没有对完善现有的执行费用制度提出详细的建议。这是由于在对执行费用制度进行改革之前首先需要对监管体制和监管权力取得更广泛的意见和建议。

第二，《执行绿皮书》公布之后，来自公共和私人执行部门的代表于2001年12月自愿组成了咨询小组，对提供执行服务的市场进行评估并发布了《执行服务提供报告》（Report of the Advisory Group on Enforcement Service Delivery）。该报告认为"预付费方式"是提高执行费用标准以及避免执行人员乱收费的最有效途径。2002年8月，咨询小组发布了第二份专项报告，提出了有关执行费用原则和体制的建议，被收入了《执行白皮书》有关执行费用制度部分的内容当中。

第三，2003年，作为对《执行绿皮书》相关咨询问题的回应，原英国司法大臣办公厅发布《执行白皮书》指出，制定更公平合理的执行费用制度是促进民事执行程序简洁而有效的重要因素，同时也是保护真正有偿还困难的债务人的根本途径。该份白皮书还提出在重要立法修改之前不建议改变现有的费用制度，但必须确保目前的收费水平是顺应市场的要求，并且提议由英国安防行业管理局对所有执行人员加以监管，向司法大臣提出有关费用制度的详细建议，同时进行经济分析并研究如何在民事执行市场内实施收费制度。

《执行白皮书》指出，"新的费用制度必须遵守透明、一致且均衡的原则，尽量减少不必要的执行行为"，因此针对所有执行人员提出了其执行相应令状时应当遵守的收费原则，适用的执行对象包括高等法院及郡法院签发的执行令状、道路交通罚款、治安法院判处的罚款及罚金、地方和国家税收、商用场所拖欠的租金、赡养费和子女抚养费。这些原则主要有：公平而合理地对公共和私人执行部门、执行人员所做的工作进行奖励；要响应其运作时的市场条件；鼓励债务人及时缴纳费用；设置保障措施以防止不当行为和乱收费现象；对确无经济来源支付执行费用的债务人给予特别关注；受监管部门的支持和监督；在单独的执行立法中体现出其法律地位。

在上述原则基础上，《执行白皮书》还提出了未来的执行费用体制应依循的组成顺序：预付费用、在执行过程中的具体活动和事件产生的固定费用、在执行过程中的具体活动和事件产生的可变费用。

第四，2006年11月政府对《裁判所、法院与强制执行法案》进行了评估，评估内容集中于该法案对个人和组织造成风险的可能性，并特别涉及他们的健康和安全、财务状况以及环境。最终，该法案于2007年7月19日获得批准并在附录12中对执行费用进行了规定。但这一立法并没有停止执行费用改革的步伐，自2008年8月至2009年10月，英国司法部组织了新一轮的执行费用制度审查，委托经济学家亚历山大（Alexander Dehayen）对执行费用制度进行了专项咨询，并于2009年11月发表了《新执行费用制度建议和分析报告》。该报告试图通过咨询和审查以确定在英国民事执行程序中采用可适用于所有债务类型的单一费用体制的可能性,旨在减少实践操作中不同执行事务收费制度的差异,通过运用较为明晰的方式提出合理和恰当的费用标准,设计了新的执行费用体制。[14] 2014年4月6日,新的程序和执行费用标准已付诸实施。

(二)执行费用专项改革的内容

执行费用制度改革应当解决现有体制所存在的问题,建立以合理、公平而透明为强烈表征的新费用体制,同时以公平的方式寻求所有各方主体利益的平衡,这意味着任何新的费用体制必须代表着这些利益之间的妥协,因为试图建立一个获得各方一致欢迎的执行费用体制几乎是不可能实现的。随着改革步伐的推进,聚焦于执行费用制度结构性层面的措施逐步被提出,具体包括:2004年《高等法院执行员规则》附录3中对执行员的收费作了详细的规定,动产扣押令状的执行费,按照执行到位的金额分段计费,100英镑以内按5%收取,100英镑以上的部分按照金额的2.5%收取;2007年《裁判所、法院与强制执行法》整合了执行收费标准,该法附录12规定,执行费用就执行相关服务的成本收取,同时规定了何时及如何向债务人追讨这一费用;2014年《动产控制(收费)条例》[Taking Control of Goods(Fees)Regulations 2014]于2014年4月6日生效,该法主要是对2007年《裁判所、法院与强制执行法》第90条和附录12对民事执行权运行费用所作的规定进行了细化,增强了可操作性。

英国司法部并未邀请执行行业人员参与制定,而是直接雇佣具有专业素养的经济学家在对提供执行服务成本进行了详细审查和分析之后制定了新的执行费用标准。[15] 具体而言包括以下内容:

第一,设置执行费用"上限",避免"幽灵访问"。新的执行费用制度对可以收取的费用设置了"上限",这一规定避免了潜在的过高收费,有助于解决"幽灵访问"的指控并减少纠纷。费用的计算基于固定的、容易

---

[14] Ministry of Justice, Enforcement Fee Structure Review: "Proposal for a new Enforcement Fee Structure and analysis of the issues and options", https://consult.justice.gov.uk/digital-communications/transforming-bailiff-action/supporting_documents/enforcementfee%20structurereview.pdf,最后访问日期:2014年9月1日。

[15] Paul Caddy, Bailiff Reform-Fees, http://www.civea.co.uk/news-37.htm,最后访问日期:2014年9月1日。

识别的阶段,而不是原有的无数模棱两可的计划表。而且,债务人将确定无疑地知道如果他们不主动履行义务将支付相关收费,而在过去对债务人来说,事先确定申请执行的费用几乎不存在可能性。

第二,引入更加灵活的债务收集程序。新的执行费用制度引入了更为灵活的收集程序,以激励债务人和执行人员在尽可能早的阶段实现强制执行的目的。新的执行费用体制将执行程序分为几个阶段,包括:合规阶段(Compliance stage)、执行阶段(高等法院令状的执行又分为第一执行阶段和第二执行阶段)以及出售或处置阶段(Sale or Disposal Stage)。在合规阶段,执行人员将"强制执行通知书"送达判决债务人本人并告知其在7日内(不包括星期日和节假日)偿还到期的全部债务,相当比例的债务人已无须经历上门访问阶段,而在这一阶段只需支付75英镑的固定费用加相应税额。[16] 对于那些"不愿支付",未能履行合规阶段相应义务,也未能在交付执行之前与债权人商讨有关事项的债务人,他们将成为执行阶段收取费用的对象,而执行程序的后两个费用收取阶段则按照"固定费用+比率"的形式收取。具体标准参见下表。

表3　高等法院执行令状以外的执行费用表

费用收取阶段	固定费用	执行标的金额超过1500英镑的费用比率
合规阶段	75英镑	0
执行阶段	235英镑	7.5%
出售或处置阶段	110英镑	7.5%

表4　高等法院执行令状的执行费用表

费用收取阶段	固定费用	执行标的金额超过1000英镑的费用比率
合规阶段	75英镑	0
第一执行阶段	190英镑	7.5%
第二执行阶段	495英镑	0
出售或处置阶段	525英镑	7.5%

---

[16] Taking Control of Goods (Fees) Regulations 2014, Schedule Fees recoverable under regulation 4, http://www.legislation.gov.uk/uksi/2014/1/contents/made,最后访问日期:2014年9月3日。

四、评价

英国民事执行制度的发展，如果没有改革与创新的接力，一直固守于传统，是不可能承载英美法系民事执行制度的历史，从而开创大量民事执行制度先河的。但着眼于民事执行程序中具体制度的发展，我们可以发现，在普通法、衡平法以及制定法之规定与实践问题不相适应之初，英国也存在着是坚守还是改革的困扰。自 20 世纪 90 年代起，围绕民事执行权力的运行和控制，英国对民事执行制度进行了多次大大小小的改革，从执行理念到执行措施，从执行效率的提高到执行行为的规范，从每一次广泛的专项审查和咨询中，我们都可以看出英国推进民事执行改革的决心和期许是强烈的。这一系列改革除了构建合理的制度，立法价值的选择、国家角色的定位和社会转型的影响也无不渗透在其中，成为改革背后的动因。无论是英国民事执行改革所取得的阶段性成功还是依旧存在的难以克服的问题，我们都应当对其进行理性的评价；特别是当民事执行权内部的行政性质的权能凸显时，如何平衡配置权力与权利的关系，以及相关利益主体权利内部的平衡配置问题，则是十分值得我们关注和深入思考的。

英国市场化的执行收费制度的积极意义是操作较为灵活，私立执行部门可以根据执行过程中的阶段性执行行为以及执行到位的情况收取不等的费用；这一做法更加符合市场的规律，也发挥了良好的激励作用。而不利的一面来自于执行费用收取的监管问题，英国民事执行实践中，基于执行乱收费的投诉在所有有关民事执行的投诉中是最多的。由于这一问题更关系到债务人基本人权的保护，其中"幽灵访问"现象屡见不鲜、费用标准不够统一等问题突出，因此，英国在执行费用体制领域的改革步伐从未停止过。

2001 年 7 月，英国原司法大臣办公厅发布了《执行绿皮书》，其中第五章规定对英国原有执行费用制度进行了审查和咨询。随后，来自公共和私人执行部门的代表组成了咨询小组，对提供执行服务的市场进行了评估并发布了《执行服务提供报告》。2003 年《执行白皮书》在上述报告有关执行费用制度的内容和问题的基础上，提出了"透明、一致且均衡"的收费原则，还提出执行费用应当由预付费用、在执行过程中的具体活动和事件产生的固定费用，以及在执行过程中的具体活动和事件产生的可变费用组成。以上改革活动均为最新执行费用体制审查和咨询奠定了基础。

自 2008 年 8 月至 2009 年 10 月，英国司法部组织了执行费用制度的专项咨询及改革，并于 2009 年 11 月发表了《新执行费用制度建议和分析报告》。这一改革受到了执行行业的广泛欢迎，尽管英国学界已经对其中的某些措施感到担忧，如有学者认为在改革措施的具体操作上缺乏一些明确清晰的规定会产生一些意想不到的后果。然而，此次改革建立在均衡地保护债权人、债务人和执行人员权利的理性基础之上，因此，有学者认为，与其他任何法律规定一样，民事执行费用体制改革无法使每一项措施都让人满意，往往在法院作出最终裁判之前对于不明确之处仍会存在着不同的有效解释。

其实，对于此次改革的目的不乏批评的声音，即"确保任何新的执行费用制度基于公共和私人执行部门所做的实际工作给予执行人员充分而平等的奖励"；对此批评者认为新费用过高、不成比例或者是在当前水平的基础上显著增加。这些批评似乎并未建立在明智分析的基础上，而只是基于有缺陷的对 2007 年《裁判所、法院与强制执行法》颁布前后的对比，这虽然是没有充分效力且对明显"增长"不假思索的反映，缺乏对那些在新制度下将偿还更少的债务人平衡地进行观察。

事实上，任何对执行费用进行限制的法律规定只能导致执行服务水平的下降，因为执行人员将会被迫投机取巧以获取可持续的回报，这不免会增加社会弱势群体所面临的风险。同样有学者认为，执行机构任何企图通过提供低于法定执行费用标准的收费来获得价格竞争优势的行为是不应当被允许的，执行服务竞争力的分化应当取决于执行服务质量的高低。

但是，令人失望的是，2014 年生效的执行费用标准并未向司法部官员曾明确而信誓旦旦声明的那样发挥效力，而是大打了折扣。这一执行费用的规定本应是固定并严格遵守的，任何与已经公布的法定执行费用标准相偏差的行为都应被认定为越权收费，但 2014 年《控制财物（收费）规则》中的"可以"一词的使用明显削弱了法定执行费用标准适用的强制性，给执行机构为获得价格优势或追逐利益而偏离法定标准自行规定执行费用留下了可能。

中西法律文化比较

中西"暴君放伐论"的历史命运及其宪政意涵

陈 刚[*]

君主制,是古代东西各国普遍实行的政制模式。近代之前,除了古希腊、古罗马存在关于何种政体为最优政体的激烈争议外,东西各国的思想家与普通民众一道,都将君主制视为天然合理的存在。在君主制下,人们期盼出现圣主明君,将之视为民众福祉的护佑者。然而,东西各国历史却又无不昭示,明君可遇不可求,暴君却每每盘踞王座,成为敲骨吸髓的恶魔。于是,一个极自然的问题就此出现,面对暴君,人民有无反抗的权利?对这一问题的回答,中西思想家由最初的不约而同,到后来却分道扬镳。观察、比较这一历史流变,足以觇知东西政治法律文明最终的走向,了悟宪政的由来及其真义之所在。

一、最初的不约而同:杀死暴君是合理的

(一)中国古代的"暴君放伐论"

华夏确有文字可考之信史,起于商代。商代已有明确的君主观念,但并无君权绝对之说。据陶希圣先生所论,商代巫觋"以商族的超自然的信仰,统治商族","上以控制王权,下则以驾驭贵族,支配平民"。[1]伊尹放太甲于桐,尽管详情如何,已然杳不可考,但确可作为商代王权受限于巫觋的例证。至西周尽管巫觋权威跌落,但宗法封建制度及世卿世禄制度

---

[*] 法学博士,上海海事大学法学院讲师。
[1] 陶希圣:《中国政治思想史》,中国大百科全书出版社2011年版,第15页。

的确立，同样是对王权的客观限制。萧公权先生指出，中国上古政体是所谓的"封建政体"，"天子虽为'元后'，其实也是群后之一。群后奉他为共主，却未必受他的统治"。即所谓："有分治之国，无一统之政；有共治之臣，无专制之君。"[2]

中国历史上，君权的极度膨胀，起于春秋战国时代。尤其是战国之世，列国争雄，争相变法，以谋强国。列国诸侯，倚重才能之士，托之以国政，而世家大族却在社会巨变中渐趋凋零，世卿世禄制度难以为继，这就为君主独揽大权提供了良机。君主独掌天下之治权，由此成为天下治乱之源、安危之所寄，君主的重要性也就凸显出来，成为思想家们重点考量的对象之一。

1. 儒家对君主制的褒美

与古希腊诸贤不同，儒家圣哲从未曾考虑过君主制之外的国家形态。在儒家的论说中，君主制乃是天经地义的制度形式。对于君主制的由来，先秦儒者中，以荀子所论最为详备。

荀子与亚里士多德异代同调，都认为人乃群居动物，须过一种群居生活。荀子从对社会生活的深刻洞见出发，指出人须彼此协作，才能更好地满足人的各种需求。他说："能不能兼技，人不能兼官，离居不相待则穷"；[3] "人之生，不能无群"；[4] 人"力不若牛，走不若马，而牛马为用，何也？曰人能群，彼不能群也"。[5] 然而人性又普遍存在恶端，若无外在约束，必然会争斗不断，社会也将分崩离析。荀子明确提出："人之性恶……然则从人之性，顺人之情，必出于争夺，合于犯分乱理而归于暴。"人口蕃衍，本是好事，但人性普遍"好荣恶辱，好利恶害"，见到珍奇享乐之物，都想要据为己有，这就导致"群而无分则争，争则乱，乱则穷"。

因此，在荀子看来，如果能让人"群而无争"，就能拯救黎元于水火。柏拉图在此推许"哲学王"的统治，亚里士多德认同法治，而荀子则认为

---

[2] 萧公权："中国君主政体的实质"，载萧公权：《宪政与民主》，中国人民大学出版社2014年版，第40~41页。
[3] （清）王先谦：《荀子集解》，中华书局2012年版，第174页。
[4] （清）王先谦：《荀子集解》，中华书局2012年版，第177页。
[5] （清）王先谦：《荀子集解》，中华书局2012年版，第162页。

只有圣君明主方可做到"明分使群",使万民和合。即所谓"君者,善群也。群道当则万物皆得其宜,六畜皆得其长,群生皆得其命"。[6]

或许正是有鉴于君主对于天下的重要性,所以荀子对君主极尽褒美之辞。他说:"人君者,所以管分之枢要也。故美之者,是美天下之本也;安之者,是安天下之本也;贵之者,是贵天下之本也。"[7]君主若能内修仁义,奉礼循法,就能泽被天下,所谓:"圣王之用也,上察于天,下错于地,塞备天地之间,加施万物之上,微而明,短而长,狭而广,神明博大以至约。"[8]在荀子看来,天生烝民,必待圣王降临,才有得救的希望,"百姓之群,待之而后和;百姓之财,待之而后聚;百姓之执,待之而后安;百姓之寿,待之而后长"。[9]

孔子既没,儒分八派,孟子、荀子各承师说,难归一统。但是,在赞同君主制,以及君主统治的合法性在于为百姓兴利除弊,这两点上则是一致的。孟子讥刺杨朱"利己"、墨子"兼爱"之说,是"无君无父,是禽兽也"。[10]荀子说:"无君以制臣,无上以制下,天下害生纵欲。"[11]故而,在儒家的言说中,君主制是其思考、议论如何达致善治的关键。

2. "汤武革命"的合法性

荀子以儒者自居,以阐扬王道为己任,却未曾料到其门下两位高足韩非与李斯,却一反儒家正统,成为法家之代表。口吃的韩非,以他冷峭的笔锋,几乎以嘲弄的语气诘问儒家,如尧舜般的圣王乃"千世而一出",必待圣王方能治理天下,岂不是要"千世乱而一治"?儒家的这种治国理论,岂非太过迂阔?[12]事实上,连孟子面对纷乱的政治现实,也不得不承认:"尧舜既没,圣人之道衰。暴君代作。"[13]这就引发了一个儒者不得不面对的问题,暴君在位时,臣下及人民应该如何应对?或者说,人民有反抗暴君的权利吗?具体到儒家的言说中,这也就演化为"汤武革命"的

---

[6] (清)王先谦:《荀子集解》,中华书局2012年版,第163页。

[7] (清)王先谦:《荀子集解》,中华书局2012年版,第177页。

[8] (清)王先谦:《荀子集解》,中华书局2012年版,第163~164页。

[9] (清)王先谦:《荀子集解》,中华书局2012年版,第180页。

[10] (宋)朱熹:《四书章句集注·孟子·滕文公下》,中华书局1983年版,第272页。

[11] (清)王先谦:《荀子集解》,中华书局2012年版,第174页。

[12] (清)王先慎:《韩非子集解》,中华书局2013年版,第389页。

[13] (宋)朱熹:《四书章句集注·孟子·滕文公下》,中华书局1983年版,第272页。

合法性难题。

　　儒家向来主张亲亲、尊尊，严守君臣上下尊卑等级而不敢逾越半分。孔子观季氏八佾舞于庭，怒斥是可忍而孰不可忍，即是儒家尊君之明证。尽管儒家渴盼圣王之治，然而，面对"中主"、庸君在位的现实，儒家还是恪守职分，表现出对君主足够的尊重。荀子曾记载一则有关孔子的逸闻，极为生动地表现出了儒家在日常事务中对君主所持的态度。据古礼，居丧期间，孝子应就寝于铺在地上的席子上，而不应据床高卧。子路见到鲁国大夫居丧期间在床上就寝，他就去请教孔子："鲁大夫练而床，礼邪？"孔子答曰："吾不知也。"子路转头跟子贡说，原本在他眼中无所不知的夫子，原来也有所不知。子贡问明缘由之后，亲身前往求教孔子。子贡问曰："练而床，礼邪？"孔子明确回答："非礼也。"子路回来告诉子路，你以为夫子真的不知所问之事吗？"夫子徒无所不知，女问非也。礼，居是邑，不非其大夫。"〔14〕孔子之所以不愿回答子路的问题，并非孔子不知道答案，而是在他看来，子路的问题本身就是非礼的。在孔子看来，居住在某个邦国城邑之内，就不应当随便非议当地的统治者。故而，在很多场合，儒家都表现出了对政治权力的尊重与妥协，讲求"穷则独善其身"，"邦无道，则卷而怀之"的明哲保身之术。荀子更是系统阐述了对待不同资质的君主的为臣之道："事圣君者，有听从，无谏争；事中君者，有谏争，无谄谀；事暴君者，有补削，无挢拂。迫胁于乱时，穷居于暴国，而无所避之，则崇其美，扬其善，违其恶，隐其败，言其所长，不称其所短，以为成俗。"〔15〕在他看来，唯上智与下愚不移，所以对于圣君，臣下唯有听命行事，对于暴君，则不能廷争面折，而应私下悄悄弥补君主的过错。而当为时势所迫，无法脱离暴乱之国时，应该为君主隐恶扬善。就此而言，后世抨击儒家为君主专制张目，也并非全然是无的放矢。然而，就此认定儒家是政治权力的婢女，则未免低估了儒学的道德担当与价值追求。

　　即便对待暴君的态度似嫌软弱而消极，荀子对于君主在国家中所理应承担的责任依然有着极为明确的认知。他明确主张："天之生民，非为君

---

〔14〕（清）王先谦：《荀子集解》，中华书局2012年版，第513页。
〔15〕（清）王先谦：《荀子集解》，中华书局2012年版，第246页。

也。天之立君,以为民也。"[16] 如若君主不仅不能为民兴利除弊,反而倒行逆施,大臣应当有"从道不从君"的气度。

在中国思想史上,将儒家民本思想推向高峰的是孟子。孟子在"民贵君轻"论的基础上,明确阐发了"汤武革命"的合法性。在孟子看来,君主的权威并非是绝对的,其权威源自于是否担起了他本该承担的责任。而君主最基本的责任就在于"保民",孟子一再谈及"保民而王"、"与民同乐"、"为民父母",并明确主张:"民为贵,社稷次之,君为轻。"在他看来,如若君主荒淫无道,贵戚大臣甚至可以"反覆之而不听则易位"。当齐宣王当面向他质疑"汤武革命"的合法性时,孟子毫不犹豫地予以了反驳。《孟子》详载了二人间的此番对话:"齐宣王问曰:'汤放桀,武王伐纣,有诸?'孟子对曰:'于传有之。'曰:'臣弑其君,可乎?'曰:'贼仁者谓之'贼',贼义者谓之'残'。残贼之人谓之'一夫'。闻诛一夫纣,未闻弑君也。'"[17]

事实上,《孟子》所载的这番对话,可谓是中国自古以来两种天下观的直接碰撞,即天下为公还是天下为私。天下为公,认为"天下,非一人之天下也,天下之天下也";[18] 天下为私,则父死子继,兄终弟及,天下为家。天下为公,就是"天下为主君为客","不以一己之利为利,而使天下受其利"。[19] 君主如若旷于职守,致使民生凋敝,转死沟壑,则必见弃于天。这就是所谓"皇天无亲,惟德是辅","天命靡常"。天下之治乱,不在一家一姓之兴亡,而在于人民之忧乐。天命即在人心,得人心者得天下,失人心者失天下,所谓"天下归之之谓王,天下去之之谓亡"。由此自然得出的结论就是:"故桀、纣无天下而汤、武不弑君,由此之效也。"[20]

儒家在气力相逐、智谋相较的春秋战国之世,蒿目时艰,阐扬仁者爱人之说,揭明天下为公之义,力持汤武革命的合理性;尽管孔子周游列国无所遇,累累若丧家之犬,孟子也落得"王顾左右而言他"的局面,但

---

[16] (清)王先谦:《荀子集解》,中华书局2012年版,第487页。
[17] 《孟子·梁惠王下》。
[18] 张双棣等译注:《吕氏春秋译注》,北京大学出版社2000年版,第20页。
[19] (明)黄宗羲:《明夷待访录》,段志强译注,中华书局2011年版,第6~8页。
[20] (清)王先谦:《荀子集解》,中华书局2012年版,第246页。

是,儒家的天下观所涵摄的平等正义观,却有着无可抵挡的道德感染力。陈胜、吴广的那一句"王侯将相,宁有种乎!"不过是儒家天下观的一个历史回响罢了。

(二)托马斯·阿奎那的君主论

1. 君主制的合法性

西方思想史上,对君主制的合法性及其优点鼓吹最有力的,莫过于托马斯·阿奎那(Thomas Aquinas)。生活于西欧基督教会势力鼎盛、封建制度已趋完备的中世纪末期,阿奎那引亚里士多德的哲学注说奥古斯丁之神学,成中世纪神学理论之集大成者。顺应西欧盛行的封建制,为教皇及教会的现实政治统治张目,阿奎那系统论述了君主制的合理性及其理由。

阿奎那多次借亚里士多德的说法,主张"人天然是个社会的和政治的动物,注定比其他一切动物要过更多的合群生活"。[21] 在他看来,人与动物不同。动物可以单靠本能生存,比如,羊凭本能就能察知来自狼的威胁;而人除非彼此沟通、协作,单个个人无从掌握生活所必需的各类知识。因此,人类社会要想延续、发展,必须将单个的个人组织起来。但是,组织起来的社会,如果任由其成员在个人私利的引导下任意施为,社会必然会分崩离析。由此,阿奎那揭示了人类实行君主制的必要性。他说:"可是,许多人在一起生活,除非其中有一个人被赋予权力来照管公共幸福,是不可能有社会生活的。"[22] 借用《圣经》所录所罗门的箴言,他告诫世人:"无长官,民就败落。"[23]

与奥古斯丁将地上王国视为无意义的虚幻、短暂之物不同,尽管阿奎那也认为世俗王国所追求的目的从属于教会的精神追求,国王也应听命于教皇,"那些关心人生次要目的的人们,必须服从他这个关心最高目的的人,并受他的命令指挥",[24] 但他并不从根本上否认世俗国家,他认可国

---

[21] [意]托马斯·阿奎那:《阿奎那政治著作选》,马清槐译,商务印书馆1963年版,第44页。

[22] [意]托马斯·阿奎那:《阿奎那政治著作选》,马清槐译,商务印书馆1963年版,第104页。

[23]《圣经·箴言》第十一章第十一节。

[24] [意]托马斯·阿奎那:《阿奎那政治著作选》,马清槐译,商务印书馆1963年版,第85~86页。

家这种集合体有助于人们过一种有德行的生活。在奥古斯丁的神学体系中，现世政权的作用不过是在罪人充盈的世界中维持最低限度的秩序。[25]而阿奎那却正面评价了现世政权对于人类的价值，他认为："一切现存的事物都是由神安排的"；"各国的君主是由上帝任命的"。[26]因此，在阿奎那看来，君主制不仅仅是人类生活的必需品，同时也是政治领域中的最佳选择。他一再表示："最好的政体是由一人执政的政体。"[27]"所以许多人由一人统治比由若干人统治能取得更好的效果。"[28]"如果君主政体不发生腐败现象，它是治理一国人民的最好政体。"[29]他进而详细论证了何以君主制是最优的政体形式。首先，在本身是个统一体的事物中，更容易创造统一。多人统治的政府，难免观点歧出，意见纷呈，难以产生社会的统一。"所以，与其让那必须首先达成协议的许多人实行统治，那还不如由一个人来统治的好。"[30]其次，人事百端不过是对自然的模仿，而自然界中的万物，支配权总是执掌于单一个体手中。蜂群听命于蜂王，身体各器官都听从心的指引，宇宙万物臣服于上帝，因此，人类社会中最佳的政体，就是与这种自然天道最相契合的君主政体形式，国家的统治权由一人执掌。最后，人类过往的经验昭示了君主制能有效抵御政治倾轧，维护和平，并使人民生活富足。而其他政体形式却往往引发政治纷争，甚至使国家陷入分裂。

2. 反抗暴君的合理性

尽管阿奎那极力为君主制辩护，但君主的统治也是有限度的，阿奎那

---

[25] [英]约翰·麦克法兰：《西方政治思想史》，彭淮栋译，中信出版社2015年版，第117页。[美]肯特·格里纳沃尔特："良心抗拒、公民不服从和反抗"，载[美]小约翰·威特、弗兰克·亚历山大主编：《基督教与法律》，周青风、杨二奎译，中国民主法制出版社2014年版，第90页。

[26] 《圣经·罗马人书》第十三章第一节。

[27] [意]托马斯·阿奎那：《阿奎那政治著作选》，马清槐译，商务印书馆1963年版，第105页。

[28] [意]托马斯·阿奎那：《阿奎那政治著作选》，马清槐译，商务印书馆1963年版，第105页。

[29] [意]托马斯·阿奎那：《阿奎那政治著作选》，马清槐译，商务印书馆1963年版，第133页。

[30] [意]托马斯·阿奎那：《阿奎那政治著作选》，马清槐译，商务印书馆1963年版，第49页。

始终坚持,君主并非为着一己私利进行统治的。"一个人如果单纯为了自身的利益而任意指挥另一个人,那就是把他当作奴隶一般统治着了。"[31] 阿奎那对于权力的异化有着极为清醒的认识。这让他一方面极力褒美君主制,另一方面却又对君主制沦为暴君制的可能性忧心忡忡。他说:"由于君主获得了广泛的权力,除非这个大权在握的人具有完美的德性,否则君主政治就很容易蜕化为暴君政治。"[32] 阿奎那为暴君下了一个明确的定义:"当一个力求靠他的地位获得私利而置其所管辖的社会的幸福于不顾的人暗无天日地施政时,这样的统治者就叫暴君。"[33] 在他看来,暴君的统治是违背正义的。"暴政的目的不在于谋求公共福利,而在于获得统治者的私人利益,所以它是非正义的。"[34] 当统治者所推行的政策仅仅在于图一己之私利,致使民不堪命时,"推翻这种统治,严格说来并不是叛乱"[35]。那么如何判定一国之统治已深陷暴政的泥沼,人民已然获得合法的反抗之权呢?阿奎那详加论证了如下三种可以合法反抗暴君的情形:

(1)当君主试图僭越教权时。如前所述,阿奎那认可世俗国家的合法性,认为教权与王权各有适当的统辖领域,"世俗的君王有权就世俗事务中有关公共幸福的一切问题,颁布一些法令作为对自然法的个别规定;同样地,基督教教会的主教们的职权范围,是用令状来规定那些影响到信徒们对其精神福利的志趣的事项。"[36] 然而,阿奎那生于基督教会势力鼎盛之时,作为神权政治论的集大成者,他坚决主张教权高于王权。他说:

---

[31] [意] 托马斯·阿奎那:《阿奎那政治著作选》,马清槐译,商务印书馆1963年版,第103~104页。

[32] [意] 托马斯·阿奎那:《阿奎那政治著作选》,马清槐译,商务印书馆1963年版,第133页。

[33] [意] 托马斯·阿奎那:《阿奎那政治著作选》,马清槐译,商务印书馆1963年版,第46页。

[34] [意] 托马斯·阿奎那:《阿奎那政治著作选》,马清槐译,商务印书馆1963年版,第140页。

[35] [意] 托马斯·阿奎那:《阿奎那政治著作选》,马清槐译,商务印书馆1963年版,第141页。在人民是否有权推翻暴政的问题上,阿奎那的态度远比奥古斯丁激进。奥古斯丁极度贬低现世政权的宗教意义,认为世俗政权不过是罪人的集合,无助于引领人们过上有德行的生活。但是,他却又极力宣扬政治权威来自神的授权,人民即便面对最暴虐的政府,也只能服从。当然,奥古斯丁的这一套政治哲学,在中世纪教会权力无有匹敌之时,并没有成为教会的主流思想。

[36] [意] 托马斯·阿奎那:《阿奎那政治著作选》,马清槐译,商务印书馆1963年版,第145页。

"世俗权力之服从宗教权力,犹肉体之服从灵魂。"[37]他引用圣保罗的话说:"当皇帝的命令与上帝的命令有出入时,你就应当不顾前者而服从后者。"[38]在他看来,教皇高踞世俗权力和宗教权力的顶峰。他以冷峻却无可置疑的口吻宣布了如下让欧洲中世纪君主为之股栗的宗教戒条:"当一个统治者由于背弃基督教而被宣判开除教籍时,他的臣民事实上就立刻摆脱他的统治,解除那种使他们对他承担义务的誓言。"[39]

为了维护基督教会的神圣信仰,以及基督徒的良心自由,阿奎那在黑暗的中世纪,基于人乃上帝之表象的宗教立场,深刻揭示了人在精神上的自由与平等。他明确主张,人的肉体或可被奴役,但人的精神却是自由的。"在那些取决于意志的内在活动的事情上,人并无对人服从的义务,而只有对上帝才负有这种义务……因为所有的人在天地间都是平等的。"[40]因此,在涉及宗教信仰、灵魂拯救等领域的事务时,阿奎那告诫世人:"人们应先服从宗教权力,然后再服从世俗权力。"[41]

(2)当君主下达不正义的命令时。阿奎那接续古典时代的自然法思想,认为自然法乃统驭全人类的永恒不变的高级法则,成文法不过是用人类的语言对自然法的描画。与自然法相抵触的成文法自然归于无效。基于这一立场,阿奎那明确主张,如若暴君"命令人们做出不法的行为,他们的臣民就没有必要服从他们"。[42]"如果一个掌权者发出的命令违背了那个权威在当初被设立时所抱定的目的,……在这种情况下,一个人不仅没有服从那个权威的义务,而且还不得不予以反抗,正如宁死不愿服从暴君

---

[37] [意]托马斯·阿奎那:《阿奎那政治著作选》,马清槐译,商务印书馆1963年版,第144页。

[38] [意]托马斯·阿奎那:《阿奎那政治著作选》,马清槐译,商务印书馆1963年版,第152页。

[39] [意]托马斯·阿奎那:《阿奎那政治著作选》,马清槐译,商务印书馆1963年版,第139页。

[40] [意]托马斯·阿奎那:《阿奎那政治著作选》,马清槐译,商务印书馆1963年版,第152页。

[41] [意]托马斯·阿奎那:《阿奎那政治著作选》,马清槐译,商务印书馆1963年版,第158页。

[42] [意]托马斯·阿奎那:《阿奎那政治著作选》,马清槐译,商务印书馆1963年版,第153页。

乱命的神圣殉道者所做的那样。"[43]

（3）当暴君非法僭取王位时。阿奎那所处的时代，教会与国家、教权与王权间的关系千头万绪，既相互斗争，又须彼此借重。教会既要与国王斗争，以维护自身的独立性与权威性；而教会及各级教士本身又是欧洲封建体制的参与者，需要通过维护合法王权来保障教会的切身利益。因此，对于武力非法夺权的行为，教会自然将之视为背约的不义之事，严加禁绝。因为，中世纪唯有教会有权为国王行加冕礼，以此彰显一切权力皆为上帝的恩赐。阿奎那明确宣布："无论是谁，只要他依仗暴力据有权力，就并不真正成为领袖或主人。"人民在遇到僭取国家权力的暴君，又申告无门时，"在这种情况下，如果有人用杀死暴君的办法来解放他的国家，他是值得赞扬和奖赏的"。[44]

二、分道扬镳：大一统与有限王权

（一）秦汉以降"暴君放伐论"的衰歇

先秦儒家立基于民本、仁政之理念，宣扬"汤武革命"的合法性，揭明暴君放伐思想的核心要义。然而，这一对君主权力构成极大挑战的思想，在秦汉大一统君主专制集权制度建立以后，却备受打压，几近衰歇。秦国奉法家思想为圭臬，混一宇内，法家思想大行其道，法家人物充斥朝堂。在对待君主的问题上，法家力持君主绝对主义思想，力主尊君卑臣。他们将儒家用来论证君主统治合法性的"天命"、仁政、民本诸理念一刀砍斫，完全放弃对君主制之合法性的价值追问，将落脚点放在如何为君主保权固位上。法家不仅完全避而不谈"汤武革命"、"暴君放伐"之说，反而还力主臣下对于君上无条件地服从。韩非就曾说："贤者之为人臣，北面委质，无有二心，朝廷不敢辞贱，军旅不敢辞难，顺上之为，从主之法，虚心以待令而无是非也，故有口不以私言，有目不以私视，而上尽制之。"[45]在韩非看来，所谓贤臣，不是儒家所倡导的"诤谏辅拂"、"从道

---

[43]　[意]托马斯·阿奎那：《阿奎那政治著作选》，马清槐译，商务印书馆1963年版，第156页。

[44]　[意]托马斯·阿奎那：《阿奎那政治著作选》，马清槐译，商务印书馆1963年版，第157页。

[45]　（清）王先慎：《韩非子集解》，中华书局2013年版，第34～35页。

不从君"的大臣，毋宁说乃是一个全然不敢有半分自己想法，只知唯上命是从的木偶。

汉兴之后，尽管法家学说受到严厉批判，但"暴君放伐"思想却并未得到复苏之机。汉景帝时，学者间曾就"暴君放伐"之合理性爆发了一场公开的朝堂论辩。司马迁在《史记》中详载了这一场或许是中国历史上最为直接、公开的关于此一议题的交锋，而争论的最终结果，也昭示了"暴君放伐论"在此后的中国历史中的命运。争论的双方分别是儒生辕固生与道家黄生。据《史记》所载："黄生曰：'汤武非受命，乃弑也。'辕固生曰：'不然。夫桀纣虐乱，天下之心皆归汤武，汤武与天下之心而诛桀纣，桀纣之民不为之使而归汤武，汤武不得已而立，非受命为何？'黄生曰：'冠虽敝，必加于首；履虽新，必关于足。何者。上下之分也。今桀纣虽失道，然君上也；汤武虽圣，臣下也。夫主有失行，臣下不能正言匡过以尊天子，反因过而诛之，代立践南面，非弑何为也？'辕固生曰：'必若所云，是高帝代秦即天子之位，非邪？'于是景帝曰：'食肉不食马肝，不为不知味；言学者无言汤武受命，不为愚。'遂罢。是后学者莫敢明受命放杀者。"[46]汉景帝眼看词锋所及，居然波及了刘邦建汉的正当性，赶紧将二人打住，以皇权禁锢学者对该问题的讨论，此后"汤武革命"成为思想禁区。到董仲舒时期，君权在儒家话语系统之中，也获得了至尊的地位，所谓："天子受命于天，天下受命于天子。"[47]其中的尊君意味，与其说是接近孔孟之道，毋宁说更接近于申韩之说。先秦时代"天下非一人之天下，天下之天下"[48]的观念逐渐成了历史的绝响。尽管董仲舒试图以天人感应之说限制帝王，使其不敢任意为非，但成效甚微。诚如萧公权所言："君主专制政体到了汉朝已经根深蒂固，不是'天威'的宗教学说所能束缚动摇的。"[49]

中国古代君主集权，至两宋更趋极端，尊君思想成为理学的核心要义。两宋承五代乱局，宋太祖赵匡胤有鉴于前代败亡之教训，尽收天下之

---

[46]《史记·儒林列传第六十一》。
[47]《春秋繁露·为人者天第四十一》。
[48]《吕氏春秋·贵公》。
[49]萧公权："中国君主政体的实质"，载萧公权：《宪政与民主》，中国人民大学出版社2014年，第45页。

权以归中央,诚如宋儒叶适所言:"国家因唐、五季之极弊,收敛藩镇,权归于上,一兵之籍,一财之源,一地之守,皆人主自为之。"〔50〕宋儒蒿目时艰,针砭时弊,力主"尊王"之说,开始系统阐发《春秋》大一统之义。自宋代以降,君主专制主义思想不断被强化,至于明清两代而达其巅峰。〔51〕至明代,不仅无人敢轻启"暴君放伐"思想的讨论,甚至连稍稍阐发了些许民本思想的儒家经典《孟子》也难逃被皇权整肃、增删的命运。据《明史·钱唐传》载:"帝尝览《孟子》,至草芥寇仇语,谓:'非臣子所宜言。'议罢其配享。……卒命儒臣修《孟子节文》云。"明太祖朱元璋被《孟子》中的民贵君轻论所触怒,将孟子配享孔庙的资格剔除,甚至还将书中他认为"非所宜言"的不敬之词全部删除。孟子尚且难逃君权的审视,明清两代的知识分子也就只能或寄情山水,或埋头考据了。"暴君放伐论"经过历代君王的砍斫,终于被彻底封存在了历史的尘埃之中,不再发出回响。

(二) 欧洲反暴君思想的延续与发展

反观西欧,反暴君论的思想却代有其传,最终汇聚成为思想的洪流,不仅对中世纪君主的行为构成极大的限制,也成为西方近代公民不服从理念的理论先导,直接孕育了西欧的宪政思想。西欧的反暴君思想之所以能在历史中绵延不绝,既有着深厚的封建传统的支撑,也从基督教神学中获取了充足的精神滋养;同时,欧洲独特的封建制度也为之提供了维续的现实土壤。

1. 封建制:反暴君论存续的现实土壤

当我们稍稍掀开欧洲中世纪尘封的历史,即会惊异于中西君主制的巨大差异。尽管,中国历史上不同学派的学者对君主的地位有不同的认知,在现实中,不同时代的君主,由于历史时代、政局环境及其个人能力的不同,他实际所掌控的权力及其地位也会存在或大或小的差异,但无论如何,从理论上而言,君主受命于天,是天下万民的主宰,除了虚空缥缈的上天,他无须臣服、效忠于任何人,而所有人皆须效忠于他。董仲舒演五

---

〔50〕《水心别集》卷十《始议二》。

〔51〕 参见徐洪兴:"宋代经学中的'尊王'思想——以孙复的《春秋尊王发微》为例",载徐洪兴等主编:《东亚的王权与政治思想——儒学文化研究的回顾与展望》,复旦大学出版社2009年版,第51页。

行阴阳之说,认为:"天地之常,一阴一阳"[52];"君为阳,臣为阴"[53]。他所阐发的君臣关系,被后世奉为思想之圭臬。在他看来,君主乃天下之至尊,他从"王"字的构造推演开来,认为:"古之造文者,三画而连其中,谓之王。三画者,天地与人也,而连其中者,通其道也。"[54]而臣下就只能俯首听命于君,彰君之德,隐君之败,"……主上之不可不谨事。不谨事主,其祸来至显"。[55]即便是诸侯宰臣,尽管位高权重,但与皇帝却份属君臣,尊卑分明恰如昼夜寒暑一般,所谓:"有天子在,诸侯不得专地,不得专封,不得专执天子之大夫,不得舞天子之乐,不得致天子之赋,不得适天子之贵。"[56]

而当我们将视线转向西欧,中西君主制的区别立刻就呈现在了我们眼前。最让我们惊异的莫过于,西欧封建时代的君主从来就不是独尊的,他的地位与权力深受欧洲封建理论,以及基督教会的限制与牵绊。[57]根据欧洲中世纪盛行的封建理论,国王凭借血统、联姻或武力征服等方式取得王位,然后根据封建习惯将土地分封给大贵族,双方由此缔结为领主与封臣的关系。获得封授的大贵族,再依相同的原则与方式,将土地分封给次级封臣。中世纪的西欧大陆,奉行的是"封臣的封臣不是我的封臣"的封建原则,当国王与自己所封授的贵族封臣发生冲突,彼此敌对之时,次级封臣应当站在自己的直属领主阵营,帮助领主对抗国王。当然,1066年,诺曼公爵跨过英吉利海峡,经"黑斯廷斯"一役征服英格兰之后,将欧洲大陆的封建制度引入英格兰,与此同时将封建原则改造为"封臣的封臣也是我的封臣",并在索尔兹伯里召集英格兰境内大小贵族,要求他们集体向国王行效忠礼。

尽管在欧洲中世纪时代,王权的表现形态存在上述诸多差异,但是历史学家却依然发现了一条横贯欧洲诸国的封建原则,正是这一条原则,牢

---

[52] (汉)董仲舒:《春秋繁露》,周桂钿译注,中华书局出版社2011年版,第170页。
[53] (汉)董仲舒:《春秋繁露》,周桂钿译注,中华书局出版社2011年版,第161页。
[54] (汉)董仲舒:《春秋繁露》,周桂钿译注,中华书局出版社2011年版,第151页。
[55] (汉)董仲舒:《春秋繁露》,周桂钿译注,中华书局出版社2011年版,第185页。
[56] (汉)董仲舒:《春秋繁露》,周桂钿译注,中华书局出版社2011年版,第67页。
[57] 参见陈刚:"论英格兰'王在法下'法治理念的生成",载《比较法研究》2015年第5期。

牢地限定了欧洲各国国王的地位和王权的边界。无论是德意志、法兰西还是英格兰，历史学家敏锐地捕捉到一条同样的原则："国王本人也是贵族当中的一员，是贵族中的第一人。"[58] 这一条原则是如此醒目，以至于吸引了如此众多的权威学者的注意，法国史学巨匠基佐以不容置疑的口吻说道，法国中世纪时期的国王，在贵族们看来不过是贵族阶层中的一分子，"他只是他们中的一员，他们自己这个等级中的一员"。[59] 基佐的观点，在托克维尔对法兰西历史的观察中得到了印证。托克维尔指出，在法兰西，"国王以首领而不是以主子的口吻对国民讲话"。[60] 而英格兰宪政史名家梅特兰在对英国史的考察中，发现了同样的现象："国王只是众多贵族中的第一个（primus inter pares）。"[61]

如果欧洲中世纪"国王是贵族中的一员"的观念已然让习见中国历史上的"三纲五常"之说的我们颇为惊异的话，那么更具有思想冲击力的则是中世纪欧洲各国"君不君"、"臣不臣"的奇观。在欧洲各国历史上，君主为了获得某块掌控在自己封臣手中的领地，常常甘愿纡尊降贵，成为自己封臣的封臣。卡内冈就曾谈及："我们发现法国国王为了得到一块战略上的重要采邑，就这样成了自己手下封臣的封臣；路易六世于1124年成了圣德尼修道院的封臣……同样，菲利普·奥古斯都也于1185年得到了亚眠主教辖区内亚眠伯爵的采邑。"[62] 事实上，历史学家早已揭明了西欧中世纪王权的内在属性。与中国古代的皇权作为一种全能的统治权不同，西欧中世纪"王权在王国范围内也是一种领主权"。[63] 国王因其封授土地的行为，换取封臣的效忠，他与封臣之间的关系就恰如封臣与次级封臣的关系一般，同是多层级、呈金字塔状展延的封建结构中的一个层级。唯一不同

---

[58] 侯树栋："国家、王权与帝国：中古德意志政治史研究的回顾与反思"，载《中国社会科学》2013年第2期，第191页。

[59] ［法］基佐：《法国文明史》（第3卷），沅芷、伊信译，商务印书馆2009年版，第232页。

[60] ［法］托克维尔：《旧制度与大革命》，冯棠译，商务印书馆2013年版，第157页。

[61] ［英］梅特兰：《英格兰宪政史》，李红海译，中国政法大学出版社2010年版，第1~17页（课程大纲）。

[62] ［法］菲利普·内莫：《教会法与神圣帝国的兴衰——中世纪政治思想史讲稿》，张竝译，华东师范大学出版社2011年版，第192~193页。

[63] 侯树栋："国家、王权与帝国：中古德意志政治史研究的回顾与反思"，载《中国社会科学》2013年第2期，第191页。

的只是，他处在这个金字塔的塔顶。但是，无论身处何等高位，既然是封建社会层级结构中的一环，他就必须遵守封建社会的基本原则。而封建社会最根本的原则就是，所有人的权利义务必须遵从封建习惯的安排，即便国王也不例外。法国年鉴史学肇基者马克·布洛赫就曾告诫我们："不要把封建政府描绘成一种法律上或实际上的个人绝对专制体制。按照当时人们普遍接受的好政府的准则，无论哪个等级的首领，没有事先的协商，都不能作出任何重大决定。"[64] 作为领主的国王，尽管对其封臣享有较大的权威，但依然需要严格恪守封建习惯的制约。国王因其封授土地的行为而对封臣享有根据封建习惯所赋予的各项权利，封臣亦因此而承担对国王的封建义务。但是，这种权利与义务关系从来就不是单方面的，而是相互的。中世纪学者博马努瓦尔就曾说："由于臣服礼，附庸对领主负有多少效忠和忠诚，领主对附庸就承担多少义务。"[65] 根据中世纪的封建习惯，国王在与其封臣因封授土地的行为事实上缔结的是一种契约关系，"封臣和封建主的职责和义务，不论是物质的还是道义的，以及加于他们身上的相互的服务和责任都订得毫不含糊、非常明确而有所限制。新封臣在向封建主行效忠礼时就确切地知道自己做了什么事，获得了什么权利，承担了什么义务"。[66] 无论是国王还是贵族一旦有违背封建习惯所赋予双方的权利义务的行为，另一方当然地被视为有获得救济的权利。比如中世纪时代的一份封建契约就曾规定："需约定若我们中有一人试图背离这项契约，那此人就需向对等方（他的合作者）支付足够的补偿金。"[67] 而一旦类似的补偿协议不能达成，权利受到侵害的贵族也会毫不吝惜地发动武力，以图迫使国王就范。德国史学者布伦南就曾写道："我们看到拿起武器反对皇帝、领地诸侯、封建宗主的贵族领主（noble lords）——所有人都符合严格规定的程序规则，所有人的行为都在有关暴力的法律所限定的范围内。

---

[64] [法]马克·布洛赫：《封建社会》（下卷），李增洪、侯树栋、张绪山译，商务印书馆2009年版，第605页。

[65] [法]马克·布洛赫：《封建社会》（下卷），李增洪、侯树栋、张绪山译，商务印书馆2009年版，第655页。

[66] [法]基佐：《法国文明史》（第3卷），沅芷、伊信译，商务印书馆2009年版，第212页。

[67] [法]菲利普·内莫：《教会法与神圣帝国的兴衰——中世纪政治思想史讲稿》，张竝译，华东师范大学出版社2011年版，第188页。

我们看到这些贵族领主是如何认为他们的行为是完全正当的。"[68]

因此,反抗暴君在欧洲中世纪,并非是埋首书斋的思想家凭空想象出来的,也并非是学者们对不知真假的上古往事的追记,而是实实在在发生在当时的社会生活中,并受到古老的封建传统的有力支撑,被贵族们视为天然合理的行为。于是,我们可以看到当金雀花王朝的君主们横征暴敛之时,贵族们就联合起来反抗暴君。被后世视为近现代宪法之源的《大宪章》,就是贵族们挟战胜之余威迫使国王签订的城下之盟,是对古老封建传统所赋予双方的权利与义务的再次确认与宣示。[69] 在英格兰的历史上,贵族们多次依仗封建传统与国王对抗,《牛津条例》的签订、议会的成型,无不受惠于此。而欧洲中世纪的反抗暴君的传统,也并非仅见于英格兰。在欧洲大陆的广袤腹地,从匈牙利到波兰,从捷克到立陶宛,都可以看到贵族反抗王权,并迫使君主颁布确定双方权利义务的法令的情形,其中较著名的就有:1222 年匈牙利国王安德鲁二世颁布的《金玺诏书》、1370 年波兰国王路易签订的《克斯西协定》、1454 年波兰国王亚盖洛颁布的《克雷科怀斯宪章》等。[70] 因此,在漫长的欧洲中世纪,在整个欧洲的范围内,深厚的封建传统支撑着人们对于君主地位与权限的认知,在欧洲人的心目中,君主尽管尊贵,但绝非独尊,君主须遵守封建习惯的理念深入人心。当君主突破封建习惯的藩篱,意图横征暴敛、侵害臣民的合法权利时,贵族们会以封建传统为理据,起而反抗暴君。因此,即便是在欧洲封建制度最完备的时候,欧洲除了洋溢着忠于君主的骑士精神,同样也飘荡着反抗暴政的旗帜。

2. 教会神学:反暴君论存续的神学理据

除了强大的封建传统给予了贵族反抗暴君的合法性理由之外,在欧洲中世纪,基督教神学更是为反抗暴君的思想及行动披上了神圣的光环。在基督教神学的庇护之下,欧洲的反暴君论思想堂而皇之地被写进权威思想家的著作之中,成为指导人们行为的重要指针。从基督教神学的发展脉络

---

[68] O. Brunner, *Land and Lordship Structure of Governance in Medieval Austria*, University of Pennsylvania Press, 1992, p. 13.

[69] 参见[英]霍尔特:《大宪章》,毕竞悦等译,北京大学出版社 2010 年版。

[70] 参见于明:"东欧版的大宪章为何没有成功?",载《东方早报·上海书评》2015 年 6 月 14 日。

中观察托马斯·阿奎那的反暴君论思想,我们就会立刻剔除任何突兀之感,他的貌似自相矛盾而又稍显激进的思想,不过是从古老的《圣经》到后来的宗教改革思想家的"良心自由"传统之河中的一朵炫目的浪花而已。

事实上,《圣经·旧约》就蕴含着极为激进的反暴君论思想的萌芽。基督教作为一种末世论、一神论的宗教,具有一种强烈的外在超越性。根据基督教的基本教义,现世是虚幻而短暂的,只是人类在神恩的庇护下洗刷身上所背负的原罪的一个必经通路而已。人们真正应当渴盼的是末世来临之际,基督重临人间的时刻,在那时,基督将根据每一个人的善恶功过,评判其到底应该是进入天堂,还是堕入地狱。与永恒的天堂或地狱相比,人生短短数十载的寒暑,不过是转瞬即逝。因此,耶稣教导世人不要过于关注今世的得失,而应注重来世的赏罚。因为,"我的国不属于这个世界"。当面临一个暴君试图干涉信仰自由、僭越仅归属上帝权限范围内的事务时,耶稣的教导是:"顺从神,不顺从人,是应当的。"此即明示基督徒有权抗拒世俗君主悖逆上帝的"逆命"。

《圣经》中的思想,被历代教皇及教会神学理论家广泛宣扬,用以对抗世俗王权。经过11世纪教权与王权的激烈冲突,教会神学理论家们结合教会的基本教义与现实政治力量的对比,提出了"双剑论"的主张。该主张由中世纪权威教会法学家格兰西在其《教会法会要》中进行了全面阐发。在承认世俗王权统治合法性的基础上,格兰西强调无论是教皇还是国王,皆不得违背上帝之法。此外,作为世俗立法者的君主本人,也必须服从他自己所制定的法令。由此,奠定了"王在法下"的神学根基,并为臣民反抗君主的权利做了充分的背书。[71]

而当历史行进到西欧宗教改革时期,《圣经》中所蕴含的革命的因子,历代教会神学理论家所充分阐发的教会独立、良心自由的观念得到了充分的阐发。反暴君论的思想在新教徒的理论中得到了更为清晰而全面的阐述。美国学者肯特就明确提出:"16世纪下半叶,随着新教改革的推进,

---

[71] 参见陈刚:"论英格兰'王在法下'法治理念的生成",载《比较法研究》2015年第5期,第135~136页。

更加完善的新教抵抗权利论出现了。"[72] 无论是路德派还是胡格诺派，甚至连天主教会的理论家，都谈及了反抗权的问题。例如加尔文就认为："通常的情况下的规则是服从，而当确信宗教信仰的安全受到危害，并已到了妥协的极限时，则号召那些握有权柄的人们进行反抗，并且无须与大众联手。"[73] 然而，宗教冲突的惨烈，远超加尔文的预期，全非少数精英所能掌控，终究酿成诸如巴托罗缪之夜这样的宗教大屠杀。英国政治史学名家拉斯基曾下过一个断言："圣巴托罗缪之后，欧洲在政治学说史上进入了一个新纪元。"伴随宗教信仰不同而来的大屠杀，使得绝对王权和消极服从的观念开始受到人们的审视，人们开始疑惑："如果说国王的存在是为了保护他的臣民，那么当这一最基本的根基被抽掉以后，他还能有什么权利呢？"在上帝权威的庇护下，人们开始讨论："一个不领受上帝言语的君主还算不算君主？"[74] 终于，当天主教与新教就宗教信仰问题杯葛不断，甚至掀起血腥屠戮时，反暴君论的思想终于突破宗教信仰的狭小空间，进入到更为宏大的关于统治合法性的思考之中。"对胡格诺派来说，问题的焦点变成了宗教信仰和政治忠诚之间的简单选择。"[75] 在忠于上帝和效忠君主的灵魂撕扯之中，一种崭新的政治理念逐渐形成。泰奥多尔·贝茨在其《论长官对其臣民的权利》一书中清晰地勾勒了这一理念的主旨，拉斯基将其归结为："它主张，享有绝对权力的唯有上帝。长官们的确拥有广泛的权威，并且不对人民负责。但是，当他们命令人民去做与真正的信仰相抵触的事情时，不服从就成为了一种义务。"[76] 一个在西方政治思想史上留下浓墨重彩一笔的学派——"反暴君派"终于在宗教屠杀的血雨腥风中形成，诸如拉博埃西的《论自愿的奴役》、布坎南的《论苏格

---

[72] [美] 肯特·格里纳沃尔特："良心抗拒、公民不服从和反抗"，载 [美] 小约翰·威特、弗兰克·亚历山大主编：《基督教与法律》，周青风、杨二奎译，中国民主法制出版社2014年版，第96页。

[73] [英] 拉斯基："历史性引言"，载 [法] 拉博埃西、布鲁图斯：《反暴君论》，曹帅译，译林出版社2012年版，第80页。

[74] [英] 拉斯基："历史性引言"，载 [法] 拉博埃西、布鲁图斯：《反暴君论》，曹帅译，译林出版社2012年版，第92页。

[75] [英] 拉斯基："历史性引言"，载 [法] 拉博埃西、布鲁图斯：《反暴君论》，曹帅译，译林出版社2012年版，第93页。

[76] [英] 拉斯基："历史性引言"，载 [法] 拉博埃西、布鲁图斯：《反暴君论》，曹帅译，译林出版社2012年版，第95页。

兰的王权》、贝茨的《论长官的权力》及布鲁图斯的《论反抗暴君的自由》，都借由对信仰自由的坚守，充分论证了反抗暴君的权利及其行使的方式。

西方近现代的宪政理念、天赋人权学说，就这样借由"反暴君论"思想的不断阐发，慢慢地穿过中世纪的重重帷幕，开始逐渐成形。而经由17、18世纪启蒙思想家对社会契约论和权利理念的宣导，人民拥有推翻暴政的权利，成为近现代政治理论的主流话语。"政府需要自己证明自身存在的正当性，如果政府的表现一塌糊涂的话，它就应该被推翻，这种观念与权利理论非常匹配。"[77] 随着时代的演进，一方面是基督教会权力的急剧衰弱，另一方面是启蒙运动中人性的觉醒，由此政治理论中反抗暴政的合法性，不再局限于君主试图不当染指宗教信仰事务，而是转向了更为广泛的自然法与人民主权理论。"统治者超出他们职责的举动尽管不是宗教压迫，仍然构成对公民义务的违背。"[78]

三、余论：反抗暴君与宪政

（一）宪政的基础在于社会权力的多元

时间之流在不经意间穿行于各民族的过往，现代人在惊异于彼此传统的巨大反差时，总要回望历史，试图从中寻求解答。现代人对于清晰性的追求，往往鼓动人们对历史做减法，历史的丰富与多元往往就此牺牲。今天，专制的东方与民主的西方，已然深入人们思想的骨髓，成为一种几乎难以撼动的刻板印象。但历史的魅力就在于她充满着矛盾与断裂。当进入历史的深处，我们会发现思想家们，无分南北，都曾面对过相同的问题，也曾给出过相似的解决之道。然而，时间之流却最终向不同的方向流淌。而在这相似与相异之中，或许正是我们得以更好地洞悉历史之谜的契机。

在东西方的历史上，思想家们应对暴君在位的现实难题时，都曾给出

---

[77] [美] 肯特·格里纳沃尔特："良心抗拒、公民不服从和反抗"，载 [美] 小约翰·威特、弗兰克·亚历山大主编：《基督教与法律》，周青风、杨二奎译，中国民主法制出版社 2014 年版，第 91 页。

[78] [美] 肯特·格里纳沃尔特："良心抗拒、公民不服从和反抗"，载 [美] 小约翰·威特、弗兰克·亚历山大主编：《基督教与法律》，周青风、杨二奎译，中国民主法制出版社 2014 年版，第 98 页。

过"反暴君论"的回答,都曾赋予反抗暴君的行为以道德上充分的合法性。然而,这种对待暴君的最初的不约而同,却最终走向了异路殊途的结局。在中国,儒家激昂的"暴君放伐论"思想最终在强大皇权的压制下,几近衰歇,甚至连儒学本身,也未能完全坚守学说的独立性,成为依附于皇权的官方意识形态。反观西方,强大的封建传统、基督教会势力及基督教神学理论,对王权构成了极大的制约。在多元权力的斗争与妥协之中,有限王权与王在法下的理念渐次生成,反暴君论依托于此而始终得到维系,并不断获得新的发展。

尽管有学者指出,无论是中国还是西方,都存在政治领域的分权现象。但究其本质,西方的分权理念,产生于国王与贵族的斗争,最终发展成为限制王权、保护私权的宪政理念。中国的分权思想,却产生于皇帝为维护其大一统专制皇权,限制臣下擅权的目的,表面的分权恰是为了实现更好的集权。

(二)贵族势力的存亡直接导致君权的强弱

纵观中西方历史,我们可以观察到一个极度豁显的历史事实,即贵族势力的存亡,决定了君主的政治地位及君权的强弱。甚至我们可以认为,贵族势力在一定限度内的存在,决定了臣民自由的有无及宪政的存废。贵族既是古代社会的一个等级,事实上也是一种极端重要的社会组织形式。围绕着贵族的头衔、土地、人民及社会精英被有效整合起来,成为掌握在君主手中的国家权力之外的多元化权力之一。在封建原则下,贵族与君主的地位并非天壤悬绝,其相似性毋宁更胜于其相异性。天子与贵族,事实上就是体量上有大小,地位上有尊卑,但本质上相同的封建首领。而中西各国古代"暴君放伐"思想,正是在这样的政治环境中生发出来的。孟子就曾说:"天子一位,公一位,侯一位,伯一位,子男同位,凡五等。君一位,卿一位,大夫一位,上士一位,中士一位,下士一位,凡六等。"而明末清初思想家黄宗羲更是发凡孟子真义,揭明中国古代君主与贵族关系的本质,认为:"盖自外言之,天子之去公,犹公、侯、伯、子、男之递相去;自内而言之,君之去卿,犹卿、大夫、士之递相去。非独至于天子遂截然无等级也。"[79] 据此,一旦君主逾越传统,意欲侵夺贵族之权时,

---

[79] (明)黄宗羲:《明夷待访录》,段志强译注,中华书局2011年版,第27页。

贵族无疑必然心生怨怼，"不满于自己的权力被褫夺"[80]，甚至依仗自己手中的权力及其统合的资源，对抗王权。王权有限的理念，于焉而生；臣民自由的观念，于焉而起。因此，贵族势力的存废与强弱，事实上与自由、宪政之间存在着明显的联系。

（三）中国古代的暴君放伐论未将反抗权归之于人民

中国古代的暴君放伐思想，其理论的基点依然在儒家的"民本"、"仁政"等理念。事实上，思想家们都是借由为历史上的圣王推翻暴君的统治的事迹来作事后的合法化说明。也即，儒家从未曾倡导现世的民众享有天然的反抗暴君的权利，民众只能消极地等待天意的显现、圣王的降临，然后"归之"、"去之"。就此，恰如拉斯基在评论早期胡格诺派反暴君思想时所言："这种态度的缺点是显而易见的。这种少数派的抗议，不是建立在权利这一稳固的基础之上，而是建立在行政过失这一不太可靠的基础之上。"[81]

尽管一度，中国古老的"暴君放伐论"几近衰歇，但是，当遇到新的社会历史契机时，作为一种思想资源，它又通过吸纳西欧近代的民主革命的思想，焕发出了新的生命，并深刻影响了中国近现代史的发展。近代中国的革命观事实上就是一种中西观念融合的产物。恰如拉斯基所言："但观念的历史，比其拥护者更具持久性。它们从某些特定的机缘中诞生，持续存在着并成为各种事件的起源，而这些事件于产生它们的时代原本所预见或期望的相去甚远。"[82]当然，这又是另外一个故事了。

---

[80] ［英］拉斯基："历史性引言"，载［法］拉博埃西、布鲁图斯：《反暴君论》，曹帅译，译林出版社2012年版，第79页。

[81] ［英］拉斯基："历史性引言"，载［法］拉博埃西、布鲁图斯：《反暴君论》，曹帅译，译林出版社2012年版，第90页。

[82] ［英］拉斯基："历史性引言"，载［法］拉博埃西、布鲁图斯：《反暴君论》，曹帅译，译林出版社2012年版，第79页。

史料与翻译

日本法政大学法政速成科学员辑译法政书目整理(1905～1911年)

赵 青[*]

    日本法政大学法政速成科创办于1904年,专为清国留学生设置。从1904年5月第一班开班到1908年5月最后一班毕业,四年时间,法政速成科前后办班五期,另办补习科一期,先后有1800余名学员在此就读。法政速成科学制第一班为一年,其后各班均为一年半。

    法政速成科由清政府主导,学生主要是各省督抚选派,多为取得功名的科举精英。到1906年,清政府将在进士馆中学习新学的进士全部派送法政速成科学习法政。将已进入国家管理层的官员和士绅集中送到国外进行法政知识的培训,这在晚清留学史上是空前的,也是绝无仅有的。

    这批具有极高素质和社会地位的学员中有相当数量在晚清及民国时期有很大影响,如陈天华、宋教仁、夏同龢、杨度、胡汉民、朱执信、汪精卫、沈钧儒、居正,等等。从1905年起,法政速成科学员陆续毕业,1905～1911年间,法政速成科学员编、著、译了大量法政书籍,弄清这些书籍的数量及在同期法政书籍中所占比重,能更为恰当地确定法政速成科学员在晚清社会变革中的影响。

    本次书目整理主要参考中国政法大学出版社所编《中国法律图书总目》[1]一书中"中国法律古籍"部分、俞江著《近代中国的法律与学

---

[*] 贵州省社会科学院副研究员,贵州省黔学研究院研究员。
[1] 中国政法大学图书馆编:《中国法律图书总目》,中国政法大学出版社1991年版。

术》[2]一书中"清末法学书目备考"部分、翟海涛博士论文《法政人与清末法制变革研究——以日本法政速成科为中心》[3]中所附"法政丛书"和"个人编译"书目,再结合何勤华著《中国法学史》(第三卷)[4]一书中"书目表"与田涛、李祝环著论文《清末翻译外国法学书籍述评》[5]中"清末外国法学引进书目"等,以及各大图书馆、档案馆、网站搜集资料编制。上述参考资料中,翟海涛博士论文以法政速成科学员为对象进行书目整理,但其中未能严格区分丛书与个人著述,存在重复录入的情况,亦存在一些录入错误的问题。除翟海涛博士论文外,其他资料均未将法政速成科学员作为单独群体进行书目整理,笔者在使用这些资料时依据法政速成科学员名单对其中的法政速成科学员所著书籍进行了梳理,经比对发现了一些录入错误,笔者整理时亦加以修正。

经多方查证补充,本次书目整理较之前书目在数量上有较大幅度增长,共整理出总计有 295 种,分为丛书、个人著述、法政学堂讲义等三类,其中四套丛书共计有 109 种,其他个人著法学书籍共计整理出 158 种,法政学堂讲义共整理出 28 种。从总数上看,本次整理比《中国法律图书总目》载 152 种[6]法政速成科学员同期书目多 143 种,比《近代中国的法

---

[2] 俞江:《近代中国的法律与学术》,北京大学出版社 2008 年版。

[3] 翟海涛:"法政人与清末法制变革研究——以法政速成科为中心",华东师范大学 2012 年博士学位论文。

[4] 何勤华:《中国法学史》(第3卷),法律出版社 2006 年版。

[5] 田涛、李祝环:"清末翻译外国法学书籍述评",载《中外法学》2000 年第 3 期。

[6] 中国政法大学图书馆:《中国法律图书总目》(以下简称总目)共载有 1905~1911 年间法律古籍 626 种,其中法政速成科学员所著法学书籍仅有 152 种。《总目》中所有法政速成科学员所著法学书籍按内容分散在按内容所分各类中,包括丛书和法政学堂讲义也均分散各项中,由此可知《总目》尚未关注法政速成科。另《总目》中有部分系重复记录,如其中关于金保康的六种《国际公法》书籍:①金保康编:《平时国际公法》,东京丙午社,光绪三十三年(1907);②金保康:《战时国际公法》,天津:丙午社,清光绪三十三年(1907),149 页;③金保康编:《战时国际公法及局外中立》,天津:丙午社,清光绪三十三年(1907),149 页;④金保康编:《国际公法》,天津:丙午社,1911 年,149 页;⑤(日)美浓部达吉:《战时国际公法》,熊范舆,金保康译,天津:丙午社,清光绪三十三年(1907),-1 册 4;⑥金保康:《平时国际公法》,天津:丙午社,清光绪三十三年(1907),234 页。经核对,其中四部都是出版在 1907 年,也就是丙午社出版《法政讲义》的这一年,上述著作应当就是丛书,除列入《平时国际公法》、《战时国际公法》各一种于丛书外,其他个人书目仅保留 1911 年出版《国际公法》一种。

律与学术》一书中法政速成科学员同期总计124种[7]多171种，比《法政人与清末法制变革研究——以法政速成科为中心》一文载228种[8]书目多67种。本次书目整理数量能有较多增长的原因有：

一、原版书或原版电子书的挖掘整理

四套法政速成科学员所编的丛书主要来自查找到的当时的原版书或原版电子书信息，资料完整。《法政粹编》系依据笔者收藏光绪三十一年（1905）出版的《法政粹编》第三种《行政法》（夏同龢编辑）一书后《法政粹编科目》统计；《法政丛编》系依据笔者收藏光绪三十一年（1905年）出版的《法政丛编》第三种《行政法》（曹履贞编辑）书后《法政丛编科目》统计；《法政讲义》系依据笔者收集光绪三十四（1908）年九月廿二日初版，宣统三年（1911）再版熊范舆编《国法学》（电子书）书后《法政讲义单行本定价表》编制；《政法述义》因清末的两个版本都未能找到原版书作为参考，现依据笔者收集民国二年（1913）再版版本中第十种《民法亲族》（滕骥编，电子书）书后"政法述义全部"书目编制。

二、法政速成科未卒业学生的发现

本次书目整理法政速成科学员名单以《法政大学史资料集第十一集：清国留学生特辑》[9]中第一至第五班卒业生名单、补习科卒业生名单为基础。另该书中所列第二班学员第一学期修业生名单、第二班学员第二学期优等生名单和第三班学员第一学期优等生名单中部分同学并未卒业，在毕业生名单中没有找到，未能卒业的原因尚不明确，本次整理亦将这部分学

---

[7] 俞江：《近代中国的法律与学术》一书"书目备考"中有1905～1911年法学书籍356种，其中法政速成科学员书籍总计124种。书中单独列举了《法政丛编》、《法政粹编》和《法政讲义》三套丛书共计71种，但在单列书籍中又重复列入了属于丛书的38种书籍，如《法政丛志》丛书中雷光宇编辑的《商法商行为》、陈时夏编辑的《商法海商》等等都有重复录入，本次整理中在核对计算时已将重复数量去掉。

[8] 翟海涛：《法政人与清末法制变革研究——以法政速成科为中心》首次以法政速成科学员为对象整理了书目，但该书目所列四大丛书中《政法述义》丛书误为《法政述义》，并与《法政讲义》有所混淆，且其所列书目存在同一本书多个作者时重复统计的问题。经整理筛选后合计有228种，四套丛书共有104种，其中不包括丛书的书目共有128种。

[9] ［日］法政大学史资料委员会：《法政大学史资料集第十一集：清国留学生特辑》，日本法政大学1988年发行。

员视为法政速成科学员,如周大烈[10]、梁焕钧[11]等。另有部分学员虽未在名单之中,但有证据证明其曾就读法政速成科,如宋教仁[12]、杨度[13]、孟森[14]等,亦收入本书目整理学员名单之内。

三、辨析一人多名、繁简转换、认读错误、输入错误等问题

清末官绅都有两个甚至多个名字,这是前人名字有名、字、号之别的原因,这可能导致在整理法政速成科学员书目时有所遗漏。比如张篁溪,在《中国法律图书馆总目》中有张篁溪所参订《法部奏定提法司办事处章程》一书,实际张篁溪就是法政速成科第二班的张伯桢,"伯桢"是名,而"篁溪"是他的号,若不知张伯桢即张篁溪,就可能漏记这本书。

整理书目时容易将繁体字认错,如第二班的陈与年,因"与"字和"兴"的繁体字极为相近,常被误读为"陈兴年",在统计时就有可能漏掉所有记为"陈兴年"的书籍。输入错误也是较常见的错误,如郭开文[15](四川)、张春涛两人名字常被混淆为张开文、郭春涛。上述问题经辨析为法政速成科学员者,本次整理时均予收录。

经笔者整理,《中国法律图书总目》载同期法政书籍共计626种(有少数重复未清理),法政速成科学员所著法政书籍在同期出版的法政书籍中占比近一半。需说明的是,因仍有相当文献未能见到,仍有相当法政速成科学员所著书籍未能载入本次书目整理,本次整理数据尚不完全,而只是一个最低数值,仍有遗漏需进一步细心整理。另就清末创办的法政学堂而言,清政府多倚重法政速成科学员创办学堂,法政速成科学员任职于法政学堂者甚多,应有大量法政速成科学员编辑讲义,但精力有限,仅就所

---

[10] 周大烈,第二班第一学期在读。

[11] 梁焕钧,第二班第一学期在读。

[12] 迟云飞"陈天华、宋教仁留日史事新探"(载《近代史研究》2005年第6期)一文已阐明宋教仁曾就读法政速成科第二班,未卒业。

[13] 杨度与罗杰等同在法政速成科第一班,未卒业。

[14] 承红磊"孟森早期史事考略"(载《史林》2012年第5期)一文考证孟森与其弟孟昭常入读法政速成科第四班,未卒业。

[15] 日本冈山大学刘建云发表于《郭沫若学刊》(2010年第4期)的《关于郭开文日本留学的初步考证》一文证实郭开文留日就读法政速成科第三班,未卒业。《总目》将郭、张二人姓弄混淆,记为张开文、郭春涛。

见录入。还需提及的是，本次书目整理未包括法政速成科学员创办的各种法政杂志，这些法政杂志在清末近代法政思想传播及促进社会变革中亦发挥了重要作用。

这批法政速成科学员在进入民国后，大多正值壮年，仍有大量法政书籍问世，亦有相当学员成为民国各界重要人物。除上述已提及者外，还有蒲殿俊、古应芬、叶夏声、熊范舆、阮性存、张知本、程树德、陈国祥、陈敬第、罗杰、骆成骧、刘春霖，等等。本文以 1905~1911 年为限，因为这是辛亥革命发生前最关键的 6 年，也是法政速成科学员陆续毕业回国投身社会变革的 6 年。本文书目整理的结果表明，这批由科举精英组成的法政速成科学员，作为中国传统士绅和官员的代表，在这关键的 6 年，通过大量著述自觉传播近代法政理念，自觉推动社会转型，并最终促进了国家的革命性变革。

法政速成科学员编著的四套法政丛书

《法政粹编》

《法政粹编》的编写者主要以法政速成科第一班湖南籍学生为主，该套丛书共计 18 种 24 册，于光绪三十一年七月（1905 年 8 月）陆续在日本出版，印刷所是东京并木活版所；光绪三十二年四月（1906 年 5 月）由日本池田九段印刷所再次印刷出版；几个月后的光绪三十二年八月（1906 年 10 月），由日本翔鸾社井上印刷工场第三次印刷出版，日本东京发行所中国书林发行。此套丛书是国内刚刚兴起的法政学堂的教科书，后又多次再版。

本书目主要以光绪三十一年七月（1905 年 8 月）出版的《法政粹编》第三种《行政法》（夏同龢编辑）一书后《法政粹编科目》统计。

《法政粹编》书目统计

种　类	书　名	作　者	籍贯	班　级
第一种	法学通论	杨　度	湖南	第一班（未卒业）
第二种	国法学	罗　杰	湖南	第一班
第三种	行政法	夏同龢（进士）	贵州	第一班
第四种	民法总则	罗永绍 石润金	湖南 湖南	第一班 第一班
第四种	民法（财产总论、物权）	彭兆璜 雷光宇	湖南 湖南	第一班 第一班
第四种	民法（债权、担保）	彭兆璜	湖南	第一班
第五种	商法（总则、商行为）	陈　武	湖北	第一班
第五种	商法（会社、手形）	刘泽熙	湖南	第一班
第五种	商法（海商）	陶懋颐	湖南	第一班
第六种	刑法总论	瞿宗铎	湖南	第一班
第六种	刑法各论	陶思曾	湖南	第一班
第七种	裁判所构成法	吴柏年	湖北	第一班
第八种	民事诉讼法	毕　厚	湖南	第一班
第九种	刑事诉讼法	萧仲祁	湖南	第一班
第十种	平时国际公法	廖维勋	湖南	第一班
第十种	战时国际公法	陈嘉会[16]	湖南	第一班
第十一种	国际私法	曹履贞	湖北	第一班
第十二种	经济学	易奉乾	湖北	第一班
第十三种	财政学	胡子清	湖南	第一班
第十四种	监狱学	贺国昌	江西	第一班

[16]《总目》将"陈嘉会"误为"陈嘉令"。

续表

种　类	书　名	作　者	籍贯	班　级
第十五种	殖民政策	胡子清	湖南	第一班
第十六种	政治学	黄可权	湖南	第二班
第十七种	西洋历史	梁焕钧	湖南	第二班（未卒业）
第十八种	政治地理	杨宗熙	湖南	第二班

《法政丛编》

《法政丛编》与《法政粹编》相似，主要由第一班湖北籍学员组成湖北法政编辑社，组织湖北籍学员编写，总经理是法政速成科第一班湖北籍学员樊树勋。该套丛书共计19种25册。初版于光绪三十一年（1905）七月，由（日本）东京并木活版所印刷。再版于光绪三十二年九月，由（日本）翔鸾社井上印刷工场印刷。在1906年《法政丛编》再版之际，樊树勋在该书后《法政丛编订正增补再版禀告》中称："自去秋付梓陆续出版，今岁三月全部告成，未成之先，预约购买者已达初刊之部数（五千部），故全部告成之日，即全书售尽之日，本编价值可谓为学界共认。"[17] 在《禀告》中还提及此时任直隶总督的袁世凯订购再版一千部，足见该套丛书受到各界的欢迎，此后该书又多次再版。

本书目主要以笔者收藏的光绪三十一年七月（1905年8月）出版的《法政丛编》第三种《行政法》（曹履贞编辑）书后"法政丛编科目"为参考，因该科目仅注明书名，未注明作者，另通过查阅原版书或其他途径获取作者信息。

---

[17]（清）吴柏年：《法政丛编第七种裁判所构成法》，日本东京翔鸾社井上印刷工场光绪三十二年（1906）发行，书后。

《法政丛编》书目统计

种 类	书 名	作 者	籍贯	班级
第一种	法学通论	张知本	湖北	第一班
第二种	国法学	陈 武	湖北	第一班
第三种	行政法	曹履贞	湖北	第一班
第四种	民法（总则）	严献章 匡 一 王运震	湖北 湖北	第一班 第一班
第四种	民法（财产总论、物权）	樊树勋	湖北	第一班
第四种	民法（债权、担保）	彭树棠	湖北	第一班
第五种	商法（总则、商业、会社）	徐志绎	湖北	第一班
第五种	商法（商行为、手形、海商）	徐志绎	湖北	第一班
第六种	刑法总论	瞿宗铎	湖南	第一班
第六种	刑法各论	李 碧	湖北	第一班
第七种	裁判所构成法	吴柏年	湖北	第一班
第八种	监狱学	刘 蕃	湖北	第一班
第九种	民事诉讼法	欧阳葆真 朱家璧	湖北 湖北	第一班 第一班
第九种	刑事诉讼法	邹麟书 王崇铭 周仲曾	湖北 湖北 湖北	第一班 第一班 第一班
第十一种	平时国际公法	叶开琼	湖北	第一班
第十一种	战时国际公法	张福先[18]	湖北	第一班
第十二种	国际私法	郭 斌	湖北	第一班
第十三种	经济学	易奉乾	湖北	第一班

---

[18]《总目》将"先"误为"光"。

续表

种　类	书　名	作　者	籍贯	班　级
第十四种	财政学	叶开琼 何福麟 谢炳朴	湖北 湖北 湖北	第一班 第一班 第一班
第十五种	殖民政策	周仲曾	湖北	第一班
第十六种	政治地理	刘鸿钧	湖北	第二班
第十七种	西洋史	李蕢仪 梁柏年	湖北 湖北	第二班 第二班
第十八种	政治学	杜光佑 宁儒瑗	湖北 湖北	第二班 第二班
第十九种	罗马法	樊树勋	湖北	第一班

《法政讲义》

《法政讲义》由丙午社编辑。1906年，姚华和陈叔通（陈敬第，字叔通）、周大烈等同窗共同发起成立丙午社，着重研究政法等问题[19]。姚华、陈叔通、周大烈都是法政速成科第二班学员，其中周大烈未能在毕业生名单中找到，但在该班第一学期成绩册中有他的名字，表明他至少在法政速成科就读一个学期，至于其未能毕业的原因暂不清楚。

《法政讲义》编者以法政速成科第二班学员为主，是继法政速成科第一班学员编辑《法政粹编》和《法政丛编》后，由法政速成科学员编辑的第三套丛书。这套丛书自出版后亦成为国内重要的书籍。该套丛书作者大多成为国内宪政改革的重要力量。

该套丛书首次出版于光绪三十三年（1907），由日本小川印刷所印制，在日本及国内发行；光绪三十四年（1908）、宣统三年（1911）由上海群益书社再版，影响一直持续到民国时期。

本书目以光绪三十四年（1908）九月廿二日初版，宣统三年（1911）

---

[19] 刘海粟：《花溪语丝》，柯文辉执笔，贵州美术出版社1987年版，第29页。

再版熊范舆编《国法学》书后《法政讲义单行本定价表》为基础编制，共30册，该书由上海群益书社出版。

《法政讲义》书目统计

种 类	书 名	原著者	编辑者	籍贯	班 级
第一种	国法学	笕克彦述	熊范舆（进士）编	贵州	第二班
第二种	政治学	小野塚喜平次述	陈敬第（进士）编	浙江	第二班及补习科
第三种	经济学	小林丑三郎述	李佐庭编	湖南	
第四种	财政学	松崎藏之助、神户正雄述	黄可权编	湖南	第二班
第五种	行政法总论	美浓部达吉述	熊范舆（进士）编	贵州	第二班
第六种	行政法各论	美浓部达吉述	陈崇基编	四川	第二班及补习科
第七种	独逸监狱法	小河滋次郎、印南于菟吉述	柳大谧重译	湖南	未卒业[20]
第八种	刑法总论	冈田朝太郎述	李维钰（进士）编	贵州	第二班及补习科
第九种	刑法各论	冈田朝太郎述	袁永廉（进士）编[21]	贵州	第三班及补习科
第十种	刑事诉讼法	板仓松太郎述	张一鹏编	江苏	第二班
第十一种	法学通论	梅谦次郎述	陈敬第（进士）编	浙江	第二班及补习科

[20] 翟海涛："法政人与清末法制变革研究——以日本法政速成科为中心"，华东师范大学2012年博士学位论文，第132页记载柳大谧法政科未毕业。

[21]《总目》记为袁秋廉，查原书应为袁永廉。

续表

种　类	书　名	原著者	编辑者	籍贯	班级
第十二种	民法总则（一）	梅谦次郎述	周大烈编 陈国祥（进士）编	湖南 贵州	第二班（未卒业） 第二班及补习科
第十三种	民法总则（二）	梅谦次郎述	周大烈编 陈国祥（进士）编	湖南 贵州	第二班（未卒业） 第二班及补习科
第十四种	民法物权	梅谦次郎述	姚华（进士）编	贵州	第二班及补习科
第十五种	民法债权担保（一）	梅谦次郎述	许壬编	浙江	第二班
第十六种	民法债权担保（二）	梅谦次郎述	许壬编	浙江	第二班
第十七种	民事诉讼法（一）	岩田一郎 板仓松太郎 同述 松岗义正 远藤忠次	李　穆 黄祖诒 李祖虞 同编 林志钧	湖南	第一班
第十八种	民事诉讼法（二）			广东	第三班
第十九种	民事诉讼法（三）				
第二十种	民事诉讼法（四）				
第二十一种	民事诉讼法（五）				
第二十二种	商法总则	志田钾太郎述	陈汉第编	浙江	第二班
第二十三种	商法会社上	松波仁一郎述	陈时夏编	浙江	第二班
第二十四种	商法会社下			浙江	第二班
第二十五种	商法商行为	志田钾太郎述	雷光宇编	湖南	第一班
第二十六种	商法手形	冈野敬次郎著	方表译		
第二十七种	商法海商	青木徹二著	陈鸿慈译	浙江	第二班

续表

种类	书名	原著者	编辑者	籍贯	班级
第二十八种	平时国际公法	中村进午述	金保康编	浙江	第二班
第二十九种	战时国际公法	中村进午述	金保康编	浙江	第二班
第三十种	国际私法	山田三良述	傅疆编	浙江	第二班

《政法述义》

《政法述义》主要以第四班湖南籍学员为主，组成政法学社编辑而成。该套丛书于光绪三十三年（1907）七月由日本东京九段印刷所印刷出版[22]。虽未能找到原版书，但光绪三十四（1908）年九月廿二日初版，宣统三年（1911）再版的熊范舆编《国法学》书后有"上海群益书社发行法政书"书目，其中列有《政法述义》一条，由此可知，《政法述义》与《法政讲义》同时由上海群益书社再版，而该套书原版亦未见。民国二年（1913）府正街集成书社再版《政法述义》，其中第三种《比较宪法》（刘作霖编）中"例言"落款为丁未孟冬，实为1907年，表明该书初版于1907年，属于本次书目整理范围。现因清末的两个版本都未能找到原版书作为参考，依据民国二年（1913）版本中第十种《民法亲族》（滕骥编）书后"政法述义全部"书目编订本书目，因该"政法述义全部"所列书目未注明作者，另通过查找原版书及其他资料确定作者，由此完成下表。

《政法述义》书目统计[23]

种类	书名	编辑者	籍贯	班级
第一种	法学通论	胡挹琪	湖南	第四班

[22] lawclcto 提供书目 http://tieba.baidu.com/p/1026053954。

[23] lawclcto 提供书目 http://tieba.baidu.com/p/1026053954。

续表

种 类	书 名	编辑者	籍贯	班 级
第二种	宪法泛论	成应琼 刘作霖	湖北 湖南	第四班 第四班
第三种	比较宪法	刘作霖	湖南	第四班
第四种	行政法	杨树谷	湖南	第四班
第五种	行政法总论	邵羲	浙江	第四班
	行政法各论	邵羲 李光第	浙江 广西	第四班 第五班
第六种	地方制度	杨树谷	湖南	第四班
第七种	纯正经济学	罗超〔24〕	湖南	第四班
第八种	应用经济学	罗超	湖南	第四班
第九种	财政学〔25〕	黄敦怿	湖南	第四班
第十种	民法总则	杨德邻	湖南	第四班
	民法物权			
	民法债权	任绍选	湖南	第四班
	民法亲族	滕骧	湖南	第一班
	民法相续〔26〕	张天宋 毕厚	湖南	第一班
第十一种 之1~3	商法总则、商行为、会社	龚福涛（进士）	湖南	第五班
第十一种之4	商法手形〔27〕	陆定	江苏	第四班

〔24〕 翟海涛："法政人与清末法制变革研究——以日本法政速成科为中心"，华东师范大学2012年博士学位论文，第136页记载作者为罗超。

〔25〕 中山大学图书馆藏。

〔26〕 广东省立中山图书馆藏

〔27〕 中国政法大学图书馆编：《中国法律图书总目》，中国政法大学出版社1991年版，第737页。

续表

种 类	书 名	编辑者	籍 贯	班 级
第十一种之5	商法海商[28]	孙志曾	云南	第一班
第十二种	刑法总论	成应琼 俞 峻	湖北 浙江	第四班 第四班
第十三种	民事诉讼法[29]	王时润	湖南	第五班[30]
第十四种	刑事诉讼法[31]	陶懋颐	湖南	第一班
第十五种	裁判所构成法	俞成铣 熊 彦	浙江 湖南	第四班 第五班
第十六种	监狱学[32]	廖维勋	湖南	第一班
第十七种	破产法[33]	陈高第 孙志曾	广东 云南	补习科 第一班
第十八种	警察学	何维道译述	湖南	第二班
第十九种	警察实务	谭传铠编[34]	湖南	第四班
第二十种	平时国际公法	何维道 谭传铠	湖南 湖南	第二班 第四班
第二十一种	战时国际公法[35]	黄赞元	湖南	第五班

---

[28] 中国政法大学图书馆编:《中国法律图书总目》,中国政法大学出版社1991年版,第737页。

[29] 浙江省图书馆编:《新编馆藏中文法学书目》,浙江图书馆1984年版。

[30] 何勤华:《中国法学史》(第3卷),法律出版社2006年版,第476页。

[31] 何勤华:《中国法学史》(第3卷),法律出版社2006年版,第507页。

[32] 中国政法大学图书馆编:《中国法律图书总目》,中国政法大学出版社1991年版,第737页。

[33] 中国政法大学图书馆编:《中国法律图书总目》,中国政法大学出版社1991年版,第737页。

[34] 王丁旺编:《公安学文献参考书目》,群众出版社1991年版,第100页。

[35] 翟海涛:"法政人与清末法制变革研究——以日本法政速成科为中心",华东师范大学2012年博士学位论文,第138页。

续表

种　类	书　名	编辑者	籍贯	班级
第二十二种	国际私法	刘庚先 萧鸿钧	湖南	第五班
第二十三种	外交史	宾玉瓒	湖南	第四班
第二十四种	政治地理	龚福涛 （进士）原辑	湖南	第五班
		李禔农订正	湖南	第五班
第二十五种	统计学[36]	彭祖植		
第二十七种	社会学	汤一锷		
第二十八种	银行实务	彭兆璜	湖南	第一班
第二十九种	银行簿记	萧仲祁	湖南	第一班
第二十九种	政治学[37]			

法政速成科学员编、著、译其他法学著作书目

1. 以下书目是除去四套丛书外法政速成科学员其他编、译、著书目。

2. 法政速成科学员所学包括法律、政治、经济等各门类科目，所著书籍除法律为主外，还有政治、经济类，本书目亦有收录。

3. 本书目以法政速成科学员班级为基础分别统计。

4. 作者名字后括号内是作者籍贯，系进士者增加注明"进士"，系未卒业者增加注明"未卒业"。

第一班

1. 萧仲祁（湖南）等编译：《日本法典》，光绪三十二年（1906），留东法政研究社，10册。

---

[36] 南京图书馆藏。

[37] 翟海涛："法政人与清末法制变革研究——以日本法政速成科为中心"，华东师范大学2012年博士学位论文，第135页。

2. 萧仲祁（湖南）译：《日本刑事诉讼法法典》，中国书林。[38]

3. 张知本（湖北）译述：《局外中立》1卷，（日）有贺长雄讲义，东京池田九段印刷所，光绪三十一年（1905）。

4. 瞿钺（江苏）译：《领事裁判权问答》，（日）村井哈郎著，上海科学社，光绪三十二年（1906）。

5. 刘蕃（湖北）译：《刑法新论总论》，（日）古贺廉造著，东京法政大学，光绪三十三年（1907）。

6. 严献章（湖北）译：《战时国际公法》，（日）有贺长雄著，东京清国留学生会馆，光绪三十三年（1907）。

7. 吴柏年（湖北）、周仲曾（湖北）、何福麟（湖北）译：《最近警察法教科书》，（日）大道良太、植松金章著，东洋社印刷，光绪三十一年（1905）。[39]

8. 刘燮臣（湖北）：《法院编制法讲义》，助进印刷所代印，光绪三十二年（1906）。

9. 金庆章（江苏）著：《学校管理法》，上海普及书局，光绪三十二年（1906）。

10. 杨度（湖南）著：《国会与旗人》，日本秀光社，清光绪三十三年（1907）。

11. 樊树勋（湖北）译：《法典论》，上海昌明公司，清光绪三十三年（1907）。

12. 夏同龢（贵州进士）著：《国际私法》，清光绪三十一年（1905）。[40]

13. 杨清源（湖北）译：《唐虞刑法论》，（日）田能村著，上海昌明公司，光绪三十三年（1907）。

14. 徐志绎（湖北）等译：《日本教育行政法》，（日）祷苗代著，东京并木印刷所排印本，[41] 光绪三十二年（1906）。

15. 雷光宇（湖南）编：《商法商行为》，上海群众书局，清宣统三年（1911）。

16. 彭兆璜（湖南）、赵宇航（直隶第二班）编译：《民法》，上海法政研究社，光绪三十二年（1906）。

17 叶开琼（湖北）等编译：《中国经济全书》，日本东亚同文会编纂，宣统二年（1910）。

18. 毕厚（湖南）编纂：《日本议会纪事本末》（上、下册），宣统元年（1909）。

---

[38] 翟海涛："法政人与清末法制变革研究——以日本法政速成科为中心"，华东师范大学2012年博士学位论文，第145页。

[39] 本书为作者收藏。

[40] 该书目见于《中国法律图书总目》，但笔者一直未找到原版书，疑为记录有误。

[41] 《总目》第739页有《日本教育行政法》两种，均记为徐志译，查原书应为徐志绎译。一种出版社记为上海商务印书馆，1906年出版此书时，查原书商务印书馆仅为发行机构。两种书应为同一本书，重复。

19. 王家驹（江苏）译：《汉译日本监狱法》，（日）佐藤信安著，上海普及书局，光绪三十二年（1906）。

20. 朱孔文译：《法制新编》（讲义），（日）葛冈信虎编，东京译书汇编社，宣统三年（1911）。

第二班

21. 程树德（福建）编：《平时国际公法》，上海普及书局，光绪三十二年（1906）。

22. 程树德（福建）、陈宗蕃（福建补习科）、林志烜（福建第四班及补习科）等译：《刑事诉讼法新论》，（日）丰岛直通著，上海普及书局，光绪三十三年（1907）。

23. 程树德（福建）译：《民法物权篇》，（日）横田秀雄著，上海普及书局，光绪三十三年（1907）。

24. 袁希濂（江苏）译：《国际私法》，（日）中村进午著，中国图书公司，光绪三十三年（1907）。

25. 袁希濂（江苏）译：《宪法泛论》，（日）美浓部达吉著，上海普及书局，光绪三十一年（1905）。

26. 袁希濂（江苏）译：《行政法总论》，[42]（日）美浓部达吉著，上海普及书局，光绪三十二年（1906）。

27. 袁希濂（江苏）译：《新译国际公法》，（日）中村进午著，上海中国图书公司，光绪三十三年（1907）。[43]

28. 金保稚、袁希濂（江苏）译：《议院法提要》，（日）工藤重义著，东京：清国留学生会馆，清光绪三十三年（1907）。

29. 陈时夏（浙江）译：《平时国际公法》，（日）中村进午著，商务印书馆，宣统三年（1911）。

30. 陈时夏（浙江）译：《国法学》，（日）筧克彦著，上海商务印书馆，光绪三十四年（1908）。

31. 陈时夏（浙江）译：《刑事诉讼法论》，（日）松室致著，上海商务印书馆，宣统二年（1910）。

32. 陈时夏（浙江）译：《战时国际公法》，（日）中村进午著，上海商务印书馆，宣统三年（1911）。

33. 陈承泽、陈时夏（浙江）译述：《日本民法要义·物权篇》，（日）梅谦次郎

---

[42]《总目》共列两种《行政法总论》，合并为一种录入。

[43] 田涛、李祝环："清末翻译外国法学书籍述评"，载《中外法学》2000 年第 3 期，第 365 页。

著,上海商务印书馆,宣统二年(1910)。

34. 陈与年(福建)译:《民事诉讼法论纲》,(日)高木丰三著,上海商务印书馆,宣统二年(1910),2册。

35. 陈与年(福建)译述:《公债论》,(日本)田中穗积著,上海商务印书馆,宣统二年(1910)。

36. 陈与年(福建)、梁继栋(福建)、郑篯(福建)译:《清国行政法》,(日)织田万著,上海广智书局,光绪三十二年(1906),2册(390+272页)。

37. 陈与年(福建)译:《新译日本法规大全》(第二十三类之矿业、森林部分),上海商务印书馆,光绪三十三年(1907)。

38. 郑篯(福建)译:《政治学》,(日)小野塚喜平次著,上海商务印书馆,光绪三十三年(1907)。[44]

39. 吴兴让(江苏)编,孟森(江苏未卒业)校勘,《宪法研究书》一卷,富冈康郎著,商务印书馆,宣统二年(1910)。[45]

40. 吴兴让(江苏)译:《政治学大纲》,(日)小野塚喜平次讲授。

41. 吴兴让(江苏)著:《货币学》,北洋官书局,宣统二年(1910)。

42. 李维翰(江苏)译:《宪法要论》,(日)市村光惠著,上海普及书局,光绪三十二年(1906)。

43. 阎凤阁(直隶光绪二十四年进士)编:《户籍法》2卷,清末排印本,一册。

44. 潘承锷(江苏)译:《国际民商法论》,(瑞士)贾利著,商务印书馆,光绪三十四年(1908)。[46]

45. 潘承锷(江苏)辑:《巡警律通俗解说》,中国图书公司,宣统元年(1909)。

46. 潘承锷[47](江苏)著:《欧美日本审判厅编制法通义》,中国图书公司,宣统元年(1909)。

47. 潘承锷(江苏)著:《中国之金融》,中国图书公司,光绪三十四年(1908)。

48. 陶保霖(江苏)编:《新编现行法制大意》,上海商务印书馆,宣统二年(1910)。

49. 吕延平(江苏)译:《日本法制大意》,(日)和田垣谦三著,清末。

50. 张一鹏(江苏):《汉律类纂》,奉天格致学堂,光绪三十三年(1907),铅

---

[44] 张晋藩:《中国法律的传统与近代转型》,法律出版社2005年版,第312页。转引自陈丰祥:"日本对清廷钦定宪法之影响",台湾师范大学历史研究所未出版的硕士论文,第36页。

[45]《总目》记为《宪政研究书》,查原版书,为《宪法研究书》。

[46]《总目》中有三条相同记录,只取一条录入。

[47]《总目》将潘承锷写为潘永锷,经查有误。

印本。

51. 熊范舆（贵州进士）译：《战时国际公法》，（日）美浓部达吉著，天津丙午社，光绪三十四年（1908）。

52. 周大烈（湖南未卒业）：《民法总则》，上海群益书店，1912年。

53. 柳大谧（湖南）编辑：《独逸监狱法》，（日）小河滋次郎口述，于菟吉笔述，天津丙午社，光绪三十三年（1907）。

54. 陈国祥（贵州第二班及补习科进士）撰：《咨议局选举章程释义》，光绪三十四年（1908）。

55. 陶梦蛟（湖南）著：《警察官练习要书》，东京支那留学生会馆，光绪三十二年（1906），1册。

56. 朱乔岳（江苏）译：《日本宪法》，东京秀光社，1905，1册。

57. 丁德威（湖南）译：《日本宪法义解：万国比较》，（日）伊藤侯著，光绪三十二年（1906）。

58. 丁德威（湖南）译：《日本宪法义解》，（日）伊藤博文著，春樱馆，光绪三十三年（1907）。

59. 卢汝翼（广西）译：《刑法总论》，（日）牧野英一述，上海普及书局，光绪三十二年（1906）。

60. 汪兆铭（广东）等译：《法制经济通论》，（日）户水宽人等著，上海商务印书馆，光绪三十四年（1908）。

61. 汪兆铭（广东）译：《新译日本法规大全》（第十九类财政之会计部分），商务印书馆，光绪三十三年（1907）。

62. 史书（四川）译：《国际公法选要》，东京清国留学生会馆，光绪三十二年（1906）。

63. 史书（四川）译：《国际条约选要》，光绪三十二年（1906）。

64. 陈鸿慈（浙江）编：《平时国际公法》，天津丙午社，光绪三十三年（1907）。

65. 张篁溪（张伯桢，号篁溪，广东）：《法部奏定提法司办事处章程》参订，宣统三年（1911）。

66. 齐树楷（直隶）编：《府厅州县镇乡自治咨议局章程浅说》，直隶自治局。

67. 齐树楷（直隶）编辑：《自治章程》，河北公园内法政讲习所，光绪三十三年（1907）。

68. 齐树楷（直隶）编：《自治制（日本自治理由、地方自治之研究、市町村讲义）》。

70. 祁耀川（广东）编：《法制大意》，广东高等学堂。

71. 邱鸿文（福建）辑著：《民法物权引范》，光绪三十四年（1908）。

72. 梁继栋（福建）译：《德国行政法》，（日）织田万著，上海广智书局。

73. 梁继栋（福建）等译：《政治泛论》，（日）高田早苗著。

74. 梁继栋（福建）译：《新译日本法规大全》（第三类民法之非讼事件手续和永代借地权两部分）。

75. 王绍曾（直隶）编译：《经济学讲义》，（日）山崎觉次郎讲述，光绪三十二年（1906）。

76. 梁建章（直隶）编译：《日本地方法制通览》，东京地方法制纂译社，光绪三十二年（1906）。

77. 孙德全（浙江）著：《理财考镜初稿》，宣统二年（1910）。

78. 孙德全（浙江）著：《银行释义初稿》，宣统二年（1910）。

79. 赵宇航（直隶）编译：《日本法典（民事诉讼法）》，法政研究社，光绪三十二年（1906）。

80. 蔡承焕（江苏）著：《经济学概论》，光绪三十二年（1906）。

81. 沈秉诚（浙江）编：《统计学纲领》，宣统元年（1909）。

82. 杜光佑（湖北）、程鹏年译述：《（最新）学校管理法关键》，光绪三十二年（1906）。

83. 宋教仁（湖南未卒业）译：《比较财政学》，（日）小林丑三郎著，两册，林文昭藏版发行，宣统三年（1911）。

84. 孔昭焱（广东）著：《上海领事裁判及公审公廨》，京华印书馆，清光绪三十二年（1906）。

85. 李维钰（贵州）编：《刑法总论》，上海群益书社，宣统三年（1911）。

86. 陈崇基（四川）译：《法学通论》，（日）岸本长雄著，日本东京留学生会馆，光绪三十三年（1907）。[48]

第三班

87. 秦瑞玠（江苏）等编：《商法调查案浅说》，上海预备立宪公会编辑所，铅印本，宣统元年（1909）。

88. 秦瑞玠（江苏）等编：《商法调查案理由书》，上海商务总会编，上海预备立宪公会编辑所出版，宣统元年（1909）。

89. 秦瑞玠（江苏）等编：《商法调查案正文及浅说》，修订法律馆，宣统元年（1909），六册。

---

[48] 田涛、李祝环："清末翻译外国法学书籍述评"，载《中外法学》2000年第3期。

90. 秦瑞玠（江苏）郑钊[49]译，《商法论》，（日）松波仁一郎著，商务印书馆，宣统三年（1911）。

91. 秦瑞玠（江苏）等编：《商法调查案正文》，宣统年间，铅印本，线装，一册。

92. 秦瑞玠（江苏）编纂：《著作权律释义》，上海商务印书馆，宣统三年（1911）。

93. 秦瑞玠（江苏）辑注：《大清新刑律释义》，上海商务印书馆，宣统二年（1910）。

94. 王焘（湖南）译：《法学通论讲义》，（日）梅谦次郎编著，长沙，铅印本，光绪三十四年（1908），线装，二册。

95. 胡崇礼（湖南）等译：《最近各国警察制度》，（日）后藤狂夫著，新学界图书社，光绪三十二年（1906）。

96. 李谠（广西）译：《地方行政要论》，（日）岛村他三郎著，上海群益书社，光绪三十三年（1907）。

97. 张锡光（直隶）编：《政治学》，宣统三年（1911）。

98. 袁永廉（贵州）著：《刑法各论》，上海群益书社[50]，宣统三年（1911）。

99. 张春涛、郭开文[51]（四川）译：《普通教育法制经济要论》，（日）林松次郎著，东京博信堂，明治三十九年（1906）。

100. 郭开文[52]（四川）、张春涛译：《法律经济辞典》，上海群益书社，宣统元年（1909）。

第四班

101. 汤化龙（湖北）著：《大清违警律释义》，政法研究社，1908（A、B）。

102. 刘章侯（山东）讲述、刘绵训（山西第二班）译述：《平时国际公法》，中村进午著，清末太原排印本。

103. 邵羲[53]（浙江）著：《日本宪法详解》，预备立宪公会，宣统元年（1909）。

104. 邵羲（浙江）、李光第（广西第五班法律部）编，《行政法》，军需学校，光绪三十三年（1907）。

---

[49]《总目》将郑钊误为郑剑，参考何勤华主编《近代法学译丛》（中国政法大学出版社2005年版）中《日本商法论》注明为秦瑞玠，郑钊译述，据此将郑剑改为郑钊。

[50]《总目》记为"群众书社"，查应为"群益书社"。

[51] 日本冈山大学刘建云发表于《郭沫若学刊》（2010年第4期）的《关于郭开文日本留学的初步考证》一文论证了郭开文留日就读法政速成科第三班，未卒业。《总目》载有两条相同记录，当属重复。

[52]《总目》将郭、张二人姓弄混淆，记为张开文、郭春涛。

[53]《总目》误将邵羲记为邵义，查原书应为邵羲。

105. 陈海瀛（福建）、陈海超译：《民法原论》一卷，（日）富井政章著，上海商务印书馆，光绪三十三年（1907）。

106. 李家祥（直隶）编辑：《国宪泛论》，（日）笕克彦著，东京，光绪三十三年。

107. 陈文中（湖北）译：《宪法论纲》（附泰西人名和汉译对照表），（日）法曹阁编，上海群益书局，宣统二年（1910）。

108. 汤化龙（湖北进士）编：《大清违警律释义》，北京政法研究社，光绪三十四年（1908）。

109. 林志烜（福建进士）：《民法物权》，上海普及出版社，光绪三十三年（1907）。[54]

110. 保廷樑[55]（云南）：《大清宪法论》，东京秀光社，宣统元年（1909）；上海江左书林模范书局，宣统二年、三年（1910、1911）。

111. 周庆恩（山东）编：《民法大意》，光绪年间。

112. 周庆恩（山东）编：《刑法大意》，光绪年间。

113. 周庆恩（山东）编：《国法学》，光绪年间。

114. 周庆恩（山东）编：《监狱学》，光绪年间。

115. 周庆恩（山东）编：《刑法大意》，清末。

116. 张家镇（江苏）编纂：《地方行政制度》，预备立宪公会，光绪三十三年（1907）。

117. 张家镇（江苏）等编：《商法调查案浅说》（第一编公司），上海预备立宪会编辑所，宣统元年（1909）。

118. 陈启棠（湖南进士）编译：《各国宪法类纂》，光绪三十三年（1907）。

119. 王祖邰（湖南第四班及补习科）译：《宪法泛论》，（日）笕克彦著，光绪三十二年（1906）。

120. 区枢（广东）等译：《警察宝鉴》，（日）田山宗尧著，东京并木活版所，清光绪三十二年（1906）。

121. 区枢（广东）等译：《监狱学》（上、中、下），（日）小河滋次郎著，日本印刷株式会社，光绪三十二年至光绪三十三年（1906~1907）。

122. 朱树森（湖北）、孙德泰、孙德震（第二班湖北）、胡贤炬编：《法政辞典》，昌明公司，清光绪三十三年（1907）。

123. 朱树森（湖北）、孙德泰、孙德震（湖北第二班）编辑：《日本法政词解》，

---

[54] 何勤华：《中国法学史》（第3卷），法律出版社2006年版，第329页。

[55] 中国政法大学图书馆编：《中国法律图书总目》，中国政法大学出版社1991年版。保廷樑写作保延梁，疑笔误。

日本东京并木活版所，光绪三十三年（1907）。

124. 王运嘉（湖北）、刘蕃（湖北第一班）译：《宪法讲义》，（日）美浓部达吉著，东京宪学社，光绪三十三年（1907）。

125. 王运嘉（湖北）译：《地方自治模范》，（日）江木翼著，上海至诚书局，光绪三十三年（1907）。

126. 张智远（四川）笔述：《检查制度详考》，检查制度研究会，宣统三年（1911）。

127. 吴逢源（湖北）编：《天津南段巡警总局现行章程》，中东石印局石印本，光绪三十三年（1907）。

128. 孟森（江苏未卒业）编纂：《咨议局章程讲义》，中新印书局，宣统元年（1909）。

129. 孟森（江苏未卒业）、杜亚泉编纂：《各省咨议局章程笺释》，上海商务印书馆，光绪三十四年（1908）。

130. 孟森[56]（江苏未卒业）著：《新编法学通论》，上海商务印书馆，宣统二年（1910）。

131. 孟森（江苏未卒业）编纂：《城镇乡地方自治事宜详解》，上海商务印书馆，宣统二年（1910）。

132. 孟森（江苏未卒业）著：《地方自治浅说》，上海商务印书馆，光绪三十四年（1908）[57]。

133. 孟森（江苏未卒业）译述：《统计通论》，（日本）横山雅男著，上海：商务印书馆，光绪三十四年（1908）[58]。

134. 孟森（江苏未卒业）译述：《日本民法要义——总则、债权》，（日）梅谦次郎著，宣统二年（1910）[59]。

135. 孟昭常（江苏）编：《公民必读初稿》，上海预备立宪公会，光绪三十三年（1907）。

136. 孟昭常（江苏未卒业）编：《城镇乡地方自治宣讲书》，上海预备立宪公会，宣统元年（1909）。

137. 钟达（福建）译：《日本宪法正解》，（日）辰巳小二郎著，光绪三十二年（1906）。

---

[56]《总目》记为孟林。
[57] 孙家红编：《孟森政法著译辑刊上》，中华书局2008年版，第4页。
[58] 孙家红编：《孟森政法著译辑刊上》，中华书局2008年版，第4页。
[59] 孙家红编：《孟森政法著译辑刊上》，中华书局2008年版，第4页。

第五班

138. 陈登山（湖北法律部）述、朱德权（湖南政治部）译：《宪法》，（日）清水澄，湖北地方自治研究社，光绪三十四年（1908）。

139. 陈登山（湖北法律部）笔述：《宪法泛论》一卷，（日）清水澄著，湖北地方自治讲义本，光绪年排印本。

140. 甘鹏云（湖北政治部进士）译：《户籍法》，（日）岛田铁吉著，湖北地方自治研究社，1908。

141. 甘鹏云（湖北政治部进士）译：《选举法》，（日）工藤重义著，湖北地方自治研究社，清光绪三十四年（1908）。

142. 颜楷（四川政治部进士）注解：《广西模范监狱教诲书》，广西官书局，宣统二年（1910），2册（4卷）。

143. 沈泽生（江西政治部进士）等编：《地方自治讲义》，湖北地方自治研究社，光绪三十四年（1908），3册。

144. 沈泽生（江西政治部进士）编述：《府县郡制》（讲义），（日）黑泽久次，湖北地方自治研究社，光绪三十四年（1908）。

145. 骆成骧（四川政治部进士）等编译：《十六国宪法议院法渊鉴》，兼益社，光绪三十四年（1908）。

146. 骆成骧（四川政治部进士）等译：《宪法议院法渊鉴》，上海群益书社，光绪三十四年（1908）。

147. 骆成骧（四川政治部进士）、姚树圻（江苏法律部）编译：《宪法渊鉴》，光绪三十四年（1908）。

148. 郑言（四川政治部进士）、蒋士立编：《检查制度》，（日）冈田朝太郎口述，中国图书公司，宣统三年（1911）。

149. 李光第（广西法律部）编：《比较新旧刑法释义》，湘中法学社，光绪三十三年（1907）。

150. 李凤翔（山西法律部）编：《民法总则》一卷，（日）乾政彦著，山西法政专门学堂，排印本，宣统元年（1909）。

151. 熊彦（政治部）、俞成铣（第四班）编译：《裁判所构成法》，（日）菱谷京吾著，上海法政学社，光绪三十四年（1908）。

152. 余绍宋 凌士钧（浙江法律部）等译：《刑法泛论》，上海彪蒙书局，光绪三十三年（1907）。

153. 刘远驹（湖北政治部）编：《警察行政》（地方自治讲义），湖北地方自治研究社，宣统二年（1909）。

154. 朱德权（湖南政治部）编：《地方自治》，（日）吉村源太郎著。

155. 胡光智（湖南政治部）译：《邮便行政要论初编》，湖南编译社，光绪三十四年（1908）。

156. 张时煦（安徽政治部）译：《民法总则》。

补习科

157. 张孝慈（陕西进士）等编：《比较宪法》一卷，（日）美浓部达吉，东京秀光社，排印本，光绪三十三年（1907）。

158. 陈宗蕃[60]（福建进士）编译：《政治学》，（日）小野塚喜平次著，政法学社。

159. 陈宗蕃（福建进士）译：《亲属法通论》。

法政速成科学员编法政学堂讲义录

为适应清末宪政改革对人才的需求，清政府自1905年开始在全国开设法政学堂，学堂主要对现职官员及士绅进行近代法政知识的培训与学习；随着时局的不断发展，更多的法政学堂开始创办，及至后来出现了私立法政学堂。到1911年辛亥革命前夕，全国的官立、私立法政学堂合计60多所，对清末的变革产生了重要影响。在这些学堂教员中，大多为清末留日学习法政学生，其中又以法政速成科学员为主要，学堂的教材、讲义录大多依据日本教材、讲义录修订。因各法政学堂讲义录难以搜集，现仅就所见录入如下：

1. 《法政速成科讲义录第九册》——《法学通论》，大石定吉　贺学海（第三班　湖南）编，浙江法政学堂发行。[61]

2. 《法政速成科讲义录第九册》——《比较国法学》，大石定吉　贺学海（第三班　湖南）编，浙江法政学堂发行。

3. 《法政速成科讲义录第九册》——《民法本论》，许壬（第二班　浙江）编，浙江法政学堂发行。

4. 《外交史》，贺学海（第三班　湖南）编辑，浙江法政学堂发行。

5. 《法律名词通释》，刘天祐（第四班　四川）等编，四川法政学堂绅班印，光绪三十四年（1908），10册，目录一卷，铅印本。

6. 《平时国际公法》，刘章侯（第四班　山东）讲述、傅恺编，（日）中村进午著，山西法政专门学堂，宣统元年，排印本。

---

[60]　法政速成科学员名录中无陈宗蕃，但有陈崇蕃、陈宗蕃，都是福建籍，疑为陈宗蕃在录入时书写失误。

[61]　贺学海（湖南）编：《法政讲义录》，浙江法政学堂1909年版，同闰二月初一日发行。印刷所为杭城敬业公司。

7. 《财政学》，叶开琼（第一班　湖北）、何福麟（第一班　湖北）等编辑，湖北法政学堂，光绪三十三年（1907）。[62]

8. 《法学通论》，吴柏年（第一班　湖北）讲，安徽法政学堂，清光绪三十三年（1907），2册（138页）。

9. 《刑事诉讼法》一卷，戴忠骏（第二班　江苏）述，王绍曾（第二班　直隶）编，太原法政学堂，光绪三十三年（1907），排印本。

10. 《国际私法》，戴忠骏（第二班　江苏）编述，清末太原排印本。

11. 《宪法》一卷，笕克彦著，戴忠骏（第二班　江苏）编，湖北编辑社，光绪三十三年（1907），太原排印本。

12. 《民事诉讼法》，板仓资次郎讲授，戴忠骏（第二班　江苏）讲述，宣统元年（1909），山西法政专门学堂。

13. 《法学通论》，程起鹏（第二班　江苏），《江苏法政学堂讲义录》。[63]

14. 《国法学》，程起鹏（第二班　江苏），《江苏法政学堂讲义录》。

15. 《政治学大纲》，程起鹏（第二班　江苏），《江苏法政学堂讲义录》。

16. 《行政法泛论》，程起鹏（第二班　江苏），《江苏法政学堂讲义录》。

17. 《监狱学》，黄岩金彭年（第二班　浙江）编辑，江苏法政学堂讲义本。

18. 《警察学》，黄岩金彭年（第二班　浙江）编辑，江苏法政学堂讲义本。

19. 《国际公法》，黄岩金彭年（第二班　浙江）编辑，江苏法政学堂讲义本。

20. 《国际私法》，黄岩金彭年（第二班　浙江）编辑，江苏法政学堂讲义本。

21. 《商法总则》，崇明蔡承焕（第二班　江苏）编辑，江苏法政学堂讲义本。

22. 《民法》，汪墀（第二班　浙江）编辑，江苏法政学堂讲义本。

23. 《刑法总论》，苏州潘承锷（第二班　江苏），江苏法政学堂讲义本。

24. 《刑法各论讲义弁言》，苏州潘承锷（第二班　江苏），江苏法政学堂讲义本。

25. 《大清律例讲义》，陈融（第二班　广东）撰，广东法政学堂印。

26. 《律例通铨》，陈融（第二班　广东）撰，广东法政学堂印。

27. 《财政学》，张树棠（第二班　广东）述，广东法政学堂印。

28. 《监狱学》，廖维勋（第一班　湖南）编辑，广东法政学堂印。

---

［62］翟海涛："法政人与清末法制变革研究——以日本法政速成科为中心"，华东师范大学2012年博士学位论文，第145页。

［63］林庆彰、赖明德、刘兆祐、张高主编：《晚清四部丛刊》（第五编《江苏法政学堂讲义录》），台湾文听阁图书有限公司2011年版。

伊斯兰与比较视野下的宗教、国家与宪政主义[*]

[美] 阿卜杜拉·艾哈迈德·安纳依姆[**] 著　费晶晶[***] 译

我在本文中所做的分析及提出的建议，应置于以建立伊斯兰国家为目的，以"沙利亚"（shari'a）作为制定法实施的穆斯林主体国家之语境下加以理解。"沙利亚"是指伊斯兰教的综合性宗教规范体系，它源自于《古兰经》和圣训（即先知的传统）。[1] 自20世纪中叶以来，随着1979年伊朗伊斯兰革命的成功，建立伊斯兰国家的呼声在（伊斯兰民众）中赢得了势头。然而，即使所谓的"伊斯兰国家"拥护者们在一国中取得政权，在实践中未必取得成功。譬如，1989年苏丹"全国伊斯兰阵线"在军事政变成功以后宣布苏丹为"伊斯兰国家"，但是在1998年即完全放弃了这一主张。[2] 不过，因为就伊斯兰教、国家与宪政主义之间的关系而产生的矛盾会对穆斯林民众的想法与行为产生负面的冲击，所以我所提出的主张就显得尤为重要。无论穆斯林是否为主体人口，虽然受到环境、人口及其他因

---

[*]　本文发表在 Drake University Law Review（LexisNexis 检索：57 Drake L. Rev. 829），翻译已经得到教授本人的授权。本译稿为全国外国法制史研究会第28届年会提交论文，已被《外国法制史研究》（2015年第18卷）收录。

[**]　Abdullahi Ahmed An‑Na'im，美国埃默里大学法学院 Charles Howard Candler 教席教授，法律与宗教研究中心高级研究员。

[***]　中国政法大学法学博士，现就职于内蒙古财经大学法学院。

[1] See Abdullahi Ahmed An‑Na'im, *Islam and the Secular State: Negotiating the Future of Sharia* 9‑10 (2008) [hereinafter An‑Na'im, *Islam and the Secular State*].

[2] See, e.g., Abdullahi A. Gallab, "The First Islamist Republic: Development and Disintegration of Islamism in the Sudan", 1 (2008).

素的影响,但对此进行阐释都是必要的。

　　我将以界定题目中作为形容词的"伊斯兰"的指向与"比较"的范畴作为开始,这对于(理解本文要义)是有帮助的。首先,正如本文之后所强调的原因那样,比较性反思对于形成"宪政"的共享式理解是必要的。否则,在考量一国宪政时易带入他国宪政之标准,而非依各国历史情境适用"同一"的宪政概念之理解。就我们的目的言之,比较性反思不仅存在于"伊斯兰的"与"非伊斯兰的"比较之中,而且存在于相关宗教、国家和宪政主义的各式伊斯兰观点中。其次,我希望在本文中区分术语"伊斯兰的"(Islamic)三层观点,但不对此作详细讨论。"伊斯兰的"这一术语可以指宗教含义的"伊斯兰",应当与伊斯兰法,或者"沙利亚"区分,但二者又应不同于"穆斯林主体国家"(Muslim-majority countries)。

　　如下文简述,在穆斯林群体中,上述形容词"伊斯兰的"三层意义均与宪政主义相联系,但是,把作为宗教意义的伊斯兰以及作为宗教法的"沙利亚"与穆斯林主体国家的法律相区分是非常重要的。鉴于穆斯林主体国家在神学、历史、政治及其他方面的重大差异,"伊斯兰的"这一术语在修饰"国家"或"政府"时,并没有一个连贯的或者同一的界定。如果某个问题成为穆斯林主体国家的问题之一,那么印度尼西亚[3]与埃及[4]、塞内加尔[5]与土耳其[6]所面对的应当是一样的,但是,这些国家差异巨大,难以归于同一类型中。即使在所谓"伊斯兰国家"中,当什叶派的伊朗认为沙特主流学派"万哈比"教义为异端,而在沙特同样认为什叶派十二伊玛目教义为异端的情况下,怎么能对上述国家适用同一个形容词术语"伊斯兰"呢?

　　我倾向于使用"沙利亚"(Shari'a)一词来强调它既宽于也窄于国家实施的制定法意义层面的法律范畴。作为伊斯兰教的宗教法,"沙利亚"原

---

〔3〕　See CIA, The World Factbook, http://www.cia.gov/, stating that 86.1% of Indonesia's population is Muslim.

〔4〕　See CIA, http://www.cia.gov/, stating that 90% of Egypt's population is Muslim.

〔5〕　See CIA, http://www.cia.gov/, stating that 94% of Senegal's population is Muslim.

〔6〕　See CIA, http://www.cia.gov/, stating that 99.8% of Turkey's population is Muslim.

则或者规则只有在国家立法机关通过立法程序之后才能被转化为制定法。[7] 然而，当沙利亚通过国家强制权力实施时，它即脱离了宗教意义，因为其约束力依赖于国家政治权威，而非宗教道德权威。[8] 正如下文简述，即使作为非国家法，沙利亚仍然与宪政主义的某些已建立的原则或者特点的合法性相联系，例如平等原则、基于宗教或者性别的非歧视原则。

接下来我将在本文第一部分阐释宪政主义的比较意义——包括对普适的和在不同语境下具体的概念进行辩证分析。[9] 而在本文第二部分中，我将对沙利亚、国家与宪政主义之间的关系进行回顾。[10] 最后，在本文第三部分，我将提出作为取得伊斯兰/"沙利亚"合法化权威方式的关于宗教、国家与宪政主义的一般理论，用以支持穆斯林主体国家的宪政需求与经验。[11]

一、宪政主义

无论是否以书面文件为基础，宪政主义始终与法治、对政府权力的有效限制以及基本权利的保障相关。但是，因为宪政主义概念的界定是特定社会根据自身设定的经验产物，坚持单一方式对其界定或实施，而排除其他可能性，既不合理也不可取。对这一术语更普适性的理解可能会随着时间而发展，但是这种理解的发展应当是实践经验比较分析的结果，而不是基于意识形态的传统或语境设置的，强加性的、排他性界定的尝试。

本质上，宪政主义是人类社会政治、经济与社会结构中不可避免之冲

---

[7] See An-Na'im, *Islam and the Secular State*, supra note 1, at 29. The state must select among competing views within the massive and complex corpus of Shari a principles.

[8] See CIA at 15. The state and all its institutions are by definition secular and not religious, regardless of claims to the contrary.

[9] See infra Part I.

[10] See infra Part II.

[11] See infra Part III.

突的调解框架。[12] 这一命题假定冲突是人类社会正常且永久的特征,并将宪政主义界定为一种调解框架,而不是永久性或最终的冲突解决方式。若要这一程序有效运作,每一社会中的民众应当愿意且能够有效行使其代表的权利,并且保障他们对公职人员——不论是民选的还是任命产生的——问责的权利。占绝大多数的民众对他们的代表及代其行为的官员能够形成明智、合理和独立的判断,而且可以确定他们依民众的最大利益行事。民众也必须有能力质询和替代失职的代表。为确保和促进民主政府最大限度的运作并发挥其职能,所有公民也应享有平等的个人与集体权利,譬如言论和结社自由权、知情权,因公权力滥用获得有效救济的权利。

然而,若没有公民充分有力的参与,宪政的最佳原则与机制将不会有效运作。这种具有微妙而神秘的心理学与社会学维度的公民参与可能是宪政主义最为关键的方面。这些方面难以量化或证实,也许只有依据特定背景下宪政实施的成功与失败去评断。它们包括公民维护其对公共事务知情权的动力,以有效且持续的方式在非政府组织中组织自己,使其代表自己行事。若没有物质和人力资源以及心理与文化定位,人们不太可能坚持追究问责并要求赔偿。官员与政府机构在行使权力时不仅仅享受来自于地方公众的信任,而且要以公众熟悉、友好且共鸣的方式处理公共事务。

前述发言人在他们的发言中强调了诸如民选政府、政府透明与问责制度、权力分立及司法独立等宪政原则的重要性。但是,这并不意味着,在一个特定的模式下,成功实施宪政的国家全部具备上述宪政特点。事实上,在各式宪政模式中,上述原则和条件只能在不断试错的过程中,随着

---

[12] See James T. McHugh, Comparative Constitutional Traditions 1 (David A. Schultz ed., 2002) (Constitutions can be found at the apex of the legal system…Any law…that fails to conform to the standards of a constitution cannot…continue to function as law); Michel Rosenfeld, "Modern Constitutionalism as Interplay Between Identity and Diversity", in Symposium, "Comparative Constitutionalism: Theoretical Perspectives on the Role of Constitutions in the Interplay Between Identity and Diversity", *14 Cardozo L. Rev.* 497 (1993), reprinted in Constitutionalism, Identity, Difference, and Legitimacy: Theoretical Perspectives 3 (Michel Rosenfeld ed., 1994) ("In the broadest terms, modern constitutionalism requires imposing limits on the powers of government, adherence to the rule of law, and the protection of fundamental rights"); Introduction to Political Culture and Constitutionalism: A Comparative Approach 2, 4 – 5 (Daniel P. Franklin & Michael J. Baun eds., 1995) [hereinafter Political Culture and Constitutionalism] ("Constitutionalism is the governmental component of a democratic culture. Every society, by definition, must make decisions concerning the distribution of scarce resources, and those decisions must be enforced").

时间的推移出现和发展。民选政府、政府透明以及问责制的合理性根据与目标，可以在不同的模式下实现，例如，英国的议会制或者法国与美国的总统制。[13] 在每一种宪政模式下，分权原则和司法独立原则以不同的形式得到了实施和保障。[14] 正如20世纪法国宪法的适用所示，成功的宪政经验的每一个模式，虽不总是，但整体有效，且在危机时代能以自己的方式改变或者适用。[15]

关于诸如"宪政主义"、"民主"或者"人权"等概念的潜在的矛盾，与它们在西方社会中（早期发展或者适用）的构想和之后世界各地的实践之间的关系相关联。[16] 也就是说，根据产生和形成上述概念的特定社会经验加以界定的概念本身是否具有普适性，从而可以"移植"到其他社会中？我以为，与强制性适用外来概念相比，汲取其他社会经验形成的本土概念更容易成功。我也避免主张在西方社会与非西方社会之间进行明确的二分法划分。在所谓西方和非西方社会之间，并不存在足以将它们划分为完全排斥的两个范畴的一致性规则。正如20世纪的纳粹德国、法西斯西班牙与意大利以及苏联极权主义的案例所示，西方社会与其他人类社会一样易于退行到专制独裁。实际上，在同一个社会，随着时间的推移也会有不同的差异。

此外，鉴于经由殖民主义和后殖民关系形成的"普遍化"的欧洲模式的民族国家，诸如宪政主义这类概念的普遍有效性和适用性是实用性的需求。[17] 在可预见的未来，在国家政治和国际关系中，这一模式可能继续是政治组织的主要形式。即使全球化趋势和跨国性整合——如阿拉伯联盟和非洲联盟——通过国家机构持续发展和运作，它们也经常会遇到来自国家

---

[13] See generally Daniel P. Franklin, "American Political Culture and Constitutionalism", in *PoliticalCulture and Constitutionalism*, supra note 12, at 43; William B. Gwyn, "Political Culture and Constitutionalism in Britain", in *Political Culture and Constitutionalism*, supra note 12, at 13.

[14] See Franklin, supra note 13, at 43 – 45 (United States); Gwyn, supra note 13, at 20 – 22 (Britain).

[15] See Jack Hayward, "The President and the Constitution: Its Spirit, Articles and Practice", in *De Gaulle to Mitterrand: Presidential Power in France* 36, 36 – 37 (Jack Hayward ed., 1993).

[16] See Abdullahi Ahmed An – Na'im, Toward an Islamic Reformation: Civil Liberties, Human Rights, and International Law 73 – 75 (1990) [hereinafter An – Na'im, Toward an Islamic Reformation].

[17] Id. at 72.

主权支持者的阻挠。[18] 现实的境况要求诸如宪政主义、民主和人权等诸多概念的发展与贯彻，在对国家权力进行规范、划分国家权力与个人及其辖区之关系等方面，上述概念的发展与贯彻被证明是必要的。[19]

因此，对于国内与国际实践而言，阐明这些普适性原则所涉概念的政治与哲学界限是可取的。事实上，不同社会在国家与政治领域内经历的相似困难表明，类似宪政这样的观念应当予以拓展，从而使其可以涵盖更宽泛的不同背景下的经验。正如我所说的，就人权而言，这一过程需要调节普适性原则的同一性与特定背景下文化语境的差异性之间的关系。[20] 通过协商和比较性反思，可以实现达成对宪政内容的共识。相反，任何经由协商程序形成的普适性原则需要适应特定社会经济与政治环境以及不同时空下的文化传统。就逻辑上而言，根据普遍性原则的地方适应性要求，某些原则在特定时空中可能不起作用。此外，（宪政）适应失败可能发生在任何一个连续的点上——从实践设置的细微差别到宪政的基础或实质方面的不兼容面。诸如分权或者司法审查等方面的，在实际设置中的差异和变化可以预期并接受，而不承认需要分权及司法审查则相当于背弃了宪政的核心。据此，我将对伊斯兰原则与上述所提到的根据协商过程产生的宪政原则是否从根本上不相容予以深思，在一定程度上，我也会考虑对因这种不相容导致的紧张关系进行调节。

三、伊斯兰、沙利亚和宪政主义

在此，我需要先对本文讨论的伊斯兰教这一极具多元色彩的宗教传统与涉及现代国家治理和权利的世俗原则宪政主义的关系进行限定。基于上述两个概念范式在性质、功能和运行方面的本质不同，对二者进行简单比较并不可行。此外，关于二者关系的理论构建，无论措辞如何，对于当今

---

[18] See Mathias Reimann, "From the Law of Nations to Transnational Law: Why We Need a New Basic Course for the International Curriculum", 22 Penn. St. Intl L. Rev. 397, 403 (2004).

[19] See An-Na'im, Toward an Islamic Reformation, supra note 16, at 73-74.

[20] See generally Abdullahi Ahmed An-Na'im, "Toward a Cross-Cultural Approach to Defining International Standards to Human Rights: The Meaning of Cruel, Inhuman, or Degrading Treatment or Punishment", *in Human Rights in Cross-Cultural Perspectives: A Quest for Consensus* (Abdullahi Ahmed An-Na'im ed., 1992).

生活在每一大洲和每一地域、占世界总人口五分之一的穆斯林而言，都不可能是同一的。[21] 然而，有一点是清楚的，即从宪法的角度看，关于伊斯兰教的一些解释存在严重问题；而其他一些解释，即使对宪政主义表现出不支持态度，也是符合宪政主义原则的。

关注伊斯兰教与宪政主义之间的关系并不意味着伊斯兰教完全决定穆斯林的宪法行为选择。穆斯林受到经济、政治和其他因素的广泛影响，因此，宗教对穆斯林的作用类似于宗教在其他人类社会的作用。然而，伊斯兰教与宪政主义二者关系的观点对很多穆斯林而言是重要的，他们会根据宪政主义原则与其需要遵守的伊斯兰规则体系——即"沙利亚"之间不一致的程度，对宪政主义产生负面的甚至是敌视的态度。[22] "沙利亚"是一个综合体系，除了包括宗教教义与礼拜仪式之外，它还覆盖政治与社会领域、财产和经济方面以及道德与伦理原则。同时，它也关注与宪政主义之间的关系。[23] 然而，这并不意味着"沙利亚"在上述生活中所有方面都得到了遵守。正如安德森所释："对穆斯林来说，与不遵守神启相比，否认或者质疑它是更为可憎的犯罪。与根据当下生活的情境与需要适用"沙利亚"相比，对唯一的不可侵犯的神圣律法"沙利亚"的口头服从以及通过诉诸必要性原则（darura）偏离"沙利亚"的大部分规则，似乎是更佳的选择。"[24]

因此，当今穆斯林中的主流观点认为，麦地那公社是"伊斯兰国家"最初的也是最完美的模式，它由先知穆罕默德根据"天启"建立和治理，[25] 直至先知于公元632年去世。[26] 以现代宪法术语分析，先知穆罕默德是主权的唯一代表，也是政治与法律权威的唯一来源。[27] "麦地那公

---

[21] Theodore Karasik et al., "Islamic Finance in a Global Context: Opportunities and Challenges", 7 *Chi. J. Int'l L.* 379, 380 (2007).

[22] See Norman Anderson, *Law Reform in the Muslim World* 172 – 214 (1976).

[23] See id. at 3 (stating that "Shari' a…covers every aspect of law as this is classified today "as well as" religious and social duties, matters of ritual and devotion, and rules for seemly conduct).

[24] Id. at 36.

[25] See An – Na'im, *Islam and the Secular State*, supra note 1, at 106.

[26] Abdullahi A. An – Na'im, "Religious Minorities Under Islamic Law and the Limits of Cultural Relativism", 9 *Hum. Rts. Q.* 1, 16 n. 45 (1987).

[27] See An – Na'im, *Islam and the Secular State*, supra note 1, at 53.

社"的"臣民"——非现代意义上的"公民",被认为是理想地穆斯林个人和穆斯林群体的成员,他们根据先知的指导和监督,完美地体现了伊斯兰的价值。[28] 因此,在这一语境下,"麦地那公社"模式是不可复制的,因为穆斯林不接受先知穆罕默德之后还有先知的可能性;他们也深信,初代穆斯林是伊斯兰价值和生活方式的最佳体现。然而,"麦地那公社"为穆斯林提供了"沙利亚"规范下的最具权威的宪政模式。鉴于此,对这一模式进行宪法方面的分析具有指导性意义,因为,即使在实践中并未得到实施,穆斯林在今天依然主张将"麦地那公社"视为评判现代国家的标准。

"麦地那公社"的宪法特色的关键来自于先知穆罕默德起到的核心作用。对于穆斯林而言,他是最后一位先知,是道德、政治和法律权威的最终来源,享有穆斯林完全的、无条件的忠诚和服从。[29] 他集立法、行政、司法权力于一身——即宣布法律是什么,在实践中对其加以解释和执行,并裁判纠纷。[30] 依据穆斯林的信仰,任何人为的力量对先知的政治与法律权力加以限制或挑战的行为简直难以想象。而且,对统治者的权力进行正式或制度性限制和分离的观念在当时世界其他任何一个地方完全是未知的。

自伊斯兰教 7 世纪创立以来,历史上,穆斯林经历了选择统治者的各式方法:从"麦地那公社"时期的有限选举、直接任命和有限选择到奥斯曼帝国时期的君主世袭制。以现代宪法的立场来看,无论通过有限选择还是任命方式,一旦公开宣誓效忠于哈里发,他即终身享有绝对权力,因为没有任何机制撤销或者限制这一权力。事实上,大多数穆斯林在候选人经由选择或者任命之后,在宣布效忠和维护哈里发统治方面是否有选择权是完全不明确的。不公开宣誓效忠或之后撤回宣誓的行为,通常等同于反叛或者叛国行为,若被认为有可能从事武力反抗,还会被处以死刑。[31]

尽管古典时期哈里发并不享有先知的宗教权威,但事实上他们完全拥

---

[28] See id. at 106.

[29] See id. at 53 ("As the ultimate embodiment of [religion and political authority], the Prophet was accepted by Muslims to be their sole legislator, judge, and commander").

[30] See id.

[31] Abdullahi Ahmed An-Na'im, *African Constitutionalism and the Role of Islam* 11 (2006).

有行政与司法权力。上述权力本该是有限的,即通过道德和伦理进行限制,并建立在哈里发及其官员自决遵守"沙利亚"的假设之上。[32]通过这一制度,可能产生传统的"协商"(shura)原则[33],在某种程度上它与现代意义上的宪法与民主原则一致。但是就此暗示(上述假设)已经被完全理解并得以实践,则容易引起严重的误解。我们可以从"沙利亚"关于某些民权和人权的历史解释,尤其是关于穆斯林妇女与非穆斯林平等权和宗教自由的解释中,寻找到相似的观点。上述类似现代的观念在7世纪和9世纪"沙利亚"原则发展的时期是不可能占主流的。相反,那些以今天宪政或实践的观点看来"令人反感"的"沙利亚"原则,反而符合其历史情境下的政治价值与社会价值。他们在世界范围内被加以适用,造就了蓬勃发展数个世纪的伊斯兰文明。因为与其所处时代的价值与制度相符,伊斯兰法学家并没有专注于通过分权原则或司法独立原则限制哈里发的权力。[34]而且,尽管法学家们对妇女及所谓"有经人"的非穆斯林(主要指基督徒和犹太教徒)权利设置进行了谨慎的解释,但是他们并未预见上述群体平等享有公民权的可能性。[35]在前现代世界,上述"沙利亚"的内容代表了政治和法律上的巨大进步,但是以今天宪政的观点,却完全不能被接受。

诚然,今天对"沙利亚"进行重新解释是可能的,但是,只有当"沙利亚"与宪政原则之间存在的不一致性被公认为是一个严重问题时,"再解释"的改革程序才能开始。这一点超出了本文讨论的范围。与本文主题更相关的问题是,调解"沙利亚"与宪政主义矛盾时所面临的实际困难。

---

[32] Id. at 12.

[33] See Qur'an 3: 159 ("Consult with them about matters, then, when you have decided on a course of action, put your trust in God: God loves those who put their trust in him")(M. A. S. Abdel Haleem trans., Oxford Univ. Press 2004); id. 42: 38 ("Respond to their Lord and keep up the prayer; conduct their affairs by mutual consultation; give to others out of what We have provided for them"); see also An-Na'im, supra note 31, at 12 (stating that under shura, "the ruler is expected to consult with the community about public affairs").

[34] See Bernard Lewis, *The Middle East: A Brief History of the Last 2,000 Years* 54 (Scribner 1995)(describing the Caliphate at the time of its establishment as "the supreme sovereign office of the Islamic world").

[35] See id. at 205–12 (discussing "the subordinate status of the slave, the woman, and the unbeliever" under the law in early Islamic societies).

造成这一问题的部分原因是学者与政策制定者的态度,无论在伊斯兰社会还是其他地域,面对价值观立场时,他们都主张伊斯兰与国家的统一。只有当问题被严肃对待时,"沙利亚"与宪政主义之间矛盾的调解才能开始,而且调解需要置于一个形成伊斯兰教与国家之间的关系的历史条件的框架之下,而非建立在宗教与国家的完全统一或者绝对分离这样一种尖锐的二元论基础之上。明确了伊斯兰教与宪政主义在每个伊斯兰社会的特殊性,这一问题就演变成为理解二者关系的基础和动力,即作为历史过程的一部分,二者关系是可以改变并加以改造的,而不再把它作为永恒的不可回避的事实。我即是从这一点出发,在本文第三部分简单阐述了伊斯兰教、国家与宪政主义的关系。

四、关于伊斯兰教、国家和宪政主义的一般理论

我提出的一般理论可以概括如下:[36] 首先,伊斯兰教从制度上必须与国家分离,这是为了确保个人可以依据自身信念,而不是国家意愿成为穆斯林的可能性。[37] "伊斯兰国家"——即将"沙利亚"作为制定法和政策实施的国家——这一名称,在概念上没有连贯性,在历史上无先例可循,在实践中不具备可行性。以国家强制力或权威实施"沙利亚",否定了宗教"顺从"的性质,即"信仰必须经自愿且深思才可达成"这一原则。事实上,一些穆斯林所主张的"伊斯兰国家"模式的存在并不代表这一主张本身是正确和正当的。[38] 但是,伊斯兰教与国家的分离并不意味着伊斯兰教与政治也应该分离。[39] 我之所以对国家与政治的概念加以区分,是为了在宪法与人权保障的前提下,通过政治途径促进伊斯兰教与国家关系的规范化。

"伊斯兰国家"这一名称,在概念上不具备定义的可能性,从历史上考证并无先例可循,从实践上看在当今也不具有可行性。之所以说"伊斯兰国家"在概念上不具备定义的可能性,是因为对于政府而言,主张在社

---

[36] See An‐Na'im, *Islam and the Secular State*, supra note 1, at 1‐44 (providing a more complete statement of the theory).

[37] See id. at 28‐29.

[38] See id. at 29.

[39] See id. at 28‐29 (arguing that Sharia "should be a source of public policy and legislation").

会日常生活中全面实施"沙利亚",这本身在术语上是矛盾的。根据国家的意志实施"沙利亚"法,从开始就否定了"沙利亚"法约束力的宗教根据。因为在今天,国家实施("沙利亚")需要通过正式立法程序,或者由国家机关适用明确的具体规范行为的政策,那么立法机关与政府需要在观点各异但效力相同的"经训"[40]解释中进行选择。换句话说,当国家机关颁布或者实施"沙利亚"的时候,"沙利亚"的原则和规则就不再属于宗教规范体系的组成部分了。因为,国家只能执行自己的政治意志,而不能代表造物主安拉的旨意。从这个意义上讲,通过制定法的形式实施"沙利亚"在实践中不具备可能性,也反映在穆斯林所普遍认为的在先知穆罕默德所建"麦地那公社"之后再没有过(真正意义上的)伊斯兰国家这一观点中。[41]

鉴于当今国家生存所处的地方与全球整体转型的这一历史情境,历史上先例的缺乏尤为显著。在今天国内与国际层面上,根据"沙利亚"原则构建国家(的模式)不具有可行性。该模式所面临的困难之一是古典时期伊斯兰教法学家(在处理自身与政治权威的关系时)表现出来的摇摆不定。他们既不试图去支配统治者,也不知道如何使统治者对"沙利亚"负责。而且,禁止固定利率贷款(riba)与基于投机合同的保险(gharar)的正式立法也会使经济活动处于瘫痪状态。(伊斯兰国家模式面临)的另一个问题是,对妇女与非穆斯林的基本公民权的否认将会使其面临来自这些群体内部的以及国际社会的严重挑战。

当然,对通过制定法实施"沙利亚"法以及"伊斯兰国家"概念进行反对,并不是要把穆斯林个人遵守"沙利亚"法的权利排除在外。事实上,生活在"riba"和"gharar"合同合法的国家中的穆斯林,不意味着他们必须参与上述实践,因为他们可以自由放弃那些与自己宗教和道德准则相违背的交易与行为。我在此提出的观点是反对国家强制实施宗教义务,而不是阻止个人遵守自身的宗教教义,个人甚至可以通过非政府组织或者其他民间社会机构尝试去提高宗教或者道德价值。法律禁令固然可以明显提高遵守宗教规范的程度,但是这既不能增加(信仰者)的虔诚,也不能

---

[40] 即《古兰经》与"圣训"。

[41] See id. at 55.

为侵犯信仰者与非信仰者的宗教信仰自由和其他人权的行为提供合法性依据。

通过制定法的形式实施"沙利亚"之主张,其潜在前提是伊斯兰社会与群体有权利和责任根据伊斯兰原则安排公共与私人生活。可以说在现代,这是一个政治与文化自决的问题。但是,自决权不是一项绝对权利,因为一个群体行使权利的方式,将对他人的权利产生影响。与世界其他国家一样,由伊斯兰社会构成的国家(states of Islamic society)不仅要接受国际习惯法和人道主义法的约束,[42] 也要接受它们所批准的国际条约,例如约束所有会员国的《联合国宪章》的约束。[43] 这些国际法义务对伊斯兰社会构成的国家在治理国家以及处理与他国及公民关系等方面可以做与不可以做的事项设置了清晰而明确的限制。[44] 实践中,其他国家在与之进行经济、政治、安全等方面的交往时,也遵循上述原则。无论是在国家组织与管理方面、国民中的弱势群体的待遇方面,还是在外国人待遇方面,由伊斯兰社会构成的国家并不能依据自身喜好而自由决定其行为。

"伊斯兰国家"的主张是后殖民时代产生的新事物,它以欧洲国家模式以及把法律与公共政策视作执政精英阶层之社会工程工具的极权主义观念为前提。[45] 尽管在历史上,统治过穆斯林的国家确实通过各种途径寻求伊斯兰合法性,但是它们并未声称自己是伊斯兰国家。[46] 而所谓"伊斯兰国家"的拥护者们,不过是试图运用由欧洲殖民主义构建的、独立后依然存在的国家权力与机构,根据执政精英选择的特定方式,来强制规范个人行为与社会关系。[47] 以伊斯兰教的名义尝试实施这样的集权模式尤为危

---

[42] See *Cases & Materials on International Law* 28, 201 (Robert McCorquodale & Martin Dixon eds., 4th ed. 2003) (stating that customary international law is binding on states and states may be obligated to protect some human rights even if they have not ratified human rights treaties).

[43] See U. N. Charter art. 2, para. 2 ("All members…shall fulfill in good faith the obligations assumed by them in accordance with the present Charter").

[44] See, e. g., *Cases & Materials on International Law*, supra note 41, at 175 (stating that international human rights law limits state sovereignty).

[45] See An-Na'im, *Islam and the Secular State*, supra note 1, at 3 (discussing European postcolonial influence on the Islamic state).

[46] See, e. g., id. at 16 (explaining that Ottoman sultans negotiated a balance between pragmatic politics and religious authority).

[47] See id. at 3.

险,因为,与反抗一个不主张宗教合法性的世俗国家相比,反抗前者(即以伊斯兰名义建立的集权国家)更难。同时,显而易见的是,任何宗教与国家的制度分离都是不易的,因为,对于在相互冲突的社会与政治力量中充当调解人与裁判者的国家而言,为了保持其自身的宗教中立地位,必须对宗教的地位进行规范。

肯定国家的宗教中立之立场并不意味着伊斯兰原则与法律和公共政策无关。事实上,正如其他公民所享有的权利一样,穆斯林可以提出,而且应该提出以自身宗教信仰为基础的政策与法律提议。但是,他们须根据"公民理性"(civic reason)支持相关提议,而不是简单地主张其提议源自"沙利亚"法的要求。[48] 我使用"公民理性"一词,意在指出那些对外公布的政策与立法的理由,以及面向所有公民开放的相关政策与立法论证过程的需求。公共政策和立法的理性与目的应当以论证为基础——普通公民可以对其接受、拒绝或者提出相反的意见,而不是将其归因于宗教信仰或教义。这一点无论在穆斯林主体国家还是在以穆斯林为少数族裔的国家都是必要的,因为即使穆斯林占人口多数,他们也不太可能对以伊斯兰信仰为基础而形成的政策与立法达成一致。"公民理性"这一概念,既与西方政治理论家提出的"公共理性"的概念类似,也与之有所区别[49]。

最后,应当指出的是,我关注的重点是,为了达成通过制定法实施"沙利亚"法的目的而建立"伊斯兰国家"的灾难性设计所造成的基本法理与意识形态的困惑。当然,这并不意味着我不关心当今伊斯兰国家的政治趋势。相反,我的目的是通过批判性的反思与充分事实的论证影响这种趋势。作为一名穆斯林法学家,特别是来自苏丹的穆斯林法学家,我无法忽视那些通过制定法实施"沙利亚"法的徒劳尝试给伊斯兰社会造成的悲惨代价。我希望自己至少成功地提出了对这种误导的可能性与可行性的严重怀疑。

我痛苦地意识到,我在本文中所表达的多数观点不仅备受争议,而且

---

〔48〕 See An‐Na'im, *Islam and the Secular State*, supra note 1, at 28 – 29.

〔49〕 John Rawls, *Political Liberalism* 212 – 54, 435 – 90 (2003); see also An‐Na'im, *Islam and the Secular State*, supra note 1, at 97 – 101 (explaining the difference between public reason and civic reason); Jurgen Habermas, "Reconciliation Through the Public Use of Reason: Remarks on John Rawls's Political Liberalism", 92 *J. Phil.* 109, 130 – 131 (1995).

它们对当今绝大多数穆斯林而言，无论从心理上还是理智上都难以接受。但这并不意味着，从伊斯兰的观点看，我的立场一定是错误的，或者它们在适当的时候不能被多数穆斯林接受。反之，我的观点也不一定正确，或者我的观点可能被广泛接受，仅仅因为它现在为大多数所抵制。我希望，我的分析至少可以引起一些认真的思考和反思，进而它可以因其自身的是非曲直而存亡绝续。就我而言，我将继续尝试去改善和厘清本文所阐释的论点，因为（我的观点）除了被当今穆斯林主体自愿接受外，别无选择。

《中西法律传统》第 13 卷征稿启事

《中西法律传统》系中南财经政法大学法律法学院主办的学术集刊，由陈景良教授和郑祝君教授共同主编，李栋教授担任执行主编。自 2001 年创刊以来，至今已总共出版 12 卷，其中第 1～5 卷由中国政法大学出版社出版，第 6～9 卷由北京大学出版社出版，第 10～12 卷又改由中国政法大学出版社出版。本刊是中国法律史学会主办的《法律史论集》之后又一本作为法律史专业学术阵地的连续系列出版物，在中国大陆法律史学界享有良好的学术声誉，所刊载的文章中有多篇被《中国社会科学文摘》、《高等学校文科学术文摘》所摘要转载，其影响力已逐渐扩展至台港澳地区及国外学界。

本刊的宗旨是：整理中华法律传统，解释中华法律传统，发现中华法律传统与世界各大主要法律传统之间的不谋而合之处，阐述中华法律文明中的共通性、永恒性价值，沟通传统与现代。同时，重新认识西方法律传统，认识中西法律传统之间的真正相异相通之处，争取在中国法律的现代化与西方化这一纠纷不清的关系问题上获得更清晰的认识。

本刊欢迎符合上述宗旨的学术论文、译文、书评和珍贵文献。对于学术论文、译文，不定文章字数上限，仅定 6000 字之下限，鼓励符合本刊宗旨的高质量长文。

第 13 卷的主题为"比较法视域下的中西民事法律传统"，截稿时间为 2016 年 10 月 31 日。恳请海内外学人惠赐鸿文，来稿请以电子文档附件（word 格式）发送至本刊编辑部邮箱 supertimber@163.com。注释体例请参见本刊已出的各卷。本刊将在收到稿件三周内通知作者录用与否。

中南财经政法大学法学院
《中西法律传统》编辑委员会
2016 年 3 月